W0310235

Peter Große-Hering · Frank Stolpmann

IT-Berufe

Informatikkaufmann/-frau
IT-Systemkaufmann/-frau
IT-Systemelektroniker/-in
Fachinformatiker/-in (Fachrichtung Anwendungsentwicklung)
Fachinformatiker/-in (Fachrichtung Systemintegration)

Prüfungstrainer Abschlussprüfung
Prüfungsteil B · Kernqualifikationen

Übungsaufgaben und erläuterte Lösungen

Lösungsteil

Bestell-Nr. 752

U-Form Verlag · Hermann Ullrich GmbH & Co. KG

Deine Meinung ist uns wichtig!

Du hast Fragen, Anregungen oder Kritik zu diesem Produkt?

Das U-Form Team steht dir gerne Rede und Antwort.

Direkt auf

facebook.com/pruefungscheck

fragen, diskutieren, stöbern und weiteres Wichtige und Wissenswerte rund um Ausbildung erfahren

oder einfach eine kurze E-Mail an

feedback@u-form.de

Bitte beachten:

Zu diesem Prüfungstrainer gehört auch noch ein Aufgabenteil.

Titelbild: © Julien Eichinger – Fotolia.com

COPYRIGHT

U-Form Verlag · Hermann Ullrich GmbH & Co. KG
Cronenberger Straße 58 · 42651 Solingen
Telefon 0212 22207-0 · Telefax 0212 208963
Internet: www.u-form.de · E-Mail: uform@u-form.de

14. Auflage 2016 · ISBN 978-3-88234-752-4

Inhaltsverzeichnis

1. Handlungsschritt (25 Punkte)

a) **Internetpräsenz** (4 P.)

- Zielgruppengerechtes Informationsangebot
- Globale Reichweite
- Hohe Aktualität und schnelle Reaktionszeiten bei Änderungen
- Erfüllung zeitgemäßer Anforderungen
- Aufbau von Kommunikation mit den Fans (z. B. Gästebuch, Mailangebot, ...)
- Vertrieb von Merchandising-Produkten

b) **Web-Adresse** (6 P.)

Die Web-Adresse **http://www.ensemble-plattfuss.de/termine/uebersicht.html** setzt sich aus folgenden Komponenten zusammen:

- **http**
  Kennzeichnet das verwendete Protokoll
- **www**
  Name des Internetrechners (Hostname)
- **ensemble-plattfuss**
  Domain
- **de**
  Top-Level-Domain
- **Termine**
  Verzeichnis/Pfad der html-Datei
- **uebersicht.html**
  Name der html-Datei

c) **Browser** (2 P.)

- Internet Explorer
- Chrome
- Firefox
- Opera
- Safari

d) **Web-Server** (2 P.)

- Microsoft Internet Information Server (Windows-Plattformen)
- Apache (Linux/Unix- & Windows-Plattformen)

e) **Internetdienste und deren Standardports** (6 P.)

ea) **http** – Protokoll zur Übertragung von webbasierten Inhalten („Hyptertext transfer protocol"); port 80

eb) **telnet** – Protokoll zum Einloggen und Starten einer Konsolensitzung auf entfernten Rechnern; port 23

ec) **ftp** – Protokoll zum Übertragen von Dateien („file transfer protocoll"); port 21

ed) **pop3** – Protokoll zum Abrufen von Mails („post office protocol"); port 110

ee) **smtp** – Protokoll zum Versenden von Mails („simple mail transfer protocol"); port 25

ef) **nntp** – Protokoll zum Abrufen von Newsgroups („network news transfer protocol"); port 119

Fortsetzung des 1. Handlungsschrittes auf der nächsten Seite

1. Handlungsschritt (25 Punkte)

Fortsetzung

f) **Corporate Design**

fa) Als Teilbereich der Unternehmensidentität („Corporate Identity") beschreibt der Begriff „Corporate Design" eine möglichst **einheitliche, unternehmensspezifische Gestaltung der Kommunikationsmittel.** Dies umfasst beispielsweise Printmedien (wie Geschäftsbriefe und Werbeprospekte), Produktverpackungen, ggf. das Produktdesign selbst, wie auch die Außendarstellung im Internet. Im Bereich der Internetpräsenz spielt ein möglichst **einheitliches Layout der gesamten Webseitenhierarchie** (z. B. eine firmenspezifische, konsequente Farbgebung, Schriftart und -größe usw.) eine große Rolle. (2 P.)

fb) Während bei den ersten Generationen von Webseiten sowohl der Inhalt als auch das Layout innerhalb des HTML-Quelltextes festgelegt waren, ergab sich zunehmend die Anforderung, die Form und den Inhalt der Webseiten voneinander zu trennen. Die Verwendung von Cascading Style Sheets („CSS") stellt eine Möglichkeit zur **Trennung von Inhalt und Design** von Webseiten dar. Während die CSS-Dateien im Wesentlichen die Layout-Definitionen enthalten, wird im HTML-Quelltext hauptsächlich der Inhalt, mit Verweisen auf die CSS-Dateien festgelegt. Als Vorteil ergibt sich eine **höhere Flexibilität und einfache Wartung von Designänderungen.** Beispielsweise kann die Änderung einer Schriftart sehr leicht an nur einer Stelle in der CSS-Datei erfolgen mit Auswirkungen auf die gesamte Webseitenstruktur. (3 P.)

2. Handlungsschritt (25 Punkte)

a) (12 P.)

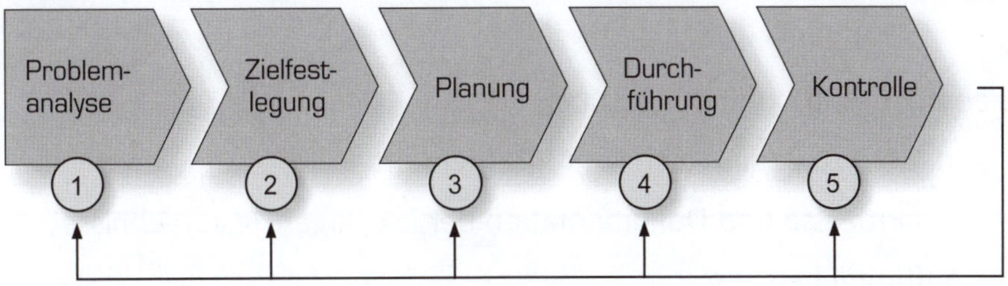

aa) Visualisierung des Projektverlaufs durch einen Netzplan	3
ab) Beschreibung der SOLL-Situation	2
ac) Beschreibung der IST-Situation	1
ad) Aufgabenverteilung innerhalb des Projektteams	3
ae) Abnahme durch den Kunden	5
af) Ermittlung des Personaleinsatzes und des Budgets	3
ag) Festlegung des Projektablaufs	3
ah) abschließender SOLL-IST-Vergleich	5
ai) Umsetzung der Planungsvorgaben	4
aj) ständige Terminkontrolle	4
ak) Beschreibung der Anforderungen	2
al) Neubewertung des Projektplans im Bedarfsfall	4

b) Die Anzahl der Mitglieder eines zu planenden Projektteams kann abhängen von… (5 P.)

- … dem Umfang und der Komplexität der gestellten Aufgabe.
- … der zur Verfügung stehenden Bearbeitungszeit.
- … den Fähigkeiten der Teammitglieder zur effektiven Zusammenarbeit.
- … den Möglichkeiten bestimmte Aufgaben in Teilaufgaben zu zerlegen.
- … den grundsätzlich vorhandenen Mitarbeiterkapazitäten.
- … möglichen Parallelprojekten, die Mitarbeiter anderweitig binden.
- … dem Leistungsvermögen und der Erfahrung der zur Verfügung stehenden Mitarbeiter.
- … …

Fortsetzung des 2. Handlungsschrittes auf der nächsten Seite

2. Handlungsschritt (25 Punkte)

Fortsetzung

c) **Funktionstest** (8 P.)

- Test ggf. in der Realumgebung des Kunden durchführen
- Testen aller Funktionen gem. dem zu Beginn erstellten Pflichtenheft
- Dokumentation der einzelnen Prozesse und Dokumentation der jeweiligen Testergebnisse
- ggf. testen im Beisein des Auftraggebers
- Abnahme der Testergebnisse durch den Kunden und Unterzeichnung des Übergabeprotokolls

Hinweis

Für die Teilaufgaben b) und c) sind in der Lösung beispielhaft mehr als die geforderte Anzahl an Lösungen angegeben.

3. Handlungsschritt (25 Punkte)

a) **Gestaltungsmittel für Web-Seiten**

aa) **Schnelle Ladezeiten** (1 P.)

- Verwendung nur weniger bzw. kleiner Bilddateien
- Verwendung größenoptimierter .jpg Dateien

ab) **Übersichtliche Struktur** (1 P.)

- Anzeige des gegenwärtigen Standortes innerhalb der Hierarchie auf jeder Seite
- Verwendung von Navigationsleisten

ac) **Die Information muss im Vordergrund stehen** (1 P.)

- Einsatz nur weniger oder gar keiner Animationen
- Klares Seitenlayout

ad) **Einheitliches Erscheinungsbild** (1 P.)

- Verwendung von „cascading style sheets" (CSS) zur Vereinheitlichung des Layouts

ae) **Fehlertoleranz** (1 P.)

- Einsatz von Cookies

af) **Wiedererkennung des Benutzers** (1 P.)

- Einsatz von Cookies
- Benutzeranmeldung

ag) **Benutzerabhängiges Informationsangebot** (1 P.)

- Einsatz von Webseiten mit dynamischem, datenbankbasiertem Inhalt

ah) **Gute Lesbarkeit** (1 P.)

- Kontrastreiche Farbgestaltung
- Klares Schriftbild

Fortsetzung des 3. Handlungsschrittes auf der nächsten Seite

3. Handlungsschritt (25 Punkte)

Fortsetzung

b) (6 P.)

ba) </body>	15
bb) </head>	4
bc) </html>	16
bd) </ul> 	12
be) <a href="www.ensemble-plattfuss.de/impressum.html">Impressum</a>	14
bf) <a href="www.ensemble-plattfuss.de/termine/info.html"> <img src="cw2005.jpg" width="10%" height="10%"> Weitere Informationen...</a> 	13
bg) <body>	5
bh) <h1>Ensemble “Plattfuß”</h1>	6
bi) Die nächsten Termine: 	7
bj) <head>	2
bk) <html>	1
bl) <li>13. September, 19:30 Uhr, Frankenhalle Nürnberg</li>	11
bm) <li>9. August, 20:00 Uhr, Schauspielhaus Hamburg</li>	10
bn) <li>7. August, 20:00 Uhr, Stadthalle Düsseldorf</li>	9
bo) <title>Plattfuss</title>	3
bp) <ul>	8

Fortsetzung des 3. Handlungsschrittes auf der nächsten Seite

3. Handlungsschritt (25 Punkte)

Fortsetzung

c) **.pdf-Dateien**

ca) Vorteile von .pdf-Dateien: (2 P.)

- In der Regel **kleine Dateien.**
- Als Quasi-Standard können .pdf-Dateien **unter fast allen Betriebssystemen** angezeigt werden.
- Die **benötigte Software** zur Anzeige von .pdf-Dateien ist **kostenlos.**
- Die Bildschirmanzeige der Dokumentation **entspricht dem Druckbild.**

cb) Die Einheit „dpi" gibt die **Punktedichte** in „dots per inch" (="Punkte pro Zoll"; 1 Zoll = 2,54 cm) an. Je höher die gewählte dpi Angabe ist, desto höher ist die Qualität, allerdings auch die Dateigröße. Die typische Dichteangabe von 72 dpi wird üblicherweise als hinreichend für die **Bildschirmdarstellung** (z. B. im Web) angesehen. Im Falle einer Druckausgabe ist die Qualität aber objektiv unzureichend.

Da fast alle modernen Drucker hardwareseitig in der Lage sind mindestens 300 Punkte pro Zoll auf das Papier zu bringen, wird eine Auflösung von 300 dpi typischerweise zur **Druckausgabe** verwendet, da es allgemein als guter Kompromiss zwischen Dateigröße einerseits und Druckqualität andererseits angesehen wird. (2 P.)

d) **XML** (="Extensible Markup Language")

da) <name> - **Starttag;** </name> - **Endtag** (1 P.)

db) Im Gegensatz zu HTML-Dateien handelt es sich bei XML-Dateien um ein Format zum **Datenaustausch von hierarchisch strukturierten Daten** zwischen verschiedenen Systemen, z. B. Datenbanken. Hierarchische Daten können mithilfe von verschachtelten Tags strukturiert dargestellt werden. Bei XML-Dateien handelt es sich um reine Textdateien. Das Format hat sich mittlerweile zu einem universellen Standardformat für verschiedenste Systeme etabliert. (3 P.)

dc) Spezialisierte Schnittstellen zum Datenaustausch zwischen zwei Anwendungen oder Systemen tauschen oftmals direkt Binärdaten oder auch Textdaten aus. Im Gegensatz dazu enthalten XML-Dateien, neben den relevanten Kerndaten in Textform, große Mengen an zusätzlichen, administrativen Daten (beispielsweise könnte das Wort „Vinita" [6 Zeichen] in einer XML-Datei als „`<name>Vinita</name>`" dargestellt werden [19 Zeichen!]).

Diese Struktur der XML-Dateien führt dazu, dass die Verarbeitung der Daten mehrere Schritte notwendig macht. Der sogenannte „Parser" verarbeitet die Datei sequentiell, **prüft die Daten** und muss sie **interpretieren,** um die eigentlichen Kerndaten zu **extrahieren.** Dieser Prozess ist daher im Vergleich zu spezialisierten Austauschformaten recht **langsam.** Aus diesem Grund stößt der Einsatz des XML-Formates bei sehr großen Datenmengen oder bei zeitkritischen Schnittstellen an seine Grenzen. (3 P.)

4. Handlungsschritt (25 Punkte)

a) **PHP**

aa) **PHP** = Hypertext Preprocessor (1 P.)

ab) (8 P.)

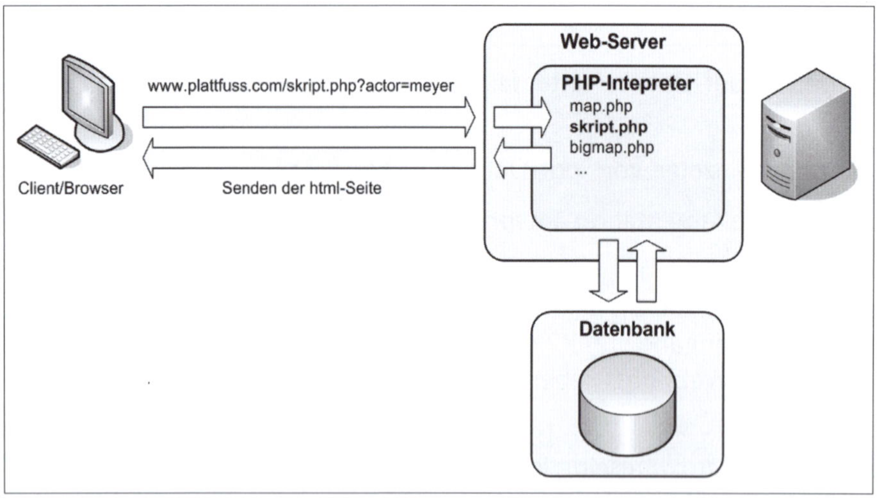

ac) Der Client schickt eine Anfrage nach einer Webseite an den Server (z. B. www.plattfuss.com/skript.php?actor=meyer). Wenn es sich bei der angefragten Datei um eine .php-Datei handelt, so werden der Dateiname und eventuelle Parameter (z. B. actor=meyer) an den PHP-Interpreter (od. PHP-Parser) übergeben. Dieser interpretiert die entsprechende PHP-Datei, führt Datenbankabfragen durch, und generiert daraus eine html-Seite. Diese wird dann von dem Web-Server in üblicher Weise an den Client gesendet und von diesem dargestellt. (8 P.)

ad) (3P.)

- **cgi** (common gateway interface)
- **asp** (active server pages)
- **jsp** (java server pages)
- ...

b) **Content Management**

ba) Es bietet sich der Einsatz eines **„Content-Management-Systems“** (CMS) bzw. in diesem Fall eines **„Web-Content-Management-Systems“** (WCMS oder WCM) an. Dies erlaubt die **einfache Wartung des Inhaltes von Webseiten ohne Programmier- bzw. HTML-Kenntnisse.** Ein solches System kann dem Kunden zur Verfügung gestellt werden, damit dieser schnell, einfach und kostengünstig den Inhalt seiner Webseiten eigenständig ändern und aktualisieren kann. (2 P.)

bb) Neben der Zielsetzung der rein inhaltlichen Änderung von Webinhalten, bieten WCMS typischerweise auch Möglichkeiten zur **Änderung des Layouts,** der **Vergabe von Zugriffsrechten** (bei geschützten Bereichen des Internetauftritts), aber auch WCMS-intern das **Protokollieren von Änderungen** (Wer hat wann und was geändert?), **Benutzer- und Rechteverwaltung** (Wer darf überhaupt welche Webseiten ändern?) usw. (3 P.)

5. Handlungsschritt (25 Punkte)

a) Übergeordnetes Ziel: Die Anregungen aus dem Kreis der Mitarbeiter sollen zur ständigen Verbesserung folgender Aspekte beitragen: (5 P.)

- Verbesserung der betrieblichen Leistungen im organisatorischen und kaufmännischen Bereich, insbesondere bei Arbeitsabläufen, Dienstleistungen oder Produkten.
- Reduzierung der Kosten
- Erhöhung der Erlöse
- Qualitätssteigerung
- Kundenorientierte Handlungsweisen
- Es erhöht sich das Zusammengehörigkeitsgefühl der Mitarbeiter, wenn sie feststellen, dass sie aktiv am Verbesserungsprozess teilhaben können, was seinerseits wieder die Arbeitszufriedenheit und Leistungsbereitschaft erhöht.

b) Geldprämie, Gehaltserhöhung, Sonderurlaub, Beförderung, u. a. (4 P.)

c) (4 P.)

- Vorgesetzte und die Geschäftsleitung befinden sich im Regelfall nicht direkt in den Arbeitsabläufen und kennen oft nur wenig Details
- Die Mitarbeiter kennen ihren eigenen Arbeitsplatz, die damit einhergehenden Arbeitsabläufe und -prozesse sowie die Schwierigkeiten zu den Schnittstellen (andere Abteilungen, Lieferanten, Kunden etc.) aus der täglichen Arbeit sehr genau und können daraus auch wirksame Konsequenzen ableiten.
- Die Umsetzung der Verbesserungsvorschläge genießt eine höhere Akzeptanz bei den Mitarbeitern.

d) Die Regelung befindet sich im **Gesetz über Arbeitnehmererfindungen**. (1 P.)

In diesem Gesetz ist in § 5 auch geregelt, dass gebrauchsmuster- oder patentfähige Erfindungen, die ein Arbeitnehmer, Beamter oder Soldat aus seiner beruf- oder dienstlich obliegenden Tätigkeiten macht, dem Arbeitgeber oder Dienstherren gemeldet werden müssen. Diesem obliegt die Entscheidung zur weiteren Inanspruchnahme.

Gesetz über Arbeitnehmererfindungen

§ 1 – Anwendungsbereich
Diesem Gesetzt unterliegt die Erfindung von technischen Verbesserungsvorschlägen von Arbeitnehmern im privaten und im öffentlichen Dienst, von Beamten und Soldaten.

§ 2 – Erfindungen
Erfindungen im Sinne dieses Gesetztes sind nur Erfindungen, die patent- oder gebrauchsmusterfähig sind.

§ 3 – Technische Verbesserungsvorschläge
Technische Verbesserungsvorschläge im Sinne dieses Gesetzes sind Vorschläge für sonstige technische Neuerungen, die nicht patent- oder gebrauchsmusterfähig sind.

§

Fortsetzung des 5. Handlungsschrittes auf der nächsten Seite

5. Handlungsschritt (25 Punkte)

Fortsetzung

e) Grundsätzlich gibt es in allen Bereichen des Unternehmens Optimierungspotential. Beispielhaft sollen hier die folgenden Bereiche erwähnt werden: (6 P.)

Optimierungsbereich	mögliche Effekte
Organisation	• schnellere Durchlaufzeiten von administrativen Vorgängen • allgemeine Rationalisierungseffekte • Kostenminimierungseffekte
Produktion	• schnellere Durchlaufzeiten • kürzere Produktionszeiten • geringerer Mitteleinsatz • Kostenminimierungseffekte
Qualitätssicherung	• weniger Reklamationen • Kostenminimierungseffekte • Planungs- und Kalkulationssicherheit • wachsendes Vertrauen in das Produkt oder die Dienstleistung • zufriedenere Kunden
Produkt	• größerer Nutzen beim Kunden • gesteigertes Kaufinteresse • geringere Produktionskosten • bessere Haltbarkeit

f) Vorschläge zur Arbeitssicherheit, Schadensminimierung und dem Umweltschutz lassen sich oft nicht (be-)messen, da bereits das Eintreten eines Schadens oder Worst-Case-Szenarios unsicher ist.

Dennoch ist auch ohne Nachweis eines rechnerischen Nutzens eine Umsetzung sinnvoll, um unternehmensbedrohliche Risiken auszuschließen, Unfall- und Verletzungsrisiken zu vermeiden, rechtliche Vorgaben einzuhalten und das (positive) Ansehen und den Ruf des Unternehmens zu stützen. (5 P.)

1. Handlungsschritt (25 Punkte)

a) Lizenzgebühren (6 P.)

Beträge in Euro:

Jahr	Universalsoft	Officesoft	Safersoft	Summe
Jahr 00	150.000	160.000	270.000	580.000
Jahr 01	127.500	100.000	210.000	437.500
Jahr 02	135.000	20.000	150.000	305.000
			Summe	1.322.500

b) Verkaufsprämien (6 P.)

Beträge in Euro:

Jahr	Universalsoft	Officesoft	Safersoft	Summe
Jahr 00	100.000	80.000	90.000	270.000
Jahr 01	85.000	50.000	70.000	205.000
Jahr 02	90.000	10.000	50.000	150.000
			Summe	625.000

c) Deckungsbeitrag (6 P.)

Beträge in Euro:

Jahr	Universalsoft	Officesoft	Safersoft	Summe
Jahr 00	750.000	560.000	540.000	1.850.000
Jahr 01	637.500	350.000	420.000	1.407.500
Jahr 02	675.000	70.000	300.000	1.045.000
			Summe	4.302.500

d) (3 P.)

Errechnung der Differenz:
2.050.000 – 1.500.000 = 550.000

Errechnung des prozentualen Rückganges:
2.050.000 = 100 %
550.000 = x %

$$<=> x = \frac{100 \cdot 550.000}{2.050.000}$$

<=> x = **26,83 %**

e) 1.045.000 € – 1.000.000 € = **45.000 €** (2 P.)

f) Gewinn Jahr 03 = Gewinn Jahr 02 · 1,06

<=> Gewinn Jahr 03 = 45.000 € · 1,06 = **47.700 €** (2 P.)

2. Handlungsschritt (25 Punkte)

a) Grafik-Formate

aa) **Spezifikationen** (6 P.)

- **GIF-Format** („Graphics Interchange Format")
  - **8-Bit Farbtiefe** (256 Farben)
  - Eine der möglichen Farben kann als **Transparenzfarbe** festgelegt werden.
  - Verwendung eines **verlustfreien Kompressionsverfahrens;** in aller Regel **kleine Dateigröße.**
  - Mehrere Einzelbilder können in einer GIF-Datei gespeichert werden, die vom Browser als **Animation** angezeigt werden (Format „GIF89a").
- **JPEG-Format** („Joint Photographic Expert Group")
  - **24-Bit Farbtiefe** (16,8 Mio. Farben)
  - **Keine Transparenz**
  - JPEG verwendet fast immer ein **verlustbehaftetes Kompressionsverfahren.** Die **Dateigröße** ist u. a. **abhängig** vom gewählten **Kompressionsfaktor.**
  - **Keine Animationen** möglich
- **PNG-Format** („Portable Network Graphics")
  - **Variable Farbtiefe:** 8-Bit bis 48-Bit Farbtiefe
  - Das PNG-Format bietet die Möglichkeit einen **„Alpha-Kanal"** zu verwenden, der es erlaubt, für jeden einzelnen Bildpunkt bis zu **65536 Transparenzabstufungen** festzulegen.
  - **Verlustfreie Kompression**
  - **Keine Animationen** möglich

ab) **Interlaced-Modus** (2 P.)

Beim „Interlaced-Modus" werden die Bilddaten nicht sequentiell in der Grafikdatei abgespeichert, sondern in einer versetzten Reihenfolge. Beispielsweise wird beim GIF-Format zunächst nur jede 8. Bildzeile, dann jede 4. Bildzeile usw. in der Datei abgelegt. Dies führt dazu, dass bereits eine **grobe Voransicht** der Grafik angezeigt werden kann, obwohl die Daten noch nicht vollständig heruntergeladen worden sind. Während des Ladevorgangs wird diese Voransicht entsprechend solange **sukzessiv verfeinert,** bis der Download der Grafikdatei abgeschlossen ist.

b) 24 Bit Farbtiefe = 3 Byte/Pixel
$3.264 \cdot 2.448 \cdot 3$ Byte = 23.970.816 Byte $\cong$ **24 MB** (3 P.)

Fortsetzung des 2. Handlungsschrittes auf der nächsten Seite

2. Handlungsschritt (25 Punkte)

Fortsetzung

c)

ca) (4 P.)

Video:
Farbtiefe: 24 Bit = 3 Byte
Pro Einzelbild: 720 · 576 · 3 Byte = 1.244.160 Byte
Bei 25 Bildern/s: 1.244.160 Byte · 25 /s = 31.104.000 Byte/s = 31.104 kByte/s

Audio:
Samplingtiefe in CD-Qualität: 16 Bit = 2 Byte
Samplingrate in CD-Qualität: 44.100 Abtastungen/s
Das ergibt pro Sekunde:
44.100 /s · 2 Byte · 2 (Stereo) = 176.400 Byte/s ≅ 176 kByte/s

Gesamt:
Somit ergibt sich insgesamt pro Sekunde eine Datenrate von:
31.104 kByte/s (Video) + 176 kByte/s (Audio) = 31.280 kByte/s ≅ 31,3 MByte/s

Bei einer Länge von 90 Sekunden ergibt sich damit eine Dateigröße von:
90 s · 31,3 MByte/s = 2.817 MByte ≅ ca. **2,8 GByte**

cb) Die Lesegeschwindigkeit von DVD-Laufwerken wird als Faktor angegeben. Hierbei beschreibt ein Faktor von 1x eine Lesegeschwindigkeit von 1,385 MByte/s. Ein 18x DVD-Laufwerk hätte somit eine theoretische Lesegeschwindigkeit von 18 x 1,385 MByte/s = 24,93 MByte/s.

Da die Datenrate der unkomprimierten Videosequenz 31,3 MByte/s beträgt, könnte diese Datei nicht ruckelfrei mit 25 Bildern/s wiedergegeben werden. (2 P.)

cc) (4 P.)

Farbtransformation
Während im klassischen Sinne Farbinformationen für jeden Bildpunkt als RGB-Werte dargestellt werden (Rot-, Grün- und Blauwerte), werden im MPEG-2 die Farb- und die Helligkeitswerte voneinander getrennt. Da das menschliche Auge erheblich sensitiver auf Helligkeits- als auf Farbunterschiede reagiert, werden Farbinformationen durch mathematische Verfahren reduziert. Beispielsweise werden ähnliche Farbinformationen eines Bildteils auf nur einen einzigen Farbwert reduziert und somit auch die benötigte Datenmenge.

Kompression
Durch Lauflängenkodierung (Kodierung sich wiederholender Werte) sowie der Huffman-Kompression (Ausnutzung von Häufigkeitsunterschieden; häufige Werte werden durch kurze Bitfolgen kodiert) wird die Datenmenge reduziert.

Kodierung von Bildunterschieden
Da bei 25 Bildern/s jedes Einzelbild gerade mal für 40 ms sichtbar ist, sind große Bildteile der Einzelbilder oft gleich. Im MPEG-2 Verfahren werden teilweise nur die sich markant verändernden Teile der Einzelbilder kodiert.

Fortsetzung des 2. Handlungsschrittes auf der nächsten Seite

2. Handlungsschritt (25 Punkte)

Fortsetzung

d) Die Stärke eines analogen Schallsignals wird durch einen A/D-Wandler (analog/digital-Wandler) digitalisiert, d. h. in Zahlenwerte umgesetzt. Dieser Vorgang vollzieht sich in der Sekunde mehrere tausend Mal. (4 P.)

Qualitätsmaße sind beim Sampling die Anzahl der gemessenen Signale je Sekunde (Samplingrate in Hz) und die Genauigkeit, mit der ein analoges Signal in Zahlenwerte umgesetzt wird (Samplingtiefe in Bit). Beispielsweise entspricht ein Sampling mit CD-Qualität einer Samplingrate von 48 kHz und einer Samplingtiefe von 16 Bit.

3. Handlungsschritt (25 Punkte)

a) Bei einer **Desktop-Architektur** liegt die Datenbank üblicherweise zentral auf einem Rechner. Möchte nun ein Client bestimmte Daten abrufen, so wird zunächst intern die ganze Datenbank zum Client übertragen. Gerade bei großen Datenbanken ist dieser Vorgang zum einen sehr zeitintensiv und zum anderen sehr netzwerkbelastend. Erst danach wird die Abfrage lokal auf dem Client-Rechner durchgeführt. (4 P.)

Bei einer **Client-Server-Datenbank** (z. B. SQL-Datenbank) schickt ein Client lediglich die Abfrage oder Änderungsanfragen an den Server. Das Heraussuchen der Datensätze wird vollständig auf dem Server durchgeführt und nur die Ergebnisse werden an den Client übermittelt. Auch Änderungen an der Datenbank werden vom Server koordiniert und durchgeführt. Vorteile: geringere Netzwerkbelastung, bessere Performance, geringere Fehleranfälligkeit bei Schreibzugriffen auf die Datenbank.

b) **UPDATE** artikel **SET** artikel_preis=artikel_preis*1,05 (5 P.)

c) **SQL-Kommando** (7 P.)

SELECT Kunden.Kunden_Nr, Kunden.Kunden_Vorname, Kunden.Kunden_Name, Bestellung.Best_Datum, Artikel.Artikel_Nr, Bestellung.Best_Menge **FROM** Kunden **INNER JOIN** (Artikel **INNER JOIN** Bestellung **ON** Artikel.Artikel_Nr = Bestellung.Artikel_Nr) ON Kunden.Kunden_Nr = Bestellung.Kunden_Nr **WHERE** ((Bestellung.Best_Datum)>=[Datum])

oder

SELECT Kunden.Kunden_Nr, Kunden.Kunden_Vorname, Kunden.Kunden_Name, Bestellung.Best_Datum, Artikel.Artikel_Nr, Bestellung.Best_Menge **FROM** Kunden, Bestellung, Artikel **WHERE** (Artikel.Artikel_Nr = Bestellung.Artikel_Nr) **AND** (Kunden.Kunden_Nr = Bestellung.Kunden_Nr) **AND** (Bestellung.Best_Datum)>=[Datum])

Fortsetzung des 3. Handlungsschrittes auf der nächsten Seite

3. Handlungsschritt (25 Punkte)

Fortsetzung

d) **Änderungen** (4 P.)

- Entsprechende Eingabefelder für den US-Bundesstaat müssen in den Eingabemasken integriert werden, falls die entsprechende Adresse in den USA liegt.
- Die visuellen Eingabefelder müssen mit den entsprechenden Datenbankfeldern verbunden sein.
- Aus Gründen der Datenvalidierung sollte eine entsprechende Tabelle mit US-Bundesstaaten vorhanden sein.
- Eine Logik zur Datenvalidierung muss implementiert werden.
- Länge des Eingabefeldes muss dem Tabellenfeld entsprechen (2 Zeichen für den US-Bundesstaat).
- Der US-Bundesstaat muss auf Dokumenten, die ausgedruckt werden, berücksichtigt werden (für US Kunden/Transaktionen).

e) „Benutzerschnittstelle" und „Datenschnittstelle"

ea) **Unterschiede** (4 P.)

- Der Begriff „Benutzerschnittstelle" beschreibt die Gegebenheiten, **wie ein Benutzer mit einer Software interagiert.** Dies kann sich allgemein auf Hardware beziehen, z. B. Tastatur, Maus, Spracheingabe oder – wie im Fall von Datenbanksystemen – auf vorwiegend optische Elemente, wie die Anordnung von Feldern bei Bildschirmmasken, Menüleisten, Symbolleisten usw.
- „Datenschnittstelle" beschreibt in höchst detaillierter Weise den formalen **Aufbau von Daten,** um diese zwischen verschiedenen Programmen oder auch nur Modulen **austauschen** zu können.

eb) **GUI** (1 P.)

GUI ist die Abkürzung für „Graphical User Interface" oder auf deutsch: **Grafische Benutzerschnittstelle.** Es handelt sich also um eine Benutzerschnittstelle, die es dem Benutzer mithilfe von grafischen Elementen erlaubt, eine Anwendung komfortabel zu bedienen (im Gegensatz zu reinen text- oder konsolenbasierten Benutzerschnittstellen).

4. Handlungsschritt (25 Punkte)

a) Wareneingangsprozess

aa) **Prozessdiagramm** (3 P.)

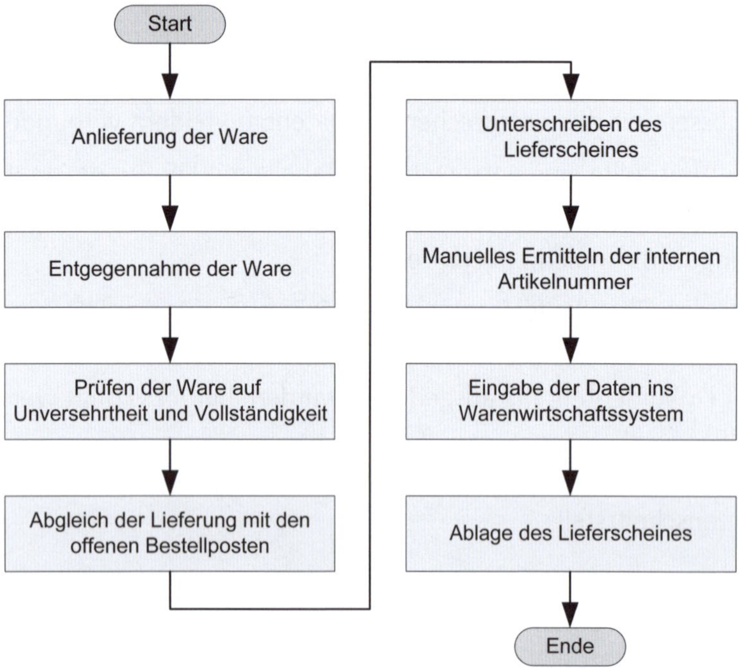

ab) **Schwachstellenanalyse** (4 P.)

- Die manuelle Ermittlung der internen Artikelnummer ist fehleranfällig, insbesondere unter Berücksichtigung der zum Teil schlechten Lesbarkeit der Angaben auf dem Lieferschein (wie in dem Beispiel angedeutet).
- Manuelle Eingabe der internen Artikelnummer in das Warenwirtschaftssystem; Eingabefehler sind bei der Komplexität der Artikelnummer auf Dauer unvermeidbar.
- Im detaillierten Prozess des Beispiels findet sogar ein mehrfacher manueller Prozess statt: (1) manuelles Ablesen der Artikelnummer des Lieferanten, (2) manuelles Heraussuchen der internen Nummer, (3) manuelles Übertragen auf den Notizzettel, (4) manuelles Ablesen der Nummer vom Notizzettel und (5) manuelle Eingabe in das System; dieser komplexe, ausschließlich aus manuellen Schritten bestehende Prozess erhöht die Fehleranfälligkeit und den Zeitaufwand um ein Vielfaches.
- Gemäß der Aussage des Sachbearbeiters, ist eine zeitnahe Abarbeitung des Prozesses nicht gewährleistet („Sobald ich eine freie Minute habe [...]" oder „[...] diese Lieferung ist letzte Woche Dienstag angeliefert worden [...]"). Somit stehen im Warenwirtschaftssystem keine zeitlich aktuellen Inventurdaten zur Verfügung.

Fortsetzung des 4. Handlungsschrittes auf der nächsten Seite

4. Handlungsschritt (25 Punkte)

Fortsetzung

ac) **Maßnahmen** (4 P.)

Technische Maßnahmen

- Sowohl zur zeitnahen Erfassung der Ware, als auch zur Automatisierung des Prozesses bietet sich der Einsatz von Barcode-Scannern an. So könnte das Warenwirtschaftssystem in der Form erweitert werden, dass die Artikelnummer der Lieferanten per Barcode-Scanner eingelesen wird und das System automatisch, anhand eingepflegter Listen (die offensichtlich in nicht digitaler Form bereits zur Verfügung stehen), die interne Artikelnummer ermittelt.
- Einige der zusätzlichen Daten, die in das Warenwirtschaftssystem eingegeben werden müssen, könnten sicherlich ebenfalls automatisiert werden, beispielsweise das aktuelle Datum und Uhrzeit der Erfassung und der Lieferant (anhand der offenen Bestellungen, die den angelieferten Artikel beinhalten).

Organisatorische Maßnahmen

- Die Geschäftsführung sollte anweisen, dass der Wareneingang – ob per Barcode-Scanner oder manuell – zeitnah abgearbeitet wird. Notfalls müssen Prozesse effizienter gestaltet oder mehr Personal eingesetzt werden.

Fortsetzung des 4. Handlungsschrittes auf der nächsten Seite

4. Handlungsschritt (25 Punkte)

Fortsetzung

b) (14 P.)

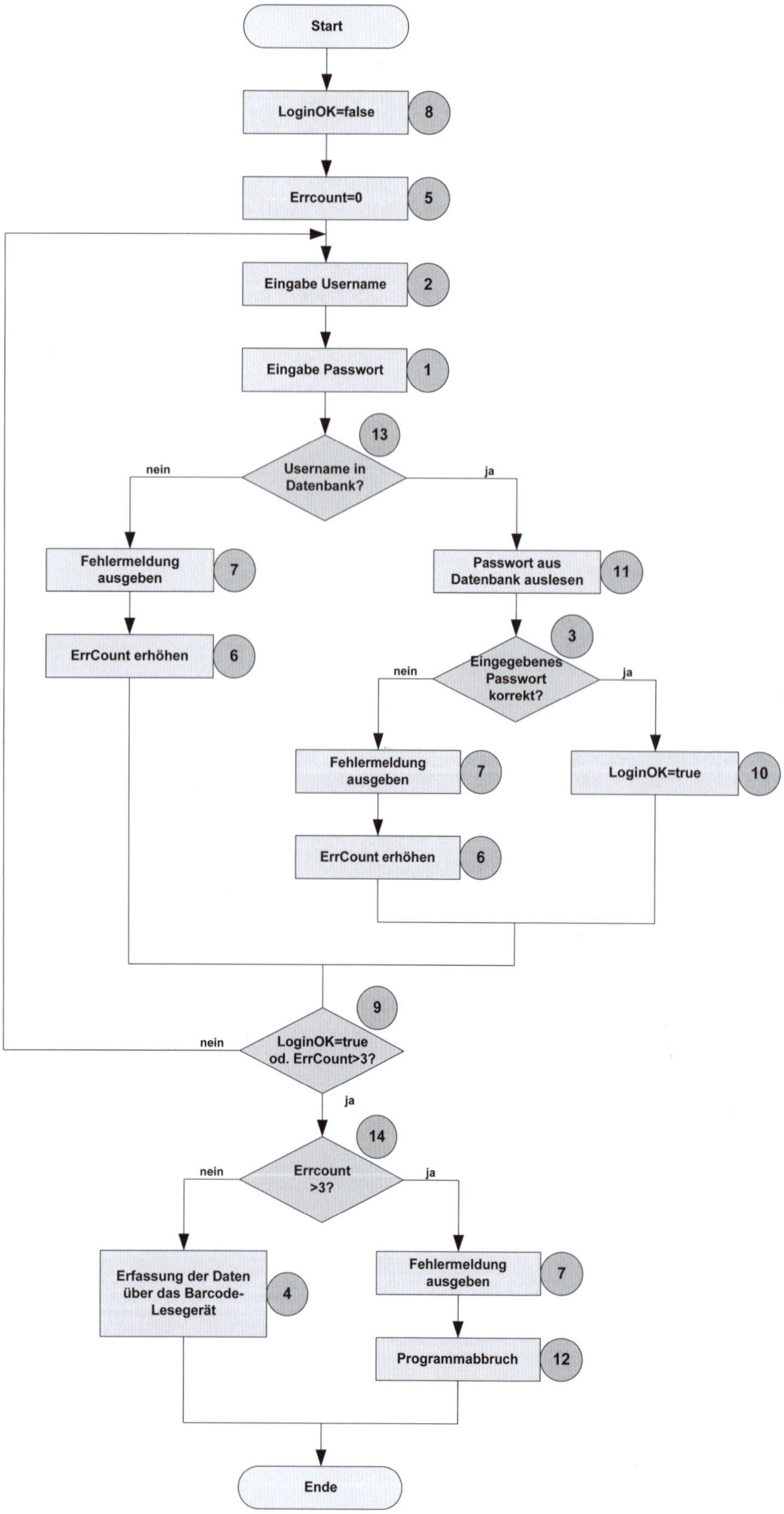

5. Handlungsschritt (25 Punkte)

a) (4 P.)

direkter Absatz	indirekter Absatz
eigene Außendienstmitarbeiter	Verkauf über Einzelhandel
eigene Verkaufsniederlassungen	Verkauf über Großhandel
Aufbau eines Franchising-Systems	Vertrieb über Kommissionäre
Absatz über das Internet	Vertrieb über Handelsvertreter

b) Vorteile bei der Zusammenarbeit mit Distributoren (4 P.)

- geringere eigene Vertriebskosten
- schnelle flächendeckende Erreichbarkeit aller Kunden
- Angebote komplementärer Software zur Ergänzung
- Distributoren kennen Kundenwünsche

c) Das „Marktpotenzial" ist die maximale theoretisch absetzbare Menge auf einem Markt, während das „Absatzvolumen" die tatsächlich abgesetzte Menge eines Unternehmens ist. (4 P.)

d) Der Aufbau und die Einführung eines gebietsorientierten Netzes eigener Außendienstmitarbeiter können beispielhaft die folgenden Vor- und Nachteile bewirken: (5 P.)

Vorteile:

- eigene Steuerung der Marktbearbeitung
- Weisungsbefugnis und Kontrolle gegenüber dem eigenen Außendienst
- Berücksichtigung regionaler Besonderheiten
- direkte Rückmeldungen zu Qualität und Kundenzufriedenheit an den Hersteller
- Kontakt mit den Kunden und deren Bedürfnissen sorgt für zusätzliche Innovationen
- Know-How des Herstellers kann in der Beratung direkt und ohne Streuverlust an seine Kunden weitergegeben werden

Nachteile:

- direkter Kundenkontakt und Vertrauen muss erst aufgebaut werden
- Kosten durch Akquise neuer Mitarbeiter
- zusätzliche Vertriebskosten durch Büros, Firmenfahrzeuge, Reisekosten etc.
- regelmäßige Kosten durch turnusmäßige Produktschulungen des Außendienstes
- generelle Erhöhung der allgemeinen Fixkosten
- Akzeptanz des zuständigen Außendienstmitarbeiters hängt von dessen „Sympathiewert" ab, evtl. findet er nicht zu allen Kunden einen erfolgreichen Zugang
- Organisatorische Probleme bei der Betreuung von Kunden mit mehreren Tochtergesellschaften oder Standorten in unterschiedlichen Außendienstgebieten
- kein Kundenzugang durch Komplementärprodukte

Fortsetzung des 5. Handlungsschrittes auf der nächsten Seite

5. Handlungsschritt (25 Punkte)

Fortsetzung

e) (4 P.)

letztjährige Werbekosten:	100.000,00 €		
Steigerung um 15 %:	100.000,00 € · 1,15	=	115.000,00 €
davon 10 % Beitrag:	115.000,00 € · 0,1	=	**11.500,00 €**

f) Als Service-Leistungen zum Vertrieb der Software kommen in Frage: (4 P.)

- Beratung zum Einsatz des Produktes vor dem Kauf optimieren
- Support-Hotline einrichten
- Vor-Ort-Service anbieten
- Einzel- oder Gruppenschulungen der Anwender durchführen (auf Wunsch evtl. auch in den Räumlichkeiten des Kunden)

1. Handlungsschritt (25 Punkte)

a) (12 P.)

Geschäfts-beziehung	Definition (3 x 2 = 6 Punkte)	Beispiele (3 x 2 = 6 Punkte)
Business-to-Business	Elektronische Anbahnung und Abwicklung von geschäftlichen Transaktionen zwischen Unternehmen	• Bestellung einer Rohstofflieferung eines Industrieunternehmens bei einem Zulieferer • Geschäftsprozesse in Handelsplattformen für Energieprodukte im Internet • Sekretärin bucht online für Ihren Chef einen Flug für eine Geschäftsreise • Akquise von Neukunden oder Suche nach neuen Zulieferern über das Internet
Business-to-Customer	Elektronische Anbahnung und Abwicklung von geschäftlichen Transaktionen zwischen Unternehmen und dem Endkunden	• Buchbestellung eines Endkunden bei einem Internetanbieter • Endkunde betreibt Online-Banking mit seiner Hausbank • Die Lebenslang-Versicherungs AG bietet Versicherungen im Internet an
Business-to-Government	Elektronische Anbahnung und Abwicklung von geschäftlichen Transaktionen zwischen Unternehmen und staatlichen Institutionen	• Stadtverwaltung veröffentlicht auf elektronischem Wege eine Ausschreibung • Bundesamt bestellt online Büromaterial bei einem Internetanbieter • Datenverarbeitungsstelle des Rathauses bestellt online Hardware

b) Die 2 & 3 GmbH kooperiert mit anderen Unternehmen und ist Teilnehmer eines auf Gegenseitigkeit basierenden Affiliate-Systems.

ba) Auf der Internetseite eines Händlers werden in Form von Hinweisen, Angeboten oder Werbebannern gesonderte Links zu anderen Anbietern verankert. Jeder Link erhält einen individuellen Code, über den der eigentliche Anbieter im Nachgang ermitteln kann, auf welchem Weg und über welches Portal der Kunde zu ihm geleitet wurde. Über die Anzahl der Weiterleitungen, Bestellungen oder Kontaktaufnahmen werden die „Vermittler" verprovisioniert. Auf diese Weise kann ein web-basiertes Vertriebsnetz aufgebaut werden. (3 P.)

bb) Vorteile bei der Teilnahme an einem Affiliate-System: (2 P.)

Die Vorteile als Vermittler:

- zusätzlicher Umsatz durch Provisionen
- keine oder wenig Investitionen
- Kunden durch Verlinkung mit komplementären Produkten

Die Vorteile als Händler:

- kostengünstige Marktdurchdringung
- einfache Erreichung der Zielgruppen
- virtuelles Vertriebsnetz ohne Investitions- und Unterhaltungskosten

Fortsetzung des 1. Handlungsschrittes auf der nächsten Seite

Lösungen zur 3. Prüfung

1. Handlungsschritt (25 Punkte)

Fortsetzung

c) Nach dem Telemediengesetz (TMG) sind folgende Hinweise verpflichtend: (8 P.)

- Name und Anschrift
- ggf. gesetzlicher Vertreter bei juristischen Personen
- Angaben zur umgehenden Kontaktaufnahme (E-Mail-Adresse, Telefonnummer etc.)
- ggf. Angaben zur zuständigen Aufsichtsbehörde bei zulassungsbedürftigen Diensten
- Angaben zum Register und der Registernummer
- ggf. Angaben zur zuständigen Kammer, Berufsbezeichnung
- Umsatzsteueridentifikationsnummer (nach Umsatzsteuergesetz) oder Wirtschaftsidentifikationsnummer (nach Abgabenordnung)
- zu Beginn des Nutzungsvorgangs muss der Seitenbesucher darüber informiert werden, inwieweit personenbezogene Daten über seinen Besuch erhoben und gespeichert werden

2. Handlungsschritt (25 Punkte)

a) (4 P.)

- hochverfügbar
- ausfallsicher
- skalierbar
- flexibel
- hochperformant

b) In dem englischsprachigen Informationsmaterial wird eine Einführung in das Konzept eines SANs gegeben.

ba) **Traditionelle Speicherarchitektur** (4 P.)

Traditionell verfügt jeder Server über jeweils **eigene Festplattenkapazitäten.** Wird ein neuer Server zum Netzwerk hinzugefügt, wird auch dieser mit **eigenen Speicherkapazitäten** ausgestattet. Im Falle, dass die Kapazitäten eines Servers erweitert werden müssen, müssen zwangsläufig auch **neue Festplatten** zum vorhandenen Festplattenpool des jeweiligen Servers **hinzugefügt werden,** selbst wenn **andere Server** in dem Netzwerk **noch über freie Kapazitäten verfügen.**

bb) **Vorteile einer SAN Lösung** (6 P.)

- Skalierbar; beliebig erweiterbare Kapazität.
- Die Speicherkapazität kann flexibel und individuell jedem Server als „virtuelle Festplatten" zugewiesen werden. Wenn in der herkömmlichen Struktur ein Server eine höhere Speicherkapazität benötigt, müssen zusätzliche Festplatten eingebaut werden, auch wenn auf einem anderen Server vielleicht noch freie Ressourcen vorhanden sind.
- Datensicherungsaufwand ist geringer (Datensicherung erfolgt zentral im SAN und nicht serverweise).
- Kostenersparnis im Datensicherungsbereich von bis zu 80% (z. B. durch das Einsparen von Backup-Software Lizenzen).
- Datensicherung belastet nicht das LAN und ist erheblich schneller über den direkten Fiber-Zugriff als über das „langsame" LAN.
- Hohe Geschwindigkeit, da das SAN auf Fiber basiert (Kopplung über ein Kupfer-/Fiber-Switch).
- Rechnerleistung und Speicherkapazität sind unabhängig, d. h. der Austausch und die Skalierung eines Servers ist erheblich unproblematischer.

Fortsetzung des 2. Handlungsschrittes auf der nächsten Seite

2. Handlungsschritt (25 Punkte)

Fortsetzung

c) **„Server Virtualisierung“ / “Virtual Server“**

ca) **Konzept** (4 P.)

Traditionell wird für bestimmte Funktionen jeweils eine eigene, separate Serverhardware eingesetzt, wobei sich gezeigt hat, dass die Auslastung der kostenintensiven Hardware oft sehr gering ist.

Das Konzept der „Server Virtualisierung“ („Virtuelle Server“) erlaubt eine **optimierte Auslastung der eingesetzten Hardware,** da auf einer Hardwareplattform mehrere **unabhängige „virtuelle Serverumgebungen“** parallel betrieben werden können.

Das Kernstück einer Virtualisierungslösung ist der sogenannte **„Virtual Machine Monitor“** (VMM) oder auch „Hypervisor“, der jeweils einen eigenen, unabhängigen Computer emuliert und den einzelnen virtuellen Umgebungen **Ressourcen zuweist** (Speicher, CPU, E/A-Geräte). Viele Lösungen erlauben sogar den **gleichzeitigen Betrieb verschiedener Betriebssysteme** („Gast-Betriebssysteme“). Es lassen sich auch virtuelle Geräte definieren, beispielsweise physikalisch nicht vorhandene Netzwerkadapter, um zwischen den virtuellen Umgebungen kommunizieren zu können.

In der Praxis werden die virtuellen Umgebungen meist entweder in einer einzelnen Datei oder einem Ordner abgelegt und sind damit äußerst flexibel und portierbar.

cb) **Optimierung im Serverbereich** (3 P.)

- **Kostenersparnis** durch effizientere Auslastung der Hardwareressourcen.
- **Energieersparnis** durch Einsatz von weniger Hardware.
- **Schnelle bzw. hohe Verfügbarkeit –** Im Falle eines Ausfalls kann eine virtuelle Umgebung innerhalb kürzester Zeit auf einem anderen Rechner wieder verfügbar gemacht werden.
- **Geringerer Wartungsaufwand –** Wartung sehr zentralisiert; Softwarekonflikte können weitestgehend vermieden werden.
- **Schnellere Bereitstellungszeiten –** Virtuelle Umgebungen können schnell kopiert und dann individuell angepasst werden.

cc) **Einsatz im Support** (4 P.)

Schnelle **Replikation der Betriebssystemumgebung** bzw. der **Softwarekonfiguration** des Kunden zur Fehlersuche auf einem Rechner, ohne **zeitaufwändiges Herunter- und Herauffahren des Systems.** Auch können bestimmte **Hardwarekonfigurationen** des Kunden mithilfe von virtuellen Geräten schnell nachvollzogen werden. Innerhalb kürzester Zeit kann jede Umgebung auf den **Ursprungszustand zurückgesetzt** werden.

3. Handlungsschritt (25 Punkte)

a) **Linux: Pro und Contra** (6 P.)

Pro:

- Es sind keine Lizenzen für das Betriebssystem nötig, da es sich um freie Software handelt.
- Linux definiert offene Standards, d. h. keine Abhängigkeiten von bestimmten Softwareherstellern oder Firmen.
- Die Open-Source-Philosophie (d. h. der Quelltext wird veröffentlicht) garantiert das Fehlen von „Hintertüren", d. h. Teile des Betriebssystems, die interne Informationen über den Benutzer via Internet an den Hersteller weitergeben.
- Die Hardwareanforderungen von Linux sind gering. Beispielsweise lässt sich auf einem „veralteten" Rechner mit einem 200 MHz Prozessor in aller Regel problemlos ein Router oder eine Firewall betreiben.
- Konfigurationsänderungen können in aller Regel ohne Neustart des Systems aktiviert werden.
- Eine Menge qualitativ hochwertige Zusatzsoftware ist auf dem Freeware-Markt verfügbar.

Contra:

- Oftmals kein Support.
- Deutlich höhere Einarbeitungszeiten.
- Der Markt von IT-Personal mit umfassenden Linux-Kenntnissen ist unterbesetzt, d. h. unter Umständen höhere Personalkosten.
- Die Konfiguration, insbesondere von speziellen Diensten, ist u. U. aufwändiger.
- Bestimmte weit verbreitete, große kommerzielle Programme sind oft nicht auf Linux portiert worden.
- Die Hardwareunterstützung ist eingeschränkter als bei Windows-Betriebssystemen.
- Die Dokumentation ist fast ausschließlich in englischer Sprache.

b) Unix ist ein kommerzielles Betriebssystem (mit meist recht kostenintensiven Lizenzgebühren), während es sich bei Linux um ein kostenloses open-source Produkt handelt. (3 P.)

c) Der **Samba-Dienst** muss auf dem Linux Rechner installiert, konfiguriert und aktiviert sein. Über den Samba-Dienst werden die Ressourcen entsprechend im Netzwerk freigegeben. (3 P.)

Fortsetzung des 3. Handlungsschrittes auf der nächsten Seite

3. Handlungsschritt (25 Punkte)

Fortsetzung

d) Linux Distributionen (5 P.)

- openSuSE
- RedHat
- Fedora
- Debian
- Knoppix
- Gentoo
- Slackware
- Ubuntu
- Arch Linux
- CentOS
- ...

e) (8 P.)

Der erste Block zeigt den Typ und die gesetzten Rechte für die Datei bzw. das Verzeichnis an:

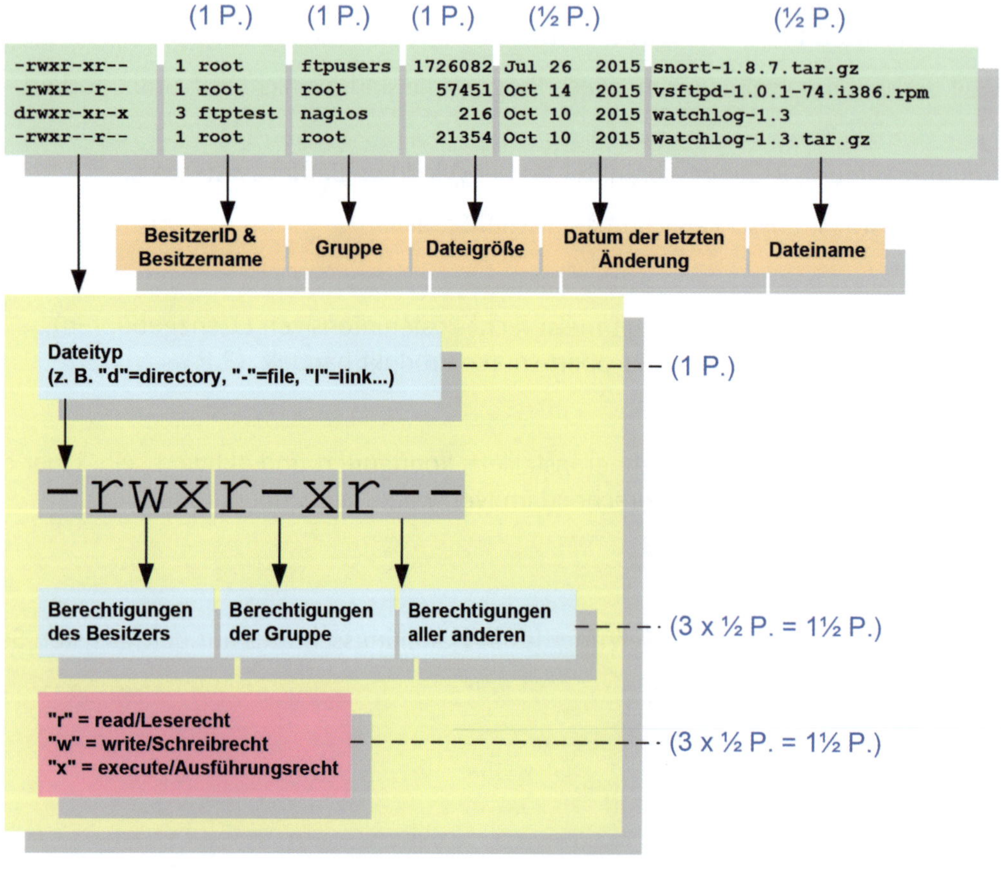

4. Handlungsschritt (25 Punkte)

a) (1 P.)

Das menschliche Gehirn kann sich Namen schlichtweg einfacher merken als IP-Adressen. Auch der praktische Umgang mit Namen ist einfacher als der mit bis zu 12 durch Punkte getrennte Ziffern.

b) (4 P.)

Rekursive Namensauflösung

Der anfragende Client schickt seine Anfrage zur Namensauflösung an den ersten bekannten DNS-Server. Kann dieser den Namen nicht selber auflösen, fragt dieser bei einem anderen DNS-Server an. Kann auch dieser den Namen nicht auflösen, sendet dieser seinerseits eine Anfrage an den nächsten bekannten DNS-Server usw., bis schließlich die Anfrage von einem Server beantwortet werden kann. Die Antwort wird dann zum ursprünglich anfragenden Host durchgereicht.

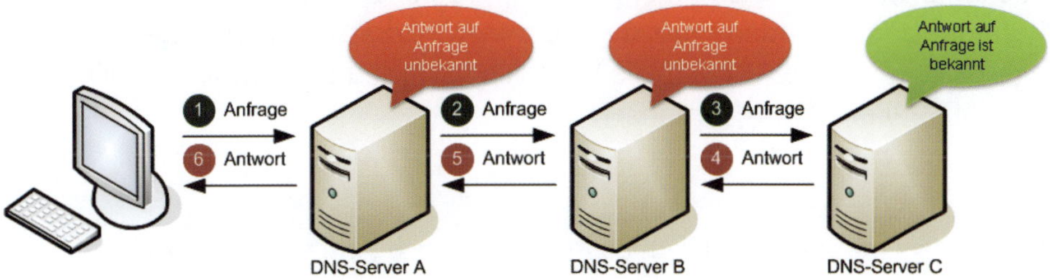

Iterative Namensauflösung

Kann der erste DNS-Server den angefragten Namen nicht auflösen, sendet er die IP-Adresse eines anderen DNS-Server zurück zum Client. Der Client stellt dann die Anfrage an den alternativen DNS-Server. Kann auch dieser die Anfrage nicht beantworten, sendet dieser seinerseits die Adresse eines alternativen DNS-Servers zum Client usw. Wenn schließlich ein Server den Namen auflösen kann, sendet dieser seine Antwort direkt zum Client.

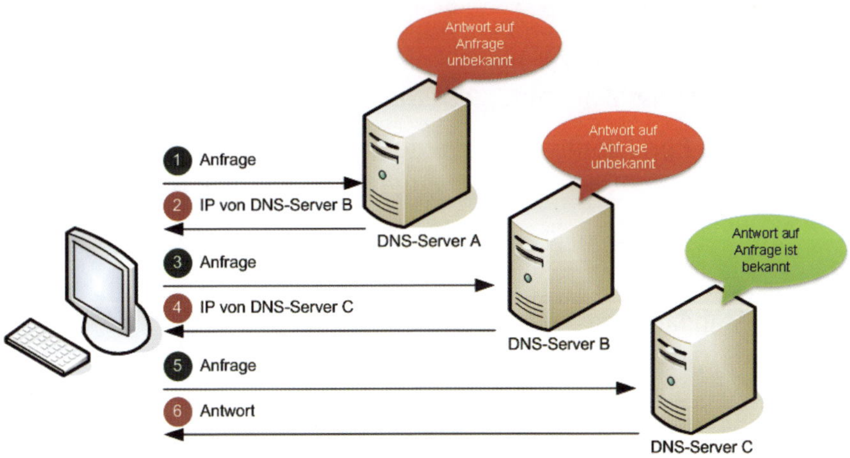

c)

ca) **ARP** = **A**ddress **R**esolution **P**rotokoll (3 P.)

cb) Die Netzwerkkarte eines Rechners nimmt nur die Datenpakete aus dem LAN entgegen, die an seine eigene MAC-Adresse gerichtet sind. Die MAC-Quell- und Zieladresse stehen ganz vorne im Datenpaket.

Fortsetzung des 4. Handlungsschrittes auf der nächsten Seite

4. Handlungsschritt (25 Punkte)

Fortsetzung

Normalerweise werden in den meisten Applikationen allerdings IP-Adressen und keine MAC-Adressen angegeben. Damit ein Datenpaket zusammengesetzt werden kann, muss der sendende Rechner aus der IP-Adresse des Zielrechners irgendwie die zugehörige MAC-Adresse ermitteln. Genau dies ist die Aufgabe von ARP: Ermitteln der MAC-Adresse aus einer gegebenen IP-Adresse im lokalen Netzwerk.

Hierzu schickt der sendende Rechner eine Broadcast-Nachricht (also an alle hosts im lokalen Netzwerk) ins Netz: „Wer von euch hat die IP a.b.c.d? Schickt mir doch bitte eure MAC-Adresse zurück!“.

Der entsprechende Rechner antwortet und schickt seine MAC-Adresse, aus der dann das eigentlich zu sendende Datenpaket zusammengesetzt werden kann. Damit nicht jedes Mal eine solcher „ARP-request“ stattfinden muss, wird die MAC-Adresse eine gewisse Zeit in einer Tabelle zwischengespeichert. Diese ARP-Tabelle lässt sich sowohl unter Linux, Unix als auch Windows mit dem „ARP“-Befehl anzeigen. (6 P.)

d) (6 P.)

Ermitteln der IP des Zielrechners mittels Namensauflösung (z. B. durch Anfrage an einen Nameserver)

Herausfinden der zur Ziel-IP gehörenden MAC-Adresse mittels ARP-request

e) **Ports**

ea) **Funktionsweise** (2 P.)

Das Datenpaket eines Client, welches eine Dienstanforderung an einen Netzwerkhost stellt, enthält nicht nur die Ziel-IP-Adresse des Servers, sondern auch die **Portnummer des Dienstes.** Jeder Dienst auf einem Server ist auf einem bestimmten, eindeutigen Port konfiguriert (rechnerisch zwischen 1 und 65535), d. h. der Dienst reagiert nur, wenn auf diesem Port (in manchen Literaturstellen auch als „Kanal“ bezeichnet) Anfragen eintreffen. Insbesondere für Standarddienste haben sich im Laufe der Zeit Standards etabliert.

Natürlich können Dienste auch auf Ports konfiguriert werden, die nicht dem Standard entsprechen. In diesem Falle allerdings muss der Client explizit eingerichtet werden, um den entsprechenden Dienst nutzen zu können.

eb) **Standardports** (3 P.)

Hier eine Liste der wichtigsten Standarddienste und deren Ports:

Dienst	Beschreibung	Standardport
FTP	Dateiübertragung	21
SSH	Secure Shell	22
Telnet	Telnet-Sitzung	23
SMTP	E-Mail Versand	25
DNS	Namensauflösung	53
HTTP	Webserver Dienst	80
POP3	Herunterladen von E-Mails	110
HTTPS	Verschlüsselte Webseiten	443

5. Handlungsschritt (25 Punkte)

a) (8 P.)

- Liquiditätsprobleme beim Kunden
- schlechte Organisation beim Kunden (Rechnung blieb unbearbeitet, Zahlungsverkehr nicht durchgeführt, Rechnung ging beim Kunden verloren etc.)
- Probleme oder Unzufriedenheit mit dem Auftrag und der Leistung (Reklamation, Mängelanzeige etc.)
- Rechnung hat den Kunden nicht erreicht (nicht versendet, auf dem Postwege verloren gegangen etc.)
- Zahlungen wurden rausgeschickt, haben aber den Empfänger nicht erreicht (z. B. wegen „Zahlendreher" in Bankverbindung etc.)

b) (1 P.)

Nach § 286 Abs. 3 BGB kommt der gewerbliche Schuldner automatisch in Verzug, wenn er nicht innerhalb von 30 Tagen nach Zugang der Rechnung gezahlt hat.

c) (3 P.)

Unter „Verzug" versteht man eine nicht rechtzeitig erbrachte Leistungspflicht. Bei einer bereits fällig gewesenen und noch nicht geleisteten Zahlung befindet sich beispielsweise der säumige Zahler in Verzug (Schuldnerverzug). Aber auch der Gläubiger kann in Verzug geraten, wenn er sich beispielsweise weigert, die gelieferte Ware wie vereinbart anzunehmen (Gläubigerverzug).

d)

da) Das Ausfallrisiko ist bei Geschäften mit staatlichen Behörden am geringsten. Der Staat gilt als mit Abstand zuverlässigster Schuldner. Die totale Zahlungsunfähigkeit eines Staates gilt auf Grund der Vielfalt seiner finanzwirtschaftlichen Instrumente als unwahrscheinlich und früh vorhersehbar. (2 P.)

db) Folgende Maßnahmen lassen sich beispielhaft vornehmen, um dem Risiko eines Forderungsausfalls zu begegnen: (6 P.)

- Wirtschaftsauskunft einholen
- Vorkasse verlangen
- Kreditversicherung abschließen
- Forderungen abtreten (Factoring)
- Hermesbürgschaft (Auslandsumsatz) beantragen
- Teilzahlungen bei größeren Aufträgen (die sich in verschieden Etappen und Projektstufen gliedern lassen) vereinbaren; vor Eingang der Teilzahlung zu den abgeschlossenen Etappen erfolgt keine Durchführung der nächsten Projektstufe

Fortsetzung des 5. Handlungsschrittes auf der nächsten Seite

5. Handlungsschritt (25 Punkte)

Fortsetzung

e) (3 P.)

- Bankkredit (Kontokorrentkredit)
- längere Zahlungsziele mit den Lieferanten vereinbaren
- Ratenzahlung mit den Lieferanten vereinbaren

f) (2 P.)

Generell gilt, dass ein Verzinsungsjahr mit 360 Tagen berechnet wird.

Demnach ergibt sich als Verzugsschaden für die 2 & 3 GmbH:

$$\text{Zinsaufwand} = \frac{\text{Kapital} \cdot \text{Zinssatz} \cdot \text{Tage}}{360 \cdot 100}$$

$$= \frac{25.000 \cdot 12 \cdot 1}{360 \cdot 100}$$

$$= \mathbf{8{,}33\ €}$$

1. Handlungsschritt (25 Punkte)

a) (3 P.)

Ein **Modul** ist ein **eigenständiges Teilsystem** einer Software, das im Wesentlichen von den anderen Einheiten **unabhängig** ist und hinsichtlich der zusammengefassten Funktionen eine **logische Einheit** (z. B. Rechnungswesen, Personalwesen, Logistik, Produktionsplanung etc.) bildet.

b) (3 P.)

- Der Kunde muss nicht das ganze Produkt kaufen, sondern kann sich auf die Module beschränken, die er einsetzen möchte.
- Das ganze System kann hinsichtlich der Module gezielt erweitert werden, ohne dass in die bereits eingesetzten Programmeinheiten eingegriffen werden muss.
- Die einzelnen Module können von der Programmierung leichter gepflegt und gewartet werden.
- Das Produkt kann seine Marktreife bereits erreicht haben, bevor alle Module fertiggestellt worden sind.

c) (17 P.)

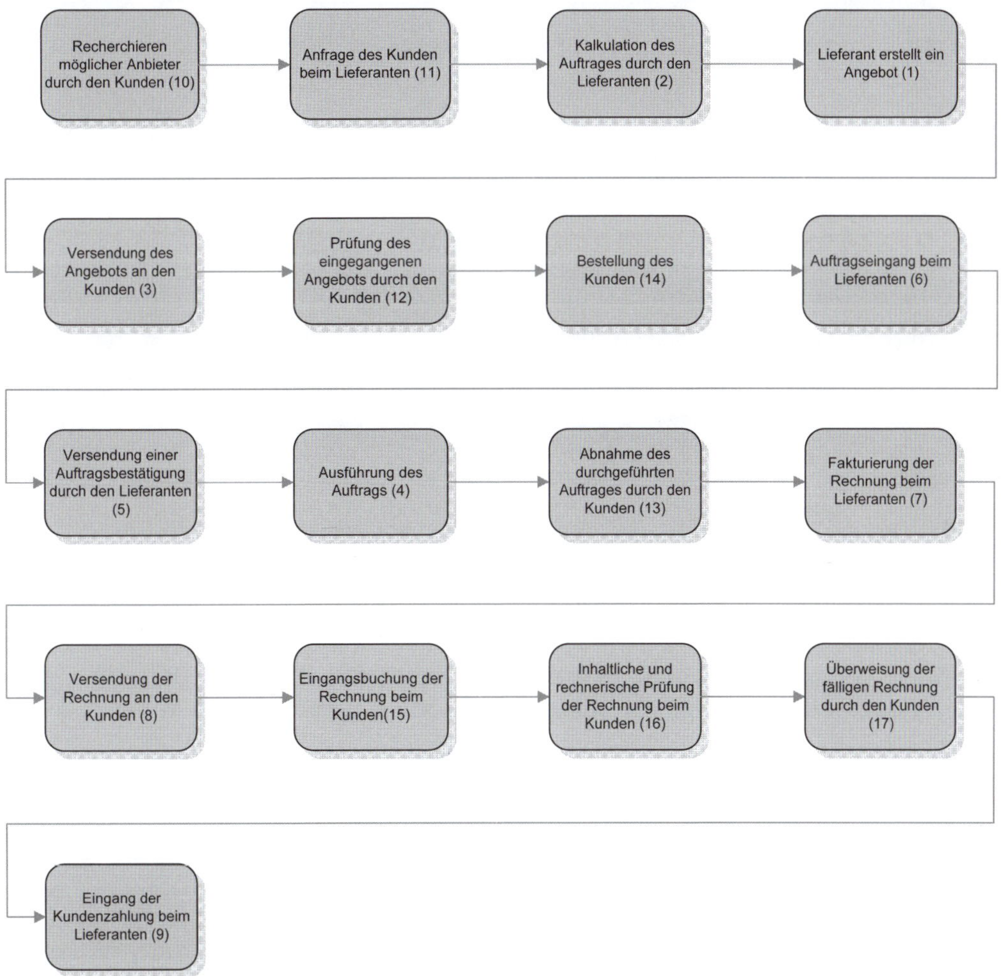

Unter bestimmten Umständen ist die Rechnungseingangsprüfung (16) bereits vor der Eingangsbuchung der Rechnung möglich (15), sodass auch diese Reihenfolge zur richtigen Lösung führt. (17 P.)

Fortsetzung des 1. Handlungsschrittes auf der nächsten Seite

1. Handlungsschritt (25 Punkte)

Fortsetzung

d) (2 P.)

Die Eingaben lassen sich durch Vergleiche auf Plausibilität prüfen und somit vom System auf „sinnvolle“ Größenordnungen begrenzen. Diese Begrenzungen können dann nur durch eine gezielte und gewollte Veränderung korrigiert werden.

Z. B.:

- Alterseingaben werden auf Werte zwischen 0 und 100 begrenzt ...
- Jahresdaten werden auf Werte zwischen 1900 bis 2030 begrenzt ...
- Bestelleingaben werden auf Höchstbestellmengen begrenzt ...
- usw ....

2. Handlungsschritt (25 Punkte)

a) **Aufgaben eines Projektleiters** (5 P.)

- Auswahl der Mitarbeiter
- Motivation der Teammitglieder
- Treffen strategischer Entscheidungen
- Problemlösungen anregen
- Das Projekt (nach innen und nach außen) repräsentieren
- Sicherstellen der Kommunikation im Team
- Sicherstellen der Kommunikation zu den externen Schnittstellen
- Konflikte erfassen und moderieren
- Die Verantwortung für das Projektergebnis übernehmen
- Verantwortung für die Termintreue übernehmen
- Delegation von Teilaufgaben an Mitarbeiter, je nach Qualifikation

b) **Branchen- oder Individualsoftware?** (2 P.)

In diesem Falle handelt es sich um eine **Branchenlösung,** da sich die zu erarbeitende Lösung klar an die **allgemeine Zielgruppe der Speditions- und Logistikunternehmen** richtet.

c) **Release Management**

ca) **Release**

Unter einem Release versteht man die **Bündelung** von mehreren funktionalen und/oder technischen **Änderungen** bzw. **Erweiterungen** einer Software zu einer neuen **Softwareversion.** (3 P.)

cb) **Aufgaben des Release Managements** (5 P.)

- **Festlegen des Release-Umfangs** („Scope") – Welche Änderungen sollen Bestandteil der neuen Version sein?
- **Zeitplanung der einzelnen Projektphasen –** Oft wird der Zeitpunkt für ein neues Release sehr frühzeitig publiziert, um die Nachfrage zu steigern.
- **Qualitätskontrolle** – Festlegen der Test-Strategien
- **Dokumentation** – Interne Dokumentation, Kundendokumentation (Handbücher) sowie für das Marketing relevante Dokumentation der Änderungen
- **Planung von Schulungen** – Gerade bei „großen" Releases mit umfangreichen funktionalen Änderungen können Kundenschulungen notwendig werden.
- **Rollout-Strategie** – Auf welche Weise wird die neue Version den Kunden zur Verfügung gestellt? Beispielsweise können einigen ausgewählten Kunden Vorab-Versionen zur Verfügung gestellt werden („Beta-Releases" oder „Release Candidates"), bevor die endgültige Version vermarktet wird.

Fortsetzung des 2. Handlungsschrittes auf der nächsten Seite

2. Handlungsschritt (25 Punkte)

Fortsetzung

cc) **Release-Zyklus** (2 P.)

- **Vorteile**
  - Schnelle Reaktion auf neue Anforderungen (Kundenanforderungen, Änderung gesetzlicher Bestimmungen etc.)
  - Technologievorsprung (z. B. schnellere Einführung neuer Funktionen im Vergleich zur Konkurrenz)
- **Nachteile**
  - Kürzere Testphasen führen oftmals zu mehr Fehlern in einem Release und damit zu geringer Produktqualität.
  - Großer administrativer und organisatorischer Aufwand (intern sowie bei Kunden)

cd) **Kostenlose Änderungen** (2 P.)

- Das Release enthält hauptsächlich Elemente zur Fehlerbeseitigung der Vorgängerversion.
- Reaktion auf geänderte Rahmenbedingungen (z. B. Gesetzesänderungen)

ce) **Update vs. Upgrade** (2 P.)

Bei einem Update handelt es sich um **kleinere Änderungen,** die in Form einer **neuen Unterversion** zur Verfügung gestellt werden (z. B. die Version 10.1.0 wird auf eine Version 10.1.1 „upgedated"). Ein Update beinhaltet im Wesentlichen die Beseitigung von **Softwarefehlern** und/oder die **notwendige Aktualisierung** der Software um beispielsweise geänderten gesetzlichen Rahmenbedingungen Rechnung zu tragen.

Ein Upgrade hingegen beinhaltet **umfangreichere Änderungen** und enthält in aller Regel **signifikante Erweiterungen des Funktionsumfangs.** Upgrades entsprechen meistens einer **neuen Softwareversion** (z. B. die Version 10.1.0 wird auf die Version 11.0.0 „upgegraded").

d) **Zusammenarbeit mit der Supportabteilung** (4 P.)

- Erhöhen der Produktqualität der nächsten Version durch die **Beseitigung von Softwarefehlern** oder anderen **Problemquellen** (beispielsweise schlechte Bedienbarkeit in einigen Bereichen), die von den Kunden gemeldet wurden.
- Bei individuellen Kundenanfragen für **Erweiterungen** sollte geprüft werden ob diese für die **gesamte Branchenlösung** sinnvoll sein könnten. Ist dies der Fall, können sie dann als **fester Bestandteil** in die nächste Softwareversion eingebunden werden.

3. Handlungsschritt (25 Punkte)

aa) (5 P.)

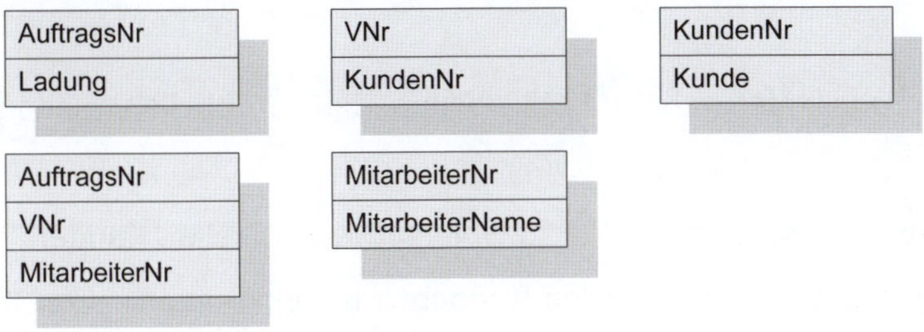

ab) (1 P.)

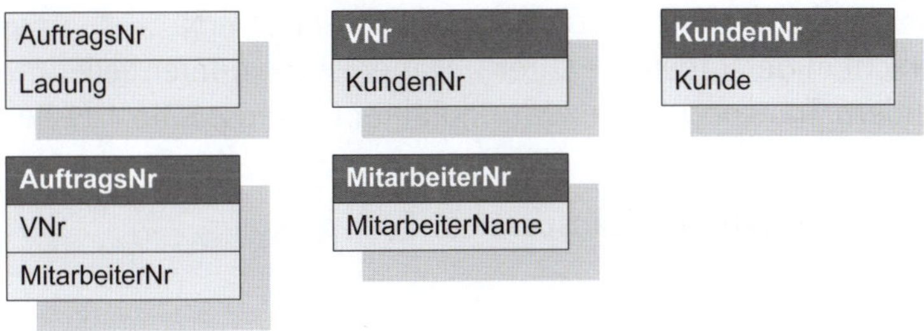

ac) (2 P.)

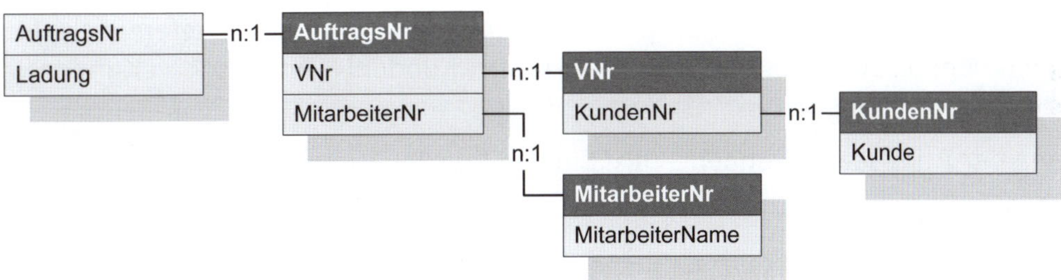

b) **Datenbankspezifische Begriffe** (4 P.)

ba) **Redundanz**
Das Auftreten von überflüssigen, mehrfach vorhandenen Daten

bb) **Primärschlüssel**
Datenfeld, das jeden Datensatz innerhalb einer Datenbanktabelle eindeutig kennzeichnet

bc) **Datensatz**
Eine Zeile innerhalb einer Datenbanktabelle

bd) **INSERT**
SQL-Befehl zum Einfügen neuer Datensätze in eine Datenbanktabelle

Fortsetzung des 3. Handlungsschrittes auf der nächsten Seite

3. Handlungsschritt (25 Punkte)

Fortsetzung

c) **Datenbankoperationen**

ca) Hinzufügen von {4/Müller & Sohn/Käferstraße 4/42232/Wuppertal} zur Tabelle „Kunden" (1 P.)

Erlaubte Operation

cb) Hinzufügen von {2/Müller AG/Am Kressling 1/42653/Solingen} zur Tabelle „Kunden" (1 P.)

Unerlaubte Operation; da es sich beim Feld Kunden.KundenNr um ein Primärschlüsselfeld handelt und die KundenNr „2" in der Tabelle schon vorhanden ist, kann ein zweiter Datensatz mit identischer Kundennummer nicht hinzugefügt werden.

cc) Hinzufügen von {5/210/3/1/S1} zur Tabelle „Transport" (1 P.)

Unerlaubte Operation; im angegebenen Datensatz wird auf Fahrer.FahrerNr „3" verwiesen. Dieser Fahrer existiert noch nicht in der Tabelle „Fahrer". Daher ist die referentielle Integrität verletzt, da zwischen den Feldern Transport.FahrerNr und Fahrer.FahrerNr eine 1:N Beziehung besteht.

cd) Hinzufügen von {6/300/2/3/S2} zur Tabelle „Transport" (1 P.)

Erlaubte Operation

ce) Löschen des Datensatzes mit der TransportNr „4" aus der Tabelle „Transport" (1 P.)

Erlaubte Operation

cf) Löschen des Kunden „Feedme" aus der Tabelle „Kunden" (1 P.)

Unerlaubte Operation; da der Kunde „Feedme", mit der Kunden.KundenNr „2", in der Tabelle „Transport" verwendet wird (Transport.TransportNr „3"), würde die referentielle Integrität verletzt werden, da zwischen den Feldern Transport.KundenNr und Kunden.KundenNr eine 1:N Beziehung besteht.

cg) Änderung der Adresse des Kunden „UPV" in der Tabelle „Kunden" (1 P.)

Erlaubte Operation

ch) Änderung des Datensatzes {S1/GE-TT-483} in {S3/GE-ST-661} in der Tabelle „Fahrzeug" (1 P.)

Unerlaubte Operation; das Ändern des Kennzeichnes wäre kein Problem, wohl aber die Änderung des Primärschlüsselfeldes FahrzeugNr von „S1" in „S3". In diesem Falle käme es zu einer Dateninkonsistenz zwischen der Tabelle „Transport" und „Fahrzeug". Die referentielle Integrität zwischen beiden Tabellen wäre verletzt, da die Felder Transport.FahrzeugNr und Fahrzeug.FahrzeugNr über eine 1:N Beziehung verfügen.

Fortsetzung des 3. Handlungsschrittes auf der nächsten Seite

3. Handlungsschritt (25 Punkte)

Fortsetzung

d) **Indexierung**

da) **Zielsetzung** (2 P.)

Die Zielsetzung eines Index ist eine **Beschleunigung von Such- und Sortiervorgängen** bezogen auf bestimmte Felder in der Datenbank.

db) **Methode** (3 P.)

Wird eine nicht-indizierte Suche durchgeführt, muss die gesamte Datentabelle sequentiell durchsucht werden, was gerade bei großem Datenvolumen sehr zeitaufwändig sein kann. Bei einem Index handelt es sich um eine **auf Zeigern basierte Tabelle,** die nach bestimmten **Ordnungskriterien** erzeugt wird (beispielsweise alphabetisch). **Die Zeiger verweisen auf Datensätze** in der eigentlichen Datentabelle. Bei einem Suchvorgang wird nicht auf die Datentabelle, sondern auf die **Indextabelle zugegriffen** und mittels **binärer Suchalgorithmen** kann die Zahl der Zugriffe auf die Indextabelle und somit die Zeit bis zum Auffinden der gesuchten Datensätze drastisch reduziert werden.

4. Handlungsschritt (25 Punkte)

a) (10 P.)

		Worldwide		Depot		On-The-Road	
Entwickler	Kosten/h	Std.	Produkt-kosten	Std.	Produkt-kosten	Std.	Produkt-kosten
Meier	30,00 €	20	600,00 €	60	1.800,00 €	80	2.400,00 €
Müller	30,00 €	40	1.200,00 €	40	1.200,00 €	80	2.400,00 €
Schmidt	25,00 €	20	500,00 €	125	3.125,00€	15	375,00 €
Schneider	25,00 €	60	1.500,00 €	45	1.125,00 €	55	1.375,00 €
Summe	110,00 €	140	3.800,00 €	270	7.250,00 €	230	6.550,00 €

b) (9 P.)

		Worldwide		Depot		On-The-Road		Überstunden	
Entwickler	Kosten/h	Std.	Produkt-kosten	Std.	Produkt-kosten	Std.	Produkt-kosten	Std.	Produkt-kosten
Meier	30,00 €	20	600,00 €	60	1.800,00 €	80	2.400,00 €	15	450,00 €
Müller	30,00 €	40	1.200,00 €	40	1.200,00 €	80	2.400,00 €	15	450,00 €
Schmidt	25,00 €	20	500,00 €	125	3.125,00€	15	375,00 €	15	375,00 €
Schneider	25,00 €	60	1.500,00 €	45	1.125,00 €	55	1.375,00 €	15	375,00 €
Überstd.-verteilung	–	15	**550,00 €**	15	**550,00 €**	15	**550,00 €**	15	–
Summe		155	**4.350,00 €**	285	**7.800,00 €**	245	**7.100,00 €**	60	**1.650,00 €**

Verteilung

c) Die Programmierkosten der 15 Überstunden lassen sich alternativ wie folgt verteilen: (6 P.)

Verteilung erfolgt …	Grund:
… nach Umsatz	Die Kosten werden nach den zu erzielenden Erlösen verteilt.
… nach Deckungsbeitrag	Die Kosten werden nach den schulterbaren Gewinnanteilen verteilt.
… nach verkauften Einheiten	Die Kosten werden nach den Verkaufsoptionen der Produkte verteilt.
… nach bisherigen Erstellungskosten	Die Kosten werden nach dem Aufwand verteilt, den die Produkte auslösen.

5. Handlungsschritt (25 Punkte)

a) (10 P.)

Aufbau der Matrixorganisation:

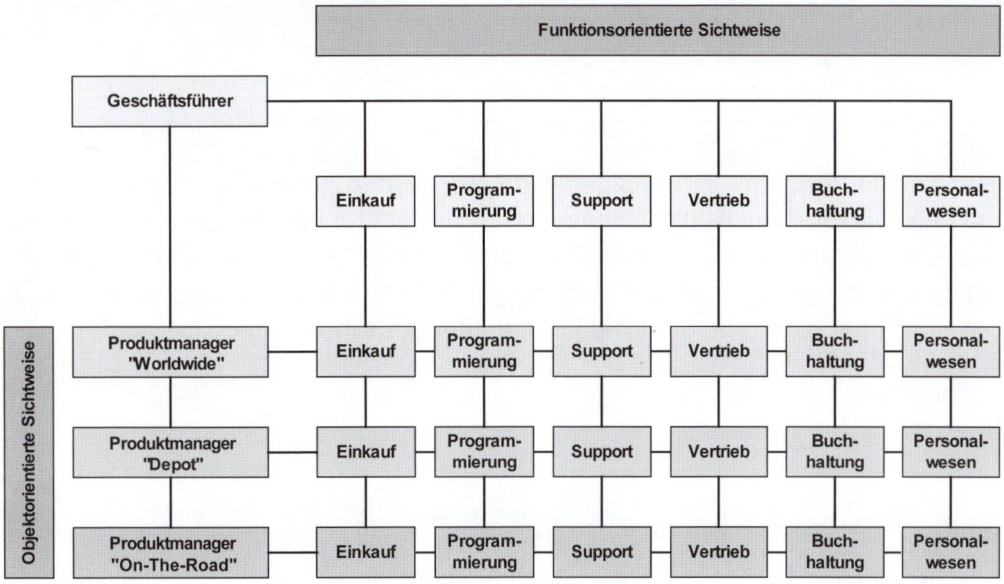

b) (4 P.)

Es gibt die Gefahr des „Kompetenzgerangels" und von **„Kompetenzüberschneidungen"** zwischen der objektorientierten und der funktionsorientierten Sichtweise sowie deren Entscheidungsträgern (Gefahr sich gegenseitig widersprechender Anweisungen). Dadurch, dass es immer **mehrere Entscheider** gibt, können Entscheidungen aufgrund fehlender Einigkeit zeitlich **verzögert oder durch Kompromisse inhaltlich verwässert** werden, denn es muss immer eine Einigkeit zwischen den Verantwortlichen herbeigeführt werden.

Beispiele: Einstellung von Mitarbeitern, strategische oder organisatorische Überlegungen, Prioritätensetzung etc.

Fortsetzung des 5. Handlungsschrittes auf der nächsten Seite

5. Handlungsschritt (25 Punkte)

Fortsetzung

c) In einem Software-Unternehmen haben die Abteilungen

- **Buchhaltung**
- **Personal**
- **Einkauf**

vorwiegend administrative Aufgaben zu erledigen. Eine produktbezogene Aufgabenverteilung von Buchhaltung und Personalabteilung ist nicht sinnvoll. Gleiches gilt für den Einkauf, da aufgrund geringer Materialwirtschaft auch hier vorwiegend Einkäufe für die Verwaltung im Vordergrund stehen. Die Hardware-Beschaffung beschränkt sich ebenfalls auf produktunabhängige Artikel. Deshalb sollten diese Abteilungen nach dem Prinzip der **Linienorganisation** aufgebaut werden.

Die Bereiche

- **Vertrieb**
- **Support**
- **Programmierung**

hingegen haben sich in aller Regel innerhalb der Abteilung spezialisiert. Um besondere Kenntnisse im Hinblick auf die Zielgruppe der Kunden sowie die Anforderungen an das zu erstellende Produkt zu entwickeln, macht eine Spezialisierung und Wissenskonzentration innerhalb des Teams Sinn. Hier bietet sich deshalb in besonderem Maße die **Matrixorganisation** zur Umsetzung an. (6 P.)

d) Gesetzliche Vollmachten:

da) Die Handlungsvollmacht ist eine in § 54 Handelsgesetzbuch definierte Vollmacht, die sich auf **einzelne** zum Handelsgewerbe gehörend **Rechtsgeschäfte** bezieht, im beschriebenen Szenario beispielsweise für Einkaufs- oder Verkaufsgeschäfte.

Die Prokura ist gegenüber der Handlungsvollmacht **eine wesentlich erweiterte Vollmacht.** Nach § 49 Handelsgesetzbuch ermächtigt Prokura zu **allen Arten von** gerichtlichen und außergerichtlichen **Geschäften und Rechtshandlungen** des Handelsgewerbes. Ein Prokurist kann seine Unterschrift also für Einkaufs- und Verkaufsgeschäfte, Rechtshandlungen im Personalwesen, für Bankgeschäfte usw. einsetzen. (3 P.)

db) Als Kennzeichnung erfolgt die Unterschrift bei der **Handlungsvollmacht** üblicherweise mit dem Kürzel „i.V." für „in Vollmacht".

Ein **Prokurist** versieht seine Unterschrift üblicherweise mit dem Zusatz **„ppa."** oder **„pp."** als Abkürzung für den Hinweis „per procura" [lat.]. (2 P.)

1. Handlungsschritt (25 Punkte)

a) Die Begriffe lassen sich wie folgt beschreiben: (4 P.)

1. Bei der **Marktdurchdringung** versucht der Anbieter mit einem vorhandenen Produkt einen bereits existierenden Markt zu beherrschen oder tiefer zu erschließen.
2. Bei der **Marktentwicklung** oder **Markterschließung** versucht der Anbieter mit einem bereits auf dem Markt befindlichen Produkt einen neuen Markt oder eine neue Käufergruppe zu erschließen.
3. Bei der **Produktinnovation** oder **Produktentwicklung** handelt es sich um ein neues Produkt, das der Anbieter auf einem bereits existierenden Markt platzieren möchte.
4. Bei der **Diversifikation** versucht der Anbieter mit einem neuen Produkt einen neuen Markt zu erschließen.

b) (5 P.)

ba) (A) Einführung
bb) (B) Wachstum
bc) (C) Reife
bd) (D) Sättigung
be) (E) Rückgang/Alterung/Degeneration

c) Ein *hoher Einführungspreis* bietet sich bei stark nachgefragten Produkteinführungen an, da sich damit zuerst die besonders **kaufbereiten Nachfrager** auf dem Markt **„abschöpfen"** lassen, bevor durch Preissenkung **weitere Käufergruppen** gezielt angesprochen werden, **die nicht so viel Kaufkraft besitzen.** Beispiele lassen sich leicht in der Unterhaltungselektronik finden (Fernseher, DVD-Spieler etc.) oder bei Produkten der IT-Branche (Rechner mit schnelleren und weiterentwickelten Bauteilen, Brenner, innovative Bildschirme etc.), die bei der Produkteinführung sehr teuer sind und bei Erreichen des „Massenproduktes" zu deutlich niedrigeren Preisen angeboten werden.

Ein *niedriger Einführungspreis* bietet sich bei Produkten an, **die erst bekannt gemacht werden müssen.** In der Öffentlichkeit kennt man dies außerhalb der IT-Branche von neuen Süßwarenprodukten oder neuen Shampoos. Nach Erreichen eines größeren Marktanteils, erfolgt die **Preisanhebung**, sobald deutlich geworden ist, dass **eine bestimmte Nachfrage erzeugt** und ein **bestimmter Bekanntheitsgrad erreicht** worden ist. In der IT-Branche findet diese Preisstrategie beispielsweise bei der Markteinführung neuer **Computerzeitschriften** oder **Internetdiensten** Anwendung. (6 P.)

Fortsetzung des 1. Handlungsschrittes auf der nächsten Seite

1. Handlungsschritt (25 Punkte)

Fortsetzung

d) Folgende Überlegungen sind unter den folgenden Konstellationen anzustellen:

da) Als alleiniger Anbieter auf dem Markt braucht sich die Slotti GmbH nicht an den Preisen der anderen Anbieter zu orientieren. Sie ist in der Lage, die Preise in dem Rahmen zu bestimmen, in denen sie Käufer findet. Wer die Software benötigt oder eine gute Nutzenrelation findet, wird die Software kaufen. Durch die **konkurrenzlose Situation** bietet sich ein **hoher Einführungspreis** an. (2 P.)

db) Als Anbieter unter vielen funktionsgleichen oder -ähnlichen Produkten ist es wichtig, sich erst einmal **auf dem Markt zu etablieren,** sich einen gewissen Kundenstamm zu erarbeiten, von dem aus der Markt dann weiter bearbeitet werden kann. Hier bietet sich die Strategie des **niedrigen Einführungspreises** an, um zumindest (vorerst) in wirtschaftlicher Hinsicht interessanter als die Konkurrenz zu sein. (2 P.)

dc) Weist das Programm ein Alleinstellungsmerkmal auf, ist es bereits zur Markteinführung gelungen, sich von den **Konkurrenzangeboten abzusetzen.** Wer einen Nutzen von der Zusatzfunktion hat und diesen auch anstrebt, kann nur bei der Slotti GmbH kaufen. Deshalb bietet sich auch hier die **Strategie eines hohen Einführungspreises** an. (2 P.)

dd) Gibt es bereits vor Markteinführung ein auffallend **großes Interesse,** ist Vorsicht geboten. Offensichtlich überzeugt die Konkurrenz nicht und die Nachfrager suchen nach Alternativen. Ein **hoher Einführungspreis** kann sich deshalb anbieten. Wird der Einführungspreis aber zu hoch gewählt und die Kunden sehen in dem (überhöhten) Preis kein gesundes Kosten/Nutzen-Verhältnis mehr, gehen die Nachfrager letztlich womöglich doch an die Konkurrenz verloren. (2 P.)

de) Arbeiten mehrere Anbieter an der Entwicklung einer solchen Software, ist die Frage, wer es schafft sein Produkt zuerst auf dem Markt anzubieten. Dieser (erste) Anbieter wird zumindest auch die erste Nachfrage (konkurrenzlos) auf sich ziehen und kann die Strategie eines hohen Einführungspreises wählen. Diese Strategie wird er aber vermutlich früh wieder aufgeben müssen, wenn die **Konkurrenzprodukte zeitnah zu einem niedrigeren Angebotspreis ebenfalls auf dem Markt erscheinen.**

Die Slotti Software GmbH würde als erster Anbieter bei der Strategie eines hohen Einführungspreises riskieren, dass der Kunde das Angebot als (zu) teuer gegenüber den (ebenfalls zeitnah) eingeführten Konkurrenzprodukten wahrnimmt. Käufer in zweiter Reihe würden sich deshalb für das Produkt eines Alternativanbieters entscheiden. Bietet die Slotti Software GmbH nur sehr kurzzeitig das Produkt zum hohen Einführungspreis an und senkt den Preis dann wieder schnell auf das Niveau der Konkurrenzprodukte, riskiert sie die Erstkäufer zu verärgern und damit mittel- und langfristig auf anderem Wege Kunden zu verlieren.

Als Einführungspreis sollte deshalb trotz (anfänglicher) Monopolstellung bereits früh ein **marktgerechter Preis** gewählt werden. (2 P.)

2. Handlungsschritt (25 Punkte)

a) (4 P.)

Nr.	Bezeichnung	Rechenweg	Kosten
1.	Produktmanager	12 x 5.000,00 €	60.000,00 €
2.	Programmierer	12 x 4 x 4.000,00 €	192.000,00 €
3.	Werbebudget	48.000,00 € fix	48.000,00 €
Summe			**300.000,00 €**

b) (8 P.)

Break-Even-Point:

x = Anzahl Monate

Die Kosten setzen sich aus den Vorleistungen in Höhe von 300.000,00 € sowie den weiterhin zu zahlenden monatlichen Kosten für die Produktmanagerin i.H.v. monatlich 5.000,00 € zusammen:

Kosten = 300.000,00 € + x · 5.000,00 €

Die zu erwarteten Erlöse ergeben sich aus 50 Einheiten zum Preis von 500,00 €:

Erlöse = x · (50 · 500,00 €)

Break-Even-Point:

Kosten	= Erlöse
300.000,00 + x · 5.000,00	= x · (50 · 500,00)
↔ 5.000 x + 300.000,00	= 25.000 x
↔ 300.000,00	= 20.000 x
↔ 20.000 x	= 300.000,00
↔ x	= **15**

Im **15. Monat** nach Produkteinführung, also im März X4, decken sich Kosten und Erlöse, ab dem 16. Monat, im April X4, wird die Gewinnschwelle erreicht.

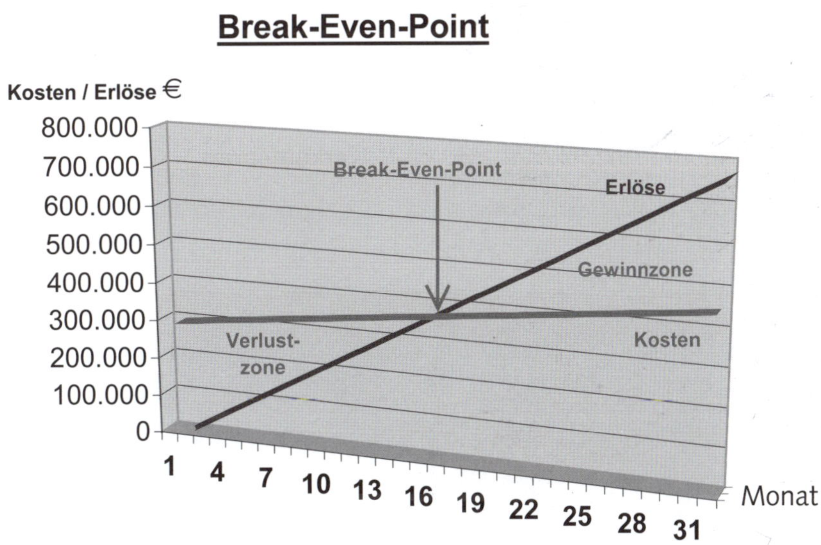

Fortsetzung des 2. Handlungsschrittes auf der nächsten Seite

2. Handlungsschritt (25 Punkte)

Fortsetzung

c) (8 P.)

Kosten

- Kosten vom 01.01.X2 bis 31.12.X2
  = 300.000 €
- Kosten vom 01.01.X3 bis 31.12.X4
  = 24 · 5.000 € = 120.000 €
- Gesamtkosten = 300.000 € + 120.000 € = 420.000 €

Erlöse

- Erlöse vom 01.01.X2 bis 31.12.X2
  = 0
- Erlöse vom 01.01.X3 bis 31.12.X4
  = 24 · 50 · 500 € = 600.000 €

Gewinn

Gewinn = Erlöse – Kosten
= 600.000 € – 420.000 €
= 180.000 €

d) Nettoumsatz in Vorjahren:

Umsatz = verkaufte Einheiten · Anzahl Monate · Nettoverkaufspreis
= 50 · 12 · 500 €
= 300.000 €

Nettoumsatz vom 01.01.X5 bis 31.12.X5:

Umsatz = verkaufte Einheiten · Anzahl Monate · Nettoverkaufspreis
= 80 · 12 · 400 €
= 384.000 €

prozentuale Abweichung:

x = 384.000 · 100 % : 300.000
= 128 %

Beim Eintreffen der Erwartungen wird die Slotti Software GmbH im Geschäftsjahr 01.01.X5 bis 31.12.X5 einen Zuwachs des Nettoumsatzes von **28 %** im Vergleich zum Vorjahr zu verzeichnen haben. (5 P.)

3. Handlungsschritt (25 Punkte)

a) (5 P.)

Top-down-Strategie

Bei der **Top-down-Strategie** geht man von dem eigentlichen zu lösenden komplexen Problem aus und bricht dieses sukzessiv in kleinere Probleme herunter, die dann ihrerseits solange weiter verfeinert werden, bis jedes einzelnes programmtechnisch darstellbar ist. Kurz: Vom Abstrakten zum Konkreten.

Im Rahmen des **Bottom-up-Verfahrens** werden einfache Programmeinheiten entwickelt und getestet. In mehreren Schritten werden diese durch Kombination dann zu einem kompletten Programm zusammengefügt. Kurz: Vom Konkreten bzw. Speziellen zum Abstrakten bzw. Allgemeinen.

b) (5 P.)

Folgende Qualitätsanforderungen sind allgemein an eine Software zu stellen:

- **Benutzerfreundlichkeit** ist die Leichtigkeit, mit der die Benutzung einer Software, ihre Bedienung, das Bereitstellen von Eingabedaten und die Auswertung von Ergebnissen erlernt werden kann.
- **Effizienz** ist die ökonomische Nutzung von Hardware-Ressourcen wie Prozessoren, internem und externem Speicher und Kommunikationsgeräten.
- **Erweiterbarkeit** bezeichnet die Leichtigkeit, mit der Softwareprodukte an Änderungen der Spezifikation angepasst werden können.
- **Integrität** ist die Fähigkeit einer Software, ihre verschiedenen Komponenten gegen unberechtigte Zugriffe und Veränderungen zu schützen.
- **Kompatibilität** ist das Maß der Leichtigkeit, mit der Softwareprodukte mit anderen verbunden werden können.
- **Korrektheit** ist die Fähigkeit von Softwareprodukten, ihre Aufgaben exakt zu erfüllen, wie sie durch Anforderungen und Spezifikationen definiert sind.
- **Portabilität** ist das Maß der Leichtigkeit, mit der Softwareprodukte auf verschiedene Hardware- und Softwareumgebungen übertragen werden können.
- **Robustheit** heißt die Fähigkeit von Softwaresystemen, auch unter außergewöhnlichen Bedingungen zu funktionieren.
- **Verifizierbarkeit** ist das Maß der Leichtigkeit, mit der Abnahmeprozeduren, insbesondere Testdaten und Prozeduren zur Fehlererkennung und -verfolgung während der Validations- und der Betriebsphase erzeugt werden können.
- **Wiederverwendbarkeit** von Softwareprodukten ist die Eigenschaft, ganz oder teilweise für neue Anwendungen wiederverwendet werden zu können.

Fortsetzung des 3. Handlungsschrittes auf der nächsten Seite

3. Handlungsschritt (25 Punkte)

Fortsetzung

c) **Imperative und Deklarative Programmiersprachen** (3 P.)

Imperative Programmiersprachen werden in der klassischen Programmierung eingesetzt. Hierbei werden Probleme in Teilprobleme zerlegt. Durch eine **Folge von Anweisungen,** die beim Programmablauf **der Reihe nach („sequentiell") abgearbeitet werden,** wird beschrieben, *wie* ein Problem bzw. Teilproblem durch Einzelschritte gelöst werden kann. Die zu verarbeitenden Werte werden in **Variablen** gespeichert und im Laufe des Programms manipuliert. Typischer Vertreter dieser Spezies sind klassische Sprachen wie **Pascal, Delphi, C, C++, FORTRAN, COBOL, Basic, JAVA** etc.

Bei deklarativen Programmiersprachen hingegen steht im Mittelpunkt die **Beschreibung des Problems** und nicht, wie das Problem zu lösen ist. Mögliche Wege zur Lösung des Problems werden dem System überlassen und in manchen Sprachen durch die Definition von Regeln unterstützt. Typische Vertreter sind moderne KI- („Künstliche Intelligenz") Sprachen wie **PROLOG** oder **Haskell.**

d) **OOP** = **O**bjekt**o**rientierte **P**rogrammierung

da) Während in prozeduralen Programmiersprachen die Programmlogik (die Anweisungen und Algorithmen) und die **Datenstrukturen** voneinander getrennt und in gewissem Sinne unabhängig voneinander sind, werden diese bei der OOP (Objektorientierten Programmierung) zu einem „Objekt" **zusammengefasst.** (2 P.)

db) **OOP-Prinzipien** (3 P.)

- Vererbung
- Polymorphie
- Kapselung

dc) Ein **Objekt** ist eine Instanz einer Klasse. Während **Klassen** die Struktur definieren (quasi den Bauplan), sind Objekte explizite Ausprägungen einer Klasse und praktisch verwendbar. (4 P.)

dd) **Bestandteile von Klassen** (3 P.)

- Eigenschaften (Attribute)
- Methoden
- Ereignisse

4. Handlungsschritt (25 Punkte)

a) (8 P.)

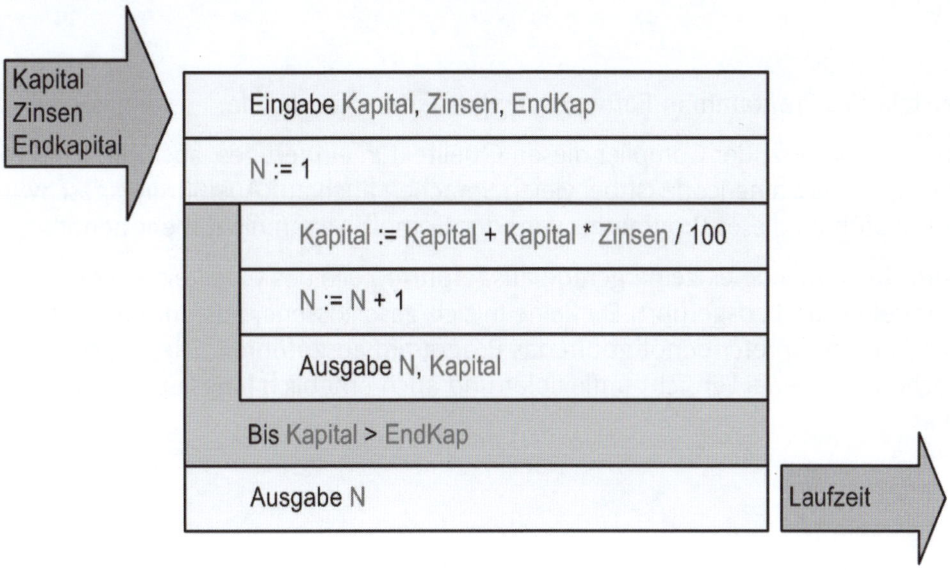

oder

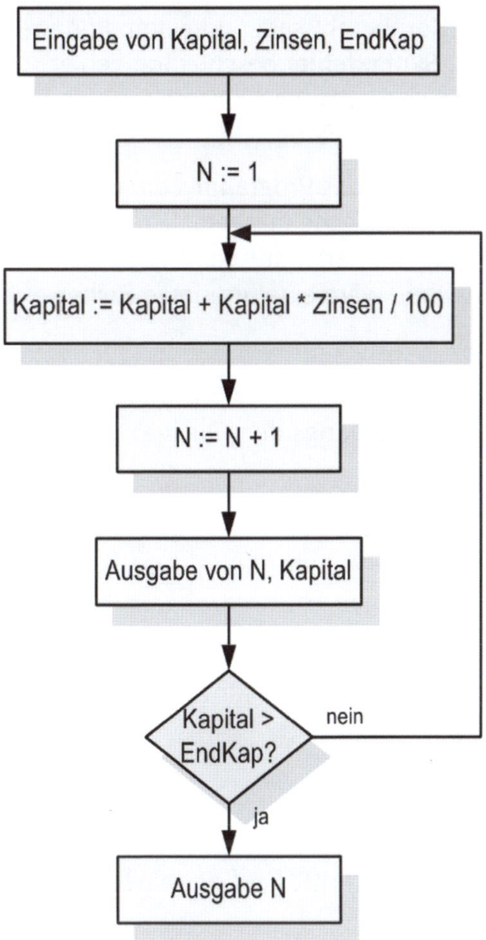

Fortsetzung des 4. Handlungsschrittes auf der nächsten Seite

4. Handlungsschritt (25 Punkte)

Fortsetzung

b) (4 P.)

Der Programmierer erstellt das Programm in Form von textbasiertem Quellcode.

Bei einer **Compilersprache** übersetzt der Compiler diesen Quelltext in ein fertiges, ausführbares Programm. Dieser resultierende Maschinencode ist bei vielen Sprachen auch auf Ausführungsgeschwindigkeit optimiert. Zum Ausführen dieses Programms wird der Compiler dann nicht mehr benötigt.

Bei einer **Interpretersprache** wird jede einzelne gerade ausgeführte Zeile des Quelltextes vom Befehlsinterpreter interpretiert und ausgeführt. Da keine in sich geschlossene, ausführbare Datei entsteht, wird jedes Mal der Interpreter benötigt um das Programm auszuführen. Diese Tatsache macht Interpretersprachen in vielerlei Hinsicht unflexibler und auch erheblich langsamer als compilerbasierte Sprachen.

c)

ca) (2 P.)

Syntax-/Semantikfehler:

Jede Programmiersprache besteht aus einem bestimmten Kernbefehlssatz und einem Formalismus, dem der Programmierer im Quelltext folgen muss. **Syntaxfehler** beschreiben Fehler, die durch Verletzen formaler Regeln einer Programmiersprache entstehen. Oftmals werden in letzter Konsequenz derartige Fehler durch Tippfehler im Quelltext verursacht.

Semantische oder logische Fehler bestehen darin, dass die Logik des Programms die gegebene Problemstellung nicht lösen kann. Ursachen sind beispielsweise falsche mathematische Formeln oder eine nicht sinnvolle Reihenfolge von Befehlen (z. B. am Fahrkartenautomat: „Drucke erst die fertige Fahrkarte aus und warte dann auf die Geldeingabe“ wäre eine unsinnige Reihenfolge und löst nicht die gestellte Aufgabe).

cb) (2 P.)

Ausschließlich **Syntaxfehler**, da er während des Übersetzungsvorgangs den Quelltext auf Einhaltung der Formalien prüft.

cc) (4 P.)

Da der Compiler bzw. Interpreter **Syntaxfehler** sofort erkennt, lokalisiert und meldet, sind diese leicht zu finden.

Logische Programmfehler sind meist nur unter sehr hohem Zeitaufwand zu lokalisieren. Oftmals werden die Programmteile, in denen der Fehler vermutet wird, Zeile für Zeile durchgearbeitet und sämtliche Variablenwerte und Ausgaben genaustens verfolgt.

Fortsetzung des 4. Handlungsschrittes auf der nächsten Seite

4. Handlungsschritt (25 Punkte)

Fortsetzung

d) **Iteration vs. Rekursion** (5 P.)

Unter Iteration versteht man das **mehrmalige Ausführen bestimmter Anweisungen durch den Einsatz von Schleifen** (kopfgesteuerte, fußgesteuerte oder Zählschleife).

Unter Rekursion hingegen werden Anweisungen ebenfalls mehrmals ausgeführt, allerdings dadurch, dass **Funktionen sich selber erneut aufrufen,** ohne den expliziten Einsatz von Schleifen. Dieses Verfahren ist oft, aber nicht nur, bei mathematischen Problemstellungen hilfreich.

Beispiel:

Ein klassisches Beispiel für den Einsatz der Rekursion ist die Berechnung der Fakultät. Mathematisch ist die Fakultät folgendermaßen definiert:

```
N! = N * (N-1) * (N-2) * … * 2 * 1
```

Hier ein Beispiel für die Berechnung für die Fakultät der Zahl 5:

```
5! = 5 * 4 * 3 * 2 * 1 = 120
```

Iterativ könnte die Berechnung beispielsweise wie folgt umgesetzt werden (hier ein Beispiel in Pascal/Delphi; der mathematische Sonderfall 0! = 1 wird hier der Einfachheit halber nicht berücksichtigt):

```
function Fakultaet(N : Integer) : Integer;
var  I : Integer;
begin
  Result := 1;
  for I := 1 to N do
    Result := Result*I;
end;
```

Mithilfe der Rekursion könnte die Berechnung so erfolgen:

```
function Fakultaet(N : Integer)  : Integer;
begin
  if N = 1
    then Result := 1
    else Result := N*Fakultaet(N-1);
end;
```

5. Handlungsschritt (25 Punkte)

a) **C, Java und Javascript** (9 P.)

- **C**

  Da es sich bei C um eine ausschließliche **Compilersprache** handelt, wird der **Quelltext** des Programms zunächst in Textform erstellt, dann das Programm **übersetzt („compiliert")** und damit in ein ausführbares Programm bestehend aus **Maschinencode** umgewandelt.

  C ist eine **hochperformante Programmiersprache** und somit besonders zur Lösung von mathematischen Problemstellungen geeignet, wo es auf größtmögliche Ausführungsgeschwindigkeit ankommt. Allerdings ist C nicht gänzlich plattformunabhängig, da der Quelltext für jede Plattform separat übersetzt werden muss.

- **Java**

  Auch bei Java muss der **Quelltext** eines Programms zunächst **übersetzt** werden, allerdings führt die Übersetzung nicht zum Maschinencode, sondern zu einem sogenannten **„Byte Code"**, der dann seinerseits von einem **Interpreter interpretiert und ausgeführt** werden kann. Der Byte Code ist üblicherweise **plattformunabhängig**.

- **Javascript**

  Das Hauptanwendungsgebiet von JavaScript ist die **Einbettung** von Quelltext **in Webseiten.** Es findet keine „compilierung" statt, sondern der Quelltext (das „Skript") wird beim Aufruf der Webseite **vom Browser interpretiert und ausgeführt**.

b) (1 P.)

Zur Ausführung eines Java-Programms wird eine **Laufzeitumgebung/JRE (Java Runtime Environment)** benötigt. Diese enthält grundlegende **Klassenbibliotheken** sowie die **JVM (Java Virtual Machine)**, die für die Ausführung des Java-Bytecodes auf der jeweiligen Hardware-Plattform zuständig ist.

c) (6 P.)

- Da **C Programme** direkt in Maschinencode übersetzt werden, sind C Programme mit Abstand diejenigen mit der schnellsten Ausführungsgeschwindigkeit (ca. Faktor 10 im Vergleich zu Java).
- **Java Programme** werden erst in den Bytecode übersetzt, der dann von der JVM interpretiert wird. Die Ausführung über einen Interpreter ist relativ langsam.
- Am langsamsten ist **Javascript**, da dort über den Browser der reine Quelltext interpretiert wird. Eine Bytecode-Zwischenstufe, die schon eine gewisse Optimierung beinhalten würde, existiert dort nicht.

d) (4 P.)

- Ein **Applet** wird auf dem Client-Rechner ausgeführt. Der Code wird vom Webserver heruntergeladen und dann vom Java-fähigen Browser ausgeführt.
- **Servelets** werden auf dem Webserver ausgeführt und stellen dem Applet Daten zur Verfügung. Z. B. kann über ein Servelet der Zugriff auf eine serverseitige Datenbank erfolgen.

Fortsetzung des 5. Handlungsschrittes auf der nächsten Seite

5. Handlungsschritt (25 Punkte)

Fortsetzung

e)

ea) **API** (2 P.)

Unter dem Begriff „API" (Application Programming Interface) versteht man eine **Programmierschnittstelle eines Systems**, die es Entwicklern erlaubt, basierend auf diesem System oder für das System Anwendungen zu entwickeln. Typischerweise handelt es sich um die **Bereitstellung von (Klassen-) Bibliotheken**, die von den Programmierern genutzt werden können und Grundfunktionalitäten bereitstellen. So stellt das Betriebssystem Android entsprechende Bibliotheken zur Verfügung, damit Entwickler Anwendungen für den Mobilbereich entwickeln können. Diese APIs sind vorrangig auf die Programmierung in JAVA ausgelegt.

eb) **JDK** (1 P.)

Jede Programmiersprache stellt ein SDK (Software Development Kit) zur Verfügung. Dieses enthält eine **Sammlung von Werkzeugen** zur Softwareentwicklung (APIs, ggf. eine IDE (Integrated Development Environment), Compiler etc.) sowie benötigte **Dokumentation**. Das SDK im Bereich Java wird als **JDK (Java Development Kit)** bezeichnet. Mithilfe des JDK werden Java-Anwendungen entwickelt, die dann mit Hilfe der JRE (Java Runtime Environment) ausgeführt werden können.

ec) **JIT-Compiler** (2 P.)

Grundsätzlich wird Java-Quelltext durch den Compiler in Byte-Code umgewandelt, der dann innerhalb der JVM/JRE plattformunabhängig ausgeführt werden kann. Die Ausführung von Byte-Code ist erheblich langsamer als die Ausführung von plattformspezifischem, nativem Maschinencode. JIT-Compiler (Just-in-Time-Compiler = Gerade rechtzeitig) sind Teil der JVM und erlauben es, den Byte-Code zu analysieren und häufig wiederkehrende Programmteile **während der Laufzeit in** schnelleren, nativen **Maschinencode** für die jeweilige Plattform zu übersetzen. Dies kann die Ausführungsgeschwindigkeit signifikant erhöhen.

Ihre Notizen

1. Handlungsschritt (25 Punkte)

a)

aa) (2 P.)

ISDN: **I**ntegrated **S**ervices **D**igital **N**etwork (dienstintegrierendes digitales Netzwerk)
Digitale Datenübertragung, 2 B-Kanäle (für die Nutzdaten), 1 D-Kanal (für Steuerinformationen), je B-Kanal 64.000 bps, Kanalbündelung auf 128.000 bps möglich.

ab) (2 P.)

ADSL: **A**symmetric **D**igital **S**ubscriber **L**ine, verschiedene Geschwindigkeiten für "Upstream" und "Downstream", wobei die Upstream-Datenrate immer geringer ist als der Downstream, z. B. 6 MBit/s Downstream und 1,2 MBit/s Upstream; Verwendung zweiadriger Kupferleitungen, gleichzeitige Übertragung von Daten und Sprache.

ac) (2 P.)

SDSL: **S**ymmetric **D**igital **S**ubscriber **L**ine", wie ADSL, nur die Geschwindigkeiten für upstream und downstream sind gleich.

ad) (2 P.)

VDSL: **V**ery High Speed **D**igital **S**ubscriber **L**ine"; wie ADSL, mit allerdings erheblich höheren Übertragungsgeschwindigkeiten, z. B. 52 MBit/s im Downstream und 11 MBit/s im Upstream.

b)

ba) (3 P.)

VPN = **V**irtual **P**rivate **N**etwork
Daten aus einem privaten Netz (z. B. das Firmennetzwerk in Bonn) werden verschlüsselt und durch das „unsichere" Internet geroutet. Die Entschlüsselung erfolgt erst im Zielnetzwerk (z. B. das Firmennetzwerk in München). Ohne Kenntnis der Schlüssel können Daten von „Datenschnüfflern" aus dem Internet nicht entschlüsselt werden.

bb) (3 P.)

Sicherheit:
Daten werden verschlüsselt durch das Internet geroutet.

Kosten:
Da VPN das Internet nutzt, können kostengünstige Internetzugänge (z. B. ADSL) verwendet werden. Diese sind erheblich kostengünstiger als Standleitungen oder permanente ISDN-Direktverbindungen. Eine bereits vorhandene Internetanbindung kann für das VPN genutzt werden. Somit entfallen zusätzliche Verbindungskosten.

Flexibilität:
VPNs sind skalierbar, d. h. die Anbindung weiterer Standorte ist problemlos möglich. Auch die Anbindung von Außendienstmitarbeitern oder Home-Office-Anwendern ist einfach realisierbar.

Fortsetzung des 1. Handlungsschrittes auf der nächsten Seite

Lösungen zur 6. Prüfung

1. Handlungsschritt (25 Punkte)

Fortsetzung

c) (8 P.)

Der Proxy könnte im 2. oder 3. OG anstelle jeder beliebigen Workstation eingesetzt werden.

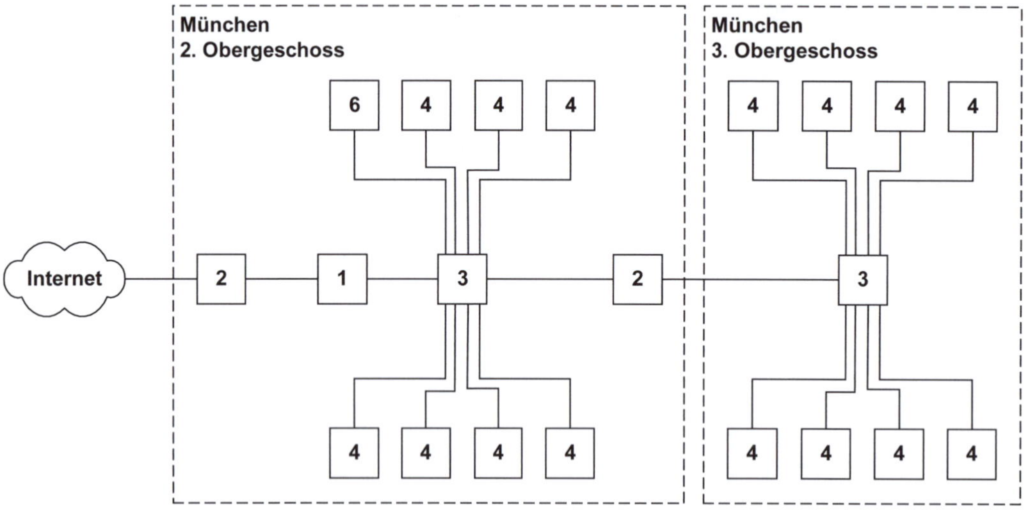

d) (3 P.)

Komponente	OSI-Schicht
Switch	2
Hub	1
Router	3

2. Handlungsschritt (25 Punkte)

a) (5 P.)

Internetrecherche, Anzeigen oder Veröffentlichungen in Fachzeitschriften, Branchen- und Lieferantenbücher sowie entsprechende CD- oder DVD-Angebote („Wer liefert was ?" etc.), Messen

b) (2 P.)

„Unfrei": Bis zur Versandstation (Bahnhof etc.) trägt der Verkäufer die Kosten, von der Versandstation an übernimmt der Kunde die Kosten.

c)

ca) (4 P.)

Gemäß § 312 c BGB ist ein **Fernabsatzvertrag** ein Vertragsabschluss unter ausschließlicher Verwendung von **Fernkommunikationsmitteln** (Brief, E-Mail, Telefon etc.). Er kommt nur **zwischen einem Unternehmen und einem Verbraucher** zustande, nicht also zwischen zwei Unternehmen.

cb) (2 P.)

Nach § 312 g BGB in Verbindung mit § 355 BGB steht dem Käufer ein zweiwöchiges Widerrufsrecht zu.

d) Ein **Sachmangel** (§ 434 BGB) ist gegeben, wenn der Kaufgegenstand **nicht die zugesicherten und vertraglich vereinbarten Eigenschaften besitzt** oder sich die Sache nicht für die zugesicherte Verwendung eignet. So kann eine falsche Sache geliefert worden sein oder es kann sich beim Gebrauch ein Defekt an der Sache herausstellen. Als Sachmangel gilt beispielsweise auch eine mangelhafte Montage, eine mangelhafte Montageanleitung oder die Lieferung einer zu geringen Menge.

Ein **Rechtsmangel** (§ 435 BGB) ist grundsätzlich gegeben, wenn die Kaufssache **nicht frei von Rechten Dritter** ist. Er kann beispielsweise bei Grundbucheinträgen und Hypotheken, falschen Eigentumsverhältnissen oder dem rechtlichen Bestand von Forderungen auftreten. (5 P.)

e)

ea) (4 P.)

Wird eine Ware falsch oder mangelhaft geliefert, hat der Käufer auf der Grundlage von § 439 Abs. 1 BGB das Recht auf Nacherfüllung.

Damit bezeichnet man das Verlangen des Käufers auf «**Nachbesserung**», also der **Beseitigung des Mangels** oder auf «**Nachlieferung**», also der **Lieferung einer mangelfreien Sache**.

eb) (3 P.)

Dem Lieferanten stehen nach § 440 BGB **zwei Nachbesserungsversuche** zu, erst nach deren Fehlschlagen kann der Käufer vom Vertrag zurücktreten.

3. Handlungsschritt (25 Punkte)

a) **RAID 0, RAID 1 und RAID 5** (6 P.)

- **RAID 0**

  Bei einem RAID 0 erfolgt lediglich eine **Erhöhung der Zugriffsgeschwindigkeit.** Dadurch, dass alle Daten blockweise auf zwei Festplatten verteilt geschrieben werden („striping"), kann der Zugriff auf diese beiden Platten quasi parallel erfolgen, was eine Zunahme der Zugriffsgeschwindigkeit zur Folge hat. Ein RAID 0 System benötigt genau **zwei Festplatten.**

- **RAID 1**

  Ein RAID 1 benötigt genau **zwei Festplatten** und **erhöht die Ausfallsicherheit** des Systems. Daten werden redundant auf beiden Festplatten abgelegt („Spiegelung" oder „Mirroring"). Somit können die Daten bei Ausfall und nachfolgendem Austausch einer Festplatte vom RAID 1 System wiederhergestellt werden.

- **RAID 5**

  Ein RAID 5 benötigt mindestens **drei Festplatten** und **erhöht** sowohl die **Zugriffsgeschwindigkeit** als auch die **Ausfallsicherheit.** Dieses wird erreicht, indem Paritätsbits von den zu schreibenden Daten ermittelt werden und sowohl die Daten selbst, als auch die Paritätsinformationen auf alle Festplatten verteilt geschrieben werden. Zum einen können bei Ausfall einer Platte die Daten aufgrund der Paritätsinformationen rekonstruiert werden, zum anderen wird, durch den quasi parallelen Zugriff auf mehrere Festplatten, die Zugriffsgeschwindigkeit in aller Regel deutlich erhöht.

b) (2 P.)

- **Fileserver:** Zentrale Datenablage
- **Faxserver:** Zentrale Verfügbarkeit von Faxdiensten
- **Nameserver:** Zuständig für die Auflösung von FQDN in IP-Adressen
- **Mailserver:** Zentrale Verteilung und Weiterleitung von E-Mails
- u. a.

Fortsetzung des 3. Handlungsschrittes auf der nächsten Seite

3. Handlungsschritt (25 Punkte)

Fortsetzung

c)

ca) (8 P.)

- **Transparenz**
  Durch Vergabe eines Bearbeitunsstatus für jedes Ticket kann der Benutzer jederzeit über den aktuellen Status der Problembearbeitung auf dem Laufenden gehalten werden. Die Kommunikation des Bearbeitungsstatus kann durch automatisches Versenden von E-Mails erfolgen. Auch kann der Benutzer durch Zugriff auf das Ticketing-System sich jederzeit über den Status aktiv informieren.

- **Dringlichkeitsstufen**
  Durch die Vergabe von Dringlichkeitsstufen für jedes Ticket kann eine sinnvolle Priorität der Bearbeitungsreihenfolge der Tickets seitens des Supportteams vorgenommen werden (z. B. eine einfache Dreiteilung „Normal", „Dringlich", „Kritisch").

- **Definierte Lösungszeiten/SLAs/Service-Level-Agreements**
  Durch die Festlegung von Bearbeitungszeiten oder gar Lösungszeiten für jede Dringlichkeitsstufe kann die zeitliche Erwartungshaltung der Endanwender im Vorfeld schon klar gesteuert werden (z. B. „Normal" = 4 Std. (bis zur ersten Problemanalyse)/3 Werktage (bis zur Lösung des Problems), „Dringlich" = 2 Std./1 Tag, „Kritisch" = 15 min./4 Std.).

- **Statistische Auswertung**
  Durch Einführung eines einheitlichen Systems für alle Support-Mitarbeiter können regelmäßig objektive Auswertungen über die Qualität der technischen Unterstützung erstellt werden (z. B. Anzahl der eingehenden Tickets, Lösungszeit innerhalb oder außerhalb der vereinbarten SLAs usw.). Dies erlaubt eine erheblich bessere strategische Planung, z. B. in Bezug auf die benötigten Mitarbeiter im Support.

- **Präventive Maßnahmen**
  Durch im Ticketing-System dokumentierte und auswertbare Klassifizierungen der Gründe für ein Problem könnten häufiger auftretende Probleme präventiv angegangen werden (z. B. falls viele Tickets auf mangelndes Wissen der Endanwender zurückzuführen sind, könnten Schulungen in bestimmten Bereichen erwogen werden; immer wiederkehrende Ausfälle eines Servers könnten durch Austausch des Gerätes möglicherweise permanent gelöst werden etc.).

- **Lösungsdokumentation**
  Die Supportmitarbeiter erfassen die Schritte, die zur Lösung eines Problems erforderlich sind, im Ticketing-System. Der Vorteil dieses administrativen Mehraufwandes ist, dass langfristig eine ‚Wissensdatenbank' oder ‚FAQ' aufgebaut werden kann. Somit kann, bei wiederkehrenden Problemen, in vielen Fällen auf frühere Lösungsansätze zurückgegriffen werden, was zu schnelleren Lösungen führt.

Fortsetzung des 3. Handlungsschrittes auf der nächsten Seite

3. Handlungsschritt (25 Punkte)

Fortsetzung

cb) (9 P.)

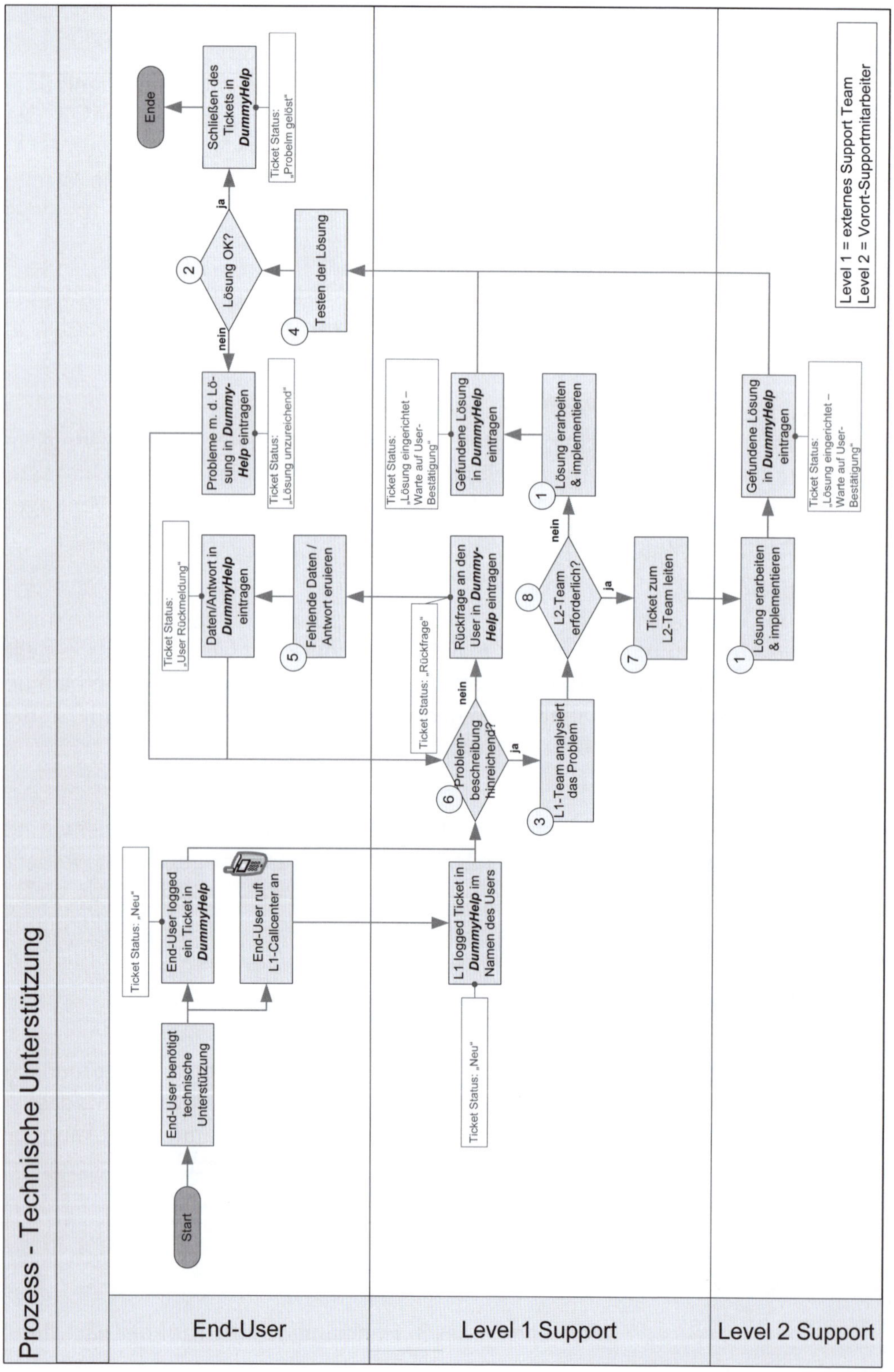

4. Handlungsschritt (25 Punkte)

a) Der **Schöpfer** eines Werkes gilt nach § 7 UrhG als Urheber. Er genießt ein eigentumsähnliches Schutzrecht an seinen geistigen Arbeitsergebnissen.

Die Werke können literarischen, wissenschaftlichen oder künstlerischen Ursprungs sein (§ 1 UrhG). (4 P.)

b) Als schützenswert sind im Urheberschutzgesetz insbesondere Schriftwerke und Computerprogramme aufgeführt (§ 2 Abs. 1 Nr. 1 UrhG).

Jeder, der schon einmal in mühevoller Arbeit über Tage, Monate und vielleicht sogar Jahre hinweg an der Erstellung einer Software gearbeitet hat, ärgert sich sicher sehr darüber, wenn Fremde das **Ergebnis seiner Anstrengungen** ohne weiteren Aufwand rechtswidrig kopieren oder nutzen. Wäre es legal, kann niemand mehr Nutzen aus seinen Anstrengungen ziehen und die Software-Branche hätte kein Mittel, die für die Entwicklung aufgewendeten Kosten durch Verkäufe und Nutzungsvereinbarungen wieder einzuspielen. Die **Investitionen** würden sich nicht amortisieren. Deshalb ist es wichtig, das **Werk des Schöpfers** zu **schützen**. In der IT-Branche betrifft dies vor allem die erstellte **Software** sowie die verfassten **Gebrauchsanweisungen** und Nutzungshinweise für Hard- und Softwareprodukte. (6 P.)

c) Der Urheberschutz tritt **fortlaufend** im Moment des Schaffens selbst ein und muss **nirgendwo** explizit **beantragt** werden. Ein Amt oder Register zur Registrierung existiert nicht. (2 P.)

d) Gemäß § 64 Urhebergesetz **endet siebzig Jahre nach dem Tod des Urhebers** das Urheberrecht. Als Grund für ein Ende des Urheberschutzes wird mehrheitlich die Auffassung vertreten, dass ein veröffentlichtes Werk zunehmend in den gesellschaftlichen Raum eintritt und sich zum **geistigen und kulturellen Allgemeingut** entwickelt. (2 P.)

Bei einem Gedicht oder einem Roman ist diese Auffassung sicher greifbarer als für Gebrauchsanweisungen.

e) **Technische Erfindungen** werden durch Patente geschützt. Bislang nicht bekannte schöpferische Einfälle gelten als Erfindungen, wenn sie die Basis eines **neuen technischen Gerätes oder Verfahrens** bilden. (2 P.)

f) Das Patent muss je nach angestrebtem Umfang beim deutschen oder europäischen Patentamt **beantragt** und von diesem **erteilt** werden. Der Schutz tritt mit dem Zeitpunkt der Erteilung ein. (2 P.)

Fortsetzung des 4. Handlungsschrittes auf der nächsten Seite

4. Handlungsschritt (25 Punkte)

Fortsetzung

g) Folgende Rechtfertigungen sind wissenschaftlich anerkannt: (4 P.)

Rechtfertigung	Patentrechtstheorie
Es gilt als natürliches Recht des Erfinders über das Eigentum seiner Ideen verfügen zu dürfen.	Eigentumstheorie
Es wird nur als gerecht empfunden, wenn der Erfinder für das Ergebnis seiner Arbeit belohnt wird, von der ja auch die Allgemeinheit im Zuge technischen Fortschritts profitiert.	Belohnungstheorie
Der Erfinder soll motiviert werden, den technischen Fortschritt zu fördern und sich auf lange Entwicklungsarbeit einzulassen. Der Patentschutz soll ihm eine Perspektive auf den wirtschaftlichen Nutzen seiner Erfindung einräumen.	Ansporntheorie
Bestandteile der Patentanmeldung sind die Beschreibung der Erfindung sowie die in dem Zusammenhang stehenden Zeichnungen. Nach Erteilung des Patents kann diese Informationen jeder einsehen, um den gegenwärtigen Stand der Technik für jeden zugänglich und anschaubar zu machen. Mit der Patenterteilung und dem ausschließlichen Nutzungsrecht ist im Gegenzug also auch die Offenlegung der eigentlichen Erfindung verbunden. Dies soll auch andere inspirieren und den technischen Fortschritt weiter fördern.	Offenbarungstheorie

h) Durch eine zeitliche Begrenzung nach einer angemessenen Zeit des wirtschaftlichen Nutzens durch den Patentinhaber soll auch der **Allgemeinheit** die Möglichkeit eröffnet werden, die Erfindung umfangreich **gesellschaftlich und ökonomisch zu nutzen.** Dadurch kann sie nicht nur „verwendet", sondern auch (zugunsten der Allgemeinheit) **weiterentwickelt** werden. (3 P.)

5. Handlungsschritt (25 Punkte)

a) (4 P.)

„Full backup" oder auch **„Vollsicherung"** bedeutet, sämtliche Daten werden auf Bänder gesichert. **„Differential backup"** oder **„differenzielle Sicherung"** bedeutet, dass nur die Daten, die seit der letzten Vollsicherung verändert wurden, gesichert werden.

b) (4 P.)

Übertragungsgeschwindigkeit:
288 MBit/s = 288 MBit/s / 8 Bit/Byte = 36 MB/s

Datenvolumen:
2,5 TB = 2.500 GB = 2.500.000 MB

Benötigte Übertragungszeit:
2.500.000 MB / 36 MB/s ≈ 69.444 s
69.444 s = 69.444 s / 3600 s/h ≈ 19,3h
19,3h (Sicherung) + 19,3h (Überprüfung) ≈ **38,6 h**

c) (4 P.)

- Bei der **differentiellen Datensicherung** werden jeweils alle Dateien, die sich seit der letzten Vollsicherung geändert haben, gesichert.
- Bei der **inkrementellen Datensicherung** werden jeweils alle Daten, die sich seit der letzten Inkrementalsicherung geändert haben, gesichert. Jede Sicherung setzt also auf der vorherigen inkrementellen Sicherung auf. War die letzte Sicherung eine Vollsicherung, so werden, wie bei der differenziellen Datensicherung auch, nur die Daten gesichert, die sich seit der letzten Komplettsicherung geändert haben.

d)

da) (2 P.)

Es wird lediglich die letzte Vollsicherung und die letzte differentielle Sicherung benötigt.

db) (2 P.)

Es werden die letzte Vollsicherung und alle seitdem durchgeführten Inkrementalsicherungen benötigt, die sukzessiv zurückgespielt werden müssen.

Fortsetzung des 5. Handlungsschrittes auf der nächsten Seite

5. Handlungsschritt (25 Punkte)

Fortsetzung

e) (3 P.)

Jede Datei verfügt über sogenannte Attribute, die gesetzt oder nicht gesetzt sein können. So gibt es beispielsweise die Attribute „H" (hidden) oder „R" (read-only). Ist das Hidden-Attribut gesetzt, ist die Datei unsichtbar, ist das Read-only-Attribut gesetzt, so ist die Datei schreibgeschützt.

Für die Datensicherung ist das „A"-Attribut (archiv) von großer Bedeutung. Ist es gesetzt, so bedeutet dies, dass die Datei geändert wurde. Bei jeder Vollsicherung wird dieses Attribut gelöscht. Wenn nun die Datei in irgendeiner Form geändert wird, so sorgt das Betriebssystem dafür, dass das Archiv-Attribut gesetzt wird. Anhand dieses Attributes wird entschieden, ob die Datei bei einer Differential- oder Inkrementalsicherung gesichert werden muss.

Während die Differentialsicherung das Attribut unverändert lässt, wird bei einer Inkrementalsicherung das Archiv-Attribut zurückgesetzt.

f) (6 P.)

Aufbewahrungssicherheit: Eine wichtige Überlegung im Zusammenhang mit der Aufbewahrung der Datensicherungen ist: für welche Ausfallrisiken soll die Kontinuität sichergestellt werden?

- Einfacher technischer Ausfall – Beliebiger Aufbewahrungsort
- Brand im Serverraum – Aufbewahrung außerhalb des Serverraumes
- Gebäudebrand – Aufbewahrung außerhalb des Gebäudes
- Naturkatastrophe/Kriegsrisiko – Weitergehende Lagerungsmöglichkeiten, z. B. unterirdische Bunker.

Zugriffsschutz: Da sich möglicherweise wichtige und/oder vertrauliche Firmendaten auf den Bändern befinden, sollte ein möglicher Zugriff durch Fremde in die Überlegungen mit einbezogen werden.

- Eine offene Aufbewahrung in einem Regal ist in diesem Sinne sicherlich weniger sicher als die Verwahrung in einem Tresor.
- Die private Aufbewahrung durch Mitarbeiter ist nur bedingt geeignet. In diesem Falle ist es auch sehr schwierig, die Kontrolle der genauen Aufbewahrungsumstände zu gewährleisten.

Verfügbarkeit: Im Falle einer Notfallsituation ist zu überlegen, in welcher maximalen Zeit die Datensicherungen für eine Rücksicherung zur Verfügung stehen sollen.

- Bei Verwahrung innerhalb des Gebäudes ist die Verfügbarkeit sehr hoch.
- Bei professionellen Dienstleistungsunternehmen kann die Verfügbarkeit oftmals vereinbart werden; schnellere Verfügbarkeit (z. B. innerhalb von zwei Stunden in einem Notfallszenario), führt allerdings in der Regel zu höheren Kosten.

Kosten: Die Aufbewahrung durch Dienstleistungsunternehmen, die oft auch einen Hol- und Bring-Service anbieten, oder die Verwahrung in einem Bankschließfach verursachen Kosten.

1. Handlungsschritt (25 Punkte)

a) Auszahlungen sind abfließende Zahlungsmittel.

Aufwand ist der Verzehr von Leistungen und Gütern in einer Abrechnungsperiode.

aa) Auszahlungen im ersten Jahr: (2 P.)

Anbieter A	=	Kaufpreis	20.000 €
Anbieter B	=	monatliche Mietzahlungen von 12 · 700 € =	8.400 €

ab) Aufwand im ersten Jahr: (2 P.)

Anbieter A	=	20.000 € : 48 Monate · 12 Monate =	5.000 €
Anbieter B	=	monatliche Mietzahlungen von 12 · 700 € =	8.400 €

ac) Auszahlungen nach vier Jahren: (2 P.)

Anbieter A	=	Kaufpreis	20.000 €
Anbieter B	=	monatliche Mietzahlungen von 48 · 700 € =	33.600 €

ad) Aufwand nach vier Jahren: (2 P.)

Anbieter A	=	Kaufpreis = gesamte Abschreibung =	20.000 €
Anbieter B	=	monatliche Mietzahlungen von 48 · 700 € =	33.600 €

b) (1 P.)

Der Begriff **„freibleibend“** kennzeichnet das Angebot als unverbindlich. Damit besteht keine rechtliche Bindung und der Kaufpreis kann vom Anbieter vor Vertragsabschluss neu festgelegt werden.

c) (4 P.)

Errechnung der Leasingmonate:

20.000 € = Y Monate · 20.000 € · 2 % + 5.600 €

↔ 14.400 € = Y Monate · 20.000 € · 2 %

↔ 14.400 € = Y Monate · 400 €

↔ 36 = Y Monate

↔ Y = **36 Monate**

Fortsetzung des 1. Handlungsschrittes auf der nächsten Seite

1. Handlungsschritt (25 Punkte)

Fortsetzung

d) (12 P.)

Vor- und Nachteile

	Vorteile	Nachteile
Kauf	Bestandteil des Anlagevermögens, langfristig am kostengünstigsten, kann weiterverkauft werden	hoher Liquiditätsbedarf zum Anschaffungszeitpunkt, Ausfall- und Reparaturrisiko, Instandhaltungskosten, evtl. Entsorgungskosten
Leasing	Geringer Kapitalbedarf, keine Entsorgungskosten am Nutzungsende, nach Laufzeitende kann auf neueste Technik übergegangen werden	nur Nutzungsrecht – kein Eigentum, Instandhaltungs- und Wartungskosten, Ausfall- und Reparaturrisiko
Miete	Reparaturkostenrisiko liegt beim Vermieter, keine Entsorgungskosten am Nutzungsende, keine Instandhaltungskosten, kürzere Bindungszeiten	hohe Mieten, in der Regel gibt es eine Grundmietzeit

2. Handlungsschritt (25 Punkte)

a) **Konzept einer Terminalserver-basierten Anwendungsumgebung** (3 P.)

Während in klassischen Strukturen Anwendungen lokal auf den Arbeitsstationen ausgeführt werden, erfolgt die **Ausführung** der Anwendung bei Terminalserver-basierten Umgebungen **zentral** auf dem Terminalserver. Auf der Arbeitsstation wird lediglich ein **Emulationsprogramm** ausgeführt, welches die Arbeitsumgebung des Terminalservers auf dem Clientrechner darstellt. Zwischen Server und Client werden **nur noch Bildschirm-, Tastatur- und Mausereignisse übertragen.**

b) **Vor- und Nachteile** (4 P.)

Vorteile

- Die Hardwareausstattung des lokalen Arbeitsplatzes kann sehr **kostengünstig** sein, da die eigentlichen Anwendungen auf dem Terminalserver ausgeführt werden. Die auf Clientseite benötigte Emulationssoftware stellt **keine hohen Anforderungen an die Hardware.**
- Die Anwendungssoftware und eventuelle Softwareupdates brauchen **nur einmal zentral** auf dem Terminalserver **installiert** zu werden. Gerade in großen Unternehmen mit vielen Arbeitsplätzen entfallen somit aufwendige Aktionen zum Ausrollen neuer Software oder entsprechenden Updates.
- Der Hauptaufwand an **Wartung beschränkt sich auf den zentralen Terminalserver.**

Nachteile

- Durch die Auslagerung aller Anwendungen auf den Terminalserver wird die **Ausfallwahrscheinlichkeit erhöht.** Beim Hardwareausfall des Servers können keine der Terminalserver-basierten Anwendungen mehr genutzt werden.
- Auch bei **Ausfall des Netzwerkes** können auf den Clients keine Terminalserver-basierten Anwendungen mehr ausgeführt werden.
- Da die Anwendungen vieler Clients auf dem Zentralserver physikalisch ausgeführt werden, sind die **Hardwareanforderungen** an diesen **sehr hoch,** um die benötigte Rechenleistung bereitstellen zu können. Ein besonderes Augenmerk kommt hierbei den Bereichen Speicherausstattung, verwendeter CPU und Festplattenkapazität zu. Oftmals ist die Anschaffung des Servers **sehr kostenintensiv.**

c) **Kostengesichtspunkte** (3 P.)

Es ist zu vermuten, dass, gerade bei großen Installationen, die TCO sinkt. Bei der Kalkulation sind hierbei die zu erwartenden **hohen Anschaffungskosten der Serverumgebung** zu berücksichtigen (hohe Anforderungen an Rechenleistung, Speicher, Festplattenkapazität, Ausfallsicherheit, Netzwerkperformance etc.). Dem gegenüber stehen **geringere Kosten für Installation und Wartung** (da fast ausschließlich serverbezogen), sowie die **geringeren Kosten für die Arbeitsplatzrechner.**

Fortsetzung des 2. Handlungsschrittes auf der nächsten Seite

2. Handlungsschritt (25 Punkte)

Fortsetzung

d) **Verfahren**

da) **Clustering** (2 P.)

Mehrere Server können in einem „Cluster" **zusammengefasst** werden, um die **Ausfallsicherheit** zu **erhöhen.** Bei Ausfall eines Servers kann ein anderer Server in kürzester Zeit die Aufgaben übernehmen („Failover") und die entsprechenden Dienste bereitstellen. Es gibt viele Detailvarianten des „Clusterings", um dem Anspruch der Hochverfügbarkeit gerecht zu werden und Ausfallzeiten zu minimieren.

db) **Load Balancing** (2 P.)

Oftmals taucht gerade im Zusammenhang mit „Clustering" auch der Begriff des „Load Balancing" auf. Load Balancing ist ein Verfahren, um **Anfragen** von Clients anhand bestimmter Kriterien an **verschiedene Rechner** innerhalb eines Clusters **weiterzuleiten,** z. B. an den Rechner mit der momentan geringsten CPU-Auslastung. Dies führt aus Sicht der Clients zu einem deutlichen **Performancegewinn,** da mehrere Server sich die Gesamtrechenleistung teilen. In Umgebungen mit vielen Clientverbindungen und rechenintensiven Anwendungen wäre ein einzelner Server ohnehin oftmals überfordert.

e) **Thin-Clients**

ea) **Der Begriff „Thin-Client"** (3 P.)

Ein „Thin Client" ist ein Arbeitsplatzrechner mit **minimalistischer Hardwareausstattung** (bzgl. CPU, Speicher, Festplattenkapazität, Grafikkarte etc.), da er, in einer Terminalserver-Umgebung, alle Daten vom Server bezieht. Beispielsweise verfügt ein „diskless client" noch nicht einmal über eine Festplatte, sondern startet das Betriebssystem über das Netzwerk. Die Anforderungen sind gering, da die Anwendungen zentral auf dem Server ausgeführt werden und nur Tastatur-, Maus- und Bildschirmdaten zwischen Client und Server über das Netzwerk ausgetauscht werden.

eb) **Softwarevoraussetzungen** (3 P.)

Lediglich ein **Betriebssystem** und eine **Clientsoftware** für die Terminalserver-Umgebung müssen vorhanden sein.

f) **RDP vs. ICA Protokoll** (3 P.)

Während das RDP Protokoll jeweils den **ganzen Bildschirminhalt** der Anwendungsumgebung des Servers zum Client **überträgt,** basiert das ICA Protokoll auf der **Übertragung lediglich der Änderungen des Bildschirms.** Somit benötigt das ICA Protokoll erheblich **weniger Bandbreite** und kann auch über langsame Netzwerkverbindungen ohne erkennbare Geschwindigkeitseinbußen genutzt werden.

g) **Speicherausstattung** (2 P.)

- Anzahl der Clients bzw. gleichzeitige Clientverbindungen
- Speicherplatzanforderungen bzw. effektiver Speicherbedarf der genutzten Anwendungen

3. Handlungsschritt (25 Punkte)

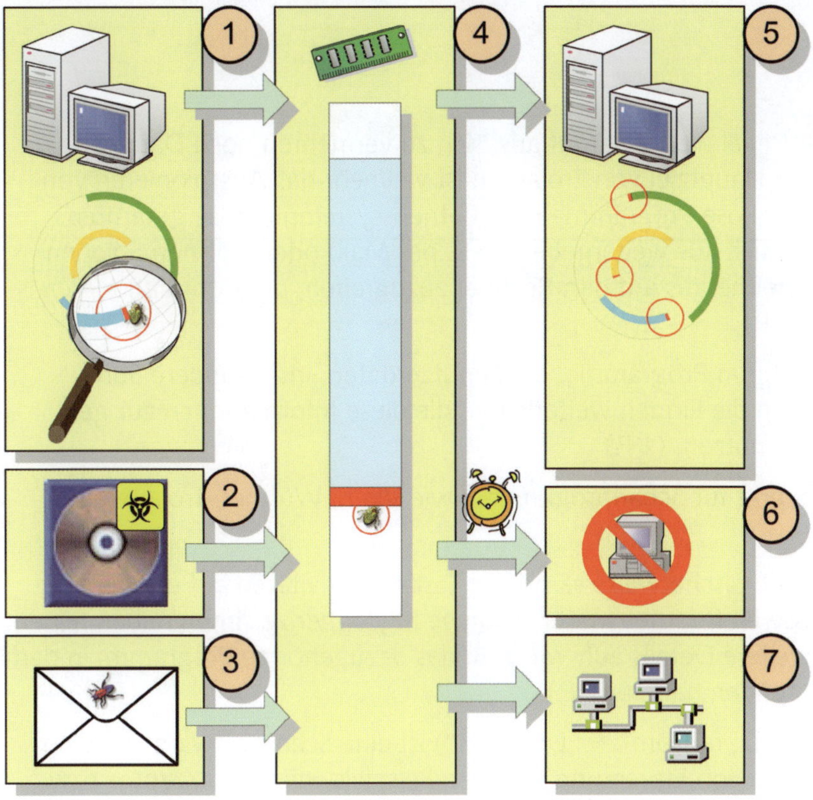

a) (7 P.)

Über Datenträger, wie CDs (2), durch bereits infizierte Dateien (1) oder per Mail (3) gelangen die Viren in den Arbeitsspeicher des Rechners (4) und nisten sich dort ein. Von dort ausgehend verbreitet sich ein Virus typischerweise in der Form, dass es sich selbst an Dateien auf der lokalen Festplatte anhängt (5) oder sich auch innerhalb eines Netzwerkes verbreitet (7), was für „Würmer" sehr markant ist. Abgesehen von der reinen Vermehrung kann dann die u. U. zeit- oder ereignisgesteuerte Aktivierung des Virus zu diversen Auswirkungen führen, angefangen von merkwürdigen Verhaltensweisen des Rechners, über Datenverlust und -veränderung, bis hin zur Unbrauchbarkeit des Betriebssystems und damit des Rechners (6).

Fortsetzung des 3. Handlungsschrittes auf der nächsten Seite

3. Handlungsschritt (25 Punkte)

Fortsetzung

b)

ba) **Trojaner:** Trojaner sind in aller Regel weder darauf aus, sich zu vermehren noch Daten zu verändern oder zu löschen. Das Hauptziel von Trojanern ist vielmehr das Ausspionieren von Daten. Die oft als entweder harmlose Programme oder Betriebssystemprozesse getarnten Programme können Daten von sich aus weitergeben (z. B. per Mail) oder eröffnen Spionen die Möglichkeit aus dem Internet heraus auf den Rechner zuzugreifen, um Informationen auszulesen (Backdoor Trojaner). (2 P.)

bb) **Spyware:** Hierbei handelt es sich um Programme, die Benutzerdaten, insbesondere Surfgewohnheiten, aufzeichnen und an die Firmen weiterleiten, die diese Informationen zur gezielten Schaltung von Werbung nutzen. (1 P.)

bc) **Malware:** Allgemeiner Oberbegriff für Schadprogramme, wie Viren, Würmer, Trojaner etc. (1 P.)

bd) **Keylogger:** Keylogger zeichnen typischerweise sämtliche Tastaturaktivitäten auf und leiten diese an eine Empfängeradresse im Internet weiter. Manche Keylogger zeichnen neben reinen Tastaturinformationen noch weitere Details auf, wie z. B. das dazugehörige Programm, in dem die Tastaturaktivitäten stattgefunden haben. (2 P.)

be) **Ransomware:** Ransomware (engl. „ransom" = „Lösegeld") ist eine Schadsoftware, die eine kommerzielle Zielsetzung in Form von Erpressung verfolgt. Beispielsweise sind Krypto- bzw. Verschlüsselungstrojaner recht verbreitet, die gezielt Daten verschlüsseln und diese angeblich nur nach Zahlung eines Lösegeldes wieder freischalten. Manche dieser Programme behaupten zusätzlich noch, die Verschlüsselung sei von angeblichen Behörden oder Firmen veranlasst worden (z. B. BKA, GEMA, Microsoft usw.) mit entsprechenden direkten oder indirekten Drohungen. (2 P.)

c) (6 P.)

- **DoS-Angriffe** (= Denial of Service)

  DoS-Angriffe beschreiben ein Verfahren, um **mutwillig einen (oder mehrere) Internetdienste** eines Hosts **lahmzulegen.**

  - Ein technischer Ansatz hierzu ist das gleichzeitige Senden großer Mengen an Dienstanfragen, die zu einer **Überlastung des Dienstes/Servers** führen können.
  - Andere Verfahren nutzen hingegen Schwachstellen in der TCP/IP-Implementation und senden spezifische Datenpakete (z. B. „SYN-Flood-Angriffe"), die ebenfalls eine Überlastung des Zielrechners hervorrufen können.
  - Noch effizienter ist das spezifische Ausnutzen von eventuell vorhandenen Programmschwachstellen der Dienstsoftware des „Opfers", die teilweise sogar zum Absturz des Host führen können.

- **DDoS-Angriffe** (= Distributed Denial of Service)

  Dieses Angriffstechnik entspricht einem DoS-Angriff, wird allerdings nicht von einem Rechner aus, sondern von einer **Vielzahl von verteilten Rechnern** („distributed") gleichzeitig durchgeführt, was die Effizienz erheblich erhöht. Um DDoS-Angriffe durchzuführen, werden oft „Bot-Netzwerke" verwendet.

Fortsetzung des 3. Handlungsschrittes auf der nächsten Seite

3. Handlungsschritt (25 Punkte)

Fortsetzung

c) • **Bot-Netzwerke**

Grundsätzlich handelt es sich bei einem „Bot" um ein Programm, das selbstständig, ohne Interaktion mit einem Benutzer, bestimmte Aktionen ausführt. Im Zusammenhang mit Internetangriffen beschreibt der Begriff „Bot-Netz" eine **Vielzahl von Rechnern, auf denen Angriffs-Bots, also Angriffsprogramme, eingeschleust worden sind,** in der Regel ohne Wissen des Benutzers. Die Verbreitung erfolgt ähnlich der von anderer Schadsoftware, z. B. durch vorsätzlich infizierte E-Mail-Anhänge.

Diese „Angriffs-Bots" sind in aller Regel **solange inaktiv, bis sie einen bestimmten Befehl bzw. ein bestimmtes Datenpaket des „Bot-Masters" bekommen.** Dann beginnen Sie mit den programmierten **Angriffsaktivitäten** und senden beispielsweise DoS-Datenpakete **an das eigentliche Opfer** im Internet. Eine Identifizierung der IP-Adresse des eigentlichen Übeltäters, des Bot-Masters, ist sehr schwierig.

d) Der Begriff **Phishing** umschreibt im Wesentlichen die Methode, durch gefälschte, seriös und offiziell erscheinende E-Mails oder Web-Seiten an Zugangsdaten von Benutzern zu kommen. So sind beispielsweise gefälschte E-Mails im Umlauf, die von der Aufmachung her aussehen, als stammten sie offiziell von einem namhaften Kreditinstitut und die den Bankkunden bitten, aus ‚Sicherheitsgründen' auf einer bestimmten Web-Seite die PIN seines Online-Bankzugangs zu bestätigen.

Obwohl **Pharming** eine identische Zielsetzung verfolgt, bedient es sich einer anderen technischen Umsetzung. Pharming nutzt bestimmte Schwachstellen in DNS-Servern aus, um Benutzer beim Aufruf von bestimmten Web-Seiten (z. B. Online-Banking-Seiten) auf falsche, allerdings identisch aussehende Web-Seiten umzuleiten („DNS-Spoofing"). Der Benutzer erkennt in diesem Falle nicht, dass er sich auf einer gefälschten Web-Seite befindet und gibt möglicherweise Zugangsdaten preis, die auf kriminelle Weise verwendet werden könnten. Der Begriff ist eine Anlehnung an „Server-Farmen", die die gefälschten Web-Seiten hosten.

Beide Methoden verfolgen eindeutig Betrugsabsichten oder die Zielsetzung des Identitätsdiebstahls. (4 P.)

4. Handlungsschritt (25 Punkte)

a) (4 P.)

Gründe für den Medieneinsatz:

- Die Merkfähigkeit des Menschen ist bei der Visualisierung größer als beim gesprochenen Wort.
- Abstrakte Sachverhalte lassen sich einfacher und übersichtlicher darstellen.
- Die Präsentation erscheint unter Zuhilfenahme von Medien abwechslungsreicher.
- Der Medieneinsatz erweckt den Eindruck von höherer Professionalität beim Zuhörer.
- Die Medien unterstützen Sie als „roter Faden" beim Vortrag.

b) (5 P.)

Flipchart, Laptop mit Beamer, Whiteboard, Pinnwand, Overhead-Projektor, Episkop, Präsentationskameras

c) (3 P.)

Da die Präsentation bereits vorbereitet wurde, bietet sich der Einsatz des handlichen **Beamers mit Laptop** an, da deren **Transport** nach München am unproblematischsten ist. Es brauchen nur noch die vorbereiteten Dateien abgerufen zu werden.

d) (3 x 2 x 0,5 = 3 P.)

Eröffnung:

- Begrüßung der Zuhörer
- Thema und Ziel der Präsentation
- evtl. Skizzierung des Präsentationsablaufs (zeitlicher und inhaltlicher Rahmen)

Hauptteil:

- Erläuterung des Problems / Darlegung der Fakten
- Darstellung der Lösungsalternativen
- Darlegung der gewählten Lösung und evtl. Begründung zur erfolgten Auswahl

Schluss:

- Zusammenfassung
- Dank an die Zuhörer
- Verabschiedung
- evtl. Überleitung (nächster Redner, Fragerunde, Diskussion etc.)

e) (5 P.)

- Wichtiges visualisieren (Flipchart, Leinwand, Tafel etc.)
- Stimme gezielt einsetzen (laut, leiser sprechen)
- Sprechtempo verändern (schnell, langsam)
- gezielte Sprechpausen einbauen, um Aufmerksamkeit zu wecken oder Spannung beim Zuhörer aufzubauen
- mit dosierter Gestik und Mimik arbeiten (Hände einsetzen)

Fortsetzung des 4. Handlungsschrittes auf der nächsten Seite

4. Handlungsschritt (25 Punkte)

Fortsetzung

f) Die bekanntesten Geschäftsdiagramme sind: (5 P.)

Bezeichnung	Darstellung	Einsatzmöglichkeit
Kreis- oder Kuchendiagramm		– Aufteilung einer Gesamtheit, Darstellung der Teilmengen – Darstellung des Status-Quo – Darstellung von Verhältnissen
Balkendiagramm	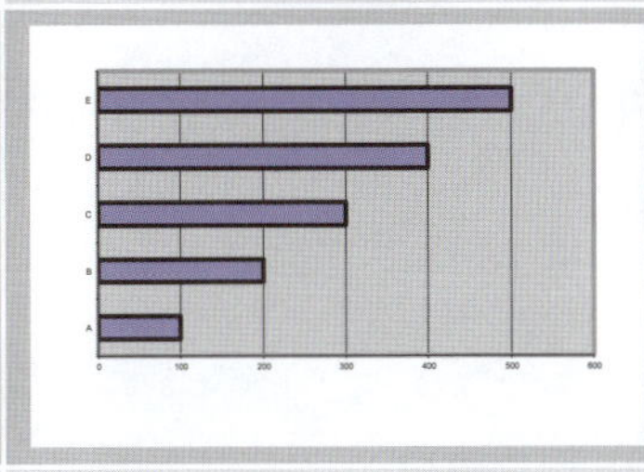	– Darstellung von Häufigkeitsverteilungen – Darstellung von Rangfolgen
Säulendiagramm	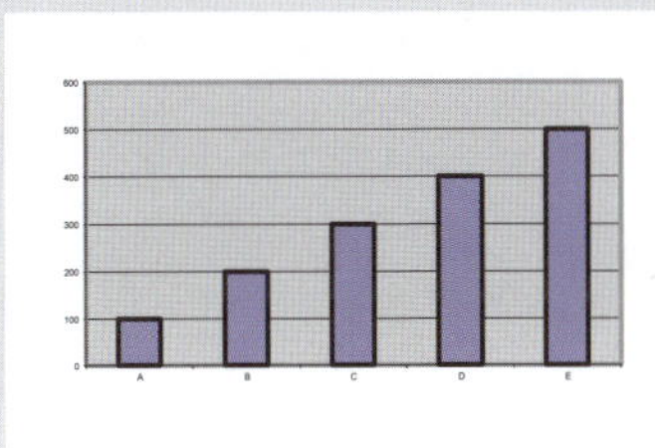	– Darstellung von Häufigkeitsverteilungen – Darstellung von Rangfolgen – Darstellung von zeitlichen Verläufen
Linien- oder Kurvendiagramm	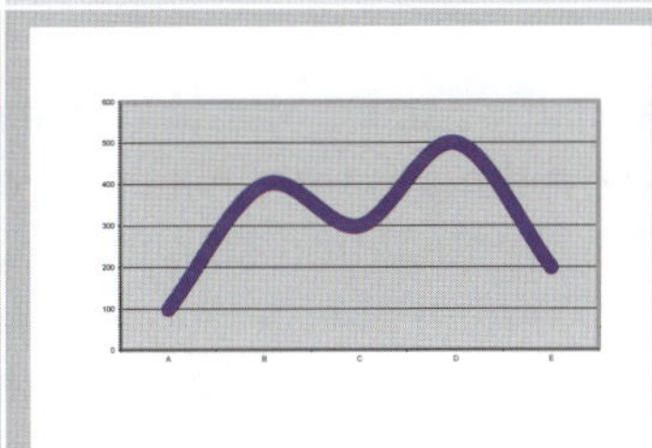	– Darstellung von Verläufen – Darstellung von Messpunkten – Darstellung von mathemat. Funktionsgraphen
Punkt- oder Streudiagramm	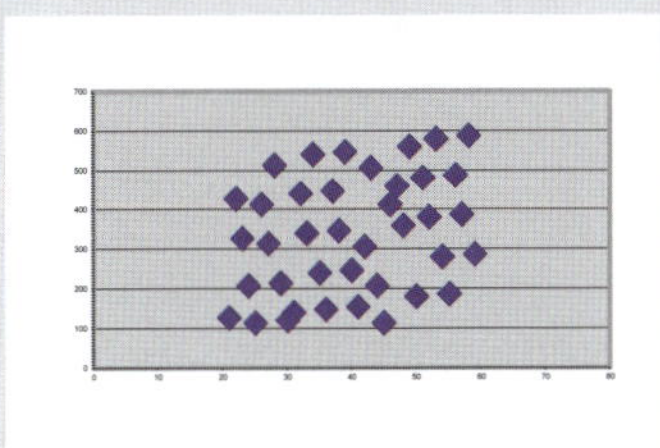	– Darstellung von Messpunkten – Darstellung von Punktwolken
Netzdiagramm	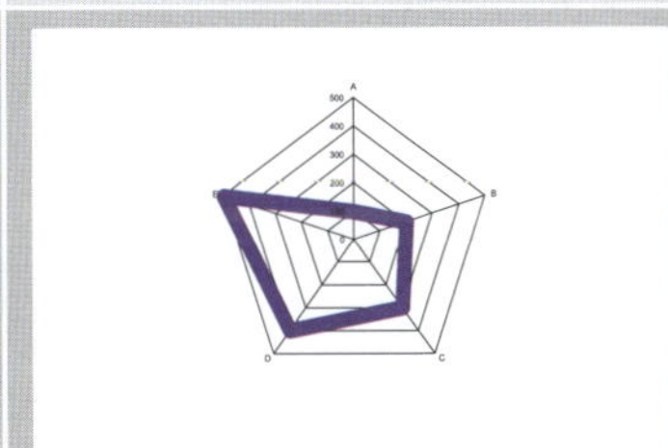	– Darstellung von Werten mit mehreren Eigenschaften – Evalutionen – statistische Erhebungen

5. Handlungsschritt (25 Punkte)

a) Die Standortwahl kann von den folgenden Faktoren beeinflusst werden: (12 P.)

Beschaffung	Absatz	Politik
Arbeitskräftepotential, qualifizierte Mitarbeiter	Fehlende oder schwache Konkurrenz	Steuerliche Abgaben („Steueroase")
Informationstechnische Angebote (Internetanbindung, Telefon etc.)	Marktpotential / Kaufkraft	Verkehrsinfrastruktur (Flughafen-, Autobahn-, Eisenbahnanbindung etc.)
sichere Energieversorgung	Kundennähe	Innere Sicherheit des Landes (Unruhe, Aufstände etc.)
Angebote an Fremddiensten	Zentralität des Standorts	Kriegsgefahr
geeignete Büroangebote	weitere, erreichbare Expansionsgebiete	staatliche Absatz- oder Ansiedlungshilfe

b) (3 P.)

- früherer Lieferzeitpunkt
- bessere Beratung und Service (Kundenorientierung)
- Werbung
- freundlicheres Auftreten
- bessere Nachbetreuung, u. a.

c) (5 P.)

Da lediglich ein örtlicher Anbieter existiert, handelt es sich unter regionaler Betrachtung um ein (Angebots-) **Monopol**. Der einzige Anbieter **zieht die gesamte Nachfrage auf sich**, ist konkurrenzlos und hat bei seinem Marktverhalten **lediglich die Reaktion seiner Kunden sowie seine eigenen Selbstkosten zu berücksichtigen.** Da sich seine Kunden aber an keinem alternativen Anbieter im Monopol orientieren können, besitzt der Monopolist eine **marktbeherrschende Stellung**, die sich in der Regel in **überhöhten Preisen** ausdrückt.

d) (5 P.)

Oligopol:
Das (Angebots-) **Oligopol** zeichnet sich durch **wenige Anbieter** aus. Durch die Übersichtlichkeit des Marktes ist eine **besondere Markttransparenz** und eine **schnelle Reaktion auf Markt- oder Preisveränderungen** möglich. Deshalb sorgt der Wettbewerb meistens für **starre Preise** und verlagert sich auf **andere für den Kunden relevante Einflussgrößen**.

1. Handlungsschritt (25 Punkte)

a) **Primär-, Sekundär- und Tertiärverkabelung** (9 P.)

- Die **Primärverkabelung** ist die Verkabelung von verschiedenen Gebäuden untereinander (auch „Geländeverkabelung").
- Unter **Sekundärverkabelung** versteht man die Verkabelung der einzelnen Stockwerke innerhalb eines Gebäudes (auch „Vertikalverkabelung").
- Die Verkabelung innerhalb einer Etage, wird als **Tertiärverkabelung** (oder auch „Etagenverkabelung") bezeichnet.

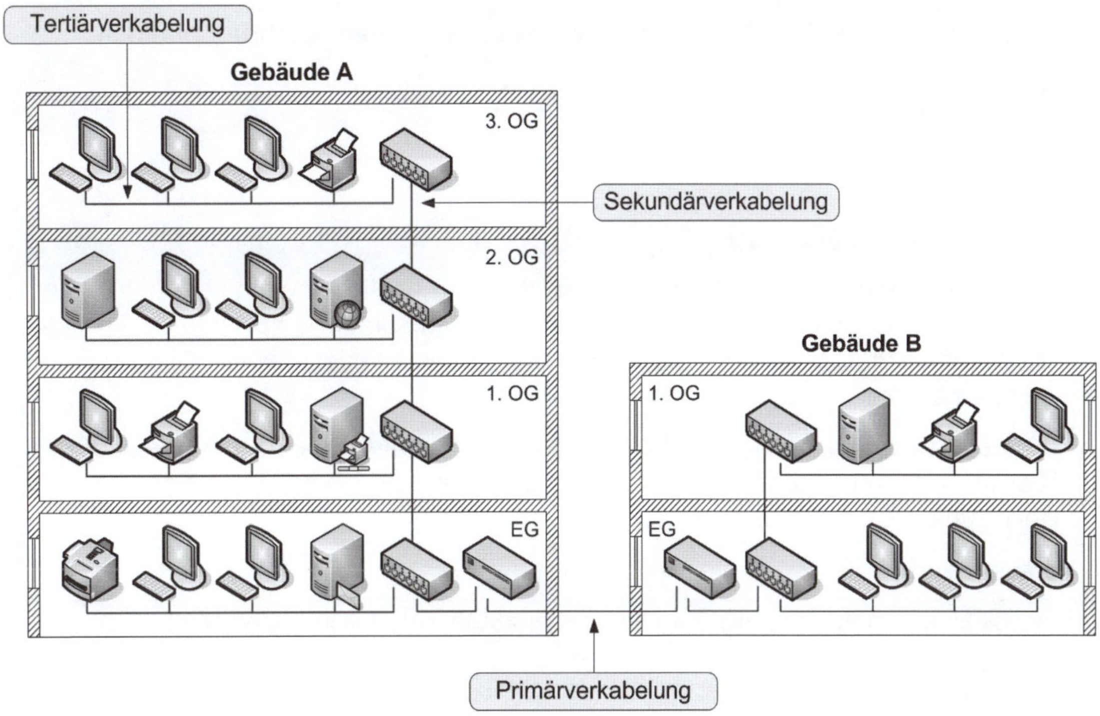

b) **Verkabelungselemente** (3 P.)

- Patchpanel
- Anschlussdosen
- Kabel/Patchkabel
- Verteilerschränke

Fortsetzung des 1. Handlungsschrittes auf der nächsten Seite

Lösungen zur 8. Prüfung

1. Handlungsschritt (25 Punkte)

Fortsetzung

c) **Primärverkabelung über LWL**

ca) **Begriff „LWL“.** (2 P.)

„LWL“ steht als Akronym für **Lichtwellenleiter.** Bei LWL-Verbindungen werden die Daten durch Lichtsignale über ein Glasfaserkabel übertragen.

cb) **Glasfaser vs. Kupfer** (6 P.)

- **Galvanische Trennung;** häufig auftretende Potentialdifferenzen zwischen entfernten Gebäuden können zu Problemen führen
- Durch die geringe Dämpfung können **große Entfernungen** überbrückt werden
- **Hohe Bandbreite**

d) **Richtfunk**

da) **Gründe für den Einsatz** (2 P.)

- **Bauliche Gründe** – Eine Verlegung von LWL ist aus baulichen Gründen schwierig oder gar unmöglich; wenn beispielsweise die anzubindenden Standorte nur über ein Fremdgrundstück miteinander verbunden werden können, ist eine Verlegung von Glasfaserkabeln problematisch.
- **Kostengründe** – Das unterirdische Verlegen von Glasfaserkabeln kann durchaus – je nach baulichen Gegebenheiten – sehr kostenintensiv sein. In vielen Fällen ist der Einsatz von Richtfunk deutlich kostengünstiger.

db) **Voraussetzung** (1 P.)

Es muss eine Sichtverbindung zwischen beiden Standorten vorhanden sein.

dc) **Nachteile** (2 P.)

- Geringere Bandbreite
- Störungen bei Starkregen, Nebel und Schneefall.

2. Handlungsschritt (25 Punkte)

a) (3 P.)

Ein Workflow ist eine **Kette von miteinander verknüpften** und automatisierten **Arbeitsschritten**, die Teil eines gesamten Geschäftsprozesses sind, bei der einzelne Dokumente, Verrichtungen oder Informationen **von einem Bearbeiter zum nächsten weitergereicht werden**.

b) (3 P.)

Vorteile:

- Reduzierung der Durchlaufzeiten des Bearbeitungsvorgangs
- Reduzierung der Kosten (Personal, Papier etc.)
- Verbesserung der Arbeitsqualität (einheitliche Arbeitsweise, Beseitigung von Fehlerquellen)
- Im Softwaresystem abrufbare Transparenz und Kontrolle über die Entwicklung und das Stadium des Prozesses (in diesem Fall „des Angebots").

c) (3 P.)

Die Angebotsbearbeitung besteht aus den folgenden Teilprozessen:

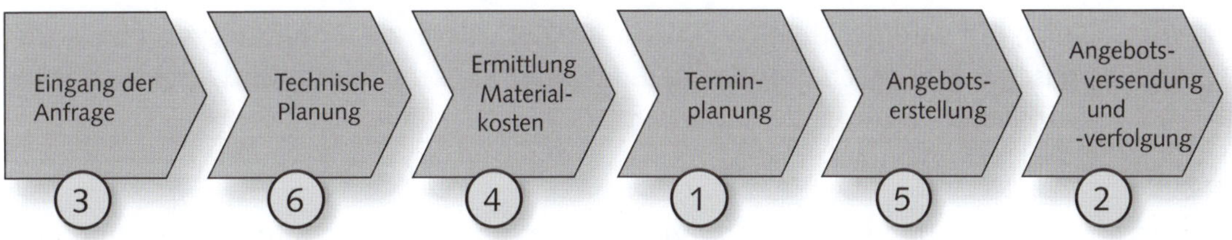

1. Arbeitsvorbereitung
2. Vertriebsinnendienst
3. Außendienst
4. Einkauf
5. Kalkulator
6. Technisches Planungsbüro

Fortsetzung des 2. Handlungsschrittes auf der nächsten Seite

2. Handlungsschritt (25 Punkte)

Fortsetzung

d) (8 P.)

Es muss zum einen das Prinzip gelten, die Kenntnisse möglichst tief aus der Sachbearbeiterebene zu entnehmen, weil dort die operativen Tätigkeiten abgewickelt werden. Andererseits darf der übergeordnete Zusammenhang zwischen den Teilverrichtungen nicht verloren gehen und die Projektgruppe darf nicht zu groß werden. Es gilt also eine Balance zwischen dem notwendigen Wissen auf möglichst niedriger Ebene einerseits und dem Erkennen globaler Zusammenhänge andererseits zu erreichen. Gleichzeitig muss das Projektteam eine handlungsfähige Anzahl von Mitgliedern erreichen.

Der Kaufmännische Leiter Knut Kohle scheidet auf Grund seiner geringen Detailkenntnisse an der Basis aus (ist zu kurz im Unternehmen); der IT-Leiter Theo Maleschnik ist aufgrund seines Wissen um den IT-technischen Bereich berufen.
Damit wären folgende vier Mitglieder ausgewählt:

- **Theo Maleschnik**

  Begründung: Weil er die notwendigen IT-technischen Kenntnisse zur Einbettung in das bestehende System besitzt und für das Projekt der firmenverantwortliche Ansprechpartner ist.

- **Thorsten Zocker**

  Begründung: Durch ihn wird der Bereich Einkauf tangiert, denn die Ermittlung von Einkaufspreisen für zu beschaffende Materialien ist ein sehr relevanter Durchlauf beim Workflow.

- **Willi Wallner**

  Begründung: Er bringt gebündelt die notwendigen Kenntnisse des Vertriebsaußen- und des Vertriebsinnendienstes mit.

- **Dieter Dreher**

  Begründung: Er vertritt den technischen Bereich und wird seine Fachkenntnisse zugunsten seiner Unterbereiche Kalkulation, Arbeitsvorbereitung und Konstruktion / Planung einbringen.

e) Folgende Voraussetzungen sollten vorhanden sein, damit eine Bearbeitung der Angebotsbearbeitung und -kalkulation in einem Workflow sinnvoll erscheint: (3 P.)

- ausreichend hohe Anzahl an Bearbeitungsvorgängen
- ausreichend hohe Komplexität der Vorgänge
- ausreichend hohe Anzahl an Prozessstationen
- ausreichend hohe Anzahl an Prozessschritten
- Wiederholungscharakter der Bearbeitungs- und Kalkulationsschemata

Fortsetzung des 2. Handlungsschrittes auf der nächsten Seite

2. Handlungsschritt (25 Punkte)

Fortsetzung

f) Die Führungsstile zeichnen sich wie folgt aus:

autoritärer Führungsstil	demokratischer Führungsstil	Laissez-faire-Stil
Der Vorgesetzte trifft alle Entscheidungen und gibt entsprechende Anweisungen an seine Mitarbeiter. Die Entscheidungen fallen unter Ausschluss jeder Einbeziehung, Beratung oder Rücksprache mit seinen Mitarbeitern.	Der Vorgesetzte bindet seine Mitarbeiter in die Entscheidungsfindung ein, lässt sich von diesen beraten und wägt mit ihnen gemeinsam die Vor- und Nachteile eines Entschlusses ab, auch wenn er selbst die letzte Entscheidung und Verantwortung trägt.	Der Vorgesetzte lässt jeden Mitarbeiter frei gewähren, jede Art von Führung, Leitung oder Einfluss wird vermieden.

Bei der Projektarbeit bietet sich der demokratische Führungsstil an. Projekte sind Teamarbeit und es ist wichtig, die Kreativität und die Kompetenzen zu bündeln. Zudem werden ein optimaler Informationsfluss und eine gute Mitarbeitermotivation erzielt. (5 P.)

3. Handlungsschritt (25 Punkte)

a) (6 P.)

Druckservice im Netzwerk

- Netzwerkfähiger Drucker (Drucker mit Netzwerkkarte)
- Anschluss mittels Druckserver (Printbox)
- Anbindung an einen Rechner (USB oder Firewire) und Freigabe des Druckers

b) Anforderungen an einen Drucker

ba) (5 P.)

Technisch:

- Druckgeschwindigkeit (Seiten/Sekunde)
- Druckqualität (dpi)
- Schwarzweiß/Farbe
- Lautstärke
- Technik (Laser/Tintenstrahl)

bb) (3 P.)

Kaufmännisch:

- Anschaffungskosten
- Laufende Kosten
- Wartungskosten
- Kosten des Verbrauchsmaterials (Toner/Tinte)

c) (6 P.)

- Umrechnung der Druckgröße in Zoll bzw. inches:
  17 cm = 17 cm / 2,54 cm/inch = 6,69"
  26,5 cm = 26,5 cm / 2,54 cm/inch = 10,43"
- Der Drucker kann mit 600 x 600 dpi (dots per inch = punkte pro Zoll) drucken:
  6,69" x 600 dpi = 4014 Pixel
  10,43" x 600 dpi = 6258 Pixel

d. h. die Grafik sollte auf eine Größe von **4014 x 6258 Pixel** gebracht werden.

d) **USB vs. Firewire** (5 P.)

Technologie	Max. Übertragungsrate
USB 1.1	12 MBit/s
USB 2.0	480 MBit/s
USB 3.0	5 GBit/s
Firewire (IEEE 1394A)	400 MBit/s
Firewire (IEEE 1394-2008)	3,2 GBit/s

4. Handlungsschritt (25 Punkte)

a) **Brainstorming** ist eine kreative Problemlösungstechnik, bei der die Sitzungsteilnehmer spontane Lösungsansätze und Ideen einbringen sollen. Im ersten Stadium darf keine ablehnende Kritik zu Lösungsvorschlägen geäußert werden. Erst im Anschluss erfolgt eine Analyse der Vorschläge. (2 P.)

b)

ba) **Mind-Mapping** ist eine Problemlösungsmethode, bei der **Schlüsselworte** oder Begriffe mit Assoziationscharakter in eine systematische Anordnung gebracht werden. Ausgehend von einem **zentralen Begriff** im Zentrum verzweigen weitere Äste in einer Art **Baumstruktur** und ermöglichen so detaillierte Gedankenschritte **vom Allgemeinen zum Speziellen**.

Als Vorteil dieser Methode kann die jederzeitige **systematische Erweiterbarkeit** der Grafik genannt werden sowie die übersichtliche Darstellung der Gedankengänge und Ideen. Des Weiteren hat die Art der Darstellung eine hohe **Einprägsamkeit** beim Ersteller und beim Betrachter. Bei komplexen Sachverhalten kann die Darstellung schnell unübersichtlich werden. Weniger mit dieser Darstellungsform vertrauten Menschen kann die Akzeptanz für diese Methode fehlen. (6 P.)

bb) (4 P.)

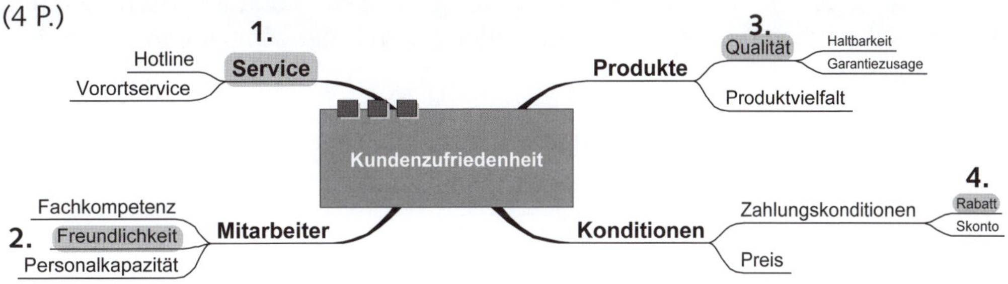

1. Service

2. Freundlichkeit

3. Qualität

4. Rabatt

c) (3 P.)

- Besuch von Weiterbildungsmaßnahmen
- Schulung und Informationsweitergabe durch Lieferanten hinsichtlich der angelieferten Bauteile
- Informationsaustausch unter den Mitarbeitern hinsichtlich eigener Erfahrungen und Kenntnisse

d) Eine **fortlaufende Kundenbefragung** gibt stetige **Rückmeldung** über die Zufriedenheit der Kundschaft. Dabei wird ein Teil der aktuellen Kunden nach Abschluss des Geschäfts von wechselnden Mitarbeitern oder externen Interviewern zu ihrer **Zufriedenheit** und dem Ergebnis der Zusammenarbeit befragt. Aber auch Anrufe und Besuche von **Testkunden** und deren Eindruck können dem Unternehmen wertvolle Hinweise über die unternehmerische Außenwirkung liefern. Die Behandlung, Dokumentation und **Auswertung von Reklamationen** und ein damit einhergehender, fortlaufender Verbesserungsprozess stellt eine wichtige Maßnahme zur Entwicklung von Kundenzufriedenheit dar. (3 P.)

Fortsetzung des 4. Handlungsschrittes auf der nächsten Seite

4. Handlungsschritt (25 Punkte)

Fortsetzung

e) Folgende Maßnahmen könnten durchgeführt werden, um die Qualität der eingesetzten Bauteile zu optimieren: (4 P.)

- Einführung eines Qualitätsmanagementsystems
- regelmäßige oder stichpunktartige Durchführung einer Qualitäts- und Funktionskontrolle
  - vor Verbauen der Ware
  - vor Warenausgang an den Kunden
- regelmäßige Durchführung einer Lieferantenanalyse
- regelmäßige oder stichpunktartige Durchführung einer Qualitätskontrolle beim Wareneingang von Bauteilen durch die Hersteller
- zielgerichtete Auswahl von Lieferanten, z.B. mit gültigem Qualitätsmanagement-Zertifikat

f) Neben der Minderung des Preises sowie der Gewährung von Skonti und Rabatten könnte den Kunden bei den Zahlungsbedingungen noch folgendermaßen entgegengekommen werden: (3 P.)

- Zahlungsziele/Zahlungsfristen
- Verzicht auf Zinsforderungen bei Überschreitung des Zahlungsziels
- Gewährung eines Bonus
- Preisbündelung (mehrere Produkte im Paket)
- Gewährung von Ratenzahlung

5. Handlungsschritt (25 Punkte)

a) (8 P.)

Form	Vorteile	Nachteile
befristeter Arbeitsvertrag	• kostengünstig • höheres Identifikationsvermögen mit dem Auftraggeber	• Auftraggeber trägt das Ausfallrisiko des Mitarbeiters • sinkt der Arbeitsbedarf, gilt der befristete Arbeitsvertrag mit allen kostenrelevanten Aspekten bis zum Ende der Befristung weiter
Zeitarbeitsfirma	• Zeitarbeitsfirma trägt das Ausfallrisiko • es muss nur der wirkliche Bedarf bezahlt werden, die Zusammenarbeit ist kurzfristig beendbar	• kostenintensiv • kein hohes Identifikationsvermögen mit dem Auftraggeber

b)

ba) (2 P.)

2.050 € · 1,2 · 12 + 2.000 € = **31.520 €**

bb) (2 P.)

60 € · 8 Std. · 220 Arbeitstage = **105.600 €**

bc) (1 P.)

Die kostengünstigste Lösung ist die Einstellung eines Mitarbeiters auf der Grundlage eines befristeten Arbeitsvertrages mit Gesamtkosten von 31.520 €.

c) (3 P.)

Jeder eingehende Anruf muss nach Uhrzeit und Gesprächsdauer statistisch festgehalten werden. Auf diesem Wege lässt sich ermitteln, zu welchem Zeitpunkt wie viele Anrufe eingehen und bearbeitet werden müssen. Daraus lässt sich errechnen, zu welchen Momenten sich Spitzenzeiten am Tag ergeben. Hierbei muss ein ausreichend langer Ermittlungszeitraum zugrunde gelegt werden, weil auch andere Einflüsse (Ferienzeit, Monatsanfang, Brückentag etc.) auf die Anzahl der Anrufer einwirken können.

d) (4 P.)

Die infrage kommenden Zeitarbeitsfirmen müssten über Mitarbeiter mit den gesuchten **Fachkenntnissen** und entsprechendem **Erfahrungshintergrund** verfügen. Dennoch bedarf es einer **Einarbeitungszeit**, um **interne Arbeitsweisen** und Problemstellungen des Unternehmens ausreichend zu kennen und den Kunden am Telefon ein kompetenter und hilfreicher Gesprächspartner sein zu können.

Fortsetzung des 5. Handlungsschrittes auf der nächsten Seite

5. Handlungsschritt (25 Punkte)

Fortsetzung

e) Nachwuchs lässt sich über folgende Wege an das Unternehmen heranführen: (5 P.)

<table>
<tr><th>Nachwuchskonzept</th><th>1.Stufe</th><th>2. Stufe</th><th>3. Stufe</th></tr>
<tr><td>Angebote an die Öffentlichkeit</td><td>Teilnahme am Girls-Day</td><td>Teilnahme an Ausbildungsmessen</td><td rowspan="2">Tag der offenen Tür anbieten</td></tr>
<tr><td>Angebote an Schulen</td><td rowspan="2">Praktikantenstellen anbieten</td><td>Informatik-AGs betreuen</td></tr>
<tr><td>Angebote an Hochschulabsolventen</td><td>Betreuung von Diplomanden</td><td rowspan="2">Ausbildung neben dem Studium anbieten</td></tr>
<tr><td>Angebote an Auszubildende</td><td>Teilnahme an Verbundausbildung</td><td>Ausbildungplätze anbieten</td></tr>
</table>

1. Handlungsschritt (25 Punkte)

a) (4 P.)

Fernabsatzvertrag:
Unter § 312 c BGB werden insbesondere genannt: Briefe, Kataloge, Telefonanrufe, Telekopien, E-Mails, über den Mobilfunk versendete Nachrichten (SMS) sowie Rundfunk, Tele- und Mediendienste.

b) Ein Fernabsatzvertrag kann nur **zwischen einem Unternehmer und einem Verbraucher** zustande kommen. Bei Fernabsatzgeschäften zwischen zwei Unternehmen oder zwischen zwei Verbrauchern gelten die Regelungen zu Fernabsatzverträgen nicht. (2 P.)

c) Bei Fernabsatzverträgen besteht ein Widerrufs- und Rückgaberecht.

ca) Der Käufer kann in einem Ladenlokal die Ware vor dem Kauf **in Augenschein nehmen,** sie anfassen, ggf. anziehen (bei Kleidung) und ausprobieren. Er kann sich dabei einen Eindruck von dem Komfort, dem **Erscheinungsbild,** dem Design, der Farbe sowie der **Funktionalität** machen. Beim Fernabsatzkauf ist das nicht möglich. Meist ist der Käufer auf eine kurze Textbeschreibung und ein Foto vom Artikel angewiesen. Beides kann nur unzureichend den oft auch **individuellen Eindruck** eines Artikels beschreiben. Durch das Widerrufs- und Rückgaberecht soll dieser Nachteil ausgeglichen werden, damit der Käufer nach Erhalt und bei **Nichtgefallen** seine Entscheidung innerhalb einer angemessenen Zeit revidieren kann. (5 P.)

cb) (2 P.)

gem. § 355 BGB innerhalb von **zwei Wochen;** zur Fristwahrung reicht die rechtzeitige Absendung.

cc) (2 P.)

gem. § 355 BGB muss der Widerruf gegenüber dem Unternehmen erklärt werden. Die Erklärung kann mündlich, textlich oder schriftlich erfolgen. Aus der Erklärung muss der Entschluss des Verbrauchers zum Widerruf des Vertrags eindeutig hervorgehen. Der Widerruf muss keine Begründung enthalten. Zur Fristwahrung genügt die rechtzeitige Absendung des Widerrufs. Es genügt nicht mehr, die Ware einfach ohne Erklärung zurückzusenden.

cd) (6 P.)

gem. § 312 g BGB:

Das Widerrufsrecht ist ausgeschlossen oder eingeschränkt u. a. bei Waren oder Dienstleistungen

- die nach **Kundenspezifikation** angefertigt wurden
- die schnell verderben können oder deren **Haltbarkeitsdatum überschritten** ist
- die aufgrund ihrer **Beschaffenheit** nicht für eine Rücksendung geeignet sind
- die bei Versteigerungen erstanden wurden
- die aus **entsiegelten Datenträgern** von Software sowie Audio- oder Videoaufzeichnungen bestehen
- die aus Wett- oder Lotterie-Dienstleistungen bestehen

d) (4 P.)

Der Verbraucher kann den Kauf seiner bestellten Waren auf der Grundlage des Widerrufsrechts innerhalb von 14 Tagen widerrufen und dem Versandhaus wieder zurücksenden. Das Versandhaus muss logistische Maßnahmen ergreifen, um den **Rücklauf der Ware** sicherzustellen und dem **Kunden den Wareneingang wieder zuordnen** zu können. Im nächsten Schritt muss die **buchhalterische Erfassung** hinsichtlich des Wareneingangs und der Kundengutschrift sichergestellt sein. Des Weiteren muss geprüft werden, ob die rückgesendete Ware schadlos und zum **erneuten Verkauf geeignet ist**, bevor sie an einen anderen Kunden ausgeliefert wird.

2. Handlungsschritt (25 Punkte)

a) (3 P.)

- Reduzierung des Energieverbrauchs bedeutet auch Senkung der Energiekosten, was sich positiv auf das Betriebsergebnis auswirkt
- Imagegewinn des Unternehmens bei sichtbar umweltbewusstem Verhalten in der Außendarstellung gegenüber Kunden und Mitarbeitern, Imageschaden des Unternehmens bei umweltschädlichem Verhalten bei Kunden und Mitarbeitern
- Einhalten von gesetzlichen Vorschriften bei der Entsorgung von Hardware, um das Unternehmen vor staatlichen Sanktionen zu bewahren
- Beitrag zur Erhaltung von Umwelt und Ressourcen

b) (3 P.)

- Bildschirm oder Display bei längerem Nichtgebrauch (automatisch) abschalten
- Helligkeit des Displays im Standard reduzieren
- Festplatte bei längerem Nichtgebrauch (automatisch) abschalten
- Standby bei längerem Nichtgebrauch (automatisch) aktivieren
- Ruhezustand bei längerem Nichtgebrauch (automatisch) aktivieren
- WLAN, Bluetooth o. a. Übertragungs- und Funknetze bei Nichtgebrauch abschalten

c) (3 P.)

- Verwendung von wiederbefüllbaren Tonern und Druckerpatronen
- Drucker mit geringem Standby-Stromverbrauch nutzen
- Bestellung von Recyclingpapier
- beim Neukauf von Druckern darauf achten, dass das Produkt über einen automatischen Energiesparmodus verfügt
- beim Neukauf von Druckern darauf achten, dass die Drucker oder die Verpackung mit dem Umweltzeichen des „Blauen Engels“ gekennzeichnet sind, da dieses Zeichen die Umweltverträglichkeit des Produktes von neutraler Stelle garantiert

d) Im Grunde lassen sich alle noch funktionstüchtigen und austauschbaren Komponenten wiederverwerten, solange die Kompatibilität gegeben ist. Beispielhafte Teile können sein: Prozessor, Laufwerke, Gehäuse, Grafikkarten, Verkabelungen, Netzteile, Arbeitsspeicher etc. (5 P.)

Fortsetzung des 2. Handlungsschrittes auf der nächsten Seite

2. Handlungsschritt (25 Punkte)

Fortsetzung

e) Das ElektroG strebt grundsätzlich die Vermeidung von elektronischen Abfällen aus Elektro- und Elektronikgeräten sowie die Wiederverwertung möglichst vieler Stoffe an. Gleichzeitig wurden die Unternehmen zur Einrichtung eines Rücknahmesystems verpflichtet.

ea) Die EG und der deutsche Gesetzgeber verfolgen mit dem ElektroG u. a. folgende konkreten Ziele: (5 P.)

- (möglichst) Vermeidung von Elektroschrott
- Trennung der Elektroabfälle vom übrigen Abfall
- Wiederverwendung von Geräten oder Geräteteilen (Ausschlachten)
- Stoffliche Trennung und Verwertung (unterschiedliche Metalle, Kunststoffe etc.) innerhalb der Gerätekomponenten
- Motivation an die Hersteller zur Herstellung verbesserter Produkte mit längerer Nutzungs- und Lebensdauer, um zukünftig (hohe) Rücknahmemengen und -kosten zu vermeiden
- wiederholte, ressourcen-schonende Einbringung der einzelnen Stoffe in den (Wieder-)Herstellungskreislauf
- Kennzeichnung der Elektrogeräte zur Identifizierung des jeweiligen Herstellers
- Verwendungsbegrenzung bestimmter Stoffe zum Schutz der Umwelt und der Verbraucher
- Verwendungsverbot bestimmter gefährlicher Stoffe zum Schutz der Umwelt und der Verbraucher

eb) Da die Computer & Internet GmbH Business-to-Customer-Geschäfte betreibt, ergeben sich für das Unternehmen folgende wesentliche Verpflichtungen: (6 P.)

- **Registrierung** des Unternehmens bei der Stiftung Elektro-Altgeräte Register gemäß § 6 Abs. 2 ElektroG
- Nachweis einer **insolvenzsicheren Garantie** zur Finanzierung der Rücknahme- und Entsorgungspflichten (§ 6 Abs. 3 ElektroG)
- Registrierung und **Kennzeichnung** neu in den Verkehr gebrachter Geräte mit dem Symbol der durchgestrichenen Abfalltonne (Anhang II ElektroG) gemäß § 7 ElektroG

- Verbot oder Reduzierung der Inverkehrbringung von Produkten mit **Verbotsstoffen** (§ 3 i. V. m. § 4 ElektroStoffV)
- Aufstellen von Behältnissen zur Geräterückgabe sowie deren Abhol- und **Entsorgungsverpflichtungen** (§ 10 ElektroG)
- Diverse **Informationspflichten** zur Statistik und der anteiligen Kostenberechnung (gemäß § 13 ElektroG)

3. Handlungsschritt (25 Punkte)

a) Merkmale von Routern

aa) **Produktwerbung** (3 P.)

Eine solche Pauschalaussage ist als irreführend zu betrachten, denn innerhalb von Gebäuden gibt es viele Parameter, die die Reichweite eines Funknetzwerkes beeinflussen können:

- **Anzahl und Beschaffenheit** der zu überbrückenden Wände (alleine der Feuchtigkeitsgehalt der Wände hat großen Einfluss auf die Dämpfung und somit auf die Reichweite)
- **Wasserleitungen** in den Wänden
- **Stromleitungen** in Wänden
- **Metallgehalt** der Wände (z. B. Stahlbeton)
- Einsatz von **Antennen** am Access-Point (durch gezielten Einsatz von Antennen kann die Reichweite erhöht werden)
- **Elektromagnetische Störquellen** (z. B. Mikrowellenherde arbeiten im selben Frequenzbereich)

ab) **Dual-Band Router** (2 P.)

Im Unterschied zu Single-Band Routern, die entweder nur im Frequenzband von 2.4 GHz oder im Frequenzband von 5 GHz arbeiten, können Dual-Band Router mit beiden Frequenzbändern umgehen. Clients können in beiden Bändern angebunden werden. Viele Router verfügen über ein Load-Balancing und binden Clients, je nach Anforderungen an die Bandbreite, wahlweise im einen oder anderen Frequenzband an.

ac) **802.11b, 802.11g und 802.11b+g, 802.11a, 802.11n** (5 P.)

Die Angaben entsprechen den definierten Standards für WLAN-Netzwerke und beschreiben unterschiedliche Verfahren und Frequenzbereiche, die in praktischer Hinsicht unterschiedliche maximale Datenübertragungsgeschwindigkeiten zur Folge haben:

- 802.11b – bis zu **11 Mbit/s** im **2.4 GHz-Band**
- 802.11g – bis zu **54 Mbit/s** im **2.4 GHz-Band**
- 802.11b+g – Mischbetrieb; die Betriebsart mit maximaler Geschwindigkeit wird automatisch ermittelt und verwendet (**Mischbetrieb zwischen 802.11b und 802.11g** im **2.4 GHz-Band**)
- 802.11a – bis zu **54 Mbit/s** im **5 GHz-Band**
- 802.11n – bis zu **150 Mbit/s** pro „Stream" bzw. Antenne: es können bis zu 4 „Streams" bzw. Antennen gebündelt werden um so eine Übertragung von bis zu **600 Mbit/s** zu erreichen (MIMO-Technik [Multiple Input Multiple Output]). Dieser Standard kann sowohl im **2.4 GHz**- als auch im **5 GHz-Band** arbeiten.

ad) **Gegenüberstellung der 2.4 GHz- und 5 GHz-Technologie** (3 P.)

- Verbindungen im 5 GHz-Bereich sind weniger störanfällig
  - Mikrowellen und Babyphone arbeiten ebenfalls im 2.4 GHz-Band und können zu Störungen führen.
  - Gerade in dicht bevölkerten Wohngebieten ergibt sich eine „Verstopfung" der Kanäle im 2.4 GHz-Band.
  - Wasser absorbiert elektromagnetische Wellen im Frequenzbereich von 2.4 GHz; daher stellen Wasserleitungen sowie Feuchtigkeit in Wänden einen massiven Störfaktor in diesem Frequenzband dar.
- Geringere Reichweite von 5 GHz aufgrund höherer, physikalischer Dämpfung (je höher die Frequenz umso höher die Dämpfung)
- Die physikalisch geringere Reichweite im 5 GHz-Bereich wird in der Regel durch höhere Sendeleistungen ausgeglichen. Hingegen ist die Sendeleistung im 2.4 GHz-Band vom Gesetzgeber auf 100 mW begrenzt worden.

Fortsetzung des 3. Handlungsschrittes auf der nächsten Seite

3. Handlungsschritt (25 Punkte)

Fortsetzung

b) **Sicherheitseinstellungen**

ba) **WEP** (2 P.)

WEP ("Wired Equivalent Privacy", oft fälschlicherweise als "Wireless Encryption Protocol" bezeichnet) ist ein Verschlüsselungsmechanismus für Funknetzwerke. Aufgrund der recht schwachen Verschlüsselung gilt WEP als unsicher, da er mit heutigen schnellen Rechnern recht mühelos geknackt werden kann. Damit ergibt sich die Möglichkeit, den kompletten Datenverkehr eines Funknetzes von außen abzuhören.

bb) **Alternative Sicherheitsprotokolle** (2 P.)

Weiterentwicklungen des inzwischen als veralteten und als unsicher geltenden WEP Standards sind:

- **WEP+** – ebenfalls nicht als sicher eingestuft
- **WPA** („Wi-Fi Protected Access") – erheblich gesteigerte Sicherheit
- **WPA2** – eines der sichersten Verfahren

c) **Ad-hoc vs. Infrastructure** (4 P.)

- Die Betriebsart „Infrastructure" bedingt das Vorhandensein einer **Basisstation („Access-Point")** als zentraler Knotenpunkt des Funknetzes.

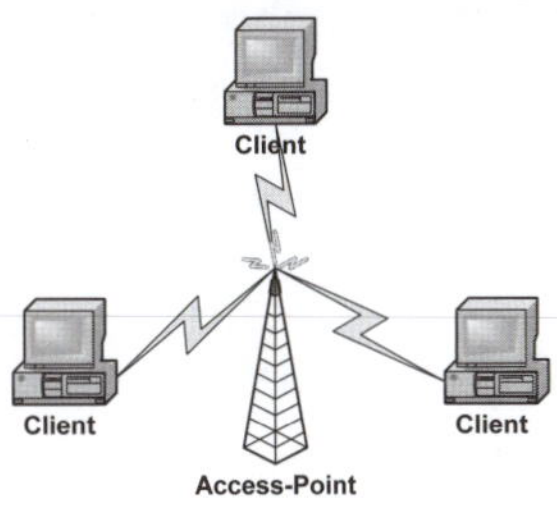

- Die Betriebsart „Ad-hoc" erlaubt den Aufbau eines Funknetzes **ohne Access-Point.** Alle **Clients sind gleichberechtigte Netzteilnehmer.** Der Datenaustausch erfolgt in diesem Falle über Direktverbindungen der Netzteilnehmer.

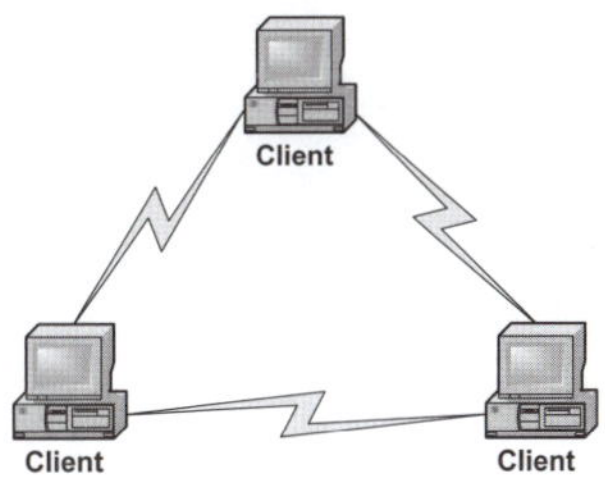

d) **Begrifflichkeiten**

da) **Hot-Spot** (2 P.)

Bei einem Hot-Spot handelt es sich um einen **öffentlich bereitgestellten WLAN-Knotenpunkt** mit der Möglichkeit des Internetzugangs (z. B. in Cafés oder Hotels). Wenn es sich um kommerzielle Anbieter handelt, erfolgt eine Freischaltung zur Internetnutzung erst nach Entrichtung des entsprechenden Nutzungsentgeltes für eine in der Regel zeitlich begrenzte Nutzungsdauer. Viele Institutionen und Kommunen bieten allerdings auch vermehrt flächendeckende, kostenfreie Hot-Spots an.

Technisch handelt es sich um einen Access-Point, allerdings mit erweiterten Sicherheitseinstellungen (z. B. keine Kommunikation der Teilnehmer untereinander).

db) **Roaming** (2 P.)

Im Zusammenhang mit Funknetzen beschreibt „Roaming" die Möglichkeit beim **Verlassen einer Funkzelle** (also des Bereiches eines WLAN-Netzes) automatisch, und für den Benutzer transparent, **in eine angrenzende Funkzelle überzuwechseln**.

4. Handlungsschritt (25 Punkte)

a) **Übungsbogen**

aa) **Prozess zur Erstellung eines Programms** (2 P.)

Typischerweise handelt es sich um einen zweistufigen Prozess:

1. Erstellung des Quelltextes

Gemäß der Syntax der jeweiligen Programmiersprache wird das Programm zunächst in Textform, dem sogenannten „Quelltext", erstellt.

2. Übersetzung/Compilierung

Mit Hilfe des „Compilers" wird der Quelltext in Maschinensprache übersetzt und somit in ein ausführbares Programm verwandelt.

ab) **Array** (3 P.)

Ein Array ist eine **Datenstruktur, die aus mehreren Komponenten besteht.** Es kann somit **mehrere Werte aufnehmen.** Der Zugriff auf die einzelnen Komponenten erfolgt über eine **Indizierung.**

Im folgenden Beispiel ist ein Array mit neun Komponenten dargestellt, wobei jede Komponente einen reellen Zahlenwert aufnehmen kann (die Syntax der formalen Deklaration ist von Delphi). So enthält beispielsweise die Komponente A[3] den Zahlenwert „8.36":

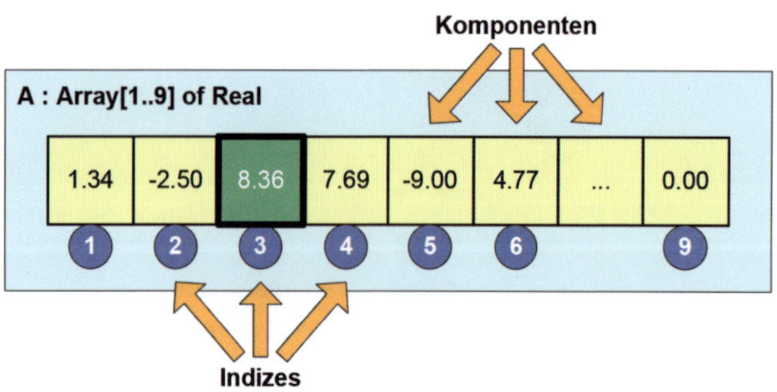

ac) **Prozeduren und Funktionen** (4 P.)

Sowohl bei „Prozeduren" als auch bei „Funktionen" handelt es sich um **Unterprogramme,** die bei Bedarf aufgerufen werden können. Der Unterschied in der Zielsetzung besteht darin, dass Prozeduren lediglich **eine Aktion bewirken,** während Funktionen immer ein **Ergebnis** („Funktionsergebnis") an den aufrufenden Programmteil **zurückliefern.**

b) (3 P.)

Es wird eine dritte Variable, z. B. C benötigt. Die drei Operationen sind:

- C = A
- A = B
- B = C

oder...

- C = B
- B = A
- A = C

Fortsetzung des 4. Handlungsschrittes auf der nächsten Seite

4. Handlungsschritt (25 Punkte)

Fortsetzung

c) (8 P.)

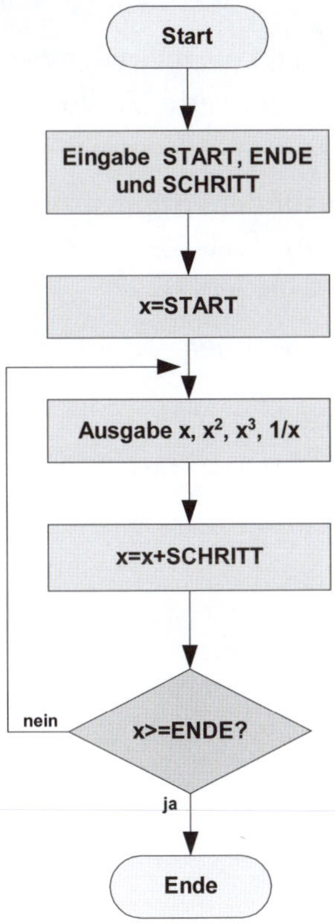

d) (5 P.)

Zunächst eine Übersicht über die Variablen, wobei I nacheinander alle Werte zwischen 2 und 5 annimmt und J jeweils von 1 bis I-1. Eine Ausgabe von I und J findet immer nur dann statt, wenn die Summe von I und J eine gerade Zahl ergibt:

I	J	(I+J)	Gerade?	Ausgabe
2	1	3	Nein	–
3	1	4	Ja	3, 1
3	2	5	Nein	–
4	1	5	Nein	–
4	2	6	Ja	4, 2
4	3	7	Nein	–
5	1	6	Ja	5, 1
5	2	7	Nein	–
5	3	8	Ja	5, 3
5	4	9	Nein	–

Somit ergibt sich folgende Ausgabe:

```
3,1
4,2
5,1
5,3
```

5. Handlungsschritt (25 Punkte)

a) (4 P.)

Bei beiden Analyseverfahren ist die Menge der Warenbestände relevant, dennoch unterscheiden sie sich im zweiten Fokus:

Bei der **ABC-Analyse** werden die Warenbestände in drei Gruppen (A, B und C) nach ihrem Wert und der Lagermenge eingeteilt und gewichtet, um kleine Mengen großer Lagerwerte (A) von großen Mengen kleiner Lagerwerte (C) unterscheiden zu können.

Bei der **XYZ-Analyse** liegt das Augenmerk nicht auf den Werten, sondern auf der Prognostizierbarkeit des Bedarfs. Hierbei werden die Lagerbestände mit vorrangigem und regelmäßigem Bedarf (X) von denen mit nachrangigem oder sehr unregelmäßigem Bedarf (Z) unterschieden.

Die Analyse zur Klassifizierung findet auch noch in anderen Bereichen (z. B. Kunden- oder Lieferantenanalysen) Anwendung.

b) (4 P.)

- Sicherstellung der Verfügbarkeit von Beständen
- Vermeidung überflüssiger Lagerbestände
- Vermeidung unnötiger Kapitalbindungskosten
- gezielte Sicht auf die wesentlichen Teile der Bedarfsermittlung (Gruppe A)
- Erzielung des lagermäßigen Optimums
- Vermeidung überflüssiger Lagerkosten
- ...

c) (ca)/(cb) (12 + 5 P.)

Artikel	Menge Stück	Einzelpreis in €	Preisvolumen in €	%-Anteil Wert	%-Anteil Menge	Gruppe
Rechner	150	1.500 €	225.000 €	40%	2%	A
Mainboards	400	150 €	60.000 €	11%	5%	B
Mouse	800	10 €	8.000 €	1%	9%	C
Grafikkarten	350	140 €	49.000 €	9%	4%	B
Monitore	140	1.000 €	140.000 €	25%	2%	A
Mousepads	800	5 €	4.000 €	1%	9%	C
Kabelbinder	5.000	0,05 €	250 €	0%	57%	C
DVD-Brenner	50	300 €	15.000 €	3%	1%	C
Soundkarten	500	100 €	50.000 €	9%	6%	B
Kabel	500	20 €	10.000 €	2%	6%	C
Drucker	40	200 €	8.000 €	1%	0%	C
SUMME	8.730		569.250 €	100%	100%	

1. Handlungsschritt (25 Punkte)

a) (5 P.)

- **+, –, ±**
  Die Kennzeichnungen „+“ und „–“ kennzeichnen zwei verschiedene, gängige DVD-Formate, die von zwei verschiedenen Firmenkonsortien definiert wurden („+“vom Firmenkonsortium „DVD+RW Alliance“ und „–“ vom Firmenkonsortium „DVD–RW Alliance“). Auf dem Markt co-existieren beide Formate seit langer Zeit. Die Kennzeichnung „±“ bei einem DVD-Laufwerk deutet in der Regel an, dass das Gerät beide Formate unterstützt.
- **DL**
  „Double Layer“ (für das DVD– Format) oder "Dual Layer" (für DVD+ Format); die Medien verfügen über zwei Schichten pro Seite
- **R, RW**
  „R“ steht für „Recordable“, d. h. einmal beschreibbar, während „RW“ für „Rewriteable“ („wiederbeschreibbar“) steht, d. h. das Medium kann mehrfach (bis zu 1 000-mal) wiederbeschrieben werden.

b) Die DVD-RAM, ist genau wie die DVD-RW-Formate, beschreibbar. Die wesentlichen Merkmale dieses Formates sind: (4 P.)

Vorteile

- **Datensicherheit**
  Während die DVD-RW-Varianten auf Kompatibilität zur Video-DVD und DVD-ROM ausgelegt wurden, lag der Fokus bei der Entwicklung der DVD-RAM im Wesentlichen auf der Datensicherheit. Durch die Sektorierung, die mit bloßem Auge anhand kleiner Rechtecke zu erkennen ist, der Einarbeitung eines Defektmanagements und der Tatsache, dass die meisten DVD-RAM-Untervarianten in einem festen Gehäuse („Case“) aufbewahrt und betrieben werden, ist die Datensicherheit der DVD-RAM ungleich höher als bei üblichen DVD-RW Medien.
- **Langlebigkeit**
  Während bei DVD-RW eine Haltbarkeit von etwa 5-10 Jahren angegeben wird, liegt sie bei der DVD-RAM lt. Hersteller bei etwa 30 Jahren. Dies ist unter anderem auf die Abwesenheit organischer Materialien zurückzuführen.
- **Hohe Wiederbeschreibbarkeit**
  Während DVD-RWs etwa 1 000-mal wiederbeschrieben werden können, können DVD-RAM etwa 100 000-mal erneut beschrieben werden.
- **Einfache Handhabbarbeit**
  Eine DVD-RAM wird in der Regel wie eine Festplatte benutzt. Ein separates Brennprogramm ist nicht erforderlich.

Nachteile

- **Teure Medien**
  DVD-RAM-Medien sind erheblich teurer als DVD-RW-Medien.
- **Eingeschränkte Kompatibilität**
  Viele gängige DVD-Brenner unterstützen nur DVD-RW-Formate. Nur sehr hochwertige und teure Geräte unterstützen ebenfalls die DVD-RAM.
- **Langsamere Schreibgeschwindigkeit**

Fortsetzung des 1. Handlungsschrittes auf der nächsten Seite

1. Handlungsschritt (25 Punkte)

Fortsetzung

c) **Zugriffsgeschwindigkeiten** (4 P.)

Ein „1-fach" CD-Laufwerk verfügt über eine Datenübertragungsrate von 150 kB/s. Um die theoretische Datenübertragungsgeschwindigkeit eines CD-Laufwerkes zu berechnen, wird der Faktor mit 150 kB/s multipliziert. Beispielsweise kann ein 52-fach CD-Laufwerk eine max. Datenübertragungsrate von 52 · 150 kB/s = 7.800 kB/s = 7,8 MB/s erreichen.

Bei DVD-Laufwerken hingegen muss der Faktor mit 1,35 MB/s multipliziert werden. Somit kann beispielsweise ein 16-fach DVD-Laufwerk Daten mit einer max. Rate von 16 · 1,35 MB/s = 21,6 MB/s übertragen.

d)

da) (4 P.)

- **Aktualität der Daten**
  Abhängig von der Änderungshäufigkeit der Daten müssen die Datensicherungen regelmäßig durchgeführt werden.
- **Verwahrung**
  Die Verwahrung der Medien muss an einem sicheren Ort erfolgen. In jedem Falle ist eine räumliche Trennung zum Datenbestand anzustreben, um die Verfügbarkeit bei Katastrophen, wie Brand- oder Wasserschäden, sicherzustellen.
- **Wiederherstellbarkeit**
  Es muss sichergestellt sein, dass die Daten in einem angemessenen Zeitraum vollständig wiederhergestellt werden können. Die automatische Verifikation der Daten im Rahmen einer automatisierten Datensicherung sollte ergänzt werden durch sporadische Rücksicherungsübungen (auf ein Test-System).
- **Dokumentation**
  Eine Durchführung von Datensicherungen gibt keinen Sinn, wenn eine zeitliche Zuordnung des gesicherten Datenbestandes nicht erfolgen kann. Daher ist auf eine sinnvolle Dokumentation/Beschriftung der Medien zu achten.
- **Langlebigkeit**
  Die gewählten Medien müssen so gewählt werden, dass die gesicherten Daten den gesetzlichen Aufbewahrungsfristen genügen.

Fortsetzung des 1. Handlungsschrittes auf der nächsten Seite

1. Handlungsschritt (25 Punkte)

Fortsetzung

db) (3 P.)

- **Magnetbänder**
  Im professionellen Umfeld ist der Einsatz von Magnetbändern weit verbreitet. Magnetbänder zeichnen sich durch eine **hohe Datendichte** und **große Haltbarkeit** aus, allerdings sind die benötigten Geräte und auch die Medien zum Teil recht **teuer.**
- **Optische Medien**
  Optische Medien wie DVDs und CDs bieten sich, aufgrund der **geringen Kosten** sowohl der Medien als auch der Geräte, im Wesentlichen für den **Privatverbraucher** an. Im professionellen Umfeld sind diese Medien wenig geeignet, da zum einen die **Lebensdauer deutlich geringer** ist als bei Magnetbändern, zum anderen ist die **Kapazität** und damit **Datendichte** der Medien **sehr gering.**
- **Online-Sicherungen**
  Die immer beliebter werdenden **Online-Sicherungslösungen** richten sich hauptsächlich an Privatanwender und bieten den grundsätzlichen Vorteil der **räumlichen Trennung** der gesicherten Daten. Im Firmenumfeld ist diese Lösung aufgrund von möglichen **Bedenken hinsichtlich des Datenschutzes** und der technischen Abhängigkeit von der **Verfügbarkeit** und der vergleichsweise **geringen Bandbreite** der Netzwerkverbindungen zum Anbieter eher ungeeignet.

e) **USB-Festplatten und NAS**

ea) Während USB-Festplatten als externes Gerät per USB an einen Rechner angeschlossen werden, handelt es sich bei NAS-Festplatten (NAS = Network Attached Storage) um Festplatten, die über eine Netzwerkschnittstelle direkt ins LAN eingebunden werden können. Daher steht die Kapazität eines NAS grundsätzlich allen Hosts im Netzwerk zur Verfügung und kann zur Datensicherung genutzt werden. Technisch gesehen handelt es sich bei einem NAS um einen – in den Abmessungen – recht klein gehaltenen Rechner, der die Daten der Festplatte dem Netzwerk bereitstellt. USB-Platten sind in der Regel kleiner und leichter und damit mobiler als NAS-Systeme. Allerdings gibt es teurere NAS-Lösungen, die es erlauben, mehrere Festplatten aufzunehmen und ggf. in einem RAID-Verbund zu betreiben. (3 P.)

eb) Für die von Herrn Frisch angegebenen Datenmengen ist der Einsatz von Festplatten mittelfristig **kostengünstiger** als die Sicherung auf DVDs, da Festplatten eine **höhere Kapazität pro Preiseinheit** und eine **höhere Flexibilität** bieten. Auch ist die **Zugriffsgeschwindigkeit** deutlich höher als bei DVDs. Nachteile sind die **geringere Lebensdauer** (da mechanisch) und auch die Möglichkeit eines **Überschreibschutzes** ist u. U. schwierig zu realisieren und zumindest mit administrativem Aufwand verbunden. (2 P.)

2. Handlungsschritt (25 Punkte)

a)

aa) Bei den vorrätig zu haltenden Mengen handelt es sich um den **Mindestbestand.** (1 P.)

ab) Um errechnen zu können, in wie vielen Tagen Sie spätestens nachbestellen müssen, ist zuerst der Bestellpunkt zu ermitteln. (6 P.)

Der Bestellpunkt errechnet sich wie folgt:

Bestellpunkt = täglicher Bedarf · Lieferzeit in Tagen + Mindestbestand
= 8 · 3 + 16
= 24 + 16
= 40

Die Nachbestellung muss demnach erfolgen, bevor die Reduzierung des Meldebestandes von 40 Packungen erreicht wird.

Gegenwärtig verfügt das Ladenlokal noch über 60 Packungen.

Tage bis zur spätesten Nachbestellung:

im Laden verfügbar:	60 Packungen
Meldebestand:	40 Packungen
noch verfügbarer Spielraum:	20 Packungen

Bei einem Verbrauch von 8 Packungen pro Tag:

20 : 8 = 2,5 Tage.

Die Nachbestellung muss spätestens **in zwei Tagen** erfolgen!

ac) Zu beachten ist vor Berechnung, dass der Ladenkunde Bruttopreise erhält, während die Mehrwertsteuer für die CompuCom GmbH lediglich einen durchlaufenden Posten darstellt.
Die Mehrwertsteuer ist zur Berechnung des Deckungsbeitrages herauszurechnen: (4 P.)

Bruttoverkaufserlös	=	60 · 9,99 €	=	599,40 €
Nettoverkaufspreis	=	60 · 9,99 € : 1,19	=	503,70 €
Nettoeinkaufspreis	=	60 · 5 €	=	300,00 €
Deckungsbeitrag	=	Nettoverkaufspreis – Nettoeinkaufspreis		
	=	503,70 € – 300,00 €	=	**203,70 €**

Fortsetzung des 2. Handlungsschrittes auf der nächsten Seite

2. Handlungsschritt (25 Punkte)

Fortsetzung

b)

ba) Rechnungsbetrag = 60 · 5,00 € · 1,19 = **357,00 €** (1 P.)

bb)

	Preis		Skonto		Überweisung
Netto	300,00 €	–	9,00 €	=	291,00 €
Vorsteuer	57,00 €	–	1,71 €	=	55,29 €
Brutto	357,00 €	–	10,71 €	=	346,29 €

Skontobetrag = 357,00 € · 0,03 = 10,71 €

Überweisungsbetrag = 357,00 € · 0,97 = **346,29 €** (1 P.)

bc) Bei Zahlung unter Abzug von Skonto muss der Rechnungsbetrag, gemindert um den Skontobetrag von 10,71 €, bereits nach 14 Tagen überwiesen werden. Bei einem Nettozahlungsziel von 30 Tagen ist das 16 Tage früher.

Bankzinsen bei Ausnutzung von Skonto innerhalb der 16 Tage:

16 Tage · 346,29 € · 0,16 / 360 Tage = 2,46 €

Im Gegenzug sparen Sie 10,71 € durch Skonto. Die vorzeitige Überweisung und der Abzug von Skonto sind wirtschaftlicher. (7 P.)

bd) Skontobetrag = 357,00 € · 0,02 = 7,14 €

Überweisungsbetrag = 357,00 € · 0,98 = 349,86 €

Bei Zahlung unter Abzug von Skonto muss der Rechnungsbetrag, gemindert um den Skontobetrag von 7,14 €, bereits nach 8 Tagen überwiesen werden. Bei einem Nettozahlungsziel von 30 Tagen ist das 22 Tage früher.

Bankzinsen bei Ausnutzung von Skonto innerhalb der 22 Tage:

22 Tage · 349,86 € · 0,16 / 360 Tage = 3,42 €

Im Gegenzug sparen Sie 7,14 € durch Skonto. Die vorzeitige Überweisung und der Abzug von Skonto sind auch unter dieser Konstellation wirtschaftlicher. (5 P.)

3. Handlungsschritt (25 Punkte)

a) **SATA und SSD**

aa) **SATA** (4 P.)

Bei SATA („Serial Advanced Technology Attachment") handelt es sich nicht, wie oft angegeben, um eine bestimmte Festplattentechnologie, sondern um eine standardisierte **Spezifikation der Verbindungstechnik zwischen Festplatten und Rechner.** Dies beinhaltet das **Busdesign** und damit die Übertragungsgeschwindigkeiten sowie die verwendeten **Steckverbindungen.** Mittlerweile gibt es, neben Festplatten, auch andere Geräte, die über die SATA-Schnittstelle angeschlossen werden können.

Die Standards SATA-I, -II und -III unterscheiden sich im Wesentlichen in den maximalen Übertragungsraten. Während **SATA-I bis zu 1,5 GBit/s** und **SATA-II bis zu 3,0 GBit/s** übertragen können, bietet **SATA-III** Geschwindigkeiten von **bis zu 6,0 GBit/s.** Allerdings kann die herkömmliche Festplattentechnologie die spezifizierten, maximalen Übertragungsraten von SATA-III in der Regel nicht erreichen.

ab) **eSATA** (1 P.)

Nachdem der SATA-Standard für interne Festplatten eingeführt worden ist, kam bald der Wunsch auf, die hohen Geschwindigkeiten auch für **externe Peripheriegeräte und Festplatten** nutzen zu können. Mit SATA-II wurden daraufhin auch abgeschirmte Kabel und Steckverbindungen für den Anschluss externer Geräte eingeführt. Diese externe SATA-Schnittstelle wird als eSATA (external-SATA) bezeichnet und hat sich mittlerweile als Konkurrenz zu USB und Firewire etabliert.

ac) **SSD – Technologie** (2 P.)

Während herkömmliche Festplatten die Daten magnetisch auf rotierende Platten aufzeichnen, verwenden SSD-Festplatten (SSD = solid state drive) eine Flashspeicher-Technologie.

ad) **SSD – Vorteile** (6 P.)

Da SSDs keinerlei mechanische Bauteile enthalten, sind sie sehr **robust** und **stoßunanfällig.** Auch arbeiten sie völlig **geräuschlos** bei sehr **geringer Energieaufnahme.** Ein weiterer Vorteil sind **kurze Zugriffszeiten** und, je nach verwendeter Technologie, erheblich **höhere Datenübertragungsraten** als bei herkömmlichen Festplatten. Die Hersteller versprechen in der Regel auch eine **höhere Lebensdauer** als bei mechanischen Festplatten.

Fortsetzung des 3. Handlungsschrittes auf der nächsten Seite

3. Handlungsschritt (25 Punkte)

Fortsetzung

b)

ba) (3 P.)

Alte Festplatten waren so aufgebaut, dass jede Spur aus der gleichen Anzahl von Sektoren aufgebaut war. Dies hatte zur Konsequenz, dass die inneren Spuren sehr dicht mit Daten beschrieben werden mussten, während die Datendichte auf den äußeren Spuren erheblich geringer war.

Um die Datendichte auf der ganzen Festplatte möglichst gleichmäßig zu verteilen, befinden sich bei aktuellen Festplatten auf den äußeren Spuren mehr und auf den inneren Spuren weniger Sektoren.

bb) (3 P.)

Kopf: Festplatten bestehen im Normalfall aus mehreren übereinanderliegenden Scheiben, die jeweils über zwei Lese-/Schreibköpfe verfügen (jeweils oben und unten). Die Festplattenlogik muss wissen, von welchem Kopf die Daten aus gelesen werden sollen, also letztlich, auf welcher Festplattenscheibe sie sich befinden.

Zylinder: Jede einzelne Scheibe ist in konzentrische Kreise aufgeteilt, die Spuren, die von außen nach innen nummeriert werden. Der Begriff „Spur" wird eher bezogen auf eine Scheibe verwendet, während bei mehreren übereinanderliegenden Scheiben der Begriff „Zylinder" verwandt wird. Aus der Angabe des Zylinders ermittelt die Festplattenelektronik, an welche Stelle der Lese-/Schreibkamm gefahren werden muss.

Sektor: Jede Spur/jeder Zylinder ist in Sektoren aufgeteilt, die in der Regel jeweils 512 Bytes an Daten beinhalten.

c) (6 P.)

Übersetzung

1. **Einbau des RAID-Controllers in Ihren Computer.**
   - Schalten Sie den Computer aus. Ziehen Sie das Stromkabel ab.
   - Entfernen Sie die Abdeckung und suchen Sie einen unbenutzten PCI-Steckplatz.
   - Entfernen Sie die Rückplatte von dem Steckplatz, den Sie gewählt haben.
   - Stecken Sie den RAID-Controller in den Steckplatz und schrauben Sie es fest.
   - Befestigen Sie die Abdeckung des Computers.
2. **Anschluss der Laufwerke.**
   - Verbinden Sie die SATA-Geräte mit dem RAID-Controller. Stellen Sie sicher, dass die verwendeten Kabel den Spezifikationen genügen.
   - Führen Sie eine Sicherheitsprüfung durch; stellen Sie sicher, dass sämtliche Kabel korrekt angeschlossen sind und der Raid-Controller richtig eingebaut ist.
3. **Installieren der Software.**
   - Schalten Sie den Computer ein und legen Sie die CD ein.
   - Windows wird den RAID-Controller erkennen und das folgende Fenster anzeigen:

4. Handlungsschritt (25 Punkte)

a) (3 P.)

Verkaufspreis = Einkaufspreis · Faktor Gewinnspanne · Mehrwertsteuersatz

= 175,07 € · 1,2 · 1,19

= **250,00 €**

b)

ba) Gemäß § 443 BGB sichert bei der **Garantie** der Verkäufer dem Käufer zu, dass die Ware **für eine bestimmte Dauer** die ihr **zugesicherten Eigenschaften und Beschaffenheiten behält**. Hierbei wird auch von einer Haltbarkeitsgarantie gesprochen. (4 P.)

Bei der **Gewährleistung** (§ 434 BGB) hingegen wird lediglich zugesichert, dass die Ware **zum Zeitpunkt des Gefahrenübergangs** (im Regelfall also bei Aushändigung) über die **zugesicherten Eigenschaften verfügt**. Bei Mängeln, die bereits beim Gefahrenübergang bestanden haben, gilt eine Verjährungsfrist von zwei Jahren, die sogenannte Gewährleistungsfrist.

bb) Die gesetzliche Gewährleistungspflicht beim Gebrauchsgüterkauf beträgt nach § 438 Abs. 1 Nr. 3 BGB regelmäßig **2 Jahre.** (1 P.)

bc) Nach § 476 BGB trägt innerhalb der **ersten sechs Monate der Verkäufer** die Beweislast und **danach (18 Monate) der Käufer**. Diese Regelung gilt nur für den Verbrauchsgüterkauf (Unternehmen – Verbraucher), nicht also bei einem Kaufvertrag zwischen zwei Unternehmen. (4 P.)

c) (3 P.)

gesparter Betrag: 270,00 € – 250,00 € = 20,00 €

in Prozent:

$$\frac{x}{20,00} = \frac{100,00}{270,00}$$

$$\Leftrightarrow x = \frac{20,00 \cdot 100,00}{270,00}$$

$$\Leftrightarrow x = \mathbf{7,4\ \%}$$

d) Herrn Tüftler hätte eine **„produktbezogene Zugabe"** zum Kauf angeboten werden können. So wäre die kostenlose Zugabe

- eines Druckerkabels
- einer Ersatzpatrone
- eines Päckchens Druckerpapier

denkbar. (5 P.)

Fortsetzung des 4. Handlungsschrittes auf der nächsten Seite

4. Handlungsschritt (25 Punkte)

Fortsetzung

e) Als Gründe könnten beispielsweise in Frage kommen, dass der Konkurrent ... (5 P.)

- ... weniger Gewinn anstrebt
- ... eine günstigere Kostensituation hat
- ... mit dem Zulieferer einen günstigeren Stückpreis ausgehandelt hat
- ... beim Zulieferer größere Mengen einkauft und dadurch bessere Preise erzielen kann
- ... das Produkt aus Werbegründen unter Einkaufspreis verkauft
- ... innerhalb der abgelaufenen zwei Wochen auf sinkende Preise des Marktes reagiert und den Verkaufspreis gesenkt hat.

5. Handlungsschritt (25 Punkte)

a)

max. Kapazitätsauslastung:	30.000 Stück
anvisierte Jahresproduktion:	20.000 Stück
Selbstkostenstückpreis bei max. Kapazitätsauslastung:	25,00 €
Selbstkostenstückpreis bei 20.000 Stück:	30,00 €
Verkaufspreis:	40,00 €

aa) Umsatz und Gewinn bei maximaler Auslastung

Umsatz = Menge · Verkaufspreis

= 30.000 · 40,00 €

= **1.200.000 €** (1 P.)

Gewinn = Menge · (Verkaufspreis – Selbstkostenstückpreis)

= 30.000 Stück · (40,00 € – 25,00 €)

= 30.000 Stück · 15,00 €

= **450.000,00 €** (3 P.)

ab) Umsatz und Gewinn bei einer Produktionsmenge von 20.000 Stück

Umsatz = Menge · Verkaufspreis

= 20.000 · 40,00 €

= **800.000,00 €** (1 P.)

Gewinn = Menge · (Verkaufspreis – Selbstkostenstückpreis)

= 20.000 Stück · (40,00 € – 30,00 €)

= 20.000 Stück · 10,00 €

= **200.000,00 €** (3 P.)

Fortsetzung des 5. Handlungsschrittes auf der nächsten Seite

5. Handlungsschritt (25 Punkte)

Fortsetzung

b) (2 P.)

$$\text{Auslastungsgrad} = \frac{20.000}{30.000} \cdot 100 = \mathbf{66{,}67\ \%}$$

c) Formel: Gesamtkosten = Fixkosten + Anzahl · variable Kosten (10 P.)

Berechnung VARIABLE KOSTEN:

Auflösung nach den variablen Kosten y:

bei 20.000 Stück	bei 30.000 Stück
x + 20.000 · y = 30 · 20.000	x + 30.000 · y = 25 · 30.000
⇔ x + 20.000 · y = 600.000	⇔ x + 30.000 · y = 750.000
⇔ x = 600.000 – 20.000 · y	⇔ x = 750.000 – 30.000 · y

variable Stückkosten:

⇔ 600.000 – 20.000 · y = 750.000 – 30.000 · y

⇔ 600.000 + 10.000 · y = 750.000

⇔ 10.000 · y = 150.000

⇔ y = 15

eingesetzt …

Berechnung FIXKOSTEN:

Auflösung nach den Fixkosten x:

bei 20.000 Stück	bei 30.000 Stück
x + 20.000 · 15 = 600.000 €	x + 30.000 · 15 = 750.000 €
⇔ x + 300.000 = 600.000 €	⇔ x + 450.000 = 750.000 €
⇔ x = 300.000 €	⇔ x = 300.000 €

Die jährlichen Fixkosten betragen 300.000 €.

d) Neue technische Standards werden in Zukunft auch die USB-Technik ablösen. Da die Firma lediglich **ein Produkt** vertreibt, setzt sich das Unternehmen dem Risiko aus, dass auf absehbare Zeit ihr **Produkt nicht mehr nachgefragt** wird. (5 P.)

Deshalb wäre es wichtig, bereits **frühzeitig Nachfolgeprodukte** zu entwickeln und zu vermarkten.

Auf der Grundlage des Produktlebenszyklus (Einführung – Wachstum – Reife – Sättigung) muss einer zunehmenden Verdrängung des Produktes auf dem Markt durch rechtzeitige **Erschließung neuer Märkte** oder **Erweiterung des Produktprogramms** oder -sortiments begegnet werden, um die Existenz des Unternehmens dauerhaft zu sichern.

1. Handlungsschritt (25 Punkte)

a) Daten der Personalabteilung (personenbezogene Daten usw.), Daten des Rechnungswesen und des Controllings (Budgets, Liquidität etc.), Daten des Vertriebs (Umsatzzahlen etc.), Daten über zukünftige Unternehmensstrategien (4 P.)

b) Folgende Maßnahmen zum Zugriffschutz sind denkbar: (6 P.)

organisatorisch

- Durch Mitarbeiter eines Sicherheitsdienstes an der Eingangstüre ist jedem Unbefugten der Zutritt zum Serverraum verwehrt.
- Online-Banking kann nach dem Vier-Augen-Prinzip nur durch zwei Zugriffsberechtigte mit jeweils eigenem Passwort durchgeführt werden.

technisch

- Durch ein Zugriffsberechtigungssystem mit Scheckkartenidentifizierung haben nur Unternehmensmitarbeiter Zutritt auf das Betriebsgelände.
- Der Anwender muss sich beim Einschalten des Rechners über einen an der Tastatur befindlichen Finger-Print-Scanner identifizieren, bevor er den Rechner hochfahren kann.

softwaregestützt

- Der User muss sich durch eine Passworteingabe legitimieren, bevor er Zugang zum System erhält.
- Längere Zeit nicht genutzte Zugänge im Netzwerk oder an Anwenderplätzen werden nach einem fest vorgegebenen Zeitraum deaktiviert, um eine Weiternutzung durch Unbefugte auszuschließen (Limit bei Remotedesktop-Verbindungen, Aktivierung des Bildschirmschoners bei längerem Nichtgebrauch eines Rechners, neue Passwortvergabe bei längerem Nichtgebrauch von Softwaresystemen etc.).

c) Die Entscheidung sollte beim direkten **Vorgesetzten** des betreffenden Mitarbeiters liegen, denn nur er kann über die **Notwendigkeit** und den Umfang der Rechte entscheiden. Diese Entscheidung basiert auf der Grundlage der diesem Mitarbeiter zu **übertragenden Aufgaben** und Befugnisse, **von denen auch die Rechtevergabe abgeleitet werden muss**. (4 P.)

d) Die Systemzugänge sowie die Einsichtnahmen, Erfassungen, Löschungen und Veränderungen von **Daten lassen sich nicht mehr zuverlässig einer Person zuordnen.** Zusätzlich besteht das Risiko, dass es zu **unbefugter Einsichtnahme** in Daten kommt.

Erschwert werden kann die Weitergabe von Passwörtern durch einen häufigen (zwangsweisen) **Wechsel der Passwörter** und durch eine dokumentierte **Selbstverpflichtung** der Nutzer, z. B. im Arbeitsvertrag, solche Handhabungen zu unterlassen. Diese Maßnahmen bieten nur eingeschränkte Sicherheit. Eine effektive, technische Lösung könnte eine Kombination von Passwortschutz und **biometrischem Zugriffsschutz** sein, z. B. „Fingerprintsysteme" an der Tastatur. (5 P.)

Fortsetzung des 1. Handlungsschrittes auf der nächsten Seite

Lösungen zur 11. Prüfung

1. Handlungsschritt (25 Punkte)

Fortsetzung

e) Bei Notebooks sollte zusätzlich die **komplette Festplatte verschlüsselt werden**, um auch beim **Verlust des Notebooks** auszuschließen, dass sich jemand Zugang zu den Daten auf der Festplatte verschafft. (2 P.)

f) **Der betriebliche Datenschutzbeauftragte** hat gemäß Bundesdatenschutzgesetz über die ordnungsgemäße Anwendung der Datenverarbeitungsprogramme, mit deren Hilfe personenbezogene Daten verarbeitet werden sollen, **zu wachen**. Des Weiteren dürfen nur Personen berufen werden, die die zur Erfüllung der Aufgabe **erforderliche Zuverlässigkeit** besitzen. Ist er gleichzeitig als Systemadministrator für den Einsatz und die Anwendung der Datenverarbeitungsprogramme verantwortlich, würde er sich **selbst überwachen**, womit die **Kontrollfunktion** nicht mehr wirksam ausgeführt werden und die vom Gesetzgeber notwendige Zuverlässigkeit nicht mehr angenommen werden kann. (4 P.)

2. Handlungsschritt (25 Punkte)

a) **Sampling**

aa) Die **Samplingrate** gibt an, wie oft das analoge Audiosignal pro Sekunde in digitale Daten umgesetzt wird. Eine Samplingrate von 44,1 kHz bedeutet, dass das Audiosignal pro Sekunde 44.100 mal abgetastet und in digitale Werte umgesetzt wird. (4 P.)

ab) Die **Samplingtiefe** gibt die Auflösung der Digitalisierung an. Beispielsweise bedeutet eine Samplingtiefe von 16-Bit, dass bei jedem einzelnen Abtastvorgang das analoge Audiosignal in einen 16-Bit Wert (also eine Zahl von 0...65.535) umgewandelt wird. (4 P.)

ac) Das Sampling wird vom **AD-Wandler** (**A**nalog-**D**igital-**Wandler**) durchgeführt. Hier werden die analogen Signale in digitale Signale umgewandelt. (2 P.)

ad) Während der AD-Wandler analoge in digitale Signale umwandeln kann, arbeitet ein **DA-Wandler** in umgekehrter Richtung. Aus digitalen Daten können dort wieder analoge Signale erzeugt werden. Bei jeder Wiedergabe von digitalen Audiodaten kommt der DA-Wandler zum Einsatz. (2 P.)

b) CD-Qualität bedeutet eine Samplingrate von 44,1 kHz, 16-Bit Samplingtiefe, Stereo. (5 P.)

- Pro Sekunde finden also 44.100 Signalabtastungen statt.
- Bei jeder Abtastung fällt pro Audiokanal ein 16-Bit-Wert, also 2 Bytes, als Daten an. Unter Berücksichtigung von 2-Kanal-Stereo also 4 Bytes.
- Somit ergibt sich pro Sekunde ein aufgezeichnetes Datenvolumen von:
  44.100 kHz · 2 Bytes · 2 Kanäle = 176.400 Bytes/s
- Bei einer Aufzeichnung mit einer Länge von 3:30 min. = 210 s:
  176.400 Bytes/s · 210 s = 37.044.000 Bytes ≈ 37 MB
- Bei einer Reduktion der Dateigröße durch Komprimierung auf 20%:
  37 MB · 20% = **7,4 MB**

Fortsetzung des 2. Handlungsschrittes auf der nächsten Seite

2. Handlungsschritt (25 Punkte)

Fortsetzung

c) **Spracherkennung**

ca) **Sprecherabhängige und -unabhängige Spracherkennung** (1 P.)

Bei der sprecherabhängigen Spracherkennung muss das System zunächst auf die **Stimme und Aussprache des Sprechers trainiert werden**. Erst nach ausreichendem Training der Software ist eine hohe Trefferquote gewährleistet.

cb) Der Hauptfaktor ist die **Größe des zu erkennenden Wortschatzes**. Ein sehr geringer Wortschatz kann mit guten Trefferquoten durch ein sprecherunabhängiges Erkennungssystem realisiert werden, während die korrekte Erkennung eines sehr umfangreichen Wortschatzes, z. B. bei Diktaten, nur durch ein auf den Sprecher trainiertes System erreicht werden kann. (1 P.)

cc) **Praktische Einsatzbeispiele** (2 P.)

- Navigationssystem
- Mobiltelefon
- Call Center
- Telefonische Auskunftsdienste

cd) **Limitierungen der Spracherkennung** (4 P.)

Gleichklingende Worte (sogenannte „**Homophone**") – Beispielsweise ist die Aussprache des Wortes „mehr" identisch mit der von „Meer". Eine rein auf der Aussprache basierende Logik kann den Unterschied nicht erkennen. Eine Entscheidung durch den Sinnzusammenhang wäre zwar möglich, aber die Forschung im Bereich der Semantik (also die Erkennung des inhaltlichen Zusammenhangs) steckt noch in den Anfängen.

Beschränkter Wortschatz – Die Erkennung von Wörtern basiert auf dem Wortschatz der Software. Wörter, die nicht im Vokabular enthalten sind, werden nicht erkannt, z. B. medizinische Fachbegriffe. Zwar kann bei fast allen Systemen der Wortschatz erweitert werden, da die Systeme lernfähig sind, aber dies ist oft recht zeitaufwändig.

Akustik – Störgeräusche oder qualitativ schlechte oder schlecht platzierte Mikrofone können die Erkennungsquote deutlich reduzieren.

Sprechweise – Bei der natürlichen Sprechweise gehen Wörter ohne Pause ineinander über. Um gute Trefferquoten zu erzielen, erwarten Softwarelösungen eine diskrete Sprechweise (also mit klaren Pausen zwischen den Worten). Auch die Deutlichkeit der Aussprache ist ein wichtiger Faktor.

3. Handlungsschritt (25 Punkte)

a) **Hubs**

aa) Wenn ein Hub auf einem Anschluss von einem Rechner Daten empfängt, sendet er die Daten zu allen vorhandenen Ports weiter und somit zu allen angeschlossenen Hosts. (2 P.)

ab) Falls zwei oder mehr PCs in einem Netzwerk gleichzeitig versuchen Daten zu senden, so bezeichnet man dies als „Kollision". Dieser Prozess ist im CSMA/CD Protokoll definiert. (3 P.)

ac) Eine Netzwerkkarte verfügt über einen Sender und einen Empfänger. Wenn der Adapter nicht die Leitung auf Kollisionen abhören müsste, könnte er im Full-Duplex-Betrieb gleichzeitig Daten senden und empfangen. (3 P.)

ad) Bei Half-Duplex fließen Daten nur in eine Richtung „pro Zeiteinheit". (1 P.)

ae) Die Bandbreite von 100 Mbit/s wird gemeinsam von allen PCs genutzt, die an den Hub angeschlossen sind. Das Ergebnis ist, dass, wenn eine Person an einem Computer des Hubs eine große Datei oder mehrere Dateien von einem anderen Rechner des Netzwerkes herunterlädt, das Netzwerk „verstopft" wird. (4 P.)

b) **Switches**

ba) Wenn ein Switch ein Datenpaket empfängt, speichert er die **MAC-Adresse des sendenden Hosts** sowie den **Anschluss/Port,** an dem das Datenpaket eingegangen ist, in einer Tabelle, der SAT-Tabelle (SAT = Source-Address-Table). Aufgrund dieser SAT-Tabelle **entscheidet** der Switch **anhand der Ziel-MAC-Adresse** des Datenpaketes, **an welchen Port** das Datenpaket weitergeleitet werden muss, um sein Ziel zu erreichen. Falls die MAC-Adresse des Zielrechners noch nicht bekannt sein sollte, wird das Paket an **sämtliche Ports** weitergeleitet (**„Broadcast"**). In sehr kurzer Zeit sind allerdings dem Switch sämtliche angeschlossenen MAC-Adressen an allen aktiven Ports bekannt, womit eine sehr zielgerichtete Weiterleitung der Datenpakete gewährleistet ist. (4 P.)

bb) VLANs („Virtual Local Area Network") erlauben eine **logische Trennung eines physikalischen Netzwerkes.** Im einfachsten Fall, den portbasierten VLANs, werden die **einzelnen Anschlüsse/ Ports einem virtuellen Netzwerk zugeordnet.** An einem bestimmten Port eintreffende **Datenpakete** des einen VLANs **werden nur an Ports desselben VLANs weitergeleitet.** Zwar können auch Verbindungen zwischen mehreren VLANs konfiguriert werden, aber grundsätzlich kann beispielsweise ein Host in VLAN1 keinen Rechner in VLAN2 erreichen, obwohl alle Hosts physikalisch an demselben Switch angeschlossen sind. (4 P.)

bc) Gerade in größeren Unternehmen mit mehreren Gebäudeetagen oder gar mehreren Standorten ergeben sich beim Einsatz von Switches entsprechende Hierarchien. In traditionellen Netzwerken sollte jeder Pfad zwischen einem Ursprungs- und einem Ziel-Host eindeutig sein. Aber um zu verhindern, dass beim Ausfall eines Switches ganze Teile eines Netzwerkes abgeschnitten werden, werden oft redundante Vernetzungsstrukturen eingesetzt. Grundsätzlich können diese mehrfach vorhandenen Pfade zwischen Hosts zu Schleifen und Netzwerkfehlfunktionen führen. **Das „Spanning-Tree-Protokoll" (STP) sorgt dafür, dass derartige Schleifen vermieden werden und der optimale Weg zum Ziel, auch im Falle eines Ausfalls, automatisch gefunden wird.** (4 P.)

Fortsetzung des 3. Handlungsschrittes auf der nächsten Seite

3. Handlungsschritt (25 Punkte)

Fortsetzung

bc) Ein einfaches Beispiel ist in folgender Grafik dargestellt: Es gibt zwei mögliche Wege von Host A zu Host B, über Switch 2 oder Switch 3. Das Spanning-Tree-Protokoll vermeidet Duplizierungen und mögliche Fehlfunktionen. Im Falle eines Ausfalls, z. B. Switch 2 oder Switch 3, würde dennoch automatisch ein alternativer Weg gefunden.

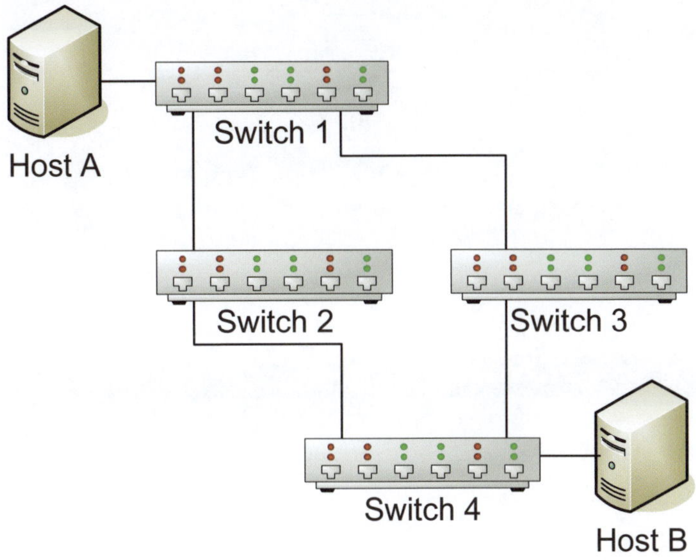

4. Handlungsschritt (25 Punkte)

a) (7 P.)

Drucker	Drucker A	Drucker B	Drucker C	Drucker D
Gewicht	8,0 kg	6,5 kg	7,0 kg	7,0 kg
Seitenleistung	10 ppm	12 ppm	16 ppm	14 ppm
Lautstärke	52 dBA	48 dBA	54 dBA	52 dBA
Service	3 Jahre Vor-Ort-Service	3 Jahre Vor-Ort-Service	3 Jahre Vor-Ort-Service	1 Jahr Bring-In-Service
Preis für Service	64,20 €	62,10 €	139,00 €	n. a.
Preis des Druckers	177,02 €	207,39 €	200,55 €	154,00 €
Gesamtpreis	241,22 €	269,49 €	339,55 €	154,00 €

b) (10 P.)

Drucker	Gewichtung	Drucker A	Drucker B	Drucker C	Drucker D
Gewicht	**3**	1	3	2	2
Seitenleistung	**2**	1	2	3	2
Lautstärke	**1**	2	3	1	2
Service	**3**	3	3	3	1
Gesamtpreis	**3**	2	2	1	3

c) (4 P.)

Drucker	Ergebnis
Drucker A	22
Drucker B	31
Drucker C	25
Drucker D	24

Somit scheint unter den gegebenen Annahmen der **Drucker B** das Gerät zu sein, das die Anforderungen am besten erfüllt.

d) Folgende Argumente könnten die Entscheidung beeinflusst haben: (4 P.)

- Positive Erfahrungswerte bezüglich Zuverlässigkeit des gewählten Modells
- Positive Erfahrungswerte bezüglich Service des gewählten Herstellers
- Vereinheitlichung der IT-Landschaft; andere Drucker des gewählten Herstellers sind bereits im Einsatz
- Negative Erfahrungen mit Geräten des von Ihnen empfohlenen Herstellers
- Negative Erfahrungen bezüglich Service des von Ihnen empfohlenen Herstellers

5. Handlungsschritt (25 Punkte)

a) Stellenbeschreibung (4 P.)

- Bezeichnung der Stelle
- organisatorische Eingliederung
- Aufgaben, Kompetenzen, Pflichten
- eigene Stellvertretung
- fremde Stellvertretung
- persönliche Anforderungen an den Stelleninhaber (Profil und Ausbildungsstand)
- Schnittstellen zu anderen internen Stellen
- Schnittstellen zu externen Stellen
- Ziele der Stelle
- Gehalts- oder Tarifeinstufung
- mit der Stelle verbundene Vollmachten

b)

ba) Stelleninhaber (3 P.)

- Klarheit über die eigenen Aufgaben und Verantwortungen
- Kenntnis über die eigene organisatorische Einordnung im Unternehmen
- Vermeidung von Kompetenzgerangel mit anderen Stellen
- Klarheit über eigene Entscheidungsspielräume

bb) Vorgesetzter (3 P.)

- Klarheit über die Aufgaben, die sein Mitarbeiter zu erfüllen hat
- Nachweis bei fehlender oder fehlerhafter Aufgabenerfüllung fällt leichter
- Aufgaben innerhalb einer Abteilung werden durch festgelegte Verantwortungen nicht mehrfach bearbeitet
- Stellenbeschreibungen helfen bei der Auswahl von Bewerbern

c) Nachteile Stelleninhaber/Unternehmen (4 P.)

- Stellenbeschreibungen müssen stetig fortgeschrieben und angepasst werden (Zeit- und Personalaufwand)
- bei unbedachten und nicht aufgeführten Sachverhalten fühlt sich niemand verantwortlich
- unflexible Handhabung kann zur Überorganisation führen
- Organisationsstarrheit kann Hindernis zur Anpassung an notwendige Marktveränderungen sein
- die individuellen Fähigkeiten und Stärken des Stelleninhabers bleiben unberücksichtigt

Fortsetzung des 5. Handlungsschrittes auf der nächsten Seite

5. Handlungsschritt (25 Punkte)

Fortsetzung

d) Es ist sinnvoll die Organisationsabteilung, die Personalabteilung, die vorgesetzte Stelle und die Stelleninhaber in die Erstellung einer Stellenbeschreibung einzubinden.

da) In größeren Unternehmen oder Konzernen gibt es eigene Organisationsabteilungen, die sich mit arbeitsteiligen Prozessen und der sinnvollen Gestaltung von Schnittstellen beschäftigen. Sie sollten deshalb das Projekt durchführen. Um einheitliche und konforme Ergebnisse zu erhalten, sollte die Organisationsabteilung den groben Rahmen und die Form vorgeben. Abschließend sollte sie alle Ausarbeitungen auf die Einhaltung der Vorgaben, Schlüssigkeit und Plausibilität prüfen sowie die Schnittstellen unter den Abteilungen harmonisieren.

In kleinen und mittelständischen Unternehmen ist eine eigene Organisationsabteilung nicht zu erwarten. Hier kann die Personalabteilung den organisatorischen Teil anstelle der Organisationsabteilung mit übernehmen, zumal sie an den Standard der Stellenbeschreibungen bestimmte Anforderungen richtet. Denn die Stellenbeschreibungen werden oftmals zum Bestandteil von

- Personalakten
- Bewerbungsverfahren
- Einarbeitungen neuer Mitarbeiter
- arbeitsgerichtlichen Verfahren.

Deshalb ist es für eine vorhandene Organisationsabteilung in größeren Unternehmen sinnvoll, die Personalabteilung grundsätzlich einzubinden. (5 P.)

db) Die vorgesetzte Stelle sollte im vorgegebenen Rahmen die Stellenbeschreibung für ihre Mitarbeiter erarbeiten und formulieren. Denn sie kennt

- die exakten Anforderungen an den Stelleninhaber
- die Erwartungen an den Stelleninhaber
- die organisatorische Einbettung innerhalb der Abteilung
- die Schnittstellen zu anderen Abteilungen. (3 P.)

dc) Niemand kennt den Arbeitsplatz besser als der Stelleninhaber selbst. Unter dieser Prämisse ist auch der vorgesetzten Stelle angeraten, die Kenntnisse und Erfahrungen des Stelleninhabers in den Entwicklungsprozess einer Stellenbeschreibung einfließen zu lassen. Abschließend sollte der Stelleninhaber auch die fertige Stellenbeschreibung auf Plausibilität und Fehler prüfen. (3 P.)

1. Handlungsschritt (25 Punkte)

a) Bei der Zentralisierung und der Dezentralisierung geht es um die Zuordnung von Aufgaben. Diese können von einer fixen Stelle oder am jeweiligen Ort des Geschehens wahrgenommen werden: (10 P.)

	Zentralisation	Dezentralisation
Erklärung	Gleiche Aufgaben werden gebündelt von einer Stelle übernommen und durchgeführt.	Gleiche Aufgaben werden jeweils am Orte der Notwendigkeit durchgeführt.
Vorteile	• Es ist nur eine begrenzte Zahl von Fachkräften notwendig. • Die Abarbeitung ist rationeller organisierbar. • Entlastung von untergeordneten Stellen • Aufbau besonderer Kenntnisse und Erfahrungen in diesem Aufgabengebiet	• hohes Verantwortungsgefühl und Arbeitsfreude bei den Mitarbeitern • Die Aufgabe kann harmonischer in den gesamten Bearbeitungsprozess eingebunden werden. • Flexibleres Handeln ist möglich.
Nachteile	• Untergeordnete Stellen entwickeln in diesem Aufgabenbereich keine Eigeninitiative mehr. • Flexibilität geht verloren • Extreme Arbeitsteilung sorgt beim Mitarbeiter für Eintönigkeit.	• Rationalisierungsvorteil der Arbeitsteilung geht verloren. • Jeder Handelnde in den untergeordneten Stellen muss über Kenntnisse im Fachbereich verfügen. • Belastung der untergeordneten Stellen mit Aufgaben, die man auslagern könnte

b) Bei der Leistungserstellung stellt sich die Frage der Eigen- oder Fremdleistung. **Outsourcing** bedeutet die Auslagerung von ganzen Leistungen oder Prozessen an Fremdfirmen. Diese Leistungen oder Prozesse können aus allen Bereichen betrieblicher Funktionen stammen, die nicht zu den Kernkompetenzen gerechnet werden. Ziel ist es, die Kosten zu reduzieren, die Organisation zu vereinfachen und übersichtlicher zu gestalten sowie den Prozess der gesamtem Leistungserstellung zu flexibilisieren. (4 P.)

c) (6 P.)

Vorteile	Nachteile
• größeres Know-how durch breiter aufgestellte IT-Spezialisten • Verbesserung der Wirtschaftlichkeit • bessere Kalkulierbarkeit der Kosten • Wegfall des Risikos durch Ausfall von Personal (z. B. durch Arbeitsunfähigkeit)	• Abhängigkeit von einem externen Anbieter • Offenlegung interner Daten gegenüber dem Outsourcing-Anbieter • langfristiger Verlust von eigenem IT-Know-how • bei später auftretenden Problemen ist die Umkehrbarkeit des Entschlusses schwierig

Fortsetzung des 1. Handlungsschrittes auf der nächsten Seite

1. Handlungsschritt (25 Punkte)

Fortsetzung

d) Beim Outplacement **unterstützt** das Unternehmen **entlassene Mitarbeiter** durch (teilweise externe) **Beratung,** um neue Stellen oder Arbeitsfelder zu finden. Schulungen sollen helfen, sich **neues Wissen anzueignen,** das Selbstwertgefühl zu steigern und **Defizite zu beseitigen.** Diese Unterstützung soll den Eingliederungsprozess in den ersten Arbeitsmarkt erleichtern.

Die Investitionen in Outplacement tätigen Unternehmen aus **Image- und Ethikgründen,** teilweise sind sie das Ergebnis aus Verhandlungen mit Betriebsräten und Gewerkschaften. (5 P.)

2. Handlungsschritt (25 Punkte)

a) **Adressbereich 192.168.0.x** (1 P.)

Der Adressbereich 192.168.0.x ist Teil des Bereiches 192.168.x.x (bzw.192.168.0.0/16), der als **privater Bereich** definiert ist und nicht im öffentlichen Internet verwendet werden darf. Der Bereich umfasst 255 Netze der Klasse C (192.168.0.0/24 bis 192.168.255.0/24).

b) Der Adressraum eines halben Class-C Bereiches umfasst 126 mögliche IP-Adressen. (4 P.)

Zum Beispiel:
213.55.71.0 – 213.55.71.127 (= 128 IP-Adressen), wobei die Adresse 213.55.71.0 das Netzwerk selbst kennzeichnet und die 213.55.71.127 die sog. Broadcast-Adresse darstellt. Somit lässt sich nur der Bereich von 213.55.71.1 – 213.55.71.126 praktisch nutzen (= 126 IP-Adressen).

Davon ausgehend, dass alleine schon 120 PC-Arbeitsplätze vorhanden sind, blieben nur noch 6 verwendbare IP-Adressen übrig. Berücksichtigt man nun noch, dass a) möglicherweise Netzwerkdrucker vorhanden sind, b) auch Server IP-Adressen bekommen und c) die Anzahl der Arbeitsplätze steigen könnte, ist diese Anzahl sicherlich auf Dauer nicht ausreichend! **Somit sollte dem Kunden zu einem ganzen Class-C-Bereich geraten werden, der 254 nutzbare Adressen beinhaltet.**

Zum Beispiel:
213.55.71.0 – 213.55.71.255 (= 256 IP-Adressen), wobei die Adresse 213.55.71.0 das Netzwerk selbst kennzeichnet und die 213.55.71.255 wieder die Broadcast-Adresse darstellt. Somit lässt sich nur der Bereich von 213.55.71.1 – 213.55.71.254 praktisch nutzen (= 254 IP-Adressen).

c) Eine **Firewall** ist im Normalfall ein Router (z. B. ein Rechner mit zwei Netzwerkkarten), wobei auf der einen Seite das zu schützende Netzwerk, auf der anderen Seite das unsichere Netz angeschlossen ist („the dirty side of the firewall"). Jedes hereinkommende Datenpaket wird „auseinandergenommen" und analysiert. Anhand eines Regelwerkes wird entschieden, ob das Paket weitergeleitet oder verworfen wird. Hierbei handelt es sich um sog. Paketfilter-Firewalls. (4 P.)

Einfache Firewalls arbeiten auf Schicht 3 oder 4 des **OSI-Schichtenmodells**, d. h. anhand der Quell- und Ziel-IP-Adresse (Netzwerkschicht) bzw. des Quell- und Zielports (Transportschicht) wird die Entscheidung getroffen, wie mit dem Datenpaket verfahren werden soll. Durchaus gibt es auch Firewalllösungen, die die Datenpakete bis zur Schicht 7 (Applikationsschicht) analysieren.

Fortsetzung des 2. Handlungsschrittes auf der nächsten Seite

2. Handlungsschritt (25 Punkte)

Fortsetzung

d) (6 P.)

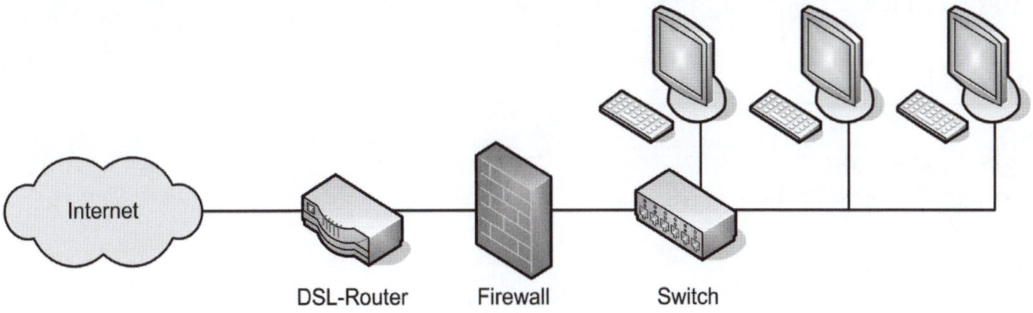

e) **Saas**

ea) **Was ist „Saas"?** (2 P.)

„Saas" ist die Abkürzung für „Software as a Service" und beschreibt das Outsourcing von benötigter Software zu externen Dienstleistern. Die Nutzung der Software erfolgt typischerweise über einen Internetbrowser. Letztlich läuft das Konzept von Saas auf das „Mieten" von Software hinaus.

eb) **Vor- und Nachteile** (8 P.)

Vorteile

- **Lokale Flexibilität/Mobilität** – Nutzung der Software ist von jedem Internet-PC aus möglich.
- **Geringere Investitionskosten in Hardware** – Es muss keine lokale Hardware angeschafft werden.
- **Flexibilität bzgl. Anzahl der Nutzer/Lizenzen** – Lokal gekaufte Softwarelizenzen können bei schrumpfendem Unternehmen oder fluktuierenden Mitarbeiterzahlen nicht zurückgegeben werden, während gemietete Software sehr flexibel ist.
- **Schnellere Implementierung** – Die gemietete Software ist sofort einsatzbereit.
- **Transparentere IT-Kosten** – Der Aufwand für Installation, Wartung und Support wird vom Service Provider übernommen.

Nachteile

- **Abhängigkeit vom Service Provider** – Abhängigkeit im Hinblick auf die Verfügbarkeit der Software.
- **Abhängigkeit von der Verfügbarkeit einer Internetverbindung** – Bei Ausfall der Internetverbindung seitens des Kunden oder seitens des Saas-Providers ist die Software nicht nutzbar.
- **Langsamere Datenübertragungsgeschwindigkeit** – Gerade bei Applikationen mit hohem Datenaufkommen müssen Geschwindigkeitseinbußen in Kauf genommen werden.
- **Geringere Flexibilität in Bezug auf kundenspezifische Anpassungen** – Da der Serviceanbieter die Software möglicherweise vielen Kunden gleichzeitig zur Verfügung stellt, ist eine kundenspezifische Anpassung der Software u. U. schwierig.
- **Datenschutzrechtliche Bedenken** – Eventuelle personenbezogene Daten werden extern gehostet, womit der Kunde einen Großteil seiner Kontrollmöglichkeiten einbüßt.

3. Handlungsschritt (25 Punkte)

a) Folgende Konfiguration wäre ein sinnvoller Vorschlag: (9 P.)

Gebäude A:
Subnetzmaske: 255.255.255.128
IP-Bereich: 195.17.168.1 – 195.17.168.126
Hostanzahl: 126
Standardgateway: IP1

Gebäude B:
Subnetzmaske: 255.255.255.192
IP-Bereich: 195.17.168.129 – 195.17.168.190
Hostanzahl: 62
Standardgateway: IP1 od. IP3

Gebäude C:
Subnetzmaske: 255.255.255.192
IP-Bereich: 195.17.168.193 – 195.17.168.254
Hostanzahl: 62
Standardgateway: IP4

b) Die Interfaces der Router: (3 P.)

- IP1: aus dem Adressbereich von Gebäude A: 195.17.168.1
- IP2 und IP3: aus dem Adressbereich von Gebäude B: 195.17.168.129 und 195.17.168.130
- IP4: aus dem Adressbereich von Gebäude C: 195.17.168.193

c)

ca) Auf den Routern müssen entsprechende Routingtabellen eingerichtet werden. So muss beispielsweise der Router zwischen Gebäude B und C wissen, dass Pakete mit dem Ziel Gebäude A bzw. externe Adressen an das Interface IP2 weiterzuleiten sind, während der Router zwischen Gebäude A und B wissen muss, dass Anfragen an externe IP-Adressen an den Internet-Router mit der Adresse 195.17.168.2 weiterzuleiten sind. (3 P.)

cb) Der sendende Rechner in Gebäude C stellt fest, dass die Zieladresse nicht im lokalen Subnetz liegt und schickt das Paket an das Standardgateway, IP4, weiter. (6 P.)

Der Router zwischen Gebäude B und C schaut in seine Routingtabellen und stellt fest, dass das Paket weder zum Subnetz von Gebäude B oder C gehört und schickt es an sein Standardgateway, IP2.

Der Router zwischen Gebäude A und B schaut in seine Routingtabellen und stellt ebenfalls fest, dass das Paket weder zum Subnetz von Gebäude A oder B gehört und schickt es an sein Standardgateway, den Internet-Router 195.17.168.2, weiter.

Fortsetzung des 3. Handlungsschrittes auf der nächsten Seite

3. Handlungsschritt (25 Punkte)

Fortsetzung

d) Programme zur Netzwerkdiagnose:

da) **„ipconfig" bzw. „ifconfig"** (1 P.)

Mithilfe dieses Programms kann die lokale **Konfiguration des/der Netzwerkadapter** angezeigt werden. So wird die eigene, lokale IP-Adresse angezeigt, die MAC-Adresse des jeweiligen Netzwerkadapters etc., z. B.:

```
core:~ # ifconfig
eth1    Link encap:Ethernet  Hardware Adresse 00:09:6B:F1:62:E1
        inet Adresse:192.168.1.19  Bcast:192.168.1.255  Maske:255.255.255.0
        inet6 Adresse: fe80::209:6bff:fef1:62e1/64 Gültigkeitsbereich:Verbindung
        UP BROADCAST RUNNING MULTICAST  MTU:1500  Metric:1
        RX packets:1603425 errors:0 dropped:0 overruns:0 frame:0
        TX packets:1673495 errors:1 dropped:0 overruns:0 carrier:1
        collisions:20578 Sendewarteschlangenlänge:1000
        RX bytes:138445047 (132.0 Mb)  TX bytes:967775561 (922.9 Mb)
...
```

db) **„ping"** (1 P.)

„Ping" ist ein elementares Werkzeug, um die Verbindung zwischen dem lokalen Host und einem Ziel-Host zu prüfen. Hierzu sendet „ping" **ICMP-Datenpakete** an die Zieladresse, zeigt die **Erreichbarkeit** an und misst die **Antwortzeit.** Kann der Ziel-Host nicht erreicht werden, wird dies entsprechend gemeldet, z. B.:

```
C:\>ping www.uform.de

Ping wird ausgeführt für www.uform.de [81.169.171.143] mit 32 Bytes Daten:
Antwort von 81.169.171.143: Bytes=32 Zeit=21ms TTL=56
Antwort von 81.169.171.143: Bytes=32 Zeit=20ms TTL=56
Antwort von 81.169.171.143: Bytes=32 Zeit=19ms TTL=56
Antwort von 81.169.171.143: Bytes=32 Zeit=20ms TTL=56

Ping-Statistik für 81.169.171.143:
    Pakete: Gesendet = 4, Empfangen = 4, Verloren = 0
    (0% Verlust),
Ca. Zeitangaben in Millisek.:
    Minimum = 19ms, Maximum = 21ms, Mittelwert = 20ms

C:\>ping unsinnigeadresse.com

Ping wird ausgeführt für unsinnigeadresse.com [62.157.140.133] mit 32 Bytes Daten:
Zeitüberschreitung der Anforderung.
Zeitüberschreitung der Anforderung.
Zeitüberschreitung der Anforderung.
Zeitüberschreitung der Anforderung.

Ping-Statistik für 62.157.140.133:
    Pakete: Gesendet = 4, Empfangen = 0, Verloren = 4
    (100% Verlust),

C:\>
```

Allerdings ist zu beachten, dass beispielsweise eine Firewall oder ein Router so konfiguriert werden können, dass sie nicht „angepingt" werden können oder keine ping-Pakete durchlassen.

Fortsetzung des 3. Handlungsschrittes auf der nächsten Seite

3. Handlungsschritt (25 Punkte)

Fortsetzung

dc) „**`tracert`**" **`bzw.`** „**`traceroute`**" (1 P.)

„`tracert`" bzw. „`traceroute`" zeigt mehr Informationen als der einfache ping-Befehl. Hier werden **alle Router, die auf dem Weg zum Ziel-Host liegen** sowie deren **Antwortzeiten** angezeigt. Dieser Befehl ist eines der wichtigsten Diagnosewerkzeuge. Z. B.:

```
C:\>tracert www.uform.de

Routenverfolgung zu www.uform.de [81.169.171.143]
über maximal 30 Abschnitte:

  1     1 ms    <1 ms    <1 ms  192.168.168.1
  2    67 ms    67 ms    65 ms  217.5.98.159
  3    60 ms    60 ms    60 ms  217.237.156.234
  4   142 ms   143 ms   142 ms  62.156.131.150
  5   143 ms   142 ms   143 ms  144.223.27.133
  6     *        *        *     Zeitüberschreitung der Anforderung.
  7     *        *        *     Zeitüberschreitung der Anforderung.
  8     *        *        *     Zeitüberschreitung der Anforderung.
  9     *        *        *     Zeitüberschreitung der Anforderung.
...
```

dd) „**`nslookup`**" (1 P.)

Mithilfe von „`nslookup`" können **DNS-Namen in IP-Adressen** aufgelöst werden („look-up"), bzw. auch umgekehrt („reverse look-up"). Funktioniert die Namensauflösung nicht, so kann dies ein wichtiger Hinweis im Rahmen einer Diagnose sein, z. B.:

```
C:\>nslookup www.uform.de
Server:   myDNS.local
Address:  192.168.1.1

Nicht autorisierende Antwort:
Name:     www.uform.de
Address:  81.169.171.143

C:\>nslookup 81.169.171.143
Server:   myDNS.local
Address:  192.168.1.1

Name:     uform.de
Address:  81.169.171.143

C:\>
```

4. Handlungsschritt (25 Punkte)

a) **DHCP** = **D**ynamic **H**ost **C**onfiguration **P**rotocol (2 P.)

Es ist ein Verfahren/Protokoll zur dynamischen Vergabe von IP-Adressen und weiteren Parametern an Clients.

b) Alternativ können den einzelnen Hosts statische IP-Adressen zugewiesen werden. (1 P.)

c) (4 P.)

Vorteile gegenüber statischen IPs:

- Weniger Verwaltungsaufwand: der Administrator braucht keine Listen zu pflegen, welcher Host welche IP-Adresse zugewiesen bekommen hat, um doppelte IPs zu vermeiden
- Weniger administrativer Aufwand: ein Fremdrechner kann ohne großen Aufwand ins Netzwerk integriert werden; der Rechner muss lediglich auf DHCP umgestellt werden und physikalisch an das Netzwerk angebunden werden.
- Bei Großfirmen mit mehreren Netzwerken ist DHCP flexibler, da Mitarbeiter ihre Rechner nur anschließen müssen, um im jeweiligen Netzwerk arbeiten zu können.

Nachteile:

- Es muss ein DHCP-Server Netzwerk zur Verfügung stehen.
- Um DHCP-Anfragen über Router hinweg senden zu können, muss zusätzlich auf Routern ein DHCP-Agent aktiviert werden.

d) Folgende weitere Parameter können an die Clients übergeben werden: (4 P.)

- Standardgateway
- DNS Server
- WINS Server
- Zeitserver

Fortsetzung des 4. Handlungsschrittes auf der nächsten Seite

4. Handlungsschritt (25 Punkte)

Fortsetzung

e) DHCP verwendet folgende vier Phasen: (8 P.)

1. Phase („DISCOVER")
Ein DHCP-Client sendet, wenn er sich neu am Netz befindet, zuerst eine Broadcast-Nachricht in das Netz oder Subnetz, um einen DHCP Server zu finden.

2. Phase („OFFER")
Der DHCP-Server prüft, ob eine freie IP-Adresse in seinem Adresspool vorhanden ist. Ist dies der Fall, bietet er mit einer OFFER-Nachricht diese IP dem Client an. Stehen mehrere DHCP Server im Netzwerk zur Verfügung, sendet auch jeder Server eine OFFER-Nachricht.

3. Phase („REQUEST")
Die erste OFFER-Nachricht eines Server, die beim Client eintrifft, wird vom Client angenommen. Mittels einer REQUEST-Nachricht teilt der Client dem DHCP Server mit, dass er die angebotene IP Adresse und weitere Parameter akzeptieren möchte.

4. Phase („ACK")
Der Server bestätigt den Anschluss des neuen Client mit einer ACK-Nachricht und teilt ihm mit, wie lange die zugeteilte IP-Adresse gültig ist.

f) **Lease-Zeit** (4 P.)

Bekommt ein Client eine IP-Adresse von einem DHCP-Server zugewiesen, wird ebenfalls eine „Lease"-Zeit für diese IP-Adresse übermittelt (Phase „ACK"). Die Lease-Zeit definiert den Zeitraum, für den die IP-Adresse reserviert wurde und für den Client Gültigkeit besitzt. Nach Ablauf der halben Lease-Zeit sendet der Client eine erneute Anfrage an den Server (Phase „REQUEST"), die der Server mit derselben IP-Adresse und neuer Lease-Zeit beantwortet (Phase „ACK"). Damit ist die Gültigkeit der IP-Adresse für diesen Client verlängert. Meldet sich der Client nicht innerhalb der Lease-Zeit, so wird die IP-Adresse für diesen Client ungültig, und der komplette DHCP-Prozess beginnt mit der „DISCOVERY"-Phase von ganz vorne.

g) Der **„DHCP-Relay-Agent"** muss auf dem Router aktiviert sein. Router stellen **Broadcast-Domänen** dar, d. h. sie leiten keine Broadcasts von einem in das andere Netzwerksegment hinüber. Da der DHCP-Protokollschritt des „Discover" gerade auf einem Broadcast basiert, würde diese Anfrage nie das andere Netzwerksegment, welches den DHCP-Server enthält, erreichen. Der DHCP-Relay-Agent hingegen erlaubt die Weiterleitung von DHCP-Broadcasts. (2 P.)

5. Handlungsschritt (25 Punkte)

a) (20 P.)

Kriterium	Notebook A	Notebook B	Notebook C	Notebook D
Gewicht	40	30	10	20
USB/HDMI	40	20	40	40
Akku-Kapazität	6	12	18	27
Bildschirmdiagonale	10	20	20	10
Summe	**96**	**82**	**88**	**97**

Das Produkt mit dem größten Gesamtnutzen ist Notebook D.

b) Als Nachteile und Schwächen einer Nutzwertanalyse können angeführt werden: (5 P.)

- unterschiedliche Ansichten zur Gewichtung schaffen unterschiedliche Ergebnisse
- unterschiedliche Ansichten zum Kriterienkatalog schaffen unterschiedliche Ergebnisse
- subjektive Kriterien („Geschmacksache") sind nicht greif- und bewertbar
- Produkte haben zunehmend prägende Alleinstellungsmerkmale, was eine Vergleichbarkeit mit einem Kriterien- und Gewichtungskatalog erschwert
- Perspektiven und Einflussgrößen verlagern sich (ausschließlich) auf die ausgewählten Kriterien, hintergründige Aspekte bleiben gänzlich unberücksichtigt
- aussagefähige Größen wie Gewichte, Stromverbrauch oder Vermögenswerte werden in dimensionslose Punktwerte überführt und verlieren damit an wichtiger Aussagekraft bei der Entscheidungsfindung

Ihre Notizen

1. Handlungsschritt (25 Punkte)

a) Einliniensystem: (10 P.)

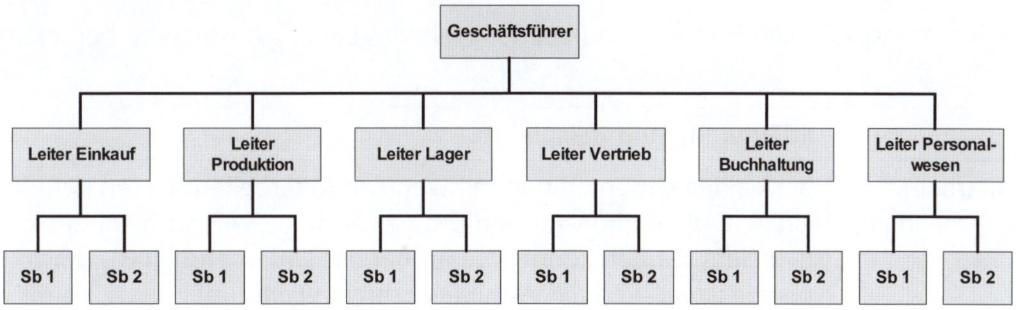

(Sb = Sachbearbeitung)

b) Als Vorteile eines klassischen Einliniensystems gelten: (5 P.)

- klare Übersichtlichkeit von Hierarchien, Kompetenzen und Unterstellungen
- eindeutige Regeln zum Kommunikationsverhalten
- Einheitlichkeit der Leitung durch Einhaltung eines festen Dienstweges
- leichte Kontrolle
- Erkennung persönlicher Leistungen und Beiträge
- zielorientierte Entscheidungen ohne Verwässerung durch Kompromisse

c) Nachteile des Einliniensystems: (4 P.)

- lange Dienstwege, da alle Vorgänge nur über die jeweils vorgesetzte Stelle laufen dürfen
- Unflexibilität und Bürokratisierung
- Überlastungsgefahr der übergeordneten Stellen, da alles „über deren Schreibtisch laufen" muss
- lange Kommunikationswege, da nicht alle Stellen miteinander kommunizieren dürfen, sondern der Instanzenweg eingehalten werden muss
- Gefahr des Informationsverlustes durch den langen Instanzenweg

Fortsetzung des 1. Handlungsschrittes auf der nächsten Seite

1. Handlungsschritt (25 Punkte)

Fortsetzung

d) Folgende unternehmensspezifische Faktoren sind bei der Wahl des Leitungssystems zu berücksichtigen: (6 P.)

Faktor	**Erläuterung und Beispiele**
Anzahl der Mitarbeiter/ Größe des Unternehmens	Bei kleinen Unternehmen mit wenigen Mitarbeitern bieten sich einige Organisationsformen erst gar nicht an, weil sie nicht effektiv gelebt werden können. Je größer das Unternehmen ist, umso bedeutsamer wird die Wahl des richtigen Leitungssystems, da mit zunehmender Größe des Unternehmens die Reibungs- und Informationsverluste größer werden.
Art der Leistung	Ob es sich beim Unternehmen um einen Produktionsbetrieb, ein Handels- oder ein Dienstleistungsunternehmen handelt, nimmt ebenso Einfluss auf die Entscheidung, wie die Art des Produktes. Bietet ein Unternehmen nur ein Produkt oder eine Dienstleistung an, eignet sich die Matrixorganisation eher weniger. In kreativen Umfeldern (Werbeagentur etc.) stellen bürokratisch ausgerichtete Organisationsformen wie das Einliniensystem eher ein Arbeitshemmnis dar, da die Entfaltung des Einzelnen systembedingt beeinträchtigt wird. Werden eine Vielzahl von verschiedenen Produkten angeboten, kann eine objektorientierte Komponente wie bei der Matrixorganisation umso wichtiger werden, da möglicherweise spezielles Fachwissen notwenig ist.
Kunden	• Zielgruppe • Anzahl • Kundenanspruch / Qualitätsanforderungen
Mitarbeiter	• Fachkenntnisse • Ausbildungsstand • Teamfähigkeit
technische Hilfsmittel	• Faktor „Mensch" ist beim Erstellungsprozess vorherrschend • Faktor „Maschine" ist beim Erstellungsprozess vorherrschend • Art und Grad der eingesetzten Technologien

2. Handlungsschritt (25 Punkte)

a)

aa) Wenn von einem Webbrowser eines Rechners eine Webseite angefordert wird, so wird diese Anfrage nicht an den Webserver im Internet gerichtet, sondern an den lokalen Proxy-Server.

Dieser schaut zunächst in seinem Cache nach, ob diese Seite schon einmal angefordert wurde. Befindet sich diese Seite im Cache, so wird die im Cache vorhandene Seite dem anfragenden Client sofort übermittelt.

Ist diese Seite entweder nicht im Cache verfügbar oder möchte der Client die Seite aktualisieren, so baut der Proxy eine völlig neue und vom Client unabhängige Verbindung ins Internet auf, lädt die Seite und speichert sie im Cache. Dann erst wird dem Client die Seite wieder lokal zugestellt. (6 P.)

ab) **Vorteile** (3 P.)

- **Geschwindigkeitsvorteile** – Durch die Cache-Funktionalität muss nicht jede Website zeitaufwendig aus dem Internet heruntergeladen werden, sondern kann dem Client u. U. sehr schnell aus dem Cache zur Verfügung gestellt werden.
- **Höhere Netzwerksicherheit** – Da nur der Proxy auf das Internet zugreift, tauchen die IP-Adressen des lokalen Netzwerkes nicht in externen Datenpaketen auf. Dies erhöht die Netzwerksicherheit und die Anonymität der Clients.
- **Inhaltsfilterung** – Der Administrator kann den Proxy so konfigurieren, dass bestimmte Internetseiten generell und/oder Webseiten, die bestimmte Schlüsselbegriffe beinhalten, gesperrt werden und für den Client nicht zur Verfügung stehen.
- **Protokollierung** – Grundsätzlich besteht die Möglichkeit zu protokollieren, wann welcher Client auf welche Webseite zugegriffen hat. Je nach Verwendungszweck kann dies aus Datenschutzgründen bedenklich sein. Auf der anderen Seite kann dies zur Aufdeckung eventueller krimineller Aktivitäten sinnvoll sein.
- **Zentraler Virenschutz** – Da sämtliche Daten zwischen dem internen Netz und dem Internet über den Proxy laufen, gibt es zentrale proxybasierte Virenschutz-Lösungen, die sämtliche externe Daten zuerst prüfen, bevor sie an den Client weitergeleitet werden.

b) Ein Hub arbeitet auf Schicht 1 des OSI-Schichtenmodells. Er gibt die ankommenden Signale verstärkt an alle angeschlossenen Ports weiter. Da ein Ethernet mit dem CSMA/CD-Verfahren arbeitet, führt dieses Verhalten, bei entsprechend vielen angeschlossenen Clients, zu einem hohen Aufkommen an Kollisionen und verlangsamt so das Netzwerk. Bei einem 100 Mbit/s Netzwerk teilen sich somit alle angeschlossenen Clients diese Bandbreite.

Ein Switch hingegen (üblicherweise OSI Schicht 2) entscheidet anhand der Quell- und Ziel-MAC-Adresse eines Datenpaketes, zu welchem Port das Paket weitergeleitet werden soll. Somit wird jeweils eine direkte Verbindung zwischen zwei Ports geschaltet („geswitched“). Dieses Verhalten verringert das Aufkommen von Kollisionen (man spricht auf in diesem Zusammenhang von „Kollisionsdomäne“) und erhöht somit die zur Verfügung stehende Bandbreite für jeden einzelnen Client.
(6 P.)

Fortsetzung des 2. Handlungsschrittes auf der nächsten Seite

2. Handlungsschritt (25 Punkte)

Fortsetzung

ca) **IDS** (5 P.)

Ein IDS-System (im Netzwerk auch als NIDS bezeichnet = „Network based Intrusion Detection System") hat die Zielsetzung **mögliche Angriffe auf ein Netzwerk** (von außen wie auch von innen) zu erkennen. Viele IDS-System können teilweise auch Aktivitäten von Malware im Netzwerk erkennen.

Hierzu hört das System **sämtliche Datenpakete** eines Netzwerkes ab und **analysiert** diese anhand eines **Regelsatzes** auf verdächtige Signaturen. Wenn beispielsweise Datenpakete mit Signaturen von bekannten Angriffstechniken bzw. Malware gefunden werden, so wird **Alarm ausgelöst.**

cb) ASCII-Code (3 P.)

Text:	T	e	s	t	A	l	a	r	m	!
ASCII-Code:	54	65	73	74	41	6C	61	72	6D	21

cc) **crontab** (2 P.)

Bestimmte betriebssystemrelevante **Aufgaben** müssen immer **wiederkehrend** ausgeführt werden. Unter Linux gibt es hier als zentralen Dienst den **„cron-Daemon"**, der die wiederkehrende Ausführung bestimmter Programme zu bestimmten Zeitpunkten übernimmt. Die **auszuführenden Jobs** und auch die **Zeiten,** an denen diese Jobs ausgeführt werden sollen, werden in eine **Textdatei,** die „crontab", eingetragen, deren Einträge der „cron-Daemon" ausführt. Die Datei „crontab" befindet sich bei den meistens Linux-Distributionen im Verzeichnis /etc.

3. Handlungsschritt (25 Punkte)

a) (5 P.)

Serverleistung

In unabhängigen und standardisierten Tests zeigte Mercury 10.0 eine drastische Leistungssteigerung gegenüber seiner Vorgängerversion. Beispielsweise ist die Datei- und Webserver-Leistung zweimal so schnell wie in der Vorgängerversion, Mercury 9.5. Auch wenn der Leistungsgewinn, basierend auf Ihrer individuellen Server- und Netzwerkumgebung, leicht variieren kann, wird Mercury 10.0 Ihnen dabei helfen, die Zufriedenheit der Kunden zu steigern, indem die Dienste noch schneller zur Verfügung gestellt werden können.

b) **Technologien**

ba) (5 P.)

Technologie	Übertragungstechnik	Übertragungsgeschwindigkeit
Ultra-320	Parallel/16 Bit	320 MB/s
SAS-1	Seriell	300 MB/s
SAS-3	Seriell	1.200 MB/s
SATA (bzw. SATA I)	Seriell	150 MB/s
SATA Revision 3.x (bzw. SATA III)	Seriell	600 MB/s

bb) (4 P.)

- **Synchronisation** – Bei den hohen Übertragungsraten spielen Unterschiede in den Signallaufzeiten auf den einzelnen Leitungen zunehmend eine Rolle. Die Synchronisation lässt sich nur mit hohem Aufwand erreichen.
- **Übersprechen** – Je höher die Übertragungsraten werden, desto größer wird das Problem des „Übersprechens". Übersprechen bezeichnet die induktive Signalübertragung auf benachbarte Leitungen, die letztlich zu Fehlern bei der Signalauswertung führen können.
- **Hochfrequente Störeffekte** – Durch Reflexionen des hochfrequenten Signals an Knicken im Kabel, dem Ende der Signalstrecke oder Steckverbindungen kommt es zu einem hohen Anstieg von Fehlern in der Signalauswertung.

Fortsetzung des 3. Handlungsschrittes auf der nächsten Seite

3. Handlungsschritt (25 Punkte)

Fortsetzung

c) (2 P.)

MTBF = **M**ean **T**ime **B**etween **F**ailures

Dieser Wert gibt als statische Größe die durchschnittliche Zeit in Stunden zwischen dem Auftreten zweier Fehler an und ist somit ein wichtiger Wert, um die Qualität des Gerätes zu beschreiben.

d) **CPU Entwicklung und Architektur**

da) **Entwicklungstrend** (2 P.)

Das größte Problem bei steigenden Taktraten ist die Wärmeentwicklung durch Leckströme, die durch traditionelle Kühlmethoden kaum noch in den Griff zu bekommen sind.

db) **Leistungssteigerung** (2 P.)

Die Hersteller weichen auf Mehrkernprozessoren aus, d. h. mehrere CPU-Kerne teilen sich die Rechenleistung und können bestimmte Aufgaben im Parallelbetrieb abarbeiten („Hyper-Threading"). Zwei- und Vierkern-Prozessoren („Dual" und „Quad-Core") sind typische Vertreter dieser Entwicklung.

dc) **Aktiv- und Passivkühler** (2 P.)

- Unter Passivkühlung versteht man die **Ableitung von Wärme ohne** Mitwirkung **mechanischer Bauteile.** Ein wärmeableitendes Blech bestückt mit Kühlrippen ist beispielsweise ein Passivkühler, ebenso ein Peltier-Element.
- Ein Aktivkühler hingegen verstärkt die **Wärmeableitung durch mechanische Hilfsmittel,** typischerweise Lüfter (die meisten Autoren definieren die Wasserkühlung als separate Kühlmethode, trotz mechanischer Pumpe).

Fortsetzung des 3. Handlungsschrittes auf der nächsten Seite

3. Handlungsschritt (25 Punkte)

Fortsetzung

dd) **FSB (Front-Side-Bus), North-Bridge und South-Bridge** (3 P.)

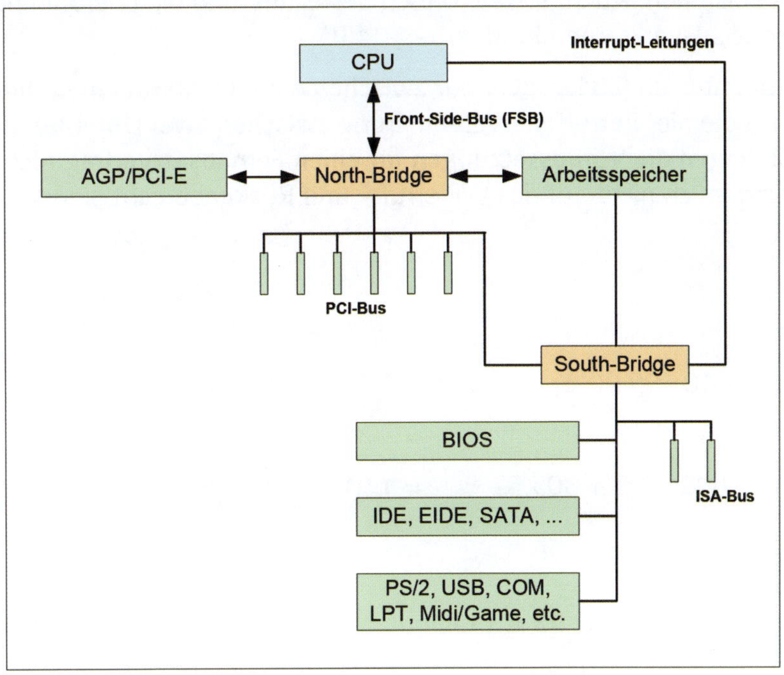

- **North-Bridge**

  Die North-Bridge ist Bestandteil des Chipsatzes auf dem Mainboard. Sie steuert den Datenfluss zwischen der CPU eines Rechners, dem Arbeitsspeicher, Cache, PCI-Express- bzw. AGP-Port.

- **Front-Side-Bus (FSB)**

  Der Front-Side-Bus ist die Verbindung zwischen der CPU und der North-Bridge und damit einer der maßgeblichen Komponenten für die Geschwindigkeit eines Rechners.

- **South-Bridge**

  Die wesentlich langsamere South-Bridge ist ebenfalls ein Chip auf dem Mainboard eines Rechners. Die South-Bridge ist an den PCI-Bus gekoppelt und steuert im Wesentlichen den Datenfluss zwischen der CPU und den externen Schnittstellen, wie z. B. dem Festplattencontroller, USB, BIOS etc.

4. Handlungsschritt (25 Punkte)

a)

aa) **Es ist ein Kaufvertrag zustande gekommen,** da Kaufverträge **keiner Form** unterliegen, sondern das Ergebnis von **zwei übereinstimmenden Willenserklärungen** sind, die bereits durch **Angebot und Annahme** entstehen. Auch die telefonisch Bestellung und die telefonische Annahme begründen einen rechtswirksamen Kaufvertrag. (4 P.)

ab) Ein Fernabsatzvertrag kommt nach § 312c BGB nur **zwischen einem Unternehmen und einem Verbraucher** zustande. Da die hier getroffene Vereinbarung **zwischen zwei Unternehmen zustande gekommen** ist, **liegen die Voraussetzungen für einen Fernabsatzvertrag nicht vor.** Damit kann der Käufer sich auch nicht auf das Widerrufs- und Rückgaberecht eines Fernabsatzvertrages berufen. (3 P.)

b)

ba) Nettopreis = 2 · 299,00 € + 10 · 99,00 € + 20,00 €= **1.608,00 €** (1 P.)

bb) Mehrwertsteuer = 1.608,00 € · 0,19 = **305,52 €** (1 P.)

bc) Brutto-Rechnungspreis = 1.608,00 € + 305,52 € = **1.913,52 €** (1 P.)

c) 1,00 € = USD 0,7620

Berechnung: USD 1.259,00 : 0,7620 = **1.652,23 €** (3 P.)

Das Angebot des Internet-Shops ist teurer, da der umgerechnete US-Dollar Preis mit 1.652,23 € über dem Nettoeinkaufspreis von 1.608,00 € Ihres Hauslieferanten liegt.

d)

da) Nach § 377 HGB ist unter Kaufleuten ein Mangel **unverzüglich** nach Ablieferung der Ware, bzw. Entdeckung des Mangels zu rügen. (2 P.)

db) Als «Nacherfüllung» wird auf der Grundlage von § 439 Abs. 1 BGB das Verlangen des Käufers auf **Beseitigung des Mangels** («Nachbesserung») oder **Lieferung einer mangelfreien Sache** («Nachlieferung») bezeichnet, denn der Käufer hat einen Anspruch auf mangelfreie Ware. (4 P.)

dc) Der **Lieferant** hat grundsätzlich alle zusätzlichen Lieferkosten zu tragen, denn er ist **Verursacher der Falschlieferung,** während den Käufer kein Verschulden trifft. Nach § 439 Abs. 2 BGB trägt der Verkäufer alle zum Zwecke der Nacherfüllung erforderlichen Aufwendungen. (2 P.)

Fortsetzung des 4. Handlungsschrittes auf der nächsten Seite

4. Handlungsschritt (25 Punkte)

Fortsetzung

dd) Bei den Festplatten mit zu geringer Speicherkapazität handelt es sich um einen **Mangel in der Qualität,** da die gelieferte Ware nicht über die zugesicherte Eigenschaft („Speichervolumen von 1 TB") verfügte. (1 P.)

Mängelarten: (3 P.)

Mängelarten	Beispiele
Mangel in der Art	Drucker statt Festplatten werden angeliefert
Mangel in der Qualität	500 GB statt 1 TB Speichervolumen bei Festplatten oder Speicherchips
Mangel in der Menge	Lieferung von 15 Stück statt 10 Stück
Mangel in der Beschaffenheit	Beschädigungen am Gehäuse
Montagemangel	unsachgemäße Montage durch Verkäufer oder beigefügte Montageanleitung ist mangelhaft
Rechtsmangel	Verkäufer ist nicht Eigentümer der Sache
Offener Mangel	sofort erkennbar, Gehäusebeschädigungen
Versteckter Mangel	erst später oder durch Geräteausfall ersichtlich, z. B. fehlerhafte Lötung

5. Handlungsschritt (25 Punkte)

a) **CAD**

aa) **Vorteile eines CAD-Systems** (3 P.)

- **Höhere Genauigkeit** – Da die Zeichnungselemente durch mathematische Zusammenhänge beschrieben werden, bieten CAD-Systeme höchste Präzision (z. B. bei Flächen- und Volumenberechnungen von komplexen Objekten).
- **Hohe Automatisierung** der Arbeitsschritte – Viele Schritte können auf „Knopfdruck" automatisch durchgeführt werden, beispielsweise das Einfügen von Bemaßungen oder das Berechnen von Flächen und Volumina. Auch können Zeichnungselemente beliebig wiederverwendet werden. Viele CAD-Systeme bieten auch eine Datenbankanbindung zur Material- und Kostenberechnung sowie Schnittstellen zu Werkzeugmaschinen (z. B. CNC im Maschinenbau).
- **Einfache Bearbeitung/Höhere Flexibilität** – Änderungen und Löschungen sind beliebig und schnell durchführbar. Beim manuellen Zeichnen stellt dies mitunter eine hohe Herausforderung dar, beispielsweise müssen bei Löschungen die Elemente mit einer Rasierklinge vom Transparentpapier entfernt werden. Kleine Änderungen an einem Zeichnungselement können massive Auswirkungen auf die restliche Zeichnung haben, was beim manuellen Zeichnen nur sehr aufwändig zu handhaben ist.

ab) **2D-Grundelemente** (2 P.)

- Punkte
- Linien
- Polylinien
- Kreise
- Ellipsen
- Bögen
- Splines

b)

ba) (2 P.)

Bei **vektororientierten** Zeichenprogrammen werden die Formen mathematisch beschrieben und auch dementsprechend gespeichert. Beispielsweise werden für eine Linie lediglich die Koordinaten des Anfangs- und Endpunktes gespeichert oder für einen Kreis die Koordinaten des Mittelpunktes und der Radius.

Pixelorientierte Programme speichern lediglich die Farbe eines jeden Pixels und sind damit abhängig von der Auflösung. Beispielsweise enthält ein Bild aus 100x100 Pixeln im Wesentlichen nur die Farbinformationen dieser 10.000 Pixel.

Fortsetzung des 5. Handlungsschrittes auf der nächsten Seite

5. Handlungsschritt (25 Punkte)

Fortsetzung

bb) (1 P.)

- Die Grafiken können in beliebiger Vergrößerung mathematisch exakt dargestellt werden. Pixelgrafiken werden – aufgrund nicht vorhandener Informationen – bei Vergrößerung zu grobschlächtigen „Klötzchen"-Grafiken.
- Bei komplexen Darstellungen ist die Dateigröße erheblich kleiner als bei Pixelgrafiken.
- Durch den mathematischen Ansatz lassen sich Flächen, Schnittpunkte, Volumina etc. exakt berechnen. In pixelorientierten Programmen können Flächen lediglich aus einer Umrandung andersfarbiger Pixel abgeleitet werden (s. Paintbrush).

bc) Da die Farbverteilung auf Fotos nicht durch geometrische Formen und somit Formeln dargestellt werden kann, wären Vektordarstellungen von Fotos unsinnig und würden theoretisch extreme Speichermengen beanspruchen. (1 P.)

c) (3 P.)

- **Umrechnung in Zoll:**
  DIN A4 entspricht einer Größe von 210 x 297 mm
  ➧ DIN A3 entspricht einer Größe von 297 x 420 mm
  ➧ DIN A2 entspricht einer Größe von 420 x 594 mm
  420 mm = 42,0 cm = 42,0 / 2,54 Zoll ≅ 16,54"
  594 mm = 5,94 cm = 59,4 / 2,54 Zoll ≅ 23,39"
- **Berechnung der Größe in Pixel:**
  16,54" · 600 dpi = 9.924 Pixel
  23,39" · 600 dpi = 14.034 Pixel
  Bei 600 dpi besteht das eingescannte Bild somit aus 9.924 x 14.034 Pixel.
- **Berechnung der Dateigröße:**
  Jeder Pixel wird durch 8-Bit repräsentiert, also 1 Byte:
  9.924 · 14.034 · 1 = 139.273.416 Bytes ≅ **139 MB**

d) **Berechnung der Übertragungszeit** (4 P.)

- Umrechnung Dateigröße von MegaByte ➧ Byte:
  50 MB = 50.000.000 Byte
- Umrechnung der Übertragungsgeschwindigkeit in Byte/s:
  1.024 kBit/s = 1.024.000 Bit/s = 128.000 Byte/s
- Berechnung der Übertragungszeit:
  50.000.000 Byte / 128.000 Byte/s ≅ 391 s = **6 min 31 sec.**

Fortsetzung des 5. Handlungsschrittes auf der nächsten Seite

5. Handlungsschritt (25 Punkte)

Fortsetzung

e)

ea) (3 P.)

Im Hexadezimalsystem werden neben den Ziffern 0..9 noch 6 weitere Ziffern eingeführt:
A = 10, B = 11, C = 12, D = 13, E = 14 und F = 15.

Die Stellen der Hexadezimalzahl sind wie folgt zu interpretieren:

Hex-Ziffer	A	6	C	F
Potenz	163	162	161	160
Wert	4.096	256	16	1

Somit ergibt sich:

$A6CF = A * 4.096 + 6 * 256 + C * 16 +F * 1
= 10 * 4.096 + 6 * 256 + 12 * 16 + 15 * 1
= 40.960 + 1.536 + 192 + 15
= 42.703

eb) (3 P.)

Die Stellen im Binärsystem sind wie folgt zu interpretieren:

Binärziffer	?	?	?	?	?	?	?	?
Potenz	2^7	2^6	2^5	2^4	2^3	2^2	2^1	2^0
Wert	128	64	32	16	8	4	2	1

Somit rechnet sich die Zahl 187 wie folgt ins Binärsystem um:

	187		
–	**128**	(die 128 passt in die 187)	1???????
	59	(die 64 passt nicht in die 59)	10??????
–	**32**	(aber die 32 passt hinein)	101?????
	27		
–	**16**	(die 16 passt in die 27)	1011????
	11		
–	**8**	(die 8 passt in die 11)	10111???
	3	(die 4 passt nicht in die 3)	101110??
–	**2**	(die 2 passt aber hinein)	1011101?
	1		
–	**1**	(klar passt die 1 hinein)	10111011
	0		

Also lautet die Zahl 187 in der binären Schreibweise **10111011**.

5. Handlungsschritt (25 Punkte)

Fortsetzung

ec) (3 P.)

Hier ist eine Binärzahl mit 10 Stellen:

Binärziffer	1	0	1	1	1	0	0	1	0	1
Potenz	2^9	2^8	2^7	2^6	2^5	2^4	2^3	2^2	2^1	2^0
Wert	512	256	128	64	32	16	8	4	2	1

Somit ergibt sich:

$$\begin{array}{rrrrrr}
 & 1 & * & 512 & = & 512 \\
+ & 0 & * & 256 & = & 0 \\
+ & 1 & * & 128 & = & 128 \\
+ & 1 & * & 64 & = & 64 \\
+ & 1 & * & 32 & = & 32 \\
+ & 0 & * & 16 & = & 0 \\
+ & 0 & * & 8 & = & 0 \\
+ & 1 & * & 4 & = & 4 \\
+ & 0 & * & 2 & = & 0 \\
+ & 1 & * & 1 & = & 1 \\
\hline
 & & & & & \underline{\underline{741}}
\end{array}$$

Ihre Notizen

1. Handlungsschritt (25 Punkte)

a) (6 P.)

Nr.	Gerät
①	Workstation
②	Drucker
③	Leinwand
④	Flipchart
⑤	Beamer
⑥	Patch-Panel
⑦	Switch
⑧	Server
⑨	Tageslichtprojektor

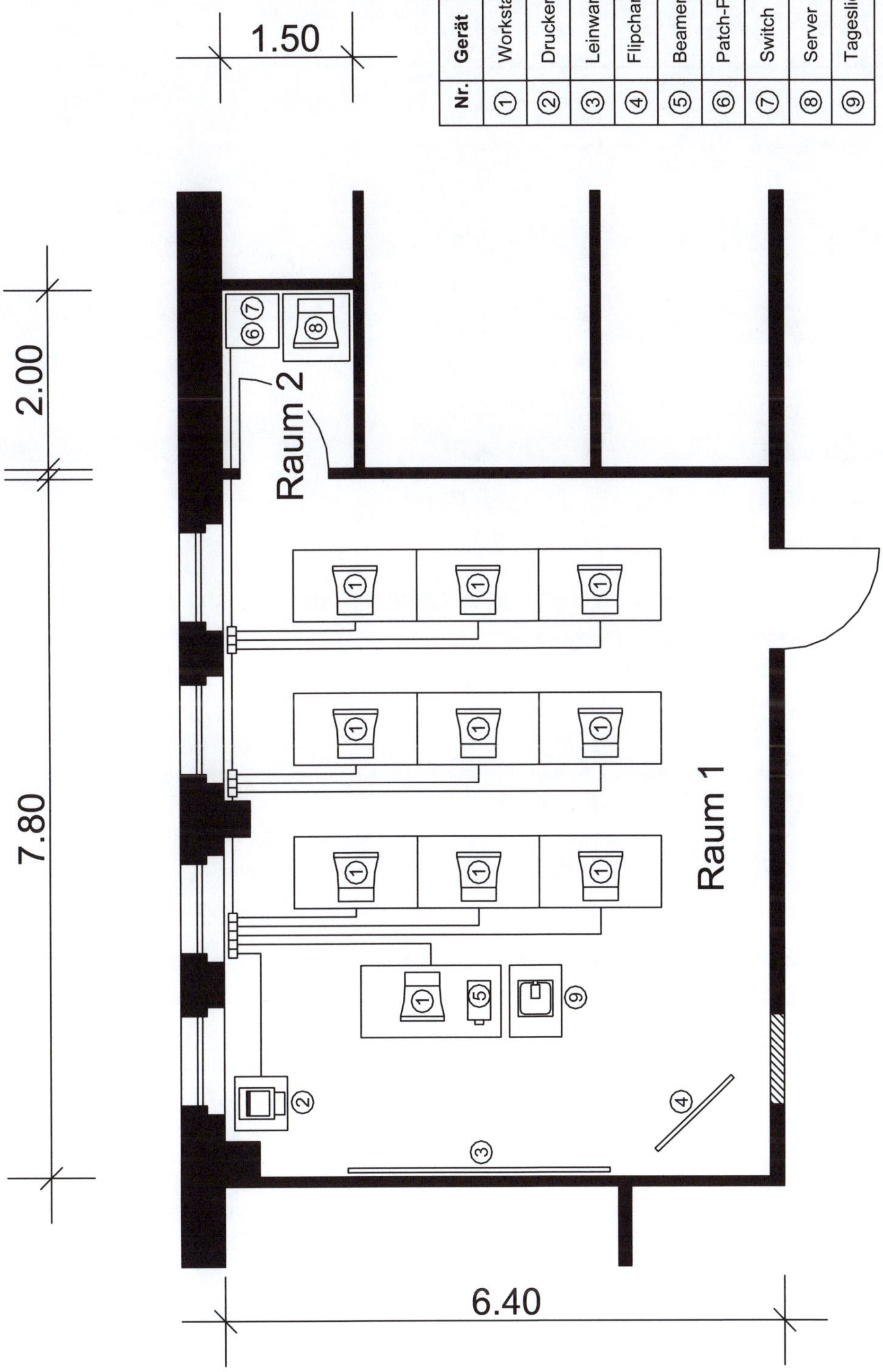

Fortsetzung des 1. Handlungsschrittes auf der nächsten Seite

1. Handlungsschritt (25 Punkte)

Fortsetzung

b) Vorüberlegung: (12 P.)

Kabel	Menge	Länge
Kabel Dozenten PC	1	3 m
Kabel zum Drucker	1	3 m
1. Reihe	1	3 m
1. Reihe	2	5 m
2. Reihe	1	3 m
2. Reihe	2	5 m
3. Reihe	1	3 m
3. Reihe	2	5 m
Kabel Server-Switch	1	3 m
Kabel Switch-Patchpanel	11	1 m
Kabel 3. Reihe-Patchpanel	3	5 m
Kabel 2. Reihe-Patchpanel	3	5 m
Kabel 1. Reihe-Patchpanel	5	10 m

Bei einer abweichenden und dennoch sinnvollen Planung sind ggf. andere Längen zu berücksichtigen.

Nr.	Beschreibung	Menge
1	Workstations	10
2	Server	1
3	Switch	1
4	Beamer	1
5	Flipchart	1
6	Leinwand	1
7	Drucker	1
8	Tageslichtprojektor	1
9	Wanddosen	11
10	Kabel (1 m)	11
11	Kabel (3 m)	6
12	Kabel (5 m)	12
13	Kabel (10 m)	5

Fortsetzung des 1. Handlungsschrittes auf der nächsten Seite

1. Handlungsschritt (25 Punkte)

Fortsetzung

c) (2 P.)

Topologie: Stern-Bus Topologie

Zugriffsverfahren: CSMA/CD

d) **Schulungsrechner**

da) **Anforderungen** (3 P.)

Alle Rechner sollten vor Beginn der Schulung jeweils auf eine **einheitliche Grundkonfiguration zurückgesetzt** werden. Dies ist notwendig, um für **alle Schulungsteilnehmer eine gemeinsame Basis** für die Schulung zu gewährleisten.

db) **Lösungen** (2 P.)

- Durchführung einer **individuelle Neuinstallation und -konfiguration** jedes einzelnen Rechners vor Beginn einer Schulung (sehr zeitaufwendig!).
- Einsatz einer **„Imaging"- bzw. „Backup"-Lösung;** hierbei wird der vollständige Inhalt der Festplatte eines Rechners auf einem zentralen Server abgelegt. Durch entsprechende Software kann dieses „Image" bzw. „Backup" jederzeit und in relativ kurzer Zeit schnell auf einen oder alle Rechner zurückgespielt werden. Kleinere Anpassungen (z. B. Rechnername oder IP-Adresse) können manuell oder ebenfalls automatisiert vorgenommen werden.
- Einsatz einer **virtuellen Desktop-Lösung;** auf dem eigentlichen Betriebssystem des Rechners kann mit Hilfe einer Virtualisierungslösung eine beliebige, vollständig unabhängige Betriebssystemumgebung inklusive der benötigten Software emuliert werden. Diese kann vor Beginn einer Schulung sehr schnell auf den Grundzustand zurückgesetzt werden.

2. Handlungsschritt (25 Punkte)

a) **Beamer-Technologie**

aa) **DLP-Projektoren** (2 P.)

Die Projektion der **DLP-Technologie** („**Digital Light Processing**") basiert auf dem Einsatz von kippbaren Mikrospiegeln, die mehrere tausend Mal in jeder Sekunde angesteuert werden können. Die primäre Lichtquelle erzeugt weißes Licht, das durch ein schnell rotierendes Farbrad oder ein Prisma in seine Grundfarben zerlegt wird und diese durch die Spiegel auf die Leinwand projiziert werden. Jeder Spiegel stellt einen Bildpunkt dar.

Vorteile

- Sehr schnelle Bilddarstellung, daher für bewegte Bilder gut geeignet
- Hoher Kontrast
- Kein Nachleuchten

Nachteile

- Ggf. „Regenbogen-Effekt" (bei Lösungen mit einem rotierenden Farbrad)
- Geringe Farbtreue (insbesondere Grün- und Orange-Töne)
- Ggf. Flimmern bei der Darstellung bestimmter Graustufen
- Geräuschentwicklung durch Lüfter (zur Kühlung der primären Lichtquelle)

ab) **LED-Projektoren** (2 P.)

LED-Projektoren („**Light-Emitting Diode**") arbeiten prinzipiell wie DLP-Projektoren, allerdings mit dem wesentlichen Unterschied, dass farbige LEDs als primäre Lichtquelle eingesetzt werden und somit die Aufteilung der Farben über Prisma oder ein rotierendes Farbrad entfällt.

Vorteile

- Geringer Stromverbrauch
- Keine bzw. nur geringe Geräuschentwicklung (kaum Lüftungsbedarf, da nur geringe Wärmeentwicklung)
- Lange Lebensdauer der LEDs

Nachteile

- Geringe Lichtleistung

Fortsetzung des 2. Handlungsschrittes auf der nächsten Seite

2. Handlungsschritt (25 Punkte)

Fortsetzung

b) **Lizenzen**

ba) **Mehrfach-Lizenzen** (3 P.)

- Volumenlizenz – Der Lizenzinhaber bekommt das Nutzungsrecht für eine bestimmt Anzahl der bereitgestellten Software. Diese sind in der Praxis oft gestaffelt, z. B. 5er, 10er, 20er, 50er, 100er Lizenzen.
- Standortlizenz – Innerhalb des festgelegten Standortes kann der Lizenzinhaber die Software unbegrenzt nutzen.
- Corporate-Lizenz („Unternehmenslizenz") – Standortunabhängig darf die Software innerhalb des Unternehmens unbegrenzt genutzt werden.

bb) **Vorteile von Schulungslizenzen** (2 P.)

Die Bereitstellung von Schulungslizenzen hilft dem Softwarehersteller, den **Bekanntheitsgrad** seines Produktes zu erhöhen. Da es sich bei den Schulungsteilnehmern möglicherweise um Entscheidungsträger oder angehende Entscheidungsträger handelt, spekuliert der Hersteller darauf, dass diese Entscheidungsträger, aufgrund der Vertrautheit mit der Software, in den Unternehmen auf den **Kauf des Produktes hinwirken** und somit den Umsatz langfristig positiv beeinflussen.

bc) **Zielgruppen von Schulungslizenzen** (2 P.)

Zielgruppen von Schulungslizenzen sind in der Regel **Bildungseinrichtungen,** wie **Schulen, Universitäten** oder **Weiterbildungsinstitute.** Teilweise richten sich die Angebote auch an **Schüler/-innen** und **Studenten/Studentinnen** als Individuen.

bd) **Freeware & Shareware** (4 P.)

Bei **Freeware-Programmen** handelt es sich um kostenlose Software, die ohne Lizensierung eingesetzt werden darf und ohne zeitliche Begrenzung voll funktionsfähig ist.

Shareware-Programme sind im Gegensatz zu Freeware nicht kostenlos, sondern müssen für die Nutzung beim Hersteller oder Autor lizensiert werden. Shareware-Programme können in den meisten Fällen für eine begrenzte Zeit mit vollem oder leicht eingeschränktem Funktionsumfang kostenlos genutzt werden. Nach Ablauf dieser Testphase muss die Software zur weiteren Nutzung dann kostenpflichtig lizensiert werden, allerdings sind die Kosten oft vergleichsweise gering.

be) **Serverbasiert vs. Peer-to-peer** (2 P.)

In einem **Peer-to-peer Netzwerk** sind alle Rechner gleichberechtigt, d. h. sie übernehmen sowohl Client- als auch Serverfunktion. Dieses Konzept ist nur dann sinnvoll, wenn die Anzahl der Hosts klein ist (<10) und Sicherheitsaspekte eine untergeordnete Rolle spielen.

In einem **serverbasierten Netz** gibt es mindestens einen Rechner, der ausschließlich als Server fungiert und dem Netzwerk Dienstleistungen bereitstellt (z. B. Festplattenkapazität zur zentralen Datenablage). Je nach Hauptaufgabe unterscheidet man Fileserver, Printserver usw.

Fortsetzung des 2. Handlungsschrittes auf der nächsten Seite

2. Handlungsschritt (25 Punkte)

Fortsetzung

c)

ca) (4 P.)

Die **physikalische Auflösung** des Scanners in dpi (dots per inch) bzw. ppi (pixel per inch) gibt an, wie viele Bildpunkte in der Länge und Breite der Vorlage tatsächlich eingelesen werden. In der einen Richtung wird der Wert durch die Vorlagenbreite und die Anzahl der CCD-Elemente im Scanner bestimmt. In der anderen Richtung gibt die physikalische Auflösung an, wie viele Bildzeilen je Inch abgetastet werden. Dies ist abhängig von der Schrittweite des Schrittmotors und der Mechanik des Scanners.

Die **interpolierte Auflösung** des Scanners gibt an, wie hoch die Auflösung ist, wenn die Scannersoftware durch mathematische Verfahren Bildpunkte zwischen den tatsächlich gemessenen Punkten berechnet.

cb) **USB** (2 P.)

Über die USB-Schnitstelle können Datenübertragungsraten **zwischen 1,5 MBit/s und 12 MBit/s** erreicht werden. Unter dem USB 2.0 Standard können im „High-Speed"-Modus sogar **480 Mbit/s** erreicht werden. Pro USB-Schnittstelle können bis zu **127 Geräte** angeschlossen werden.

cc) (2 P.)

DIN A4 = 21 cm x 29,7 cm = 8,27" x 11,69"   (1" = 2,54 cm)
Bei 180 dpi (Pixel pro Zoll): 8,27" x 180 dpi = 1.489 Pixel pro Zeile
11,69" x 180 dpi = 2.104 Pixel pro Spalte

Schwarzweiß bedeutet, dass jeder Pixel durch 1 Bit codiert wird; somit ergibt sich für eine komplette DIN A4 Seite:

1.489 Pixel · 2.104 Pixel = 3.132.856 Bit = 391.607 Byte ≅ **392 kB**

3. Handlungsschritt (25 Punkte)

a) Ein Monitor hat u.a. folgende Leistungsmerkmale: (5 P.)

- Größe / Bildschirmdiagonale
- Auflösung
- Reaktionszeit
- Stromverbrauch (Standby / in Betrieb)
- Anschlussvarianten
- Blickwinkel / Neigungsvariationen
- Helligkeit / Kontrast
- Lautsprecherausstattung
- Gewicht
- Herstellergarantie
- evtl. Bildwiederholungsrate

b)

ba) (8 P.)

Anbieter	A	B	C	D
Produkt	Monitor XXL, 24 Zoll	Monitor XXL, 24 Zoll	Monitor XXL, 24 Zoll	Monitor XXL, 24 Zoll
Preis für 12 Monitore	12 x 420,00 = **5.040,00 €**	12 x 400,00 = **4.800,00 €**	12 x 410,00 = **4.920,00 €**	12 x 430,00 = **5.160,00 €**
einmalige Versandkosten	300,00 €	320,00 €	310,00 €	keine
Zwischensumme	5.040,00 + 300,00 = 5.340,00 €	4.800,00 + 320,00 = 5.120,00 €	4.920,00 + 310,00 = 5.230,00 €	5.160,00 €
Skonto bei Zahlung innerhalb von zwei Wochen	5.340,00 x 3,00 % = **160,20 €**	5.120,00 x 3,00 % = **153,60 €**	5.230,00 x 2,00 % = **104,60 €**	5.160,00 x 2,00 % = **103,20 €**
Bezugspreis	5.340,00 – 160,20 = **5.179,80 €**	5.120,00 – 153,60 = **4.966,40 €**	5.230,00 – 104,60 = **5.125,40 €**	5.160,00 – 103,20 = **5.056,80 €**

bb) (1 P.)

Der Anbieter B hat zwar mit 4.966,40 € das preisgünstigste Angebot unterbreitet, kann aber nicht bis zum Arbeitsbeginn der neuen Mitarbeiterin liefern, da seine Lieferzeit drei Wochen beträgt. Er scheidet damit als Lieferant aus. Das zweitgünstigste Angebot hat Anbieter D abgegeben, der auch sofort liefern kann. Damit ist bei Anbieter D die Bestellung vorzunehmen.

bc) (2 P.)

Nach § 271 BGB hat die Lieferung sofort zu erfolgen, wenn kein ausdrücklicher Lieferzeitpunkt vereinbart wurde. Es ist davon auszugehen, dass Anbieter C sofort liefern kann.

Fortsetzung des 3. Handlungsschrittes auf der nächsten Seite

3. Handlungsschritt (25 Punkte)

Fortsetzung

c) (4 P.)

Die **Gewährleistung** sichert zu, dass die Ware zum **Zeitpunkt des Gefahrenübergangs** – also bei Aushändigung der Ware – über die zugesicherten Eigenschaften verfügte, also mängelfrei war. Was später mit der Ware geschieht, liegt nicht mehr im Einflussbereich des Verkäufers, deshalb trägt der Kunde das allgemeine Verwendungsrisiko.

Bei der **Garantie** übernimmt der Verkäufer auf der Grundlage von § 443 BGB die Zusage, dass die Ware auch später noch **für eine bestimmte Dauer (Garantiezeit) eine bestimmte Beschaffenheit und Funktionsfähigkeit behält**.

d) (5 P.)

Mindestens zu prüfen sind:

- Wurde der vereinbarte Liefertermin eingehalten?
- Stimmt die gelieferte Ware und die Anzahl mit der Bestellung und den Angaben auf dem Lieferschein überein ?
- Sind äußere Schäden an der Verpackung sichtbar?
- Nach einer Stichprobenöffnung kann noch geprüft werden, ob Inhalt und Aufschrift übereinstimmen.

4. Handlungsschritt (25 Punkte)

a) Die Prüfsiegel werden von den folgenden Institutionen vergeben: (4 P.)

1. CE-Kennzeichen:

Die Kennzeichnung beruht auf EU-Recht, welches in deutsches Recht überführt wurde. **Kontrollen, Tests und Vergabe erfolgen durch die Hersteller selbst, bzw. die Unternehmen, die das Produkt erstmalig im Markt eines Mitgliedes der Europäischen Union in Verkehr bringen.**

2. GS-Zeichen:

„GS" steht für „geprüfte Sicherheit"; **das Zeichen wird von behördlich zugelassenen Zertifizierungsstellen vergeben.** Die Vergabe ist nicht verpflichtend. Das Vergabeverfahren beruht auf dem „Gesetz über technische Arbeitsmittel und Verbraucherprodukte" und soll bestätigen, dass das Produkt den allgemein anerkannten Regeln der Produktsicherheit entspricht.

3. Zeichen der VDE:

Die Kontrollen und Tests erfolgen durch den **Verband der Elektrotechnik Elektronik Informationstechnik e.V.**

4. Zeichen des TÜV:

Die Kontrollen und Tests erfolgen durch den **Technischen Überwachungsverein.**

b) Das Label **Nummer 1** bietet die geringste Sicherheit, weil die Produkte und die Einhaltung der Normen nicht von einer unabhängigen Stelle geprüft werden. Stattdessen können die Tests und Kontrollen von den jeweiligen Herstellern oder den Markteinführern selbst durchgeführt werden. Auch das Siegel wird vom Hersteller oder Markteinführer selbst angebracht. (2 P.)

c) Ein Gerät, das die Normen zur elektromagnetischen Verträglichkeit erfüllt, ist verpflichtend mit **Label 1,** dem CE-Kennzeichen der Europäischen Union, zu kennzeichnen. (1 P.)

Fortsetzung des 4. Handlungsschrittes auf der nächsten Seite

4. Handlungsschritt (25 Punkte)

Fortsetzung

d) Eine elektromagnetische Störung ist jede unerwünschte elektromagnetische Erscheinung, welche die Funktionalität eines Gerätes beeinträchtigen könnte.

Als Störungen lassen sich beispielhaft aufführen:

- elektromagnetisches Rauschen
- unerwünschte Signale
- Veränderung des Ausbreitungsmediums (6 P.)

e) (1) Die Geräte müssen die Erzeugung elektromagnetischer Störungen soweit begrenzen, dass andere Geräte nicht beeinträchtigt werden. (2) Außerdem müssen die Geräte vor elektromagnetischen Störungen anderer Geräte geschützt sein. (4 P.)

f) Als Konsequenzen aus einem Verstoß gegen das Gesetz über die elektromagnetische

Verträglichkeit von Betriebsmitteln könnten sich ergeben: (5 P.)

- Verhängung von Bußgeldern
- behördliche Einziehung der betroffenen Geräte
- langfristiger Imageschaden
- Abkehr von Kunden, Umsatzrückgang
- zukünftig stärkere Beobachtung und Prüfung durch die Bundesnetzagentur
- umfangreicherer Schaden, falls die vom Verstoß betroffenen Bauteile oder Geräte in einer Massen-/Serienproduktion verwendet wurden / ggf. Schadenersatzforderungen

g) Als mögliche Maßnahmen zur Entstörung einer elektromagnetischen Störquelle kommen infrage: (3 P.)

- Abschirmung des Geräts
- Einsatz von Entstörkondensatoren
- Einsatz von Netzfiltern und Filterschaltungen

5. Handlungsschritt (25 Punkte)

a) **Symmetrische vs. asymmetrische Verschlüsselung** (6 P.)

Bei symmetrischen Verschlüsselungsverfahren wird sowohl für die Ver- als auch für die Entschlüsselung **derselbe Schlüssel** verwendet. Somit müssen Sender und Empfänger einer verschlüsselten Nachricht über einen gemeinsamen Schlüssel verfügen.

Bei den asymmetrischen Verfahren werden zur Ver- und Entschlüsselung **unterschiedliche Schlüssel** verwendet. Somit brauchen Sender und Empfänger keine Kenntnis über einen gemeinsamen Schlüssel zu haben. Realisiert wird dieses Verfahren durch jeweils vorhandene Schlüsselpaare auf Empfänger- und Senderseite.

b) **Public Key, Private Key und deren Verwendung** (8 P.)

Die asymmetrischen Verschlüsselungsverfahren beruhen auf der Benutzung von Schlüsselpaaren: einem **privaten Schlüssel** („Private Key") und einem **öffentlichen Schlüssel** („Public Key"). Während der private Schlüssel geheim bleibt und nur dem jeweiligen Kommunikationspartner bekannt ist, kann der öffentliche Schlüssel, wie der Name auch sagt, öffentlich zugänglich sein, zumindest muss er dem jeweiligen Partner bekannt sein. Nur mit Kenntnis des Public Key einer Person kann eine verschlüsselte Nachricht an diese gesendet werden.

Der Einsatz der Schlüssel ist im folgenden Diagramm dargestellt:

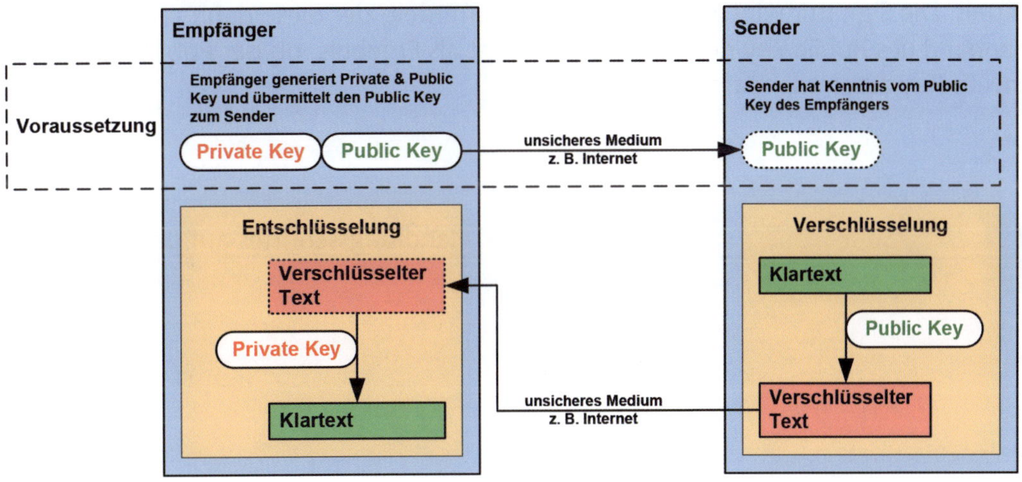

Der Sender einer Nachricht benötigt lediglich den öffentlichen Schüssel des Empfängers und benutzt diesen Schlüssel zur Verschlüsselung der Nachricht. Die verschlüsselte Nachricht wird an den Empfänger übermittelt, der diese dann ausschließlich mit seinem Private Key wieder entschlüsseln kann.

Fortsetzung des 5. Handlungsschrittes auf der nächsten Seite

5. Handlungsschritt (25 Punkte)

Fortsetzung

c) **Schwachpunkt der symmetrischen Verschlüsselung** (3 P.)

Da sowohl der sendende als auch der empfangende Kommunikationsteilnehmer Kenntnis über den gemeinsam genutzten Schlüssel („shared key") haben müssen, muss dieser Schlüssel zwangsläufig zwischen beiden Kommunikationspartnern ausgetauscht werden. Dieser **Schlüsselaustausch ist der** eigentliche **Schwachpunkt** des Verfahrens. Bekommt eine Drittperson Kenntnis von dem gemeinsamen Schlüssel, so ist die Vertraulichkeit der Kommunikation nicht länger gewährleistet.

Bei der asymmetrischen Verschlüsselung erfolgt die Entschlüsselung der Daten mit Hilfe des **Private-Keys.** Dieser Teil des Schlüsselpaares ist **ausschließlich dem Empfänger** bekannt **und wird nicht übertragen.** Der Public Key hingegen, der zur Verschlüsselung verwendet wird, kann übertragen und durchaus öffentlich bekannt gemacht werden. Eine Drittperson kann damit zwar Daten ver- aber eben nicht entschlüsseln. Da es somit **keinen gemeinsamen Schlüssel** gibt, fällt der genannte Schwachpunkt der symmetrischen Verschlüsselung weg.

d) **Digitale Signatur** (4 P.)

Die digitale Signatur dient dazu, die Echtheit von verschlüsselten Daten zu verifizieren. Hierzu wird aus dem zu signierenden Text und dem Private Key des sendenden Kommunikationspartners eine Signatur ermittelt. Die Signatur wird zum Empfänger übermittelt, der diese dann prüft. Die Prüfung erfolgt anhand des Public Key des Senders und zeigt als Ergebnis, ob der Public Key mit dem benutzten Private Key zusammenpasst.

Fortsetzung des 5. Handlungsschrittes auf der nächsten Seite

5. Handlungsschritt (25 Punkte)

Fortsetzung

e) **Einsatzmöglichkeiten für VPN Verbindungen** (4 P.)

Im Wesentlichen gibt es aus Sicht eines Unternehmens drei Einsatzmöglichkeiten für VPN Verbindungen:

1. Anbindung mehrerer Standorte („site-to-site VPN")
2. Anbindung von Kunden oder sonstiger externer Unternehmen an das Firmennetz (z. B. externe IT-Dienstleistungsunternehmen)
3. Anbindung von Außendienstmitarbeitern oder „Home-Office" Usern („Client VPN")

Diese Möglichkeiten sind im Folgenden grafisch dargestellt:

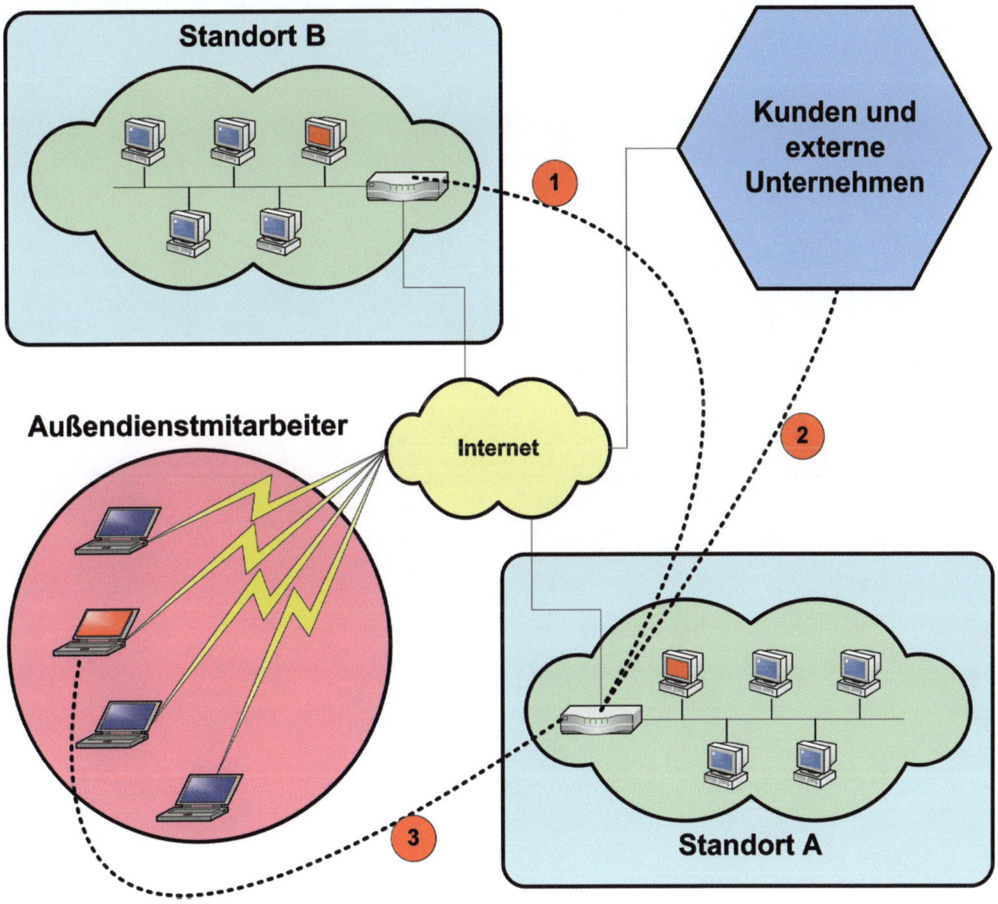

1. Handlungsschritt (25 Punkte)

a) (5 P.)

- **W**er ruft an?
- **W**as ist passiert?
- **W**o ist es passiert?
- **W**ie viele Menschen sind betroffen?
- **W**arten auf Rückfragen der Notrufzentrale!

b) (4 P.)

Feuerlöscher 	Löschschlauch 
Löschdecke, u.a. (Zeichen: Mittel und Geräte zur Brandbekämpfung) 	Sprinkleranlage 

c) (4 P.)

1. Keine offene Flamme; Feuer, offene Zündquelle und Rauchen verboten 	**3.** Rauchen verboten 
2. Warnung vor brandfördernden Stoffen 	**4.** Warnung vor feuergefährlichen Stoffen 

Fortsetzung des 1. Handlungsschrittes auf der nächsten Seite

1. Handlungsschritt (25 Punkte)

Fortsetzung

d) (7 P.)

- Notruf über die Notrufnummer 112 absetzen
- Gefährdete Personen warnen
- Hilflose mitnehmen
- Türen hinter sich schließen
- Gefährdungsbereich in ausreichender Distanz verlassen
- durchzählen, ob jemand vermisst wird
- eintreffende Feuerwehr informieren / einweisen / lotsen

e) Der Flucht- und Rettungsplan sollte die folgenden Mindestangaben enthalten, um den Durchführungsvorschriften zu genügen: (5 P.)

- Ersichtlichkeit des Fluchtweges vom Arbeitsplatz
- Ersichtlichkeit des Fluchtweges vom Standort
- Kennzeichnung von Erste-Hilfe-Standorten
- Kennzeichnung von Brandschutzeinrichtungen
- Kennzeichnung von Sammelstellen
- Kennzeichnung des Betrachterstandortes
- zusätzliche Darstellung des Gesamtkomplexes bei vergrößerten Darstellungen eines Teilkomplexes

2. Handlungsschritt (25 Punkte)

a) **Problematiken beim Datenaustausch verschiedener Systeme** (3 P.)

- **Verschiedene Felder und Strukturen der Datenbanktabellen** (z. B. System A benutzt eine dritte Adresszeile für Kundenadressen, während System B mit nur zwei Adresszeilen arbeitet)
- **Verschiedene Zeichensätze** der Systeme
- **Verschiedene Feldlängen** können problematisch sein (z. B. System A speichert den Kundennamen als Textfeld mit einer Länge von 30 Zeichen, während System B nur 25 Zeichen vorsieht)
- **Verschiedene Datenformate** der Felder können auftreten (insbesondere bei Datums- und Zeitangaben)
- **Kein gemeinsam unterstütztes Austauschformat** beider Systeme (in diesem Falle ist die exakte Definition und Systemänderung zur Implementierung derselben z. T. sehr aufwendig)

b) **Change Management**

ba) **Gründe für eine Teststrategie** (5 P.)

Bei Warenwirtschaftssystemen handelt es sich in der Regel um **hochintegrierte, modulare Systeme.** Dies bedeutet, dass **Änderungen in einem Modul** durchaus massive **Auswirkungen auf andere Module und Funktionalitäten** haben können. Da üblicherweise die **Geschäftskontinuität** maßgeblich vom Warenwirtschaftssystem abhängt, sind **Änderungen** generell **sehr sensibel** zu handhaben. Aus diesem Grund wird in vielen großen Unternehmen ein zweistufiger Testprozess durchlaufen, bevor derartige Änderungen in Produktion gehen, um das **Risiko von unvorhergesehenem Fehlverhalten im Produktivsystem** zu **minimieren.**

bb) **Wer soll Testen?** (4 P.)

Es wäre sinnvoll, eine Gruppe von **erfahrenen und qualifizierten Benutzern des Warenwirtschaftssystems aus verschiedenen Bereichen** zusammenzustellen, um die Tests in der Testumgebung durchzuführen. Das Durchführen der Tests durch das Entwicklerteam wäre weit weniger sinnvoll, da zum einen die Entwickler zwar oft technisch sehr versiert sind, aber das operative Tagesgeschäft nicht hinreichend kennen. Zum Zweiten, weil oft eine gewisse Subjektivität auftritt, was die Auswahl der Testszenarien anbelangt. Eine Gruppe von erfahrenen Systembenutzern kann in der Regel sehr viel besser **tägliche Arbeiten in der Testumgebung simulieren** und **Abweichungen aufspüren.** Auch kann durch Einbindung von regulären Benutzern in die Testphase die **Akzeptanz** des veränderten Systems erhöht werden. Die ausgewählten Benutzer könnten u. U. aufgrund der gesammelten Erfahrungen während der Testphase auch als **Trainer für potentiell notwenige Schulungen** der gesamten Nutzerschaft des Systems fungieren.

bc) **Vorgehensweise beim Testen** (3 P.)

Es sollten eindeutige **Mindest-Testszenarien und deren erwartete Soll-Ergebnisse** festgelegt und mit den **Ist-Ergebnissen** verglichen werden. Allerdings sollten die Tester auch **explizit „frei" testen** können.

Fortsetzung des 2. Handlungsschrittes auf der nächsten Seite

2. Handlungsschritt (25 Punkte)

Fortsetzung

c) **Serverumgebung für „Sagroplan"**

ca) **Load Balancer** (2 P.)

Ein „Load Balance"-Mechanismus leitet Anfragen eines Clients automatisch an einen der Server weiter, in Abhängigkeit bestimmter, konfigurierbarer Kriterien. So kann die Anfrage beispielsweise an den Server mit der geringsten CPU- oder Netzwerkauslastung weitergeleitet werden. Da der Client alle Anfragen lediglich zu einer Zieladresse sendet, ist der dahinterliegende Prozess für ihn völlig transparent.

cb) **Trennung von Applikations- und Datenbankserver** (6 P.)

- **Logische Trennung** der Funktionalität (Datenbank- und Anwendungsschicht; z. T. gibt es als dritte Schicht noch GUI-Server, welche dann die Funktionalität der Präsentationsschicht übernehmen).
- **Hohe Skalierbarkeit;** durch einfaches Hinzufügen weiterer Applikationsserver kann die Struktur fast beliebig erweitert werden.
- **Hohe Verfügbarkeit;** bei Ausfall eines Applikationsservers übernehmen die anderen sofort alle Funktionen, somit hat ein solcher Ausfall keine offensichtlich erkennbaren Auswirkungen auf die Clients (außer möglicher Performance-Einbußen).
- Da alle Anwendungsserver auf denselben Datenbestand zugreifen, ist die **Wahrscheinlichkeit von Dateninkonsistenzen gering.** Würden sich die Datenbanken auf denselben Servern wie die Anwendungen befinden, müssten umfangreiche Synchronisationsmechanismen implementiert werden, um die redundanten Datenbanken in Echtzeit synchron zu halten.

cc) **Vorteile** (2 P.)

- **Keine lokale Installation** wird benötigt und somit für jeden neuen Client direkt verfügbar (vorausgesetzt ein Internetbrowser steht lokal zur Verfügung)
- **Softwareänderungen und -updates** müssen nicht lokal auf den Clients durchgeführt werden, sondern **werden zentralisiert** auf dem/den Servern durchgeführt.
- Generelle **Verringerung des Wartungsaufwandes** in Bezug auf Anwendungen am Client
- Ggf. **geringere Hardwareanforderungen** an die Client-Rechner

3. Handlungsschritt (25 Punkte)

a) (5 P.)

Folgende Ursachen wären möglich:

- Ausfall/Störung des Internetzugangs des Standortes Regensburg
- Ausfall/Störung des Internetzugangs des Standortes München
- Hardwareausfall des Webservers
- Ausfall des Webserver-Dienstes
- Ausfall des Routers in München
- Problem der Namensauflösung

b) (20 P.)

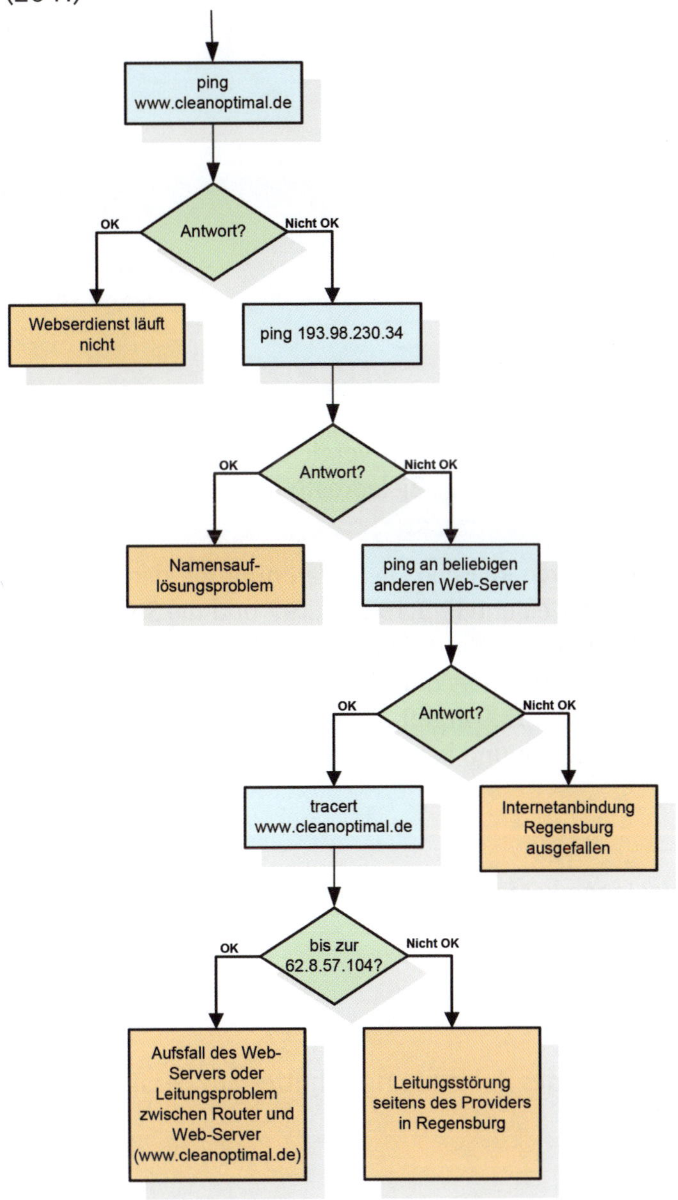

Auch alternative Lösungsansätze und Umstellungen der Reihenfolge sind entsprechend zu berücksichtigen.

4. Handlungsschritt (25 Punkte)

a) (8 P.)

Paketteil	Protokoll	OSI-Schicht
A	Ethernet-Frame	2 (data-link-layer)
B	IP	3 (network layer)
C	TCP	4 (transport layer)
D	HTTP	7 bzw. 5 (application layer); (5=application layer im vereinfachten fünf-Schichtenmodell)

b) (4 P.)

ba) Quell-/Ziel-IP-Adresse	2
bb) HTTP-Daten	4
bc) Quell-/Ziel-MAC-Adresse	1
bd) Quell-/Zielport	3

c)

ca) (4 P.)

Ob der Zielrechner im lokalen Netzwerk liegt wird durch den Vergleich der Subnetze ermittelt. Dies geschieht durch UND-Verknüpfung der Quell- bzw. Zieladresse mit der lokalen Subnetzmaske und Vergleich beider Ergebnisse.

Zunächst wird das lokale Subnetz errechnet durch logische UND-Verknüpfung der eigenen IP-Adresse und der Subnetzmaske (z. B. sei die eigene IP 3.194.67.192 und die Subnetzmaske 255.255.255.0; dann ergibt eine UND-Verknüpfung das Subnetz: 3.194.67.0). Dieselbe Berechnung wird dann mit der IP-Adresse des Zielrechners durchgeführt (z. B. sei der Zielrechner 3.94.68.1; UND-Verknüpfung mit der 255.255.255.0 ergibt 3.194.68.0). Sind beide Ergebnisse gleich, so liegt der Zielrechner im selben Netzwerk und kann folglich direkt zugestellt werden. Andernfalls wird das Datenpaket...

cb) (2 P.)

...an das Standardgateway geschickt (solange keine speziellen Routing-Tabellen definiert worden sind).

Fortsetzung des 4. Handlungsschrittes auf der nächsten Seite

4. Handlungsschritt (25 Punkte)

Fortsetzung

d) **ping**

da) **ICMP** (Internet Control Message Protokoll). Im Wesentlichen dient dieses Protokoll dazu, Fehlermeldungen, z. B. „Destination unreachable", zu propagieren. (2 P.)

db) **TTL** (5 P.)

TTL ist die Abkürzung für **„Time to Live"** und ist Teil des IP-Protokolls. Dieses Feld im Protokoll kann Werte von 0 bis 255 aufnehmen. Wird ein Datenpaket gesendet, beginnt es mit einem entsprechenden hohen (betriebssystemabhängigen) TTL-Wert. Jedes Mal, wenn das Paket **einen Router passiert** (einen „Hop"), **wird der Wert um mindestens 1 reduziert.** Ist der **Wert gleich Null,** wird ein **Router das Datenpaket verwerfen.** Dieser Mechanismus **verhindert,** dass ein Datenpaket bei falschen Router-Konfigurationen **endlos lange** im Internet weitergereicht wird. Daher kontrolliert der TTL-Wert die **„Lebensdauer"** eines Datenpaketes.

Ein typisches Szenario einer falschen Router-Konfiguration ist eine **Routing-Schleife:** beispielsweise leitet ein Router A ein Datenpaket weiter an einen Router B. Ist dieser Router B falsch konfiguriert, kann es sein, dass Router B seinerseits das Paket zurück an Router A schickt und sich somit eine **Endlos-Schleife** ergibt. Da der TTL-Wert bei jedem Routing-Vorgang reduziert wird, wird das Paket bei Erreichen eines TTL-Wertes von Null verworfen.

5. Handlungsschritt (25 Punkte)

a) Ziel des Bundesdatenschutzgesetzes ist es, natürliche Personen davor zu schützen, dass sie durch den Umgang mit ihren personenbezogenen Daten unter Einsatz von Datenverarbeitungsanlagen in ihren Persönlichkeitsrechten verletzt werden.

Personenbezogene Daten in Unternehmen sind beispielhaft in den Bereichen Personal, Interessenten, Kunden oder Lieferanten zu finden. Diese wiederum enthalten ggf. Namen, Vornamen, Anschriften, Geburtsdaten, Bankverbindungen, Kontaktdaten, wie Telefonnummer oder Email-Adresse etc. (5 P.)

b) Der Datenschutz und Arbeitnehmerrechte bedingen Einflussnahmen durch die Betroffenen und durch Arbeitnehmervertreter. Folgende Personen oder Institutionen sind vor Abwicklung des Projektes durch die in der Tabelle näher beschriebenen Form und der dort aufgeführten Rechtsgrundlage einzubinden: (6 P.)

Person/Institution	**Form der Einbindung**	**Rechtsgrundlage**
Betriebsrat	Personalfragebögen sind durch den Betriebsrat zustimmungsbedürftig.	§ 94 Betriebsverfassungsgesetz
alle betroffenen Personen	Die Erhebung, Verarbeitung und Nutzung personenbezogener Daten sind nur zulässig, soweit eine Rechtsvorschrift dies erlaubt bzw. anordnet oder die Betroffenen selbst eingewilligt haben. Hierzu müsste jeder Mitarbeiter einzeln seine Einwilligung erteilen.	§ 4 Abs.1 Bundesdatenschutzgesetz
Betrieblicher Datenschutzbeauftragter	Datenschutzbeauftragter muss über das Vorhaben, personenbezogene Daten automatisiert zu verarbeiten, rechtzeitig unterrichtet werden.	§ 4 g Abs. 1 Nr. 1 Bundesdatenschutzgesetz

c) Wesentliche Aufgaben des betrieblichen Datenschutzbeauftragten: (6 P.)

- Er wirkt im Betrieb auf die Einhaltung der gesetzlichen und betriebsinternen Datenschutzvorschriften hin.
- Er überwacht die ordnungsgemäße und gesetzestreue Anwendung der Datenverarbeitungsprogramme.
- Er macht die Mitarbeiter, die im Betrieb mit personenbezogenen Daten arbeiten, mit den Vorschriften des Datenschutzes vertraut.
- Er ist Anlaufstelle und Ansprechpartner für Mitarbeiter, deren Rechte im Unternehmen durch den Missbrauch von persönlichen Daten verletzt wurden.

Fortsetzung des 5. Handlungsschrittes auf der nächsten Seite

5. Handlungsschritt (25 Punkte)

Fortsetzung

d) Das Bundesamt für Sicherheit in der Informationstechnik (BSI) befasst sich mit allen Aspekten der IT-Sicherheit, die sich zu Lasten der Bundesrepublik Deutschland, seinen Bürgern, den privatwirtschaftlichen Unternehmen oder öffentlichen Verwaltungen auswirken können. Durch die stetige Fortentwicklung der Informationstechnologie entstehen immer neue Risikopotenziale und Sicherheitslücken. Das Bundesamt nimmt dabei die folgenden Kernaufgaben wahr:

- **Erforschung** von informationstechnischen Sicherheitsrisiken und Entwicklung geeigneter Gegenmaßnahmen
- **Informieren und Aufklären** der Öffentlichkeit und staatlicher Stellen über wesentliche Aspekte der IT-Sicherheit
- Beratung von Herstellern und Anwendern informationstechnischer Produkte sowie **Beratung und Unterstützung** der Bundesregierung und anderer staatlichen Stellen zu Aspekten der IT-Sicherheit
- **Entwickeln und Bereitstellen** von Anwendungen und Systemen zur IT-Sicherheit

(4 P.)

Details siehe unter: www.bsi.de

e) (4 P.)

Volkswirtschaftlicher Aspekt:

Der Markt für Betriebssysteme wird von den drei Marktführern Microsoft, Google und Apple bestimmt. Durch besonders hohe Marktanteile in bestimmten Marktsegmenten entstehen **marktbeherrschende Anbieter**, was den Wettbewerb erschwert und gefährdet. Zudem **geraten** die Verbraucher, Unternehmen und Behörden zunehmend **in ein Abhängigkeitsverhältnis** zu den Anbietern. Eine stärkere Verbreitung zusätzlicher Betriebssysteme schafft eine wettbewerbsträchtigere Balance und **beseitigt die Abhängigkeiten**.

Sicherheitstechnischer Aspekt:

Die meisten Computer-Schädlinge werden für Betriebssysteme mit einem hohen Verbreitungsgrad entwickelt. Sie **bleiben gegen Linux oft wirkungslos**. Der Einsatz des alternativen Betriebssystems Linux kann so das **Gefahrenpotenzial eindämmen**.

Ihre Notizen

1. Handlungsschritt (25 Punkte)

a) **Subnetz-Planung** (16 P)

(„A"-„H" je 0,5 P und „1" bis „6" je 2 Punkte wenn vollständig)

Standort	Bereich	Rechnerische Aufteilung	Netzwerk	IP der Firewall	IP des Routers	IP des Access Points	Max. Anzahl der Hosts	Kleinste IP für Hosts	Größte IP für Hosts
Bamberg	Gebäude 1	128	(1) 213.51.88.0/25	(A) 213.51.88.1	(B) 213.51.88.2		(1) 124	(1) 213.51.88.3	(1) 213.51.88.126
Bamberg	Gebäude 2	32	(2) 213.51.88.128/27		(C) 213.51.88.129		(2) 29	(2) 213.51.88.130	(2) 213.51.88.158
Bamberg	Gebäude 3	16	(3) 213.51.88.160/28		(D) 213.51.88.161		(3) 13	(3) 213.51.88.162	(3) 213.51.88.174
Bamberg	Gebäude 4	16	(4) 213.51.88.176/28		(E) 213.51.88.177		(4) 13	(4) 213.51.88.178	(4) 213.51.88.190
Bamberg	Aussengelände	32	(5) 213.51.88.192/27		(F) 213.51.88.193	(G) 213.51.88.194	(5) 28	(5) 213.51.88.195	(5) 213.51.88.222
Bamberg	DMZ	8	(6) 213.51.88.224/29	(H) 213.51.88.225			(6) 5	(6) 213.51.88.226	(6) 213.51.88.230
Wuppertal	Nur ein Gebäude	64	181.17.69.64/26	181.17.69.65	-	-	61	181.17.69.66	181.17.69.126

Fortsetzung des 1. Handlungsschrittes auf der nächsten Seite

1. Handlungsschritt (25 Punkte)

Fortsetzung

a) Somit ergibt sich insgesamt folgendes Netzwerkdiagramm:

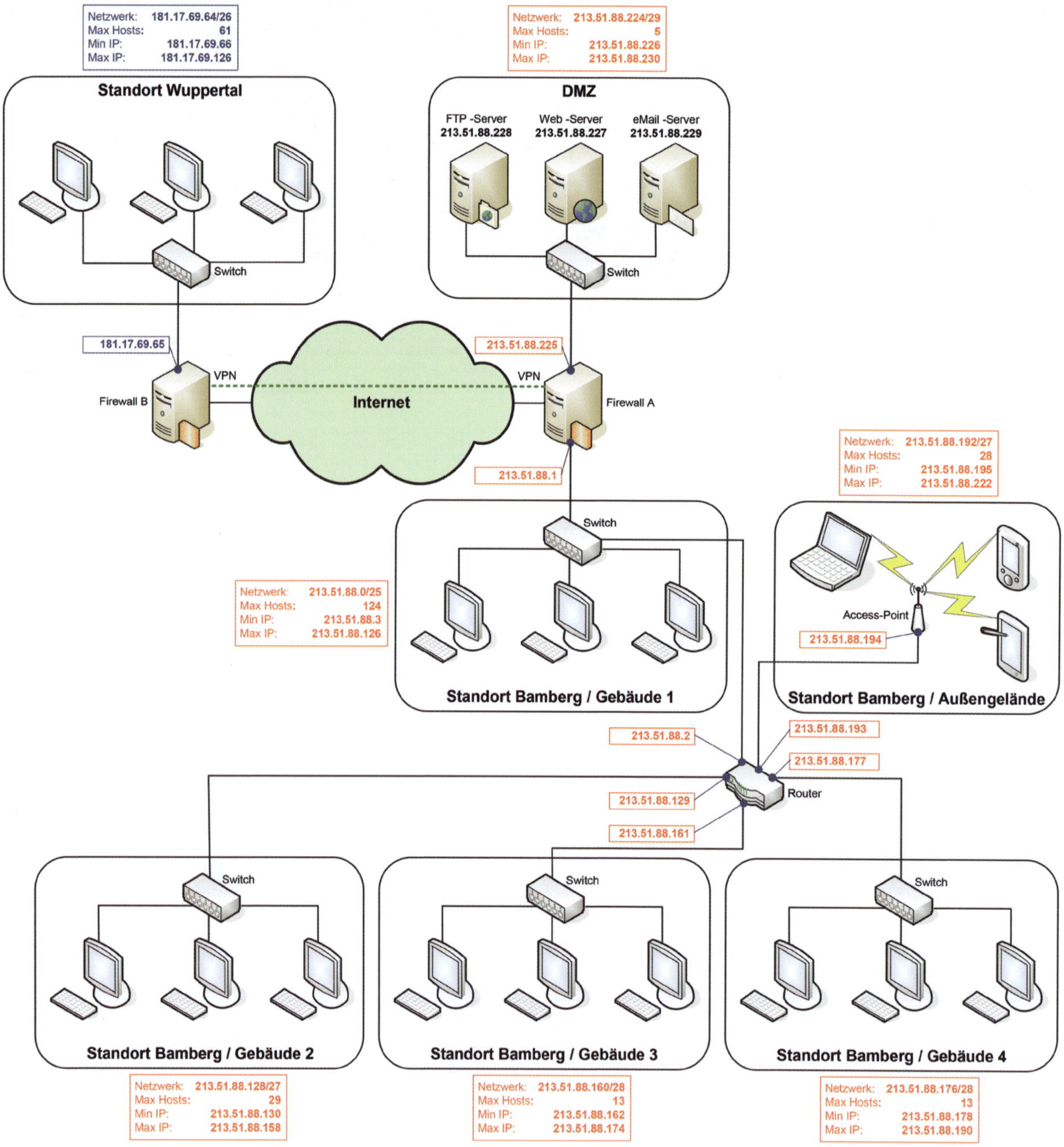

Fortsetzung des 1. Handlungsschrittes auf der nächsten Seite

1. Handlungsschritt (25 Punkte)

Fortsetzung

b) **Restbereich** (4 P.)

- **213.51.88.232/29**
  (umfasst rechnerisch die IPs von 213.51.88.232 bis 213.51.88.239)
- **213.51.88.240/28**
  (umfasst rechnerisch die IPs von 213.51.88.241 bis 213.51.88.255)

c) **Spezielle IP-Adressen** (4 P.)

Die rechnerisch erste IP-Adresse eines Subnetzes ist die **Bezeichnung des Netzwerkes** selbst und kann keinem Host zugewiesen werden. Für den Standort B handelt es sich hier um die IP-Adresse **181.17.69.64.**

Die letzte IP-Adresse eines Subnetzbereiches ist als **Broadcast-Adresse** für Nachrichten an das gesamte Subnetz reserviert. Im Falle von Standort B handelt es sich um **181.17.69.127.**

d) **Subnetzmaske** (1 P.)

Die Subnetzmaske für das Netzwerk 181.17.69.64/26 am Standort B hat somit die ersten 26 Bits auf „Eins“ gesetzt. Binär geschrieben entspricht dies:

`11111111.11111111.11111111.11000000`

In dezimaler Schreibweise entspricht das der Adresse: **255.255.255.192**

2. Handlungsschritt (25 Punkte)

a) (4 x 3 = 12 P.)

- **Bildschirmergonomie**
  - flimmerfrei
  - strahlungsarm
  - ausreichende Größe der Bildschirmdarstellung
  - zur Sitzposition dreh- und neigbare Oberfläche
- **Druckerergonomie**
  - geräuscharm
  - keine Aussonderung von Ozon
  - staubarm
- **Stuhlergonomie**
  - Sitzhöhe verstellbar
  - Rückenlehne verstellbar
  - ergonomische Anpassung der Rückenlehne an den Körper
- **Tischergonomie**
  - ausreichende Beinfreiheit
  - reflexionsarme Tischoberfläche
  - ausreichend große Arbeitsfläche

b) (3 P.) Die Bildschirmarbeitsplatzverordnung beschäftigt sich mit den Arbeitsbedingungen sowie der Arbeitsumgebung und schafft durch ihre Vorgaben den Rahmen für eine beeinträchtigungsfreie Arbeit an den Bildschirmen. Selbst unter Einhaltung der Verordnung und dem Einsatz der neuesten Technik unter ergonomischen Gesichtspunkten ist der Bildschirmarbeitsplatz aber auch durch **Mangel an Bewegung** und durch eine **statische Körperhaltung** des Menschen geprägt, **was auf Dauer zu Beeinträchtigungen führen wird**.

c) (4 P.) Dauerhaftes Sitzen und eine statische Körperhaltung ohne **Haltungswechsel** ist zu vermeiden. Die Bildschirmarbeit sollte deshalb durch andere Arbeitsaufgaben ergänzt werden, die alternative Körperhaltungen und **Bewegung** notwendig machen. So lässt sich beispielsweise auch im Stehen telefonieren oder der Gang zum Kopierer ermöglicht nach statischer Bildschirmarbeit wieder Entlastung für den Bewegungsapparat. Durch stetige Bewegungspausen und **Mischarbeit** kann dem Bewegungsmangel auch durch die Mitarbeiter selbst vorgebeugt werden. Der Betrieb hat gemäß § 5 der Bildschirmarbeitsplatzverordnung auch organisatorische Maßnahmen zu treffen, damit die Belastung durch **Pausen und andere Tätigkeiten** verringert wird.

d) (6 P.) Argumentationshilfen

- Weniger kostenintensive Fehlzeiten durch Arbeitsunfähigkeit aufgrund von Erkrankungen des Bewegungsapparates innerhalb der Belegschaft.
- Steigerung der Arbeitsleistung durch den Wegfall von leistungsbeeinträchtigenden Faktoren und durch Verbesserung der Arbeitsplatzfunktionalität.
- Die Einhaltung der gesetzlichen Bestimmungen bewahrt den Unternehmer vor weiterem Schaden (staatliche Sanktionen).
- Die Attraktivität des Arbeitsplatzes wird durch den Einsatz moderner und ergonomischer Arbeitsmittel erhöht (Personalmarketing).

3. Handlungsschritt (25 Punkte)

a)

aa) Folgende Institutionen überwachen u.a. das Einhalten der Unfallverhütungsvorschriften in Unternehmen: (2 P.)

- Berufsgenossenschaft
- Gewerbeaufsichtsbehörde

ab) Folgende Personen oder Institutionen beraten u.a. die Geschäftsleitung in Fragen der Unfallverhütung in Unternehmen: (2 P.)

- Betriebsrat
- Betriebsarzt

b) Die Verbotszeichen sind wie folgt benannt: (4 P.)

1. 

Berühren verboten

2. 

Eingeschaltete Mobiltelefone verboten

3. 

Mit Wasser löschen verboten

4. 

Schalten verboten

c) Die Gefahren- und Brandzeichen sind wie folgt benannt: (6 P.)

1. 

Warnung vor Gefahren durch das Aufladen von Batterien

2. 

Warnung vor magnetischem Feld

3. 

Feuerleiter

4. 

Brandmeldetelefon

5. 

Brandmelder

6. 

Warnung vor optischer Strahlung

Fortsetzung des 3. Handlungsschrittes auf der nächsten Seite

3. Handlungsschritt (25 Punkte)

Fortsetzung

d) Die Rettungszeichen sind wie folgt benannt: (5 P.)

1. 

Rettungsweg/Notausgang (links/rechts)

2. 

Arzt

3. 

Automatisierter externer Defibrillator (AED)

4. 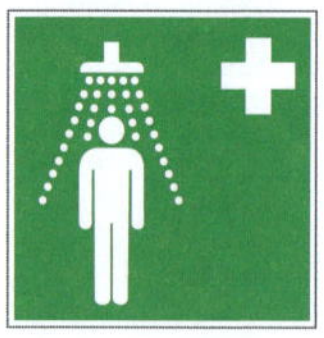

Notdusche

5. 

Sammelstelle

e)

ea) Die optimale Raumtemperatur beträgt ca. 21°C. (1 P.)

eb) Folgende Auffälligkeiten bei Mitarbeitern könnten ein Hinweis auf eine zu niedrige Luftfeuchtigkeit sein: (3 P.)

- Heiserkeit
- trockene Schleimhäute in Mund und Nase
- auffallende Häufung von Atemwegserkrankungen
- Augen sind trocken oder „brennen"

ec) Zur Vermeidung von zu niedriger Luftfeuchtigkeit sollten… (2 P.)

- … die Räume regelmäßig gelüftet werden.
- … in Büros eine regulierende Klimaanlage eingesetzt werden.
- … automatische und regulierende Luftbefeuchtungssysteme genutzt werden.
- … Pflanzen mit hohem Wasserbedarf den Raum schmücken.

4. Handlungsschritt (25 Punkte)

a) und b)

a) Gründe für ungeplanten Datenverluste (6 P.)	b) Lösungsansätze (6 P.)
Virenbefall	• Einsatz von Antiviren-Software
Defekter Datenträger	• Einsatz eines RAID-Systems • Regelmäßige Datensicherung • Regelmäßige Datenträgerüberprüfung
Benutzer hat die Daten ungewollt gelöscht	• Schulung der Benutzer • Vergabe von Zugriffsberechtigungen
Benutzer hat die Daten vorsätzlich gelöscht	• Vergabe von Zugriffsberechtigungen • Überwachung der Datenzugriffe (im rechtlichen Rahmen)

c) (4 P.)

- Der handelsrechtlichen Vorlage- und Aufbewahrungspflicht von Daten und Datenträgern (z. B. gem. § 257 HGB) kann nicht mehr nachgekommen werden.
- Steuerrechtliche Nachweise sind möglicherweise nicht mehr zu erbringen.
- Abgespeicherte Ausarbeitungen und Arbeitsergebnisse müssen neu erstellt werden, was Zeitaufwand und erneute Kosten verursacht.
- Innerbetriebliche Terminzusagen oder Kundenzusagen können möglicherweise nicht eingehalten werden / Arbeiten verzögern und Termine verschieben sich.
- Wenn unklar ist, was genau verloren wurde und sich die Daten nicht mehr reproduzieren lassen, kann der Datenverlust und seine Wertigkeit nicht immer exakt abgeschätzt werden.
- Abgespeicherte Nachweise können bei rechtlichen Streitigkeiten nicht mehr erbracht werden.

d) Folgende Handlungen wären denkbar: (4 P.)

1. Geschäftsführer: Erteilung von für alle bindenden Verhaltensanweisungen im Umgang mit Daten und Netzwerksystemen.
2. Abteilungsleiter: Regelmäßige Sensibilisierung seiner unterstellten Mitarbeiter in Fragen des Umgangs mit Daten.
3. Netzwerkadministratoren: Durchführung regelmäßiger Datensicherungen sowie Schulung der Mitarbeiter im sicheren Umgang mit Daten.
4. alle Mitarbeiter: Sorgsamer Umgang mit der Speicherung, Überschreibung und Löschung von Daten, Selbst- und Plausibilitätskontrollen

e) Gründe für eine betrieblich geplante Löschung von Daten können sein: (5 P.)

- mehrfaches Vorhandensein von Daten (Redundanz)
- Vernichtung von Daten aufgrund gesetzlicher Regelungen (Datenschutzgesetze)
- die Daten sind veraltet oder unrichtig
- Verlagerung von Daten, damit einhergehend die spätere Löschung der Ursprungsdaten (z.B. Datenträgeraustausch)
- gerichtliche Entscheidung zur Vernichtung von Daten
- Verkleinerung des Datenbestands aus Kapazitätsgründen auf das Notwendigste

5. Handlungsschritt (25 Punkte)

a) **Macros** (4 P.)

Standardprogramme verfügen meist über eine Skript- oder Makrosprache, mit der sich typische Befehlsfolgen und Arbeitsschritte automatisieren lassen („Makros"). Manche Programme erlauben gar das **Aufzeichnen von bestimmten Handlungsabläufen** mittels eines „Makro-Rekorders", die dann jederzeit wieder abgespielt und damit erneut ausgeführt werden können. Je nach Flexibilität dieser Makrosprachen lassen sich, ähnlich einer „echten" Programmiersprache, durchaus **komplexe Automatisierungslösungen,** teilweise mit Benutzerinteraktion, **programmieren.** Ein Beispiel ist das automatische Erstellen von Auswertungen einer Tabelle mit anschließender Erstellung und Formatierung von Diagrammen.

b) **Umstieg auf eine andere Bürosoftware** (6 P.)

- **Anschaffungskosten/Lizenzgebühren**
  Die Kosten im Zusammenhang mit der Anschaffung und dem Betrieb der Software bilden grundsätzlich ein wichtiges Kriterium.
- **Systemanforderungen**
  Es sollte erwogen werden, ob vorhandene Hardware weiterhin für die neue Softwarelösung genutzt werden kann, da ansonsten Kosten für die Anschaffung neuer Hardware anfallen könnten.
- **Kompatibilität**
  Die neue Software sollte mit der alten kompatibel sein und nicht nur die Dateien der alten Software lesen können, sondern auch möglichst problemlos mit Anpassungen (z. B. Makros) der vorherigen Software umgehen können. Ansonsten besteht die Gefahr den Betriebsablauf empfindlich zu stören. Bei Inkompatibilitäten bei Makros müssen möglicherweise Folgekosten in Kauf genommen werden, um die Automatisierungen auf die neue Plattform portieren zu lassen.
- **Support**
  Die Verfügbarkeit und die Kosten der technischen Unterstützung seitens des Herstellers sollte berücksichtigt werden.
- **Schulung der Mitarbeiter**
  Gegebenenfalls sind umfangreiche Schulungsmaßnamen zu koordinieren und zu finanzieren, nicht nur um die Akzeptanz, sondern auch die Effizienz des Einsatzes der neuen Software sicherzustellen.
- **Updates**
  Die langfristige Verfügbarkeit von Updates/Aktualisierungen des Softwarepaketes sollte sichergestellt werden.
- **Sicherheitsaspekte**
  Nicht nur die Anzahl und die Risken der möglichen Sicherheitslücken, sondern auch das Bemühen des Herstellers diese zeitnah zu beseitigen, können ein wichtiges Kriterium zur Entscheidungsfindung sein.

Fortsetzung des 5. Handlungsschrittes auf der nächsten Seite

5. Handlungsschritt (25 Punkte)

Fortsetzung

c) **Datenkompression**

ca) **Verlustfreie-/Verlustbehaftete Datenkompression** (4 P.)

- Während des Vorgangs der **verlustfreien** Datenkomprimierung werden die Daten codiert, sodass sie einen geringeren Speicherplatzbedarf haben. Dieser Vorgang ist 100%ig umkehrbar, d. h. das „Dekomprimieren" oder „Extrahieren" führt wieder zu den ursprünglichen Originaldaten.
- Bei der **nicht-verlustfreien** Komprimierung werden u. a. unnötige Daten weggelassen. Somit ist der Vorgang nicht umkehrbar, die Originaldaten sind aus der komprimierten Datei nicht wiederherstellbar. Beispielsweise werden bei der Konvertierung von Daten in das mp3-Format bestimmte, für das menschliche Ohr kaum wahrnehmbare Frequenzbereiche einfach weggelassen.

cb) **Einsatz der Datenkompression** (3 P.)

- Videofilme – **verlustbehaftete** Datenkompression
- Grafiken/Bilder/Fotos im Internet im jpeg-Format – **verlustbehaftete** Datenkompression
- Auslieferung/Verbreitung von Software – **verlustfreie** Datenkompression
- Datenaustausch über das Internet – **verlustfreie** Datenkompression
- Audio-/Musikdaten (z. B. MP3) – **verlustbehaftete** Datenkompression
- .zip-Dateien – **verlustfreie** Datenkompression

cc) **Datenmerkmale für die Datenkompression** (6 P.)

- Sich **wiederholende Bytes bzw. Bytefolgen** werden vom Komprimierungsprogramm ausgenutzt. Statt beispielsweise in einer Datei hundertmal hintereinander den Wert „0" physikalisch zu speichern (entspricht 100 Bytes), wird diese Folge durch eine entsprechende Codierung für „100 mal 0" abgekürzt, was erheblich weniger Speicherplatz benötigt: Dieses „RLE" genannte Verfahren (run-time-length encoding) eignet sich z. B. besonders gut bei Grafiken mit großen, gefüllten Flächen gleicher Farbe.
- **Häufigkeitsunterschiede** werden zur Komprimierung ausgenutzt. Als Erstes wird hierzu die Häufigkeitsverteilung der zu komprimierenden Daten analysiert. Dann werden häufig auftretende Werte oder Wertekombinationen durch kurze Bit-Folgen codiert. Ein klassisches Verfahren ist die sog. Huffman-Codierung.

cd) **Komprimierung von Textdateien** (2 P.)

Die Kompressionsrate für Textdateien ist in aller Regel besonders hoch. Dies liegt zum einen daran, dass in Textdateien nur **begrenzte Zeichen verwendet** werden (etwa 80 der 256 möglichen Werte: Groß-/Kleinbuchstaben, Ziffern und diverse Sonderzeichen). Zum anderen finden sich **große Häufigkeitsunterschiede** zwischen den verwendeten Zeichen. Beispielsweise treten in deutschen Textdaten die Zeichen „e", „r", „n", „s", „t" und „l" überdurchschnittlich häufig auf, während die Buchstaben „x" und „y" im Vergleich sehr selten auftauchen.

Ihre Notizen

1. Handlungsschritt (25 Punkte)

a) Bei digitalen Archivierungssystemen können u.a. die folgenden Vor- und Nachteile aufgeführt werden: (6 P.)

Vorteile

- Dokumente können im Warenwirtschaftssystem konkreten Vorgängen zugeordnet und angeheftet werden
- die Dokumente sind jederzeit und überall digital verfügbar
- eine digitale Archivierung ist räumlich platzsparender als eine Dokumentenablage in Papierform
- mehrere Mitarbeiter können gleichzeitig an und mit den abgelegten Dokumenten arbeiten
- über Stichwortsuche lassen sich auch zweideutig zugeordnete Dokumente auffinden

Nachteile

- der tatsächliche Zugriff auf das Archiv ist immer abhängig von der Funktionalität des Informationssystems
- eine Langzeitaufbewahrung ist nicht abschließend gesichert, da es keine Datenträger gibt, bei denen eine Haltbarkeit über die gesetzlichen Aufbewahrungspflichten hinaus garantiert ist
- Techniken, Softwareeinsatz und Dateiformate obliegen bei einer Langzeitbetrachtung in ihren Standards teilweise gravierenden Änderungen
- der Speicherbedarf wird erheblich erhöht

b) Bei der digitalen Rechnungsarchivierung ist im Wesentlichen zu beachten, dass... (4 P.)

- ... die digitalen Unterlagen mit den orginalen Dokumenten „bildlich“ und „inhaltlich“ übereinstimmen. (§ 147 AO, § 257 HGB)
- ... diejenige Soft- und Hardware jederzeit bereitgehalten wird, die notwendig ist, um die digitalen Dokumente wieder „lesbar“ zu machen. (§ 147 AO, § 239, 257 HGB)
- ... die Lesbarmachung „innerhalb angemessener Frist“ erfolgen kann. (§ 147 AO, § 239, 257 HGB)
- ... die digitale Archivierung mindestens für den Zeitraum der gesetzlichen Aufbewahrungspflichten sichergestellt ist.(§ 147 AO, § 257 HGB)

Fortsetzung des 1. Handlungsschrittes auf der nächsten Seite

1. Handlungsschritt (25 Punkte)

Fortsetzung

c) Diagramm zum Prozess Rechnungseingang, Rechnungsprüfung und Rechnungsarchivierung: (6 P.)

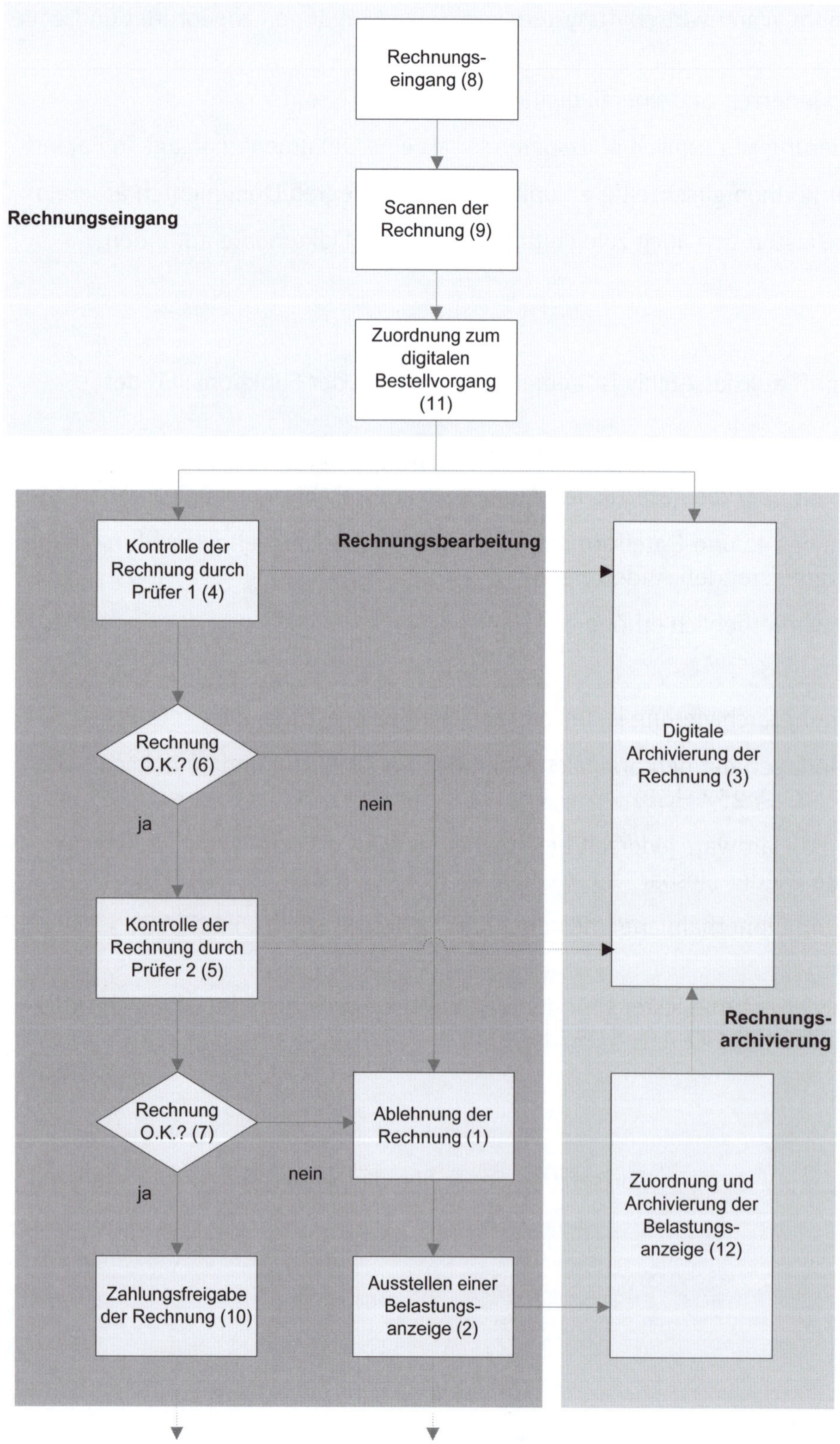

Fortsetzung des 1. Handlungsschrittes auf der nächsten Seite

1. Handlungsschritt (25 Punkte)

Fortsetzung

d) Das Bildformat „tiff" führt strukturbedingt zu sehr großen Datenmengen. Das lässt sich zwar bei dem Bildformat „jpg" deutlich minimieren, allerdings spricht dennoch vieles für das pdf-Format als Achivierungsformat für Dokumente:

- das Format wurde speziell für Dokumente entwickelt
- hoher Verbreitungsgrad
- Möglichkeit zur digitalen Signatur
- Textsuche und Volltextrecherche sind aufbaubedingt möglich
- Zusatzinformationen lassen sich integrieren
- Text-, Grafik- und Bildelemente lassen sich getreu abbilden
- reduzierte Datenmenge durch geschickte Komprimierungsverfahren (3 P.)

e) Berechnung des Speicherbedarfs: (6 P.)

Grunddaten
- DIN A4 = 21 cm x 29,7 cm
- dpi = dots per inch = Punkte pro Zoll
- 1 inch = 2,54 cm
- Farbtiefe = 24 bit
- Von 1.500 Rechnungen sind ein Drittel (also 500) zweiseitig. Damit ist total von 2.000 Rechnungsseiten auszugehen.

Berechnung
2.000 · (300 dpi · 21 cm · 1 inch / 2,54 cm) · (300 dpi · 29,7 cm · 1 inch / 2,54 cm) · 24 bit = 417.630.355.260,71 bits

Umrechung in Byte
417.630.355.260,71 bits / 8 = 52.203.794.408 Byte ≈ **52 GB**

2. Handlungsschritt (25 Punkte)

a) **RAID 5 Kapazität** (6 P.)

Die Gesamtkapazität eines RAID 5 Systems berechnet sich gemäß:

K = S · (N – 1)
K: Gesamtkapazität des RAID Systems
S: Kapazität der kleinsten Festplatte
N: Anzahl der Festplatten

Somit ergibt sich:

Szenario A: K = 500 GB · 4 = **2 TB**
Szenario B: K = 400 GB · 4 = **1,6 TB**

Da die Verrückt & Kreativ GbR somit bei der RAID 5 eine Gesamtkapazität von 400 GB einbüßen würde, ist der Einsatz von 400 GB als fünfte Platte nicht ratsam, insbesondere im Hinblick auf die Anschaffungskosten.

b) **RAID 10** (4 P.)

RAID 10 ist eine Kombination aus RAID 0 und RAID 1:

Das RAID 1 entspricht einer Festplattenspiegelung und benötigt genau zwei Festplatten. Aus Sicht des Anwenders scheint nur eine einzige Festplatte vorhanden zu sein. Daten, die auf dieser Platte gespeichert werden, werden automatisch auf die zweite Festplatte übertragen, sodass sämtliche Daten redundant gehalten werden. Fällt eine der beiden Platten aus, so tritt automatisch die andere in Aktion und der Anwender kann weiterarbeiten. Wird dann die defekte Festplatte durch eine neue ersetzt, so werden automatisch die Daten des verbliebenen Datenträgers auf den neuen kopiert.

Das RAID 0 setzt ebenfalls die Existenz genau zweier Festplatten voraus. Für den Anwender ist allerdings nur ein virtueller Datenträger zu sehen. Werden nun Daten darauf gespeichert, so werden diese Daten auf beide Festplatten verteilt geschrieben. Der einzige Vorteil, der sich daraus ergibt, ist eine Geschwindigkeitssteigerung bei Lese- und Schreibzugriffen, da die Lese-/Schreibköpfe beider Laufwerke parallel arbeiten können. Die Verfügbarkeit wird hierbei nicht erhöht.

Im **RAID 10** werden die Vorteile beider Verfahren kombiniert. Beim Speichern von Daten, werden diese auf beide Platten **verteilt geschrieben** und erst hinterher jeweils **auf die andere Festplatte repliziert.** Somit ergibt sich durch das verteilte Lesen und Schreiben ein Geschwindigkeitszuwachs, wobei gleichzeitig die Verfügbarkeit erhöht wird, da die Daten redundant auf beiden Festplatten vorliegen.

Fortsetzung des 2. Handlungsschrittes auf der nächsten Seite

2. Handlungsschritt (25 Punkte)

Fortsetzung

c) **Hot spare/Hot plug** (6 P.)

- **Hot spare**

  Beim RAID 5 kann eine zusätzliche Platte als „hot spare" definiert werden. Fällt eine der regulären RAID Platten aus, so übernimmt die „hot spare"-Platte automatisch die Funktion der defekten Platte und fungiert somit als Ersatzplatte im laufenden Betrieb.

- **Hot plug**

  Hot plug beschreibt die Fähigkeit eines RAID 5 Systems, Festplatten im laufenden Betrieb physisch auszutauschen. Bei herkömmlichen Systemen müsste der Rechner zunächst immer erst ausgeschaltet werden, bevor ein Festplattentausch erfolgen kann.

d) **Hardware- vs. Software-RAID** (4 P.)

Bei einem Software-RAID ist das Betriebssystem für die Verteilung der Daten auf mehrere Festplatten zuständig. Dies führt zu deutlichen Geschwindigkeitseinbußen beim Zugriff auf die Datenträger; auch wird der Prozessor unnötig belastet. Vorteilhaft hingegen ist die Tatsache, dass fast jedes moderne Betriebssystem die Möglichkeit eines Software-RAIDs integriert hat, wohingegen ein Hardware-RAID einen speziellen und oftmals recht kostenintensiven RAID-Controller voraussetzt. Allerdings ist die Zugriffsgeschwindigkeit erheblich höher.

e) **„Mirroring" und „Duplexing"** (2 P.)

Beim „Mirroring" sind beide Festplatten an einem RAID-Controller angeschlossen, der für die redundante Spiegelung der Daten sorgt. Somit sind die Daten bei Ausfall einer der Festplatten noch verfügbar. Allerdings führt ein Hardwareausfall des Controllers selbst dazu, dass auf die Daten nicht mehr zugegriffen werden kann.

Im Gegensatz dazu werden beim „Duplexing" zwei Controller eingebaut. Durch diese Hardwareredundanz ist die Verfügbarkeit der Daten, selbst im Falle eines Controllerausfalls, gewährleistet.

f) **Cache** (3 P.)

Bei dem Lese- und Schreibcache handelt es sich um einen schnellen Zwischenspeicher. Der Zugriff auf diesen Cache ist deutlich schneller als physikalische Lese- und Schreibvorgänge auf der Festplatte. Im Lesecache werden von der Festplatte zuvor angeforderte Daten zwischengespeichert, sodass im Falle eines erneuten Zugriffs auf dieselben Daten diese aus dem schnellen Cache gelesen werden können. Bei Schreibvorgängen werden die zu schreibenden Daten in den Cache geschrieben und dem Rechner die Daten als „gespeichert" signalisiert, während der eigentliche, langsame magnetische Speichervorgang automatisch im Hintergrund durchgeführt wird. Das Vorhandensein des Lese- und Schreibcaches erhöht somit die Zugriffsgeschwindigkeit signifikant.

3. Handlungsschritt (25 Punkte)

a) **Grund für IPv6** (2 P.)

Durch das permanente, globale Wachstum des Internets werden **IP-Adressen** aus dem IPv4-Pool **knapp.**

b) **Länge von IPv4- und IPv6-Adressen** (2 P.)

- IPv4: 32 Bit
- IPv6: 128 Bit

c) **Kurzformen von IPv6-Adressen** (4 P.)

Führende Nullen dürfen in der Kurzform entfallen und sich wiederholende Gruppen von aufeinanderfolgende Nullen können durch „::" symbolisiert werden. Der Eindeutigkeit halber darf diese Abkürzung allerdings nur einmal innerhalb einer Adresse verwendet werden. Die Anzahl der durch „::" abgekürzten 4-er-Blöcke aus Nullen ergibt sich dann zwangsläufig aus der Gesamtlänge einer Adresse (acht 4er-Gruppen).

Somit entspricht die Kurzform `3ffe:ffff:100:f101::9E6`

der ausführlichen Schreibweise `3ffe:ffff:0100:f101:0000:0000:0000:09E6`

d) **IPv4-kompatible IPv6-Adresse** (4 P.)

Zur Generierung einer IPv4-kompatiblen IPv6-Adresse wird die IPv4-Adresse zunächst in vier hexadezimale Zahlen umgewandelt und jeweils auf 16-Bit erweitert (somit 64-Bit). Linksbündig wird die IPv6-Adresse dann mit 64-Bit Nullwerten aufgefüllt. Somit ergibt sich:

`0000:0000:0000:0000:00C2:00AD:00E3:0005` bzw. `::C2:AD:E3:5`

e) **Adressraum** (2 P.)

- IPv4: $\mathbf{2^{32}}$ (~ 4.300.000.000)
- IPv6: $\mathbf{2^{128}}$ (~ 340.000.000.000.000.000.000.000.000.000.000.000.000)

Fortsetzung des 3. Handlungsschrittes auf der nächsten Seite

3. Handlungsschritt (25 Punkte)

Fortsetzung

f) **Unicast, Anycast und Broadcast** (3 P.)

- **Unicast**
  Beschreibt eine Kommunikation zwischen genau zwei Kommunikationspartnern („Punkt-zu-Punkt"-Verbindung). Davon ausgehend, dass jeder Netzwerkteilnehmer über eine eindeutige IP-Adresse verfügt, ist somit eine Kommunikation zu einer bestimmten Zieladresse ein Unicast, da nur an diesen einen Zielrechner Datenpakete gesendet werden.
- **Broadcast**
  Im Gegensatz zum Unicast werden durch einen Broadcast Nachrichten an sämtliche Netzwerkteilnehmer gesendet. Die Broadcast-IP-Adresse ist 255.255.255.255.
  Allerdings leiten Router Broadcasts normalerweise nicht in andere Netze weiter.
- **Anycast**
  Bei Anycast handelt es sich um eine Methode, einen Rechner aus einer Gruppe von Rechnern anzusprechen, wobei der Rechner mit der kürzesten Route antwortet.

  Realisiert wird Anycast durch Vergabe identischer IP-Adressen an mehrere Rechner, wobei das regionale Routing über ein Routingprotokoll geregelt wird. Anycast wird beispielsweise von einigen Haupt-Namensservern („Root-DNS-Server") eingesetzt und die DNS-Server global verteilt. Obwohl Anycast im globalen Kontext eine gute Lastverteilung und Skalierbarkeit bietet, kann allerdings die interne Synchronisation der einzelnen Rechner recht aufwendig sein.

g) **NAT**

ga) **Was ist „NAT"?** (2 P.)

NAT (=„Network Address Translation") beschreibt ein **automatisiertes Verfahren, um die Quell- und/oder Ziel-IP-Adresse** eines Datenpaketes **zu verändern.** Dieses Verfahren bietet die Möglichkeit die **weltweite Knappheit von öffentlichen IP-Adressen** insofern **zu umgehen,** dass viele Rechner die öffentliche Internet-Kommunikation über lediglich eine einzige IP-Adresse abwickeln können.

Fortsetzung des 3. Handlungsschrittes auf der nächsten Seite

3. Handlungsschritt (25 Punkte)

Fortsetzung

gb) **Datenfluss mit NAT** (4 P.)

Da in dem angegebenen Netzwerk lediglich eine „offizielle" IP-Adresse vom Provider an den Router vergeben wurde, ist nach außen hin auch nur die IP-Adresse in den Datenpaketen sichtbar. NAT sorgt für die Änderung der Absender-IP beim Senden des Paketes und für die korrekte interne Weiterleitung des Antwort-Paketes. Anhand des Ports im Antwort-Datenpaket kann der interne Client ermittelt und das Paket entsprechend weitergeleitet werden. Für den Prozess ist allerdings auch eine Änderung des Ports im Datenpaket notwendig. Dies wird als „PAT" (= „Port Address Translation") bezeichnet:

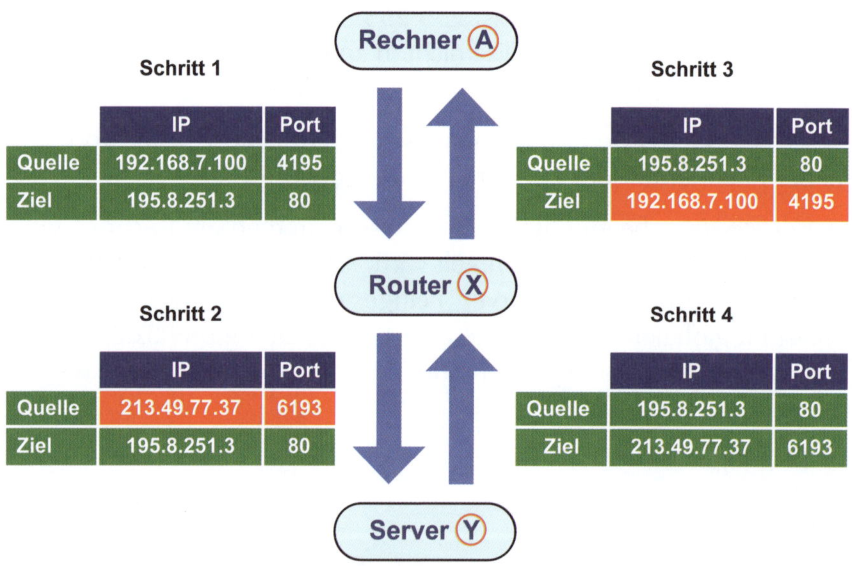

gc) **Vorteile bei der Sicherheit** (2 P.)

Da das interne Netzwerk sich im Internet hinter nur unter einer einzigen IP-Adresse verbirgt, **bleibt** somit auch **die interne Struktur des Netzwerkes verborgen. Angriffe** auf interne Hosts **werden erschwert** und eine **Identifizierung** des ursprünglich **sendenden Rechners ist kaum möglich.**

4. Handlungsschritt (25 Punkte)

a)

aa) ➞ Niederspannung: 0 bis 1 000 Volt
➞ Hochspannung: über 1 000 Volt (4 P.)

ab) Arbeiten im Inneren von Hardwaregeräten müssen grundsätzlich unter Trennung vom Stromnetz erfolgen.

Bei einem Unfall mit elektrischem Strom bei Niederspannungen haben die Retter drei Möglichkeiten zur Unterbrechung des Stromflusses zu prüfen: (3 P.)

- Gerät ausschalten
- Stecker ziehen
- Sicherung herausnehmen

ac) Können Sie nicht einschätzen, ob sich der Verletzte im Bereich der Nieder- oder der Hochspannung befindet, müssen Sie mit der **Vorsicht wie bei einem Hochspannungsunfall** vorgehen. Der **Selbstschutz** ist hierbei höchstes Gebot, sodass ein **Sicherheitsabstand von fünf Metern** eingehalten werden sollte. Zur Rettung sollte umgehend Fachpersonal angefordert und ein Notruf abgesetzt werden. (4 P.)

ad) Folgende beispielhafte Aspekte können Einfluss auf den Grad der Gefährdung nehmen, wenn Strom auf den menschlichen Körper einwirkt: (5 P.)

- Stromstärke
- Stromart (Gleichstrom/ Wechselstrom)
- Art und Material der Kleidung
- Benetzung der Hautoberfläche oder Kleidung mit Wasser (trocken/ feucht/ nass)
- metallische Übergänge an der Körperoberfläche (Schmuck, Armbänder etc.)
- Art und Umfang der Berührungsfläche

Fortsetzung des 4. Handlungsschrittes auf der nächsten Seite

4. Handlungsschritt (25 Punkte)

Fortsetzung

b) Die Rettungs-, Gefahren- und Warnzeichen sind wie folgt benannt: (9 P.)

1.

Warnung vor elektrischer Spannung

2.

Erste Hilfe

3.

Augenschutz benutzen

4.

Warnung vor Laserstrahl

5.

Krankentrage

6.

Warnung vor nicht ionisierender Strahlung

7.

Nottelefon

8.

Gesichtsschutz benutzen

9.

vor Wartung oder Reparatur freischalten

5. Handlungsschritt (25 Punkte)

a) Die Arbeitsplatzergonomie erforscht die Eigenarten und Fähigkeiten des menschlichen Organismus und versucht die Arbeitsmittel und Arbeitsplätze an die anatomischen und psychologischen Bedingungen des Menschen anzupassen. Dies geschieht zur Steigerung der Arbeitsleistung und der Arbeitsqualität, aber auch zum Schutz der Gesundheit und zur Arbeitssicherheit. (2 P.)

b)

ba) **Raumklima** (6 P.)
optimale Raumtemperatur, optimale Luftfeuchtigkeit, evtl. Klimaanlage, keine peripherienahen Geräte mit Lüftern oder Ozonausstoß, gute Lüftungsmöglichkeiten

bb) **Lichtverhältnisse** (6 P.)
reflexionsarme Tisch- und Schrankoberfächen, keine Lichtquellen im Rücken, gestreutes Deckenlicht, Bildschirme nicht vor Lichtquellen oder Fenstern positionieren, an den Fenstern Abblendungen vor Sonnenlicht schaffen

bc) **Lärmbelastung** (6 P.)
Rechner mit besonders leisen Laufwerken, Festplatten und Lüftern, gezielter Einsatz von Wasserkühlung und Kühlkörpern in Rechnern, Verwendung von Dämm-Materialien in Rechnern und Peripheriegeräten, mechanische Geräte wie Kopierer in Nebenräume auslagern

c) Um den Entwicklern eine wechselnde und anpassungsfähige Sitzhaltung am Arbeitsplatz zu ermöglichen, sollte der Schreibtischstuhl mindestens folgende Einstellmöglichkeiten bieten: (5 P.)

Verstellbarkeiten des Schreibtischstuhls

- Verstellbarkeit der Sitzhöhe zur Anpassung an die Körpergröße und die Entfernung zur Schreibtischplatte
- Verstellbarkeit der Sitztiefe durch Verlagerung der Rückenlehne nach vorne oder nach hinten
- Verstellbarkeit der Rückenlehne hinsichtlich des Neigungswinkels
- Verstellbarkeit der Armlehnen nach innen und außen sowie nach vorne und hinten

Konstruktion und Ausgestaltung des Schreibtischstuhls

- Stuhlrollen sind notwendig, um eine gewisse „Beweglichkeit" zu ermöglichen, müssen aber über einen konstruktionsbedingten leichten „Bremswiderstand" verfügen, der ein unkontrolliertes „Weggleiten" des Stuhls beim Sitzen verhindert.
- Die Rücken- und Sitzfläche sollten sich beim Sitzen den menschlichen Körperformen anpassen.
- Die Beschaffenheit der Sitzoberfläche sollte ein Verrutschen beim Sitzen verhindern.
- Die Stuhlkonstruktion sollte beim Zurücklehnen den Beckenkontakt zur Rückenlehne halten, um ein „Hohlkreuz" und damit eine Belastung der Lendenwirbel zu vermeiden.

Fortsetzung des 5. Handlungsschrittes auf der nächsten Seite

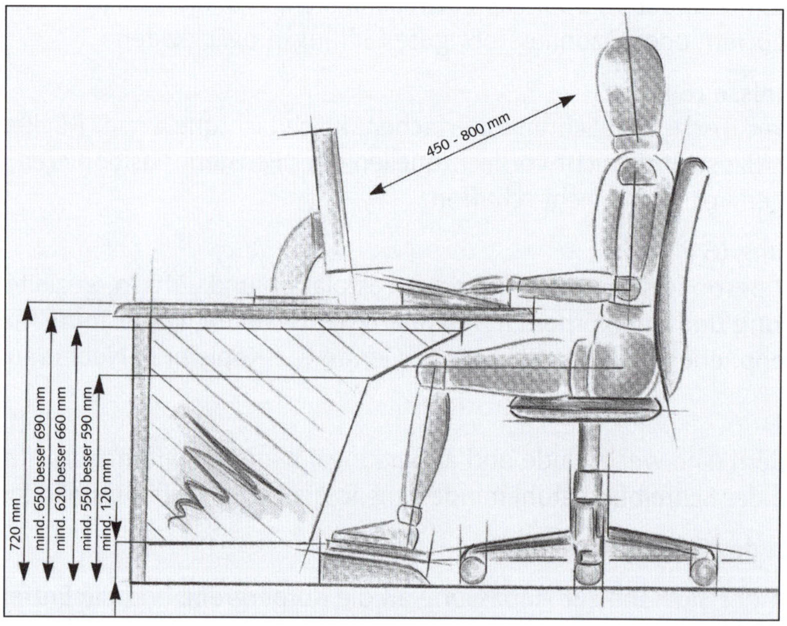

Beispiel eines ergonomisch gestalteten Bildschirm-Arbeitsplatzes

Quelle: Verwaltungs-Berufsgenossenschaft

1. Handlungsschritt (25 Punkte)

a) **Profit-Center-Organisation:** (9 P.)

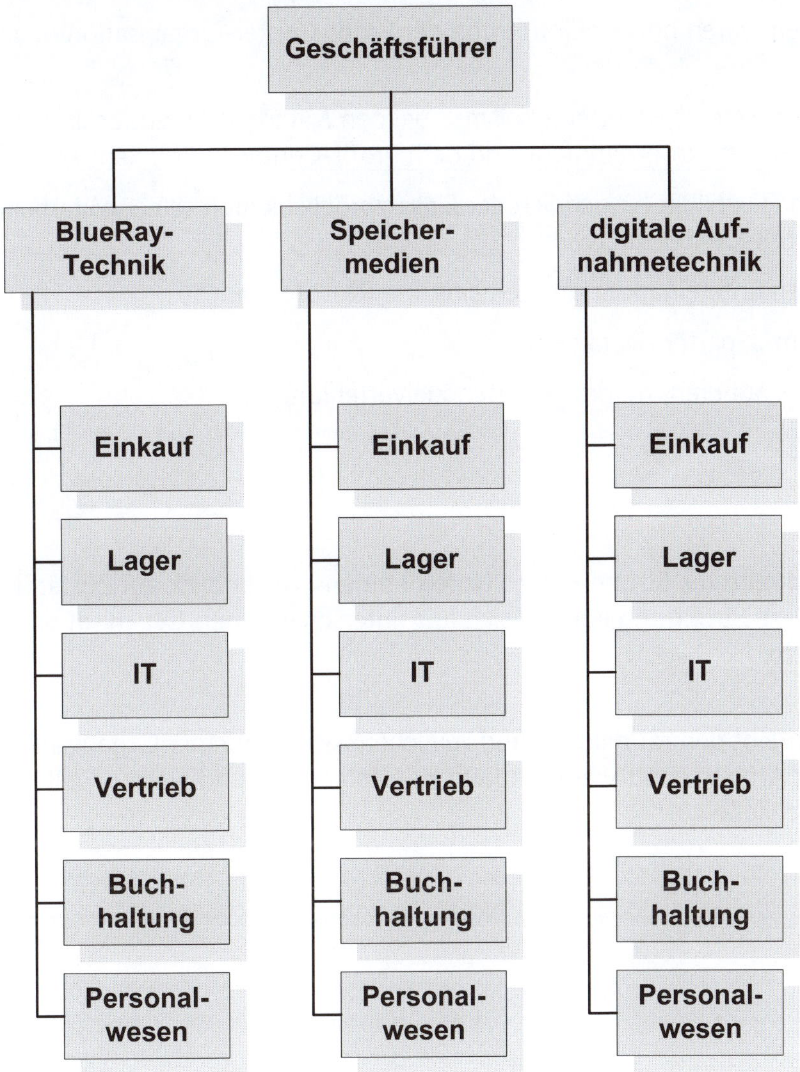

b) Die Vorteile einer Profit-Center-Organisation können sein: (6 P.)

- stärkere Fixierung der Spartenmitarbeiter auf die Spartenziele
- stärkeres Verantwortungsgefühl von Mitarbeitern und Profit-Center-Leitern gegenüber ihrer jeweiligen Sparte und den Produkten
- günstigere Arbeitsgrundlagen für die Übertragung von Verantwortung und Erfolg auf die Spartenleitung und die Spartenmitarbeiter
- bessere Abgrenzung von Verantwortung und Erfolg und damit eine leichtere Ermittlung des Spartenbeitrags am betrieblichen Gesamtergebnis
- erhöhte Transparenz über betriebliche Verlustsparten

Fortsetzung des 1. Handlungsschrittes auf der nächsten Seite

1. Handlungsschritt (25 Punkte)

Fortsetzung

c) Folgende negative Auswirkungen wären bei der Einführung der Profit-Center-Organisation denkbar: (6 P.)

- Der Ergebnisdruck kann einen systembedingten Egoismus bei den Mitarbeitern auslösen, der zu Konflikten zwischen den Zielen des Unternehmens und dem Profit-Center führen kann.
- Das Unternehmen verliert an Flexibilität hinsichtlich der Einsatzmöglichkeiten seiner Mitarbeiter, die Identifikation mit dem Profit-Center überwiegt.
- Die Profit-Center konkurrieren untereinander um gemeinsame Ressourcen.
- Die Mitarbeiter tendieren zum „Sparten-Denken".
- Frustration der Mitarbeiter bei äußeren, marktbedingten Zielverfehlungen.

d) (4 P.)

- **Aufbauorganisation**
  Die Aufbauorganisation beschreibt die Struktur eines Unternehmens im Hinblick auf Zuständigkeiten und Kompetenzen. Diese Strukturen können sich aus unterschiedlichen Organisationsformen und Hierarchien ergeben.
- **Ablauforganisation**
  Die Ablauforganisation beschreibt den räumlichen und zeitlichen Aspekt in einer Organisation. Hier wird festgelegt, welcher Arbeitsschritt wann und wo zu erfolgen hat und welche weiteren Arbeitsschritte sich dann anschließen.

2. Handlungsschritt (25 Punkte)

a) **Nachteile bei Erhebungen**

aa) **Befragung / Umfrage / Interview:** Aufrichtigkeit der Befragten unklar, Einfluss des Interviewers, nur rationale Aspekte fassbar (2 P.)

ab) **Beobachtung:** Gedankengänge sind nicht beobachtbar, zeitintensiv (2 P.)

ac) **Experiment:** realitätsnahe Bedingungen nicht immer künstlich herstellbar (2 P.)

ad) **Testmarkt:** hoher Kostenaufwand, hoher Planungsaufwand (2 P.)

b) (4 P.)

- Berichte von Außendienstmitarbeitern
- Messekontakte und -berichte
- Auswertung von Supportanfragen
- Vertriebscontrolling
- Kundenanfragen

c) Die Begriffe lassen sich wie folgt beschreiben: (5 P.)

1. Eine **Marktanalyse** ist die Untersuchung eines Marktes zu einem bestimmten Zeitpunkt.
2. Eine **Marktprognose** ist eine Vorhersage über die zukünftige Entwicklung des Marktes und der benötigten Absatzmenge.
3. Die **Marktbeobachtung** ist eine zeitraumbezogene Untersuchung des Marktes.
4. Der **Testmarkt** ist ein abgegrenzter, aber dennoch repräsentativer Markt, auf dem ein Produkt versuchsweise verkauft wird.
5. Die **Panelerhebung** ist eine in regelmäßigen Abständen erfolgte Befragung eines identischen Personenkreises zum gleichen Untersuchungsgegenstand.

d) (3 P.)

- Konkurrenz abwehren oder verdrängen
- Eigene Bekanntheit vergrößern / schaffen
- Produkt bekannt machen
- Kaufwunsch erzeugen
- Interesse wecken

Fortsetzung des 2. Handlungsschrittes auf der nächsten Seite

2. Handlungsschritt (25 Punkte)

Fortsetzung

e) Folgende Werbeträger und Werbemittel bieten sich für die Mixxtape GmbH an: (5 P.)

Werbeträger	Werbemittel
IT-Fachzeitschriften	Anzeigen, Werbe-Flyer, Werbeprospekte, Beilagen
Tageszeitungen	Anzeigen, Werbe-Flyer, Werbeprospekte, Beilagen
Fernsehen	Werbespots
Radio	Werbespots
Kino	Werbespots
Plakatwände, Litfaßsäulen	Außenwerbung
Busse, Bahnen	Bandwerbung

3. Handlungsschritt (25 Punkte)

a) Ein Lastenheft formuliert **alle wesentlichen Anforderungen** an das zukünftige Informationssystem, beschreibt die **Zielsetzung,** definiert die **Zielgruppen und künftige Benutzer.** Wichtig ist die **detaillierte Beschreibung** des zu erstellenden Produktes oder der Dienstleistung, die vollständige Beschreibung des **gewünschten Funktionsumfangs** sowie alle **technischen, wirtschaftlichen und rechtlichen Einzelheiten** des Projektes. Zur fehlerfreien Funktionsweise ist auf die **Schnittstellen** zu anderen Bereichen, Softwareprodukten oder Abteilungen einzugehen. Sinnvoll kann die Beschreibung eines **zeitlichen Verlaufsplans** des Projektes und der **Lieferzeitpunkt** sein. (8 P.)

b) Lastenheft: In einem Lastenheft sind die **Anforderung** und **die äußeren Gesamtumstände** eines Auftrags aus **Sicht des Auftraggebers** formuliert.

Pflichtenheft: Das Pflichtenheft ist vom (potentiellen) **Auftragnehmer erstellt** und **beschreibt in welcher Form der Auftragnehmer die** vom Auftraggeber im Lastenheft dargestellten **Anforderungen zu erfüllen** gedenkt. (5 P.)

c) Anhand des Pflichtenheftes wird zum Abschluss des Projektes geprüft, ob eine vollständige Lieferung geleistet und die Dienstleistung **vollständig erbracht** wurde. Es dient zur Überprüfung, ob der Lieferant seinem Auftrag nachgekommen ist und **vertragstreu geliefert** hat. (2 P.)

d) Produkt- und Dienstleistungsumfang, Menge, Preis, Rabatte und Nachlässe, Lieferbedingungen und Lieferzeitpunkt, Zahlungsbedingungen sowie ggf. Update- und Supportleistungen. (7 P.)

e) Ein Angebot ist grundsätzlich **bindend,** außer es wurde unter der Bedingung einer **„Freizeichnungsklausel“** („... hiermit bieten wir Ihnen freibleibend an ...“) oder eines **Gültigkeitszeitraumes** („... dieses Angebot gilt bis zum 31.12.20.. ...“) erstellt. (3 P.)

4. Handlungsschritt (25 Punkte)

a) **Zugriffsverfahren**

aa) **Benennung der Zugriffsverfahren** (1 P.)

Zugriffsverfahren	Netzwerkarchitektur
CSMA/CD	Ethernet
Token-Passing	FDDI

ab) **Beschreibung der Zugriffsverfahren** (4 P.)

- **CSMA/CD („Carrier Sense Multiple Access/Collision Detection")**
  - Die sendewillige Station überwacht, ob das Übertragungsmedium frei ist. Ggf. wird so lange gewartet, bis das Medium frei ist.
  - Wenn dies der Fall ist, wird die zu versendende Nachricht abgesetzt und anschließend das Medium sofort wieder abgehört.
  - Falls zufällig eine andere Station das Medium ebenfalls als frei angesehen und sein Signal gesendet hat, kommt es zu einer Überlagerung der Signale (Kollision).
  - Die sendenden Stationen erkennen diese Kollision und brechen die Übertragung ab. Nach einer zufälligen Zeitspanne (innerhalb eines klar definierten Intervalls) wird ein erneuter Versuch gestartet.
- **Token-Passing**
  - Ein Datenpaket (das „Frei-Token") kreist im Netzwerk und wird von Station zu Station weitergereicht. Nur dann, wenn eine sendewillige Station das Frei-Token empfangen hat, ist es berechtigt Daten zu senden.
  - Die sendewillige Station ändert den Zustand des Token von „frei" in „besetzt", reicht das Besetzt-Token weiter und sendet seine Nachricht hinterher.
  - Der Host, für den die Nachricht bestimmt ist, kopiert diese Nachricht in seinen Pufferspeicher und reicht das Besetzt-Token mit direkt angehängter Nachricht weiter.
  - Wenn die ursprünglich sendende Station dieses Paket empfängt, verwirft es die Nachricht, interpretiert dieses als Zustellbestätigung, wandelt das Besetzt-Token wieder in ein Frei-Token um und reicht es weiter.

Fortsetzung des 4. Handlungsschrittes auf der nächsten Seite

4. Handlungsschritt (25 Punkte)

Fortsetzung

ac) **CMSA/CD vs. Token-Passing** (2 P.)

Während die Zeit bis zur Zustellung der einzelnen Datenpakete beim Token-Passing-Verfahren annähernd linear mit der Anzahl der Hosts im Netz ansteigt, verhält sich das CSMA/CD-Verfahren exponentiell, da die Wahrscheinlichkeit von Kollisionen innerhalb einer Kollisionsdomäne exponentiell ansteigt und somit die Verzögerung zunimmt.

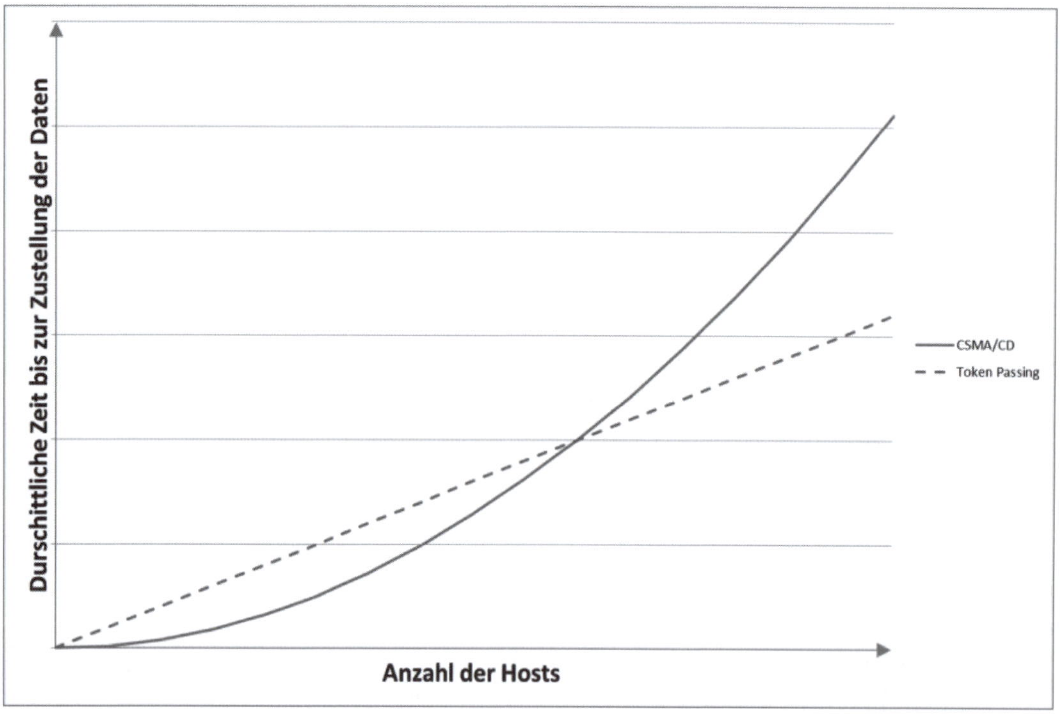

b) **OSI-Referenzmodell** (3 P.)

OSI-Referenzmodell	
Schicht	**Bezeichnung**
7	Anwendungsschicht (Application Layer)
6	Darstellungsschicht (Presentation Layer)
5	Sitzungsschicht (Session Layer)
4	Transportschicht (Transportation Layer)
3	Vermittlungsschicht (Network Layer)
2	Sicherungsschicht (Data Link Layer)
1	Bitübertragungsschicht (Physical Layer)

Fortsetzung des 4. Handlungsschrittes auf der nächsten Seite

4. Handlungsschritt (25 Punkte)

Fortsetzung

c) **Datagramm**

ca) cb) **Aufbau** (2 · 4 Punkte = 8 Punkte)

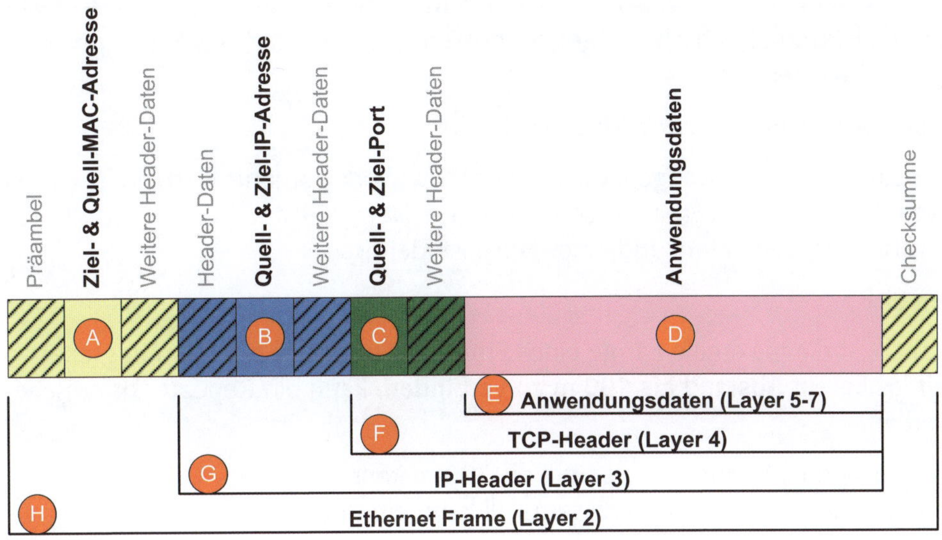

d) **Hubs vs. Switches** (4 P.)

Da ein Hub auf Schicht 1 des OSI-Referenzmodells arbeitet, leitet er sämtliche Signale an alle angeschlossenen Netzteilnehmer weiter. Da alle angeschlossenen Stationen somit das physikalische Medium gemeinsam nutzen („shared medium") und somit eine **Kollisionsdomäne** bilden, kommt es aufgrund des CSMA/CD Verfahrens, bei entsprechend vielen Netzteilnehmern, zu einer **erheblichen Anzahl von Kollisionen** und damit zu langen Wartezeiten. Die Netzwerkgeschwindigkeit sinkt.

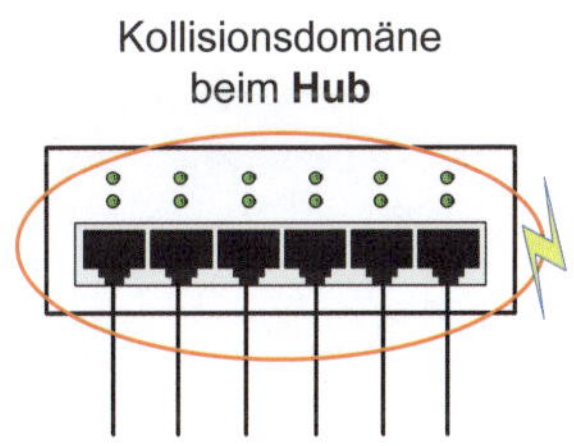

Ein Switch hingegen arbeitet auf Schicht 2 des OSI-Modells und analysiert zunächst das Datenpaket. Basierend auf der Zieladresse des Datenpaketes werden die Daten nur an den Port weitergeleitet, an dem die Zielstation angeschlossen ist. Durch diese intelligente Weiterleitung wird eine **physikalische Trennung** des Netzes erreicht, sodass es zu **erheblich weniger Kollisionen** kommt als bei einem Hub; die Kollisionsdomäne wird nicht von allen angeschlossenen Hosts gebildet, sondern sie besteht lediglich aus dem Switch und dem Host. Daraus resultiert, insbesondere bei vielen Netzteilnehmern, eine insgesamt erheblich größere Netzwerkgeschwindigkeit.

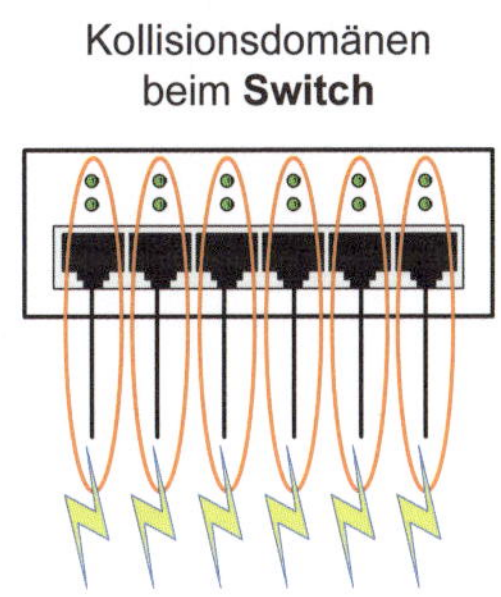

Fortsetzung des 4. Handlungsschrittes auf der nächsten Seite

4. Handlungsschritt (25 Punkte)

Fortsetzung

e) **Repeater**

ea) **Funktionsweise des Repeaters** (1 P.)

Ein Repeater arbeitet auf der Bitübertragungsschicht (Layer 1) des OSI-Schichtenmodells. Letztlich handelt es sich um einen Signalverstärker. Ein Repeater nimmt die Eingangssignale (elektrisch, optisch, elektromagnetisch) entgegen, entzerrt und erneuert das Signal und sendet es als Ausgangssignal wieder aus.

eb) **Vergleich Hub/Repeater bzw. Switch/Bridge** (1 P.)

Während ein Repeater bzw. eine Bridge lediglich zwei Netzwerksegmente verbindet, verfügt ein Hub über mehrere Ports und verbindet somit mehrere Netzwerkstränge. Die grundsätzliche Funktionsweise eines Repeaters und eines Hubs ist identisch.

ec) **Einsatzszenarien** (1 P.)

- Laut Spezifikation ist die maximale Länge eines Ethernet-Stranges auf 100 m begrenzt. **Um Hosts mit größerem Abstand als 100 m zu verbinden,** kann ein Repeater dazwischengeschaltet werden.
- Selbst bei einem Ethernet-Strang mit weniger als 100 m kann es unter ungünstigen Umständen zu Störeinflüssen kommen. In diesem Fall kann ein Repeater als Verstärker eingesetzt werden und **Störungen entgegenwirken.**

5. Handlungsschritt (25 Punkte)

a) **Subnetting**

aa) **Berechnung der Subnetz-Maske** (1 P.)

Die Angabe „/27“ bedeutet, dass es sich um eine 27-Bit Netzwerkmaske handelt, also **255.255.255.224:**

	Binär	Dezimal
Subnetz-Maske	11111111 . 11111111 . 11111111 . 11100000	255 . 255 . 255 . 224
	27 Bit	

ab) **Berechnung des Subnetzbereiches** (6 P.)

Das Subnetz wird gebildet durch logische UND-Verknüpfung der IP-Adresse und der Subnetzmaske. Zum Beispiel sieht dies für die IP-Adresse 213.67.51.141 in binärer Schreibweise folgendermaßen aus:

	Binär	Dezimal
IP-Adresse	11010101 . 01000011 . 00110011 . 10001101	213 . 67 . 51 . 141
UND *Subnetz-Maske*	11111111 . 11111111 . 11111111 . 11100000	255 . 255 . 255 . 224
Subnetz	11010101 . 01000011 . 00110011 . 10000000	213 . 67 . 51 . 128

Es handelt sich somit um das Subnetz 213.67.51.128. Selbst wenn sich die Bits innerhalb des grau gekennzeichneten Bereiches ändern, wäre das rechnerische Subnetz stets dasselbe. Die kleinstmögliche IP-Adresse des Subnetzes 213.67.51.128 hat somit die letzten fünf Bits auf „Null“, die größtmögliche entsprechend auf „Eins“ gesetzt:

	Binär	Dezimal
Kleinste IP-Adresse	11010101 . 01000011 . 00110011 . 10000000	213 . 67 . 51 . 128
Größte IP-Adresse	11010101 . 01000011 . 00110011 . 10011111	213 . 67 . 51 . 159

Somit gehört der Adressbereich von **213.67.51.128 bis 213.67.51.159** rechnerisch zum Subnetz 213.67.51.128.

ac) **Nutzbare IP-Adressen** (2 P.)

Wirklich nutzbar ist nur der Bereich von 213.67.51.129 bis 213.67.51.158, da...

ad) **Bedeutung der nicht-nutzbaren IP-Adressen** (2 P.)

...die erste Adresse dieses Bereiches die **Kennzeichnung des Subnetzes** selber darstellt (213.67.51.128) und die letzte Adresse die sogenannte **Broadcast-Adresse des Subnetzes** ist (213.67.51.159).

Fortsetzung des 5. Handlungsschrittes auf der nächsten Seite

5. Handlungsschritt (25 Punkte)

Fortsetzung

b) **Firewalls und Anti-Viren-Software**

ba) **Paket- und Stateful-Packet-Inspection-Firewalls** (7 P.)

Ein Paketfilter prüft jedes ein- und ausgehende Datenpaket anhand eines **Regelwerkes auf Zulässigkeit.** Diese Prüfung erfolgt auf **Schicht 3 und 4 des OSI-Schichtenmodells,** was im Wesentlichen bedeutet, dass anhand der Ursprungs- und Ziel-IP-Adressen sowie der Ursprungs- und Zielports entschieden wird, ob das Paket zulässig ist und weitergeleitet wird. Hierbei müssen die Regeln für **ein- und ausgehenden Datenverkehr explizit** definiert werden.

Bei Stateful-Packet-Inspection-Firewall erfolgt die Prüfung auf Zulässigkeit der Datenpakete nicht nur auf Schicht 3 und 4, sondern ebenfalls auf Schicht 7 (der Anwendungsebene) des **OSI-Schichtenmodells.** Das Regelwerk bezieht sich nur auf den **ausgehenden Datenverkehr,** während für die eingehenden Datenpakete **dynamisch implizite Regeln** generiert werden, die nur für die entsprechende Kommunikationssitzung Gültigkeit haben.

Dies erhöht die Sicherheit, da nur Antwortdaten auf **ausdrücklich angefragte Daten** erlaubt werden.

bb) **Computerviren** (6 P.)

Die Methoden der Erkennung von Computerviren lassen sich wie folgt beschreiben:

- **Signatur**
  Bei der Signatur werden die **Abbilder** bekannter Viren in einer Datenbank erfasst. Die Anti-Viren-Software **vergleicht die gescannten Dateien mit dem Inhalt der Datenbank** und löst Alarm bei Gleichheiten aus.
- **Heuristik:**
  Im Gegensatz zur Signatur, bei der auf Gleichheiten geprüft wird, arbeitet die Heuristik mit **Ähnlichkeiten bekannter Schädlinge.** Gescannte Dateien werden mithilfe mathematischer Verfahren auf **bekannte Programmcodes** untersucht. Ab bestimmten Ähnlichkeiten und einem bestimmten Risikograd löst das Programm Alarm aus.
- **Verhaltensanalyse**
  Bei der Verhaltensanalyse werden keine Vergleiche mit der gescannten Datei ausgelöst. Stattdessen werden das **Verhalten,** die Arbeitsweise und die ausgelösten Prozesse **überwacht.** Wecken eine **Kette von Auslösehandlungen** oder Befehlsfolgen den Verdacht eines Schädlings, blockiert das Anti-Virus-Programm den vermeintlichen Virus und löst einen Alarmhinweis aus.

bc) **Art des eingesetzten Betriebssystems** (1 P.)

Viren werden vorrangig für jene Betriebssysteme programmiert und verbreitet, welche

- weltweit am **häufigsten im Einsatz** sind
- die **größten Sicherheitslücken** aufweisen.

Denn auf diese Weise kann bei der Verbreitung der Viren das hiermit verfolgte Ziel des größtmöglichen Schadens am leichtesten erreicht werden. Beim Einsatz seltener Betriebssysteme ist deshalb das Bedrohungsrisiko statistisch geringer.

Peter Große-Hering · Frank Stolpmann

IT-Berufe

Informatikkaufmann/-frau
IT-Systemkaufmann/-frau
IT-Systemelektroniker/-in
Fachinformatiker/-in (Fachrichtung Anwendungsentwicklung)
Fachinformatiker/-in (Fachrichtung Systemintegration)

Prüfungstrainer Abschlussprüfung
Prüfungsteil B · Kernqualifikationen

Übungsaufgaben und erläuterte Lösungen

Aufgabenteil

Bestell-Nr. 752

U-Form Verlag · Hermann Ullrich GmbH & Co. KG

Deine Meinung ist uns wichtig!

Du hast Fragen, Anregungen oder Kritik zu diesem Produkt?

Das U-Form Team steht dir gerne Rede und Antwort.

Direkt auf

facebook.com/pruefungscheck

fragen, diskutieren, stöbern und weiteres Wichtige und Wissenswerte rund um Ausbildung erfahren

oder einfach eine kurze E-Mail an

feedback@u-form.de

Bitte beachten:

Zu diesem Prüfungstrainer gehört auch noch ein Lösungsteil.

COPYRIGHT

U-Form Verlag · Hermann Ullrich GmbH & Co. KG
Cronenberger Straße 58 · 42651 Solingen
Telefon 0212 22207-0 · Telefax 0212 208963
Internet: www.u-form.de · E-Mail: uform@u-form.de

14. Auflage 2016 · ISBN 978-3-88234-752-4

Vorwort

Eine schriftliche Abschlussprüfung in den IT-Berufen ist für Auszubildende und Umschüler eine große Herausforderung. Zum einen ist eine große Vielfalt an Wissen gefordert, denn das Berufsbild setzt sich sowohl aus technischen als auch aus kaufmännischen Bestandteilen zusammen. Zum anderen bedingt das Berufsbild besondere Anforderungen an die Schlüsselqualifikationen der Prüflinge wie Methoden-, Sozial- und Individualkompetenz. Schließlich stellt gerade in den IT-Berufen der schnelle technische Fortschritt alle Beteiligten vor die besondere Herausforderung, die berufliche Handlungskompetenz zu wahren und zu pflegen.

Der vorliegende Prüfungstrainer soll Ihnen als prüfungsnahe Hilfe zur Vorbereitung auf Ihre Abschlussprüfung dienen. Dazu wurden die Aufgaben entsprechend der Struktur der IHK-Prüfungen ganzheitlich, prüfungsorientiert und handlungsschrittbezogen aufgebaut. Im Lösungsteil finden Sie zu jeder Aufgabe Lösungsvorschläge, die Ihnen bei Ihrer Selbstkontrolle der gelösten Aufgaben helfen sollen. Anhand der ebenfalls aufgeführten Punktvergabe können Sie annähernd nachvollziehen, wie Ihre Lösungen oder Teillösungen womöglich bewertet werden würden. Wo es sich anbot, wurden punktwertige Schlüsselbegriffe fett markiert. Zum besseren Verständnis wurden viele Lösungsvorschläge sehr umfassend beschrieben, erläutert oder visualisiert.

Die Lösungsvorschläge dürfen nicht als alleinige Lösungsmuster aufgefasst werden. Der rasche technische Fortschritt macht immer neue Antworten auf gestellte Fragen möglich. Aber dies entspricht durchaus den Anforderungen an die teilweise weit im Voraus konzipierten Fragen der IHK-Abschlussprüfungen. Oft sind mehrere technische Lösungen denkbar, wobei wir uns bei der ausführlichen Darstellung der Lösungsvorschläge auf einen Ansatz konzentriert haben, der dem aktuellen technischen Stand zur Erstellung der Auflage entspricht.

Dieses Buch ist nicht als Lehrbuch gedacht. Es soll Ihnen möglichst realitätsnah denkbare Prüfungsaufgaben aus dem Aufgabenteil „Ganzheitliche Aufgaben II – Kernqualifikationen" simulieren und Ihnen mit Lösungsansätzen bei der Selbstkontrolle helfen, um sich gezielter auf die schriftliche Abschlussprüfung vorbereiten zu können.

Als Verfasser würden wir uns freuen, wenn wir dieses Ziel erreichen konnten. Anregungen zur Optimierung des Buches nehmen wir gerne entgegen. Bei der Prüfungsvorbereitung wünschen wir Ihnen nun viel Spaß und für den anschließenden Prüfungsverlauf alles Gute und viel Erfolg !

Peter Große-Hering Frank Stolpmann

Inhaltsverzeichnis

Inhaltsverzeichnis

Inhaltsverzeichnis

Legende

Symbol	Lernfeld lt. Ausbildungsrahmenplan
	**1.3** Sicherheit und Gesundheitsschutz
	**1.4** Umweltschutz
	**2.1** Leistungserstellung und -verwertung
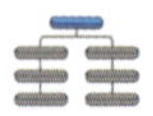	**2.2** Betriebliche Organisation
	**2.3** Beschaffung
	**2.4** Markt- und Kundenbeziehungen
	**2.5** Kaufmännische Steuerung und Kontrolle
	**3.1** Informieren und Kommunizieren
	**3.2** Planen und Organisieren
	**3.3** Teamarbeit
	**4.1** Einsatzfelder und Entwicklungstrends
	**4.2** Systemarchitektur, Hardware und Betriebssysteme
	**4.3** Anwendungssoftware
	**4.4** Netze, Dienste
	**5.1** Ist-Analyse und Konzeption
	**5.2** Programmiertechniken
	**5.3** Installieren und Konfigurieren
	**5.4** Datenschutz und Urheberrecht
	**5.5** Systempflege

Wie sieht die Abschlussprüfung im Bereich Ganzheitliche Aufgabe II – Kernqualifikationen – aus?

Dieser Prüfungsteil ist für alle IT-Berufe einheitlich: d. h. für **Informatikkaufmann/-frau, IT-Systemkaufmann/-frau, IT-Systemelektroniker/-in und Fachinformatiker/-in** (gegliedert in die Teilbereiche „Anwendungsentwicklung" und „Systemintegration") nach der derzeit gültigen Ausbildungsordnung von 1997.

Inhalte

In diesem Bereich erfolgt eine Integration von elektrotechnischen, informationstechnischen und betriebswirtschaftlichen Inhalten.

Die Prüfungsinhalte richten sich nach der Ausbildungsverordnung nebst Rahmenlehrplan für die IT-Berufe und sind detailliert auch in dem jeweiligen Prüfungskatalog für die bundesweit (mit Ausnahme von Baden-Württemberg) eingesetzten IHK-Abschlussprüfungen aufgeführt (Hrsg. ist die ZPA, Zentralstelle für Prüfungsaufgaben der Industrie- und Handelskammern in Nordrhein-Westfalen). Diese Prüfungskataloge können beim U-Form Verlag bezogen werden:

Titel: Prüfungskatalog für die IHK-Abschlussprüfungen (dazu der jeweilige IT-Beruf).
Hrsg. ZPA Nord-West

Form und Bewertung

Es wurden handlungsbezogene Geschäftsprozesse in Form von offenen Aufgaben formuliert. Jeder ganzheitlichen Aufgabe ist eine Situationsbeschreibung vorangestellt, an die sich berufstypische Handlungsschritte anschließen, die zu erarbeiten sind.

Ein Prüfungssatz mit einer Ganzheitlichen Aufgabe II besteht aus insgesamt 5 Handlungsschritten, die mit je 25 Punkten bewertet werden. In der Prüfung sind davon 4 Handlungsschritte zu bearbeiten, die vom Prüfungsteilnehmer frei gewählt werden können. Insgesamt sind also 4 x 25 Punkte = 100 Punkte in diesem Bereich erreichbar.

Prüfungsdauer

Der Teil „Ganzheitliche Aufgabe II, Kernqualifikationen" umfasst eine Prüfungsdauer von 90 Minuten.

Wie werden die Aufgaben in der Prüfung bearbeitet?

Lesen Sie die Bearbeitungshinweise auf dem Prüfungsbogen genau durch und halten Sie sich an diese Anweisungen.

Der Aufgabensatz dieses Prüfungsteils besteht aus einer Ganzheitlichen Aufgabe II mit 5 Handlungsschritten. In der Prüfung sind davon 4 Handlungsschritte zu bearbeiten, die von dem Prüfungsteilnehmer frei gewählt werden können.

Der nicht bearbeitete Handlungsschritt ist durch Streichung des Aufgabentextes im Aufgabensatz und den Vermerk „Nicht bearbeiteter Handlungsschritt: Nr. ...“ an Stelle einer Lösungsniederschrift deutlich zu kennzeichnen. Erfolgt eine solche Kennzeichnung nicht oder nicht eindeutig, gilt der 5. Handlungsschritt als nicht bearbeitet.

Lesen Sie den Text der Aufgaben genau durch, bevor Sie mit der Bearbeitung beginnen.

Tragen Sie die frei zu formulierenden Antworten der offenen Aufgabenstellungen in die dafür vorgesehenen Bereiche des Arbeitsbogens ein (diese Bereiche sind deutlich zu erkennen als Lösungszeilen, Formulare, Tabellen u. a.).

Sofern nicht ausdrücklich ein Brief oder eine Formulierung in ganzen Sätzen gefordert werden, ist eine **stichwortartige Beantwortung** zulässig.

Welche Form und welchen Umfang die Lösung aufweisen muss, ist aus der Aufgabenstellung zu erkennen. **Die Aufgabenstellung ist daher aufmerksam zu lesen.**

Beispiele für Aufgabenstellungen zu einzelnen Handlungsschritten

- Die gewünschte Antwort erfordert lediglich eine bestimmte Angabe (Nennung) bzw. eine Aufzählung:
  - Nennen Sie ... Vorzüge/Nachteile einer ...
  - Zählen Sie auf, welche ...
  - Geben Sie ... Gründe an!
  - Geben Sie ... Beispiele an für ...
  - Geben Sie ... Ursachen an für ...

- In der gewünschten Antwort sollen bestimmte Begriffe verdeutlicht oder Zusammenhänge und Wirkungsweisen dargestellt werden:
  - Erklären Sie ...
  - Definieren Sie ...
  - Unterscheiden Sie ...
  - Grenzen Sie ... gegeneinander ab.

- Die gewünschte Antwort soll zusätzlich zu der Begriffserklärung bzw. Vorgangsbeschreibung enthalten, warum etwas geschieht, unter welchen Umständen, wann, wo, womit, mit wem, für wen usw.:
  - Erläutern Sie ...

- Die gewünschte Antwort erfordert die klare Darstellung eines Sachverhaltes, Vorgangs, z. B. eines Arbeitsablaufs. Eine eigene Stellungnahme wird hier nicht erwartet:
  - Beschreiben Sie ...
  - Schildern Sie ...
  - Stellen Sie dar ...
  - Geben Sie wieder ...

Direkte Fragestellungen

Auch diese Fragestellungen lassen erkennen, ob die Frage eine

- Nennung oder Aufzählung (Nennen Sie ...)
- Erklärung (Erklären Sie ...)
- Erläuterung (Erläutern Sie ...)
- Beschreibung (Beschreiben Sie ...)

erfordert.

Beispiele für direkte Fragestellungen:

- **Aufzählung oder Nennung:**
  - Welche Möglichkeiten bietet ... ?
  - Welche Gesichtspunkte spielen für/bei ... eine Rolle?
  - Welche Voraussetzungen müssen für ... gegeben sein?
  - Welche Bedingungen sind zu beachten bei ... ?
  - Welche Maßnahmen müssen oder können ergriffen werden bei ...?
  - Wer tut etwas Bestimmtes (überwacht, ordnet an, bearbeitet usw.)?
  - Welche Gesetze/Bestimmungen regeln ...?
  - Welche Folgen oder Auswirkungen hat ... (ohne Begründung)?
  - Welche Aufgaben hat ...?
  - Welche Funktionen übt ... aus?

- **Erklärung:**
  - Was versteht man unter ... ?
  - Was bedeutet ... ?
  - Wie funktioniert ... ?
  - Welche Unterschiede bestehen zwischen ... ?
  - Worin unterscheiden sich ... ?

- **Erläuterung:**
  - Weshalb ... ?
  - Wozu ... ?
  - Wofür ... ?
  - Welche Vor- und Nachteile hat ... ?
  - Welche Folgen oder Auswirkungen hat ... (mit Begründung)?
  - Was ist zu ... zu sagen?

Arbeitsanleitung

- **Beschreibung:**
  - Wie läuft ein bestimmter Vorgang oder Prozess ab?
  - Wie sieht ... aus?
  - Welche Aufgaben fallen in/bei ... an?
  - Wie ist ... organisiert/aufgebaut?
  - Was und/oder wie muss ... geprüft werden?

An einigen Stellen, wo es didaktisch ratsam erschien, sind in diesem Prüfungstrainer einzelne Handlungsschritte als gebundene Aufgaben gestellt. Wie diese Aufgaben zu bearbeiten sind, geht aus den Arbeitsanweisungen jeweils genau hervor.

ACHTUNG!

Sollte es für diesen Prüfungstrainer Aktualisierungen oder Änderungen geben, können Sie diese unter

www.u-form.de/addons/752-1.zip

herunterladen. Ist die Seite nicht verfügbar, so sind keine Änderungen eingestellt!

Ausgangssituation

Die Creative-Ad GmbH konzipiert und entwickelt Internetauftritte für Firmenkunden. Sie sind als Entwickler/-in tätig und programmieren die Webseiten in Zusammenarbeit mit Ihren Kollegen und Kolleginnen aus dem Vertrieb.

Das durch Funk und Fernsehen bekannte Kabarettisten-Ensemble „Plattfuß" ist mit der Creative-Ad GmbH in Kontakt getreten und wünscht eine Internetpräsenz zur Vermarktung seiner Veranstaltungen.

In den folgenden fünf Handlungsschritten sollen Sie mit Ihren Kenntnissen dazu beitragen,...

1. Handlungsschritt: ... den Kunden in technischen Fragen zu Internetauftritten zu beraten.
2. Handlungsschritt: ... das Projekt zu organisieren und zu kontrollieren.
3. Handlungsschritt: ... das Projekt zu realisieren.
4. Handlungsschritt: ... eine PHP-basierte Abfrage zu erstellen.
5. Handlungsschritt: ... ein betriebliches Vorschlagswesen einzuführen.

1. Handlungsschritt (25 Punkte)

Der Vertriebsmitarbeiter Peterson hat den Manager und zwei Mitglieder des Ensembles „Plattfuß" zu einem ersten Beratungsgespräch zur Creative-Ad GmbH eingeladen. Da Herr Peterson nicht in der Lage ist alle technischen Fragestellungen zu beantworten, werden Sie im Verlauf des Gespräches hinzugezogen.

a) Nennen Sie vier Aspekte, warum das Ensemble „Plattfuß" seine Außendarstellung durch Internetpräsenz ergänzen sollte! (4 P.)

b) Als unerfahrene Internetnutzer interessieren sich die Kunden für den detaillierten Aufbau von Internetadressen. Als Beispiel ziehen Sie die folgende Adresse heran:

   http://www.ensemble-plattfuss.de/termine/uebersicht.html

   Bezeichnen Sie die sechs einzelnen Teilbereiche dieser Web-Adresse! (6 P.)

c) Auf Clientseite wird zur Anzeige von Webseiten ein Web-Browser benötigt. Nennen Sie dem Kunden vier gängige Web-Browser! (2 P.)

d) Um Webseiten bereitstellen zu können wird serverseitig ein Web-Server benötigt. Nennen Sie die beiden marktführenden Webserver und die üblichen Plattformen, auf denen diese Server eingesetzt werden! (2 P.)

e) Der Manager möchte gerne einige Detailinformationen zu verschiedenen Internetdiensten bekommen. Netzwerktechnisch entsprechen diese Dienste bestimmten Protokollen und Ports.

   Nennen Sie für die folgenden Dienste die in aller Regel benutzen Standardports und beschreiben Sie den Verwendungszweck der Protokolle. (6 P.)

   ea) http
   eb) telnet
   ec) ftp
   ed) pop3
   ee) smtp
   ef) nntp

Fortsetzung des 1. Handlungsschrittes auf der nächsten Seite

1. Handlungsschritt (25 Punkte)

Fortsetzung

f) Ein großes Augenmerk legen die Mitglieder des Ensembles „Plattfuß" auf das Corporate Design.

fa) Erläutern Sie den Begriff „Corporate Design" im Allgemeinen und in Bezug auf Webseiten im Speziellen. (2 P.)

fb) Eine gängige Möglichkeit der einfachen Umsetzung eines Corporate Designs bei Internetseiten ist der Einsatz von „Cascading Style Sheets". Stellen Sie die Grundideen dieses Verfahrens und den Hauptvorteil dieser Technik dar! (3 P.)

2. Handlungsschritt (25 Punkte)

Ein solches Projekt zur Entwicklung eines Internetauftritts muss sorgsam geplant und zwischen allen Mitgliedern eines Teams gut koordiniert werden.

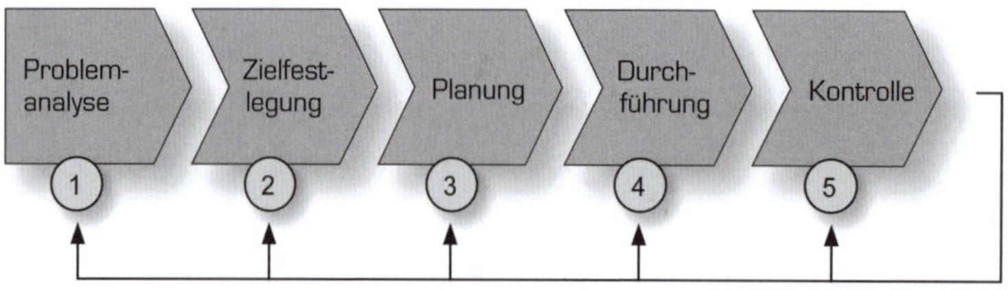

a) (12 P.)

Ordnen Sie die Projektphasen **1** bis **5** den unten aufgeführten Vorgängen zu:

aa) Visualisierung des Projektverlaufs durch einen Netzplan	
ab) Beschreibung der SOLL-Situation	
ac) Beschreibung der IST-Situation	
ad) Aufgabenverteilung innerhalb des Projektteams	
ae) Abnahme durch den Kunden	
af) Ermittlung des Personaleinsatzes und des Budgets	
ag) Festlegung des Projektablaufs	
ah) abschließender SOLL-IST-Vergleich	
ai) Umsetzung der Planungsvorgaben	
aj) ständige Terminkontrolle	
ak) Beschreibung der Anforderungen	
al) Neubewertung des Projektplans im Bedarfsfall	

b) Von welchen Faktoren kann die Anzahl der Mitglieder eines zu planenden Projektteams abhängen? Nennen Sie fünf Aspekte. (5 P.)

c) Vor der Übergabe an den Kunden soll das Ergebnis auf vollständige Funktion hin getestet werden. Beschreiben Sie stichwortartig vier wichtige Vorgehensweisen bei einem solchen Funktionstest. (8 P.)

3. Handlungsschritt (25 Punkte)

Das Kundengespräch ist positiv verlaufen und die Creative-Ad GmbH ist beauftragt worden, die Internetpräsenz des Ensembles „Plattfuß" zu realisieren.

a) Bei diesem Projekt soll ein besonderes Augenmerk auf die ergonomische Gestaltung der Webseiten gelegt werden. Untersuchungen haben ergeben, dass Internetnutzer eindeutige Anforderungen an Webseiten haben. Geben Sie für die folgenden Anforderungen je ein technisches und/oder stilistisches Gestaltungsmittel oder eine Methode an, um den folgenden Anforderungen gerecht zu werden, unter Beibehaltung größtmöglicher Flexibilität.

aa) Schnelle Ladezeiten (1 P.)

ab) Übersichtliche Struktur (jederzeit sollte ersichtlich sein, wo sich der Benutzer innerhalb der Hierarchie befindet) (1 P.)

ac) Die Information muss im Vordergrund stehen (1 P.)

ad) Einheitliches Erscheinungsbild (1 P.)

ae) Fehlertoleranz (z. B. sollten nach dem fehlerhaften Ausfüllen eines Formulars nicht alle Informationen erneut eingegeben werden müssen) (1 P.)

af) Im Idealfall, Wiedererkennung des Benutzers (1 P.)

ag) Benutzerabhängiges Informationsangebot (1 P.)

ah) Gute Lesbarkeit (1 P.)

Fortsetzung des 3. Handlungsschrittes auf der nächsten Seite

3. Handlungsschritt (25 Punkte)

Fortsetzung

b) Der Kunde wünscht kurzfristig eine Übergangslösung, um die nächsten drei Veranstaltungstermine schon über das Internet bewerben zu können. Sie werden beauftragt die folgende Webseite zu erstellen:

> **Ensemble “Plattfuß”**
>
> Die nächsten Termine:
> - 7. August, 20:00 Uhr, Stadthalle Düsseldorf
> - 9. August, 20:00 Uhr, Schauspielhaus Hamburg
> - 13. September, 19:30 Uhr, Frankenhalle Nürnberg
>
>  Weitere Informationen
>
> Impressum

Bringen Sie die unten stehenden HTML-Zeilen in die richtige Reihenfolge, damit die resultierende Webseite das gewünschte Aussehen hat. (6 P.)

```
ba) </body>
bb) </head>
bc) </html>
bd) </ul><br>
be) <a href="www.ensemble-plattfuss.de/impressum.html">Impressum</a>
bf) <a href="www.ensemble-plattfuss.de/termine/info.html">
    <img src="cw2005.jpg" width="10%" height="10%">
    Weitere Informationen...</a><br>
bg) <body>
bh) <br><h1>Ensemble &#8220;Plattfu&szlig;&#8221;</h1>
bi) <br>Die n&auml;chsten Termine:<br>
bj) <head>
bk) <html>
bl) <li>13. September, 19:30 Uhr, Frankenhalle N&uuml;rnberg</li>
bm)<li>9. August, 20:00 Uhr, Schauspielhaus Hamburg</li>
bn) <li>7. August, 20:00 Uhr, Stadthalle D&uuml;sseldorf</li>
bo) <title>Plattfuss</title>
bp) <ul>
```

Fortsetzung des 3. Handlungsschrittes auf der nächsten Seite.

3. Handlungsschritt (25 Punkte)

Fortsetzung

c) Im Realisierungsfalle des Projektes sollen die Veranstaltungstermine als .pdf-Dateien zum Herunterladen bereitgestellt werden.

ca) Nennen Sie mindestens zwei vorteilhafte Eigenschaften dieses Formates! (2 P.)

cb) Bei der Erstellung von .pdf-Dateien kann überlichweise die Qualität in der Einheit „dpi" angegeben werden. Erläutern Sie diesen Begriff und stellen Sie die praktischen Einsatzbereiche der Qualitätsstufen 72 dpi und 300 dpi gegenüber! (2 P.)

d) Ein HTML-Quelltext verwendet sogenannte „Tags" zur Strukturierung. Die Strukturierung mittels „Tags" spielt auch in einigen anderen Sprachen eine wichtige Rolle. So kommen diese ebenfalls in der Sprache „XML" zum Einsatz.

da) Bezeichnen Sie die „Tags" in folgendem Ausdruck! (1 P.)

```
<name>Vinita</name>
```

db) Welche Zielsetzung verfolgt das XML-Format? (3 P.)

dc) Beurteilen Sie das XML-Format im Hinblick auf die Verarbeitungsgeschwindigkeit. Begründen Sie Ihr Urteil! (3 P.)

4. Handlungsschritt (25 Punkte)

Das Ensemble „Plattfuß" wünscht eine Webseite, auf der sämtliche Veranstaltungstermine online abrufbar sind. Durch einfaches Anklicken sollen zu jeder Veranstaltung entsprechende Verzweigungen zu Detailinformationen vorhanden sein.

a) Sie planen, diesen Kundenwunsch mithilfe einer Veranstaltungsdatenbank und PHP-basierten Abfragen zu realisieren.

aa) Wofür steht die Abkürzung PHP? (1 P.)

ab) Skizzieren Sie die wesentlichen Komponenten sowie den Datenfluss einer PHP-Abfrage in Form eines Diagramms. (8 P.)

ac) Beschreiben Sie die einzelnen Phasen des Datenflusses! (8 P.)

ad) Neben PHP gibt es noch einige weitere gängige Methoden, um datenbankbasierte, dynamische Webseiten zu erzeugen. Nennen Sie zwei weitere Alternativen! (3 P.)

b) Im Hinblick auf die fortlaufende Wartung und Aktualisierung der Veranstaltungsdetails auf der Webseite wünscht der Kunde eine Möglichkeit, um inhaltliche Änderungen selbst durchführen zu können.

ba) Welche Lösung bzw. welches System können Sie dem Kunden zu dieser Anforderung anbieten? (2 P.)

bb) Neben der rein inhaltlichen Änderung von Webseiten bieten diese Systeme in aller Regel weitere Funktionen an. Nennen Sie drei weitere, praxisrelevante Funktionsmerkmale. (3 P.)

5. Handlungsschritt (25 Punkte)

Die Geschäftsleitung der Creative-Ad GmbH hat in Ihrem Unternehmen ein betriebliches Vorschlagswesen eingeführt, an dem sich alle Mitarbeiter beteiligen können und sollen.

a) Nennen Sie fünf Ziele, welche die Geschäftsleitung mit der Einführung eines solchen Vorschlagswesens verfolgt. (5 P.)

b) Mit welchen Mitteln kann der Betrieb seine Mitarbeiter belohnen, deren Verbesserungsvorschlag umgesetzt wurde? Machen Sie vier konkrete Belohnungsvorschläge! (4 P.)

c) Aus welchen zwei Gründen sind Verbesserungsvorschläge aus den Reihen der Mitarbeiter in der Regel effizienter als Verbesserungsvorschläge von Vorgesetzten oder der Geschäftsleitung? (4 P.)

d) Technische Verbesserungsvorschläge fallen i. d. R. nicht unter das betriebliche Vorschlagswesen, weil sie bereits gesetzlich geregelt sind. In welchem Gesetz befindet sich diese Regelung? (1 P.)

e) Verbesserungsvorschläge von Mitarbeitern können helfen, viele Bereiche im Unternehmen zu optimieren. Geben Sie drei Beispielbereiche an und erläutern Sie jeweils in Kürze den positiven Effekt für das Unternehmen, der aus diesem Bereich resultieren kann. (6 P.)

f) Warum kann es im Rahmen des betrieblichen Vorschlagswesens auch sinnvoll sein, Vorschläge von Mitarbeitern aufzugreifen, deren Änderungsvorschläge offenbar keine direkten monetären Vorteile haben? Geben Sie zwei Beispiele und erläutern Sie den Nutzen einer möglichen Umsetzung. (5 P.)

Ausgangssituation

Nach erfolgreicher Ausbildung haben Sie mit drei weiteren Kollegen und Kolleginnen die Software-Spezialist GmbH in Braunschweig gegründet. Das Unternehmen hat sich auf den Vertrieb und die Beratung der Warenwirtschaftssoftware „Universalsoft“ und „Officesoft“ sowie „Safersoft“ spezialisiert. Mit Ihren Kollegen und Kolleginnen unterstützen Sie Unternehmen bei der Implementierung und Einrichtung der Programme.

Im Rahmen der folgenden fünf Handlungsschritte sollen Sie…

1. Handlungsschritt: … Wirtschaftlichkeitsberechnungen durchführen.
2. Handlungsschritt: … technische Aspekte zu Multimedia-Daten erörtern.
3. Handlungsschritt: … Lösungen an einer SQL-Datenbank erstellen.
4. Handlungsschritt: … einen Wareneingangsprozess analysieren und digitalisieren.
5. Handlungsschritt: … Überlegungen zu Absatzmöglichkeiten anstellen.

1. Handlungsschritt (25 Punkte)

Das Unternehmen hat in den Jahren 00 bis 02 folgende Umsätze erzielt:

Beträge in Euro:

Jahr	Universalsoft	Officesoft	Safersoft	SUMME
Jahr 00	1.000.000	800.000	900.000	2.700.000
Jahr 01	850.000	500.000	700.000	2.050.000
Jahr 02	900.000	100.000	500.000	1.500.000

a) Die Firma Software-Spezialist GmbH ist nicht Produzent der Software und hat deshalb Lizenzgebühren für jede verkaufte Softwareeinheit an die jeweiligen Hersteller zu entrichten. Dies sind

15 % vom Umsatz an den Hersteller von „Universalsoft“,
20 % vom Umsatz an den Hersteller von „Officesoft“ und
30 % vom Umsatz an den Hersteller von „Safersoft“.

Berechnen Sie die jährlich abzuführenden Lizenzgebühren für jedes Produkt und tragen Sie die Ergebnisse in die unten stehende Tabelle ein. (6 P.)

Beträge in Euro:

Jahr	Universalsoft	Officesoft	Safersoft	Summe
Jahr 00				
Jahr 01				
Jahr 02				
			Summe	

Fortsetzung des 1. Handlungsschrittes auf der nächsten Seite

1. Handlungsschritt (25 Punkte)

Fortsetzung

b) Neben der Abführung von Lizenzgebühren an die Hersteller hat das Unternehmen auch noch 10 % des getätigten Umsatzes als Verkaufsprämie an die Vertriebsmitarbeiter abzuführen. Berechnen Sie die jährlich an die Mitarbeiter abzuführenden Prämien für jedes Produkt und tragen Sie die Ergebnisse in die unten stehende Tabelle ein. (6 P.)

Beträge in Euro:

Jahr	Universalsoft	Officesoft	Safersoft	Summe
Jahr 00				
Jahr 01				
Jahr 02				
			Summe	

c) Berechnen Sie den jährlich verbleibenden Deckungsbeitrag für jedes Produkt und tragen Sie das Ergebnis in die unten stehende Tabelle ein. (6 P.)

Beträge in Euro:

Jahr	Universalsoft	Officesoft	Safersoft	Summe
Jahr 00				
Jahr 01				
Jahr 02				
			Summe	

d) Berechnen Sie den prozentualen Umsatzrückgang vom Jahr 01 auf das Jahr 02 für das Unternehmen bis auf die zweite Nachkommastelle. (3 P.)

e) Das Unternehmen hat jährliche Fixkosten für Gehälter und Verwaltung von 1.000.000 €. Berechnen Sie den verbleibenden Gewinn für das Jahr 02. (2 P.)

f) Das Budget für das neue Jahr 03 wurde bereits erstellt. Es sieht einen Gewinnzuwachs im Vergleich zum Vorjahr von insgesamt 6 % vor. Berechnen Sie die Gewinnerwartung für das Jahr 03 in EUR. (2 P.)

2. Handlungsschritt (25 Punkte)

In der Vergangenheit setzte die Software-Spezialist GmbH im Wesentlichen auf Werbung über Printmedien. Nun sollen verstärkt elektronische Medien eingesetzt werden, d. h. Internetpräsenz und multimediale DVDs, um sich als Beratungsunternehmen und Softwareanbieter aggressiv zu vermarkten.

a) Auf der Webseite sollen unter anderem Fotos der Firma sowie Screenshots der Software veröffentlicht werden. Die generellen Grafikformate, die hauptsächlich im Internet Verwendung finden, sind das GIF-, JPEG- und PNG-Format.

aa) Stellen Sie die Spezifikationen dieser Grafikformate im Hinblick auf die folgenden Merkmale gegenüber! (6 P.)

- Farbtiefe
- Transparenz
- Datenkompression bzw. Dateigröße
- Darstellung von Animationen

ab) Ein gemeinsames Merkmal aller drei Formate ist die Fähigkeit des „Interlaced-Modus".
Was ist darunter zu verstehen? (2 P.)

b) Ein digitales Foto des Firmengebäudes liegt als unkomprimierte Datei vor. Es hat eine Auflösung von 3.264 x 2.448 Pixel, bei 24 Bit Farbtiefe. Berechnen Sie die Dateigröße. (3 P.)

c) Auf einer DVD soll unter anderem eine 90 Sekunden Videosequenz zu sehen sein. Diese Videosequenz ist mit Stereoton in CD-Qualität unterlegt und soll mit 25 Bildern/s bei einer Auflösung von 720 x 576 Pixel und 24-Bit Farbtiefe abgespielt werden.

ca) Bei der Produktion des Videos wird eine AVI-Datei erstellt, in der sowohl der Video- als auch der Audioanteil unkomprimiert vorliegen. Berechnen Sie die Größe dieser Datei! (4 P.)

cb) Könnte diese Datei theoretisch von einem DVD-Laufwerk (mit 18-facher Lesegeschwindigkeit) ruckelfrei abgespielt werden? (2 P.)

cc) Obwohl bei unkomprimierten Videos keinerlei Qualitätsverluste auftreten, ist dieses Format, aufgrund der anfallenden Datenmengen, für einige Einsatzbereiche nicht zweckmäßig. Stattdessen verwendet man Kodierungsverfahren („Codecs") um die Datenmenge zu reduzieren. Ein sehr weit verbreitetes Format ist das MPEG-2 Format. Beschreiben Sie mindestens zwei technische Maßnahmen, die in diesem Format verwendet werden, um die Datenmenge des Videoanteils und damit die Übertragungsrate zu minimieren. (4 P.)

d) Die DVD beinhaltet auch Audiodaten, in denen ein Sprecher das Produkt vorstellt. Um gesprochene Sprache in eine digitale Form zu bringen, muss diese „gesampelt" werden. Erläutern Sie den Begriff „Sampling" und erörtern Sie in diesem Zusammenhang die Begriffe „Samplingrate" und „Samplingtiefe"! (4 P.)

3. Handlungsschritt (25 Punkte)

Der Kunde „Global Spielwaren AG“ setzt zurzeit das Produkt „Safersoft“ ein. Bei „Safersoft“ handelt es sich um ein auf einer SQL-Datenbank basierendes Softwarepaket, mit der Möglichkeit, es um individuelle, den Kundenanforderungen angepasste Module zu erweitern.

Ein Auszug aus der Datenbank von „Safersoft“ ist im Folgenden dargestellt:

a) Nennen und erläutern Sie zwei wesentliche Vorteile einer Client-Server- gegenüber einer Desktop- (oder dateibasierenden-) Datenbankarchitektur. (4 P.)

b) Bedingt durch eine ungünstigere Kostenstruktur wünscht der Kunde, dass sämtliche Artikelpreise um 5% erhöht werden. Das in „Safersoft“ existierende Modul zur Preisanpassung erlaubt gegenwärtig lediglich die Erhöhung einzelner Artikel oder ganzer Artikelgruppen, allerdings nicht die Möglichkeit einer generellen Preiserhöhung. Da dies eine einmalige Aktion ist, wünscht der Kunde keine Modulerweiterung, sondern bittet Sie lediglich die Preise einmalig entsprechend anzupassen. Welches SQL-Kommando müssen Sie absetzen, um dem Kundenwunsch nachzukommen? (5 P.)

c) Der Kunde wünscht eine Erweiterung des Report-Moduls. Diese Erweiterung soll die Möglichkeit bieten, sämtliche Kunden aufzulisten, die seit „[Datum]“ (ein vom Benutzer anzugebender Wert) Bestellungen aufgegeben haben, sowie die bestellten Artikel und deren Menge. Konkret werden die Felder Kunden_Nr, Kunden_Vorname, Kunden_Name, Best_Datum, Artikel_Nr und Best_Menge gewünscht. Formulieren Sie die entsprechende SQL-Abfrage, welche die Grundlage der gewünschten Modulanpassung bildet! (7 P.)

d) Da der Kunde nun auch mehr und mehr Abnehmer in den USA akquirieren konnte, möchte er das Produkt „Safersoft“ so erweitert haben, dass auch der US-Bundesstaat für die Kunden-, Liefer- und Rechnungsadresse erfasst werden kann, falls sich die Adresse in den USA befindet. Abgesehen von einer Modifikation der entsprechenden Datenbanktabellen, welche anderen Änderungen innerhalb der Anwendung müssen von Ihnen berücksichtigt werden? Nennen Sie mindestens drei funktionelle Bereiche! (4 P.)

e) Im Rahmen der verschiedenen Modulanpassungen tauchen immer wieder die Begriffe „Benutzerschnittstelle“ und „Datenschnittstelle“ auf.

   ea) Erläutern Sie die Unterschiede! (4 P.)

   eb) Im Anwendungsumfeld wird häufig der Begriff „GUI“ verwendet. Was bedeutet das? (1 P.)

4. Handlungsschritt (25 Punkte)

Auch beim Wareneingang setzt die „Global Spielwaren AG" das Produkt „Safersoft" ein. Allerdings kam es in der Vergangenheit in diesem Bereich immer wieder zu Fehlbuchungen. Sie werden gebeten, sich den Wareneingang vor Ort anzusehen.

a) Bei der Vor-Ort Besichtigung des Wareneingangs führen Sie ein Gespräch mit dem zuständigen Sachbearbeiter Herrn Nimm:

Frage: „Können Sie mir kurz erklären, wie der Wareneingang abläuft?"

Antwort: „Sobald der Spediteur eintrifft und die Ware anliefert, prüfe ich die Ware zunächst auf Vollständigkeit und Unversehrtheit und gleiche sie mit den offenen Bestelllisten ab. Dann bestätige ich die Warenannahme und unterschreibe den Lieferschein. Sobald ich dann eine freie Minute habe, suche ich aus einer Liste anhand der externen Artikelnummer unsere interne Artikelnummer heraus. Die externe Artikelnummer steht ja auf dem Lieferschein. Naja, hin und wieder kommt es vor, dass die Artikelnummer des Lieferanten auf dem Lieferschein nicht zu entziffern ist, aber manchmal stehen sie ja noch auf den Barcode-Etiketten die auf jedem Paket sind. Sobald ich also unsere interne Artikelnummer habe, gebe ich die ganzen Daten in das Warenwirtschaftssystem ein, d. h. Lieferant, unsere Artikelnummer, Warenmenge, Lieferzeitpunkt und was das „Safersoft" noch verlangt. Wenn ich mit allem fertig bin, hefte ich den Lieferschein ab."

Frage: „Können Sie mir bitte mal demonstrieren wie genau das abläuft?"

Antwort: „Kein Problem. Sehen Sie hier: diese Lieferung ist letzte Woche Dienstag angeliefert worden. Hier auf dem Lieferschein ist die Artikelnummer: XT-7155A-YF778. Es sieht so aus, als ob der Lieferschein ganz schön durchnässt gewesen sein muss... Die „8" am Ende könnte auch einen „9" sein. Schauen wir mal auf dem Barcode-Etikett... Wieder mal Glück gehabt, hier steht sie unter dem Barcode-Etikett noch einmal in Klartext, was leider auch nicht immer der Fall ist, sehen Sie? Also doch eine „9". Gut. Nun schaue ich hier in der Liste nach [geht zu einem Aktenschrank und holt einen Aktenorder heraus].

Also XT-7155A-YF779 hat bei uns die Nummer 10677812366. Notiere ich mir mal eben auf einem Notizzettel, also 1-0-6-7-7-8-1-2-3-6-6. OK. Nun also zum Warenwirtschaftssystem [geht zum Rechner].

Lieferant ist also die „Puppenschmiede GmbH" [gibt den Namen des Lieferanten ein, das System findet den Lieferanten]. Artikelnummer ist die 1-0-6-7-7-8-1-2-3-6-6 [gibt die Nummer ein]. Also ein Paket á 20 Stück [tippt die Stückzahl „20" ein]. Den wievielten haben wir heute noch mal? Ach so, den 10. April... [tippt das Datum und die Uhrzeit ein sowie einige weitere Informationen]. Jetzt nur noch den Lieferschein abheften und das war's."

aa) Stellen sie den Prozess des Wareneingangs als Prozessdiagramm dar! (3 P.)

ab) In der Vergangenheit führte dieser Prozess immer wieder zu Fehlbuchungen im Warenwirtschaftssystem. Identifizieren und beschreiben Sie die Schwachstellen des Prozesses, die die Ursache dieser Fehlbuchungen darstellen oder zu Datenungenauigkeiten führen könnten. (4 P.)

ac) Schlagen Sie der „Global Spielwaren AG" je eine technische und eine organisatorische Maßnahme vor, die den Prozess effizienter gestalten und Fehlbuchungen zu verhindern helfen. (4 P.)

Fortsetzung des 4. Handlungsschrittes auf der nächsten Seite

4. Handlungsschritt (25 Punkte)

Fortsetzung

b) Der Bereich des Wareneingangs ist nicht immer besetzt und für jeden Mitarbeiter frei zugänglich. Zur Erhöhung der Sicherheit wünscht der Kunde ein Modul zur Benutzeranmeldung am System Safersoft, welches nach drei fehlerhaften Anmeldeversuchen automatisch den Systemadministrator informiert. (14 P.)

Sie möchten sich beim Hersteller des Produktes Safersoft um eine Programmergänzung bemühen und haben bereits einen Programmablaufplan vorbereitet. Ordnen Sie die folgenden Schritte dem unten angegebenen Programmablaufplan zu, indem Sie die entsprechenden Ziffern in das nebenstehende Diagramm eintragen.

Nr	Anzahl	Text
1	1	Eingabe Passwort
2	1	Eingabe Username
3	1	Eingegebenes Passwort korrekt?
4	1	Erfassung der Daten über das Barcode-Lesegerät
5	1	ErrCount = 0
6	2	ErrCount erhöhen
7	3	Fehlermeldung ausgeben
8	1	LoginOK = false
9	1	LoginOK oder ErrCount > 3?
10	1	LoginOK = true
11	1	Passwort aus Datenbank auslesen
12	1	Informieren des Systemadministrators
13	1	Username in Datenbank?
14	1	ErrCount > 3?

Fortsetzung des 4. Handlungsschrittes auf der nächsten Seite

4. Handlungsschritt (25 Punkte)

Fortsetzung

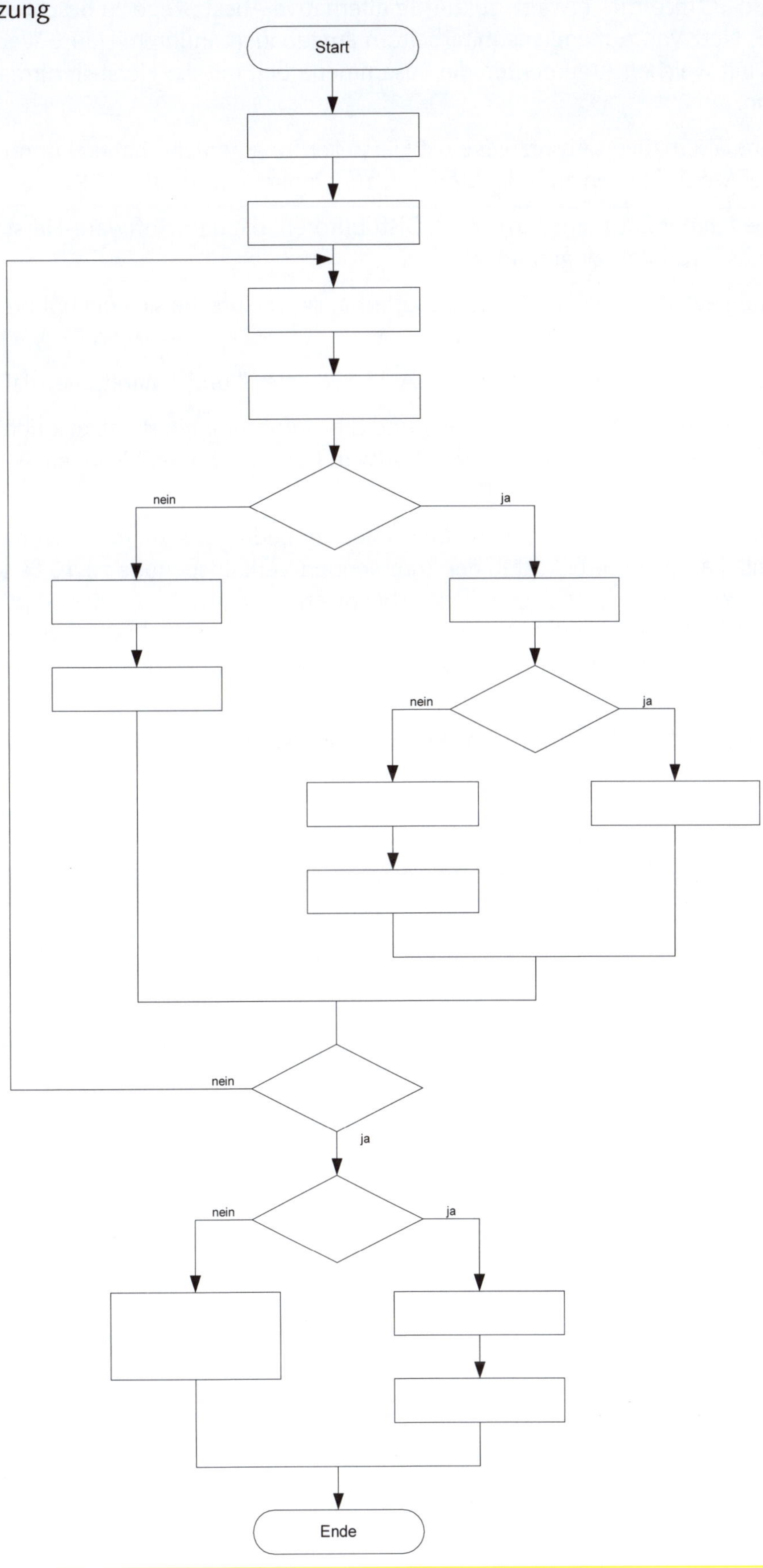

5. Handlungsschritt (25 Punkte)

Der Hersteller der Software „Officesoft“ erwägt, zukünftig alternative Absatzwege zu beschreiten und ein gebietsorientiertes Netz von Außendienstmitarbeitern aufzubauen. In Ihrem Hause werden Überlegungen angestellt, mit welchen Argumenten die Zusammenarbeit mit der Herstellerfirma aufrechterhalten werden kann.

a) Was glauben Sie, welche alternativen Absatzwege die Herstellerfirma gemeint haben könnte? Nennen Sie jeweils zwei Möglichkeiten zum direkten und zum indirekten Absatz. (4 P.)

b) Nennen Sie vier Vorteile bei der Zusammenarbeit mit Distributoren, die dem Software-Hersteller bei einem Strategiewechsel verloren gingen. (4 P.)

c) Als Grund für den Strategiewechsel erklärt die Herstellerfirma, sie verspreche sich ein höheres Absatzvolumen.

   Erläutern Sie den Unterschied zwischen den Begriffen „Absatzvolumen“ und „Marktpotenzial“. (4 P.)

d) Welche möglichen Auswirkungen können der Aufbau und die Einführung eines gebietsorientierten Netzes von eigenen Außendienstmitarbeitern für den Softwarehersteller haben? Nennen Sie fünf mögliche Vor- und fünf mögliche Nachteile. (5 P.)

e) Die Herstellerfirma sichert die weitere Zusammenarbeit unter der Bedingung zu, dass sich die Software-Spezialist GmbH an den Werbekosten der kommenden Verkaufsperiode zu 10 % beteiligt. In der laufenden Verkaufsperiode betragen die Werbekosten des Herstellers 100.000,00 €. Im kommenden Jahr ist eine Steigerung des Werbebudgets um 15 % geplant. Mit welchem Zuschuss muss die Software-Spezialist GmbH als Werbekostenbeitrag für die kommende Verkaufsperiode rechnen? (4 P.)

f) Mit welchen zusätzlichen Angeboten kann die Firma Software-Spezialist GmbH den Service für Ihre Kunden beim Vertrieb der Software „Officesoft“ verbessern? Machen Sie hierzu vier Vorschläge. (4 P.)

Ausgangssituation

Die 2 & 3 GmbH ist ein Internetprovider und bietet den Kunden nicht nur Internetzugänge an, sondern darüber hinaus eine umfassende Palette an Dienstleistungen rund um das Internet, angefangen vom Serverhosting bis hin zur Erstellung kompletter Webauftritte.

Sie sind Mitarbeiter/-in im Vertrieb, beraten einen festen Kundenstamm und sind somit Schnittstelle zwischen Kunden und Technikern.

Dabei sollen Sie die nunmehr aufgeführten Handlungsschritte bearbeiten:

1. Handlungsschritt: Definieren Sie Zielgruppen und Mindestangaben.
2. Handlungsschritt: Bereiten Sie eine Teambesprechung zur SAN-Technologie vor.
3. Handlungsschritt: Diskutieren Sie den Einsatz von Linux-Systemen.
4. Handlungsschritt: Erörtern Sie wichtige Mechanismen im LAN.
5. Handlungsschritt: Erarbeiten Sie Verfahrensweisen gegen den Zahlungsverzug.

1. Handlungsschritt (25 Punkte)

Die 2 & 3 GmbH hat hinsichtlich ihrer E-Commerce-Lösung verschiedene Zielgruppen anvisiert, um den Umsatz in den nächsten Jahren zu steigern. Im Umgang mit jeder Zielgruppe sind unterschiedliche Begrifflichkeiten und rechtliche Grundlagen zu beachten.

a) Grenzen Sie die Begriffe „Business-to-Business", „Business-to-Customer" und „Business-to-Government" voneinander ab und geben Sie jeweils zwei allgemeine und praxisorientierte Beispiele für Vertragsabschlüsse. (12 P.)

b) Die 2 & 3 GmbH kooperiert mit anderen Unternehmen und ist Teilnehmer eines Affiliate-Systems.

ba) Erläutern Sie die Funktionsweise eines Affiliate-Systems. (3 P.)

bb) Welche Vorteile hat die 2 & 3 GmbH von der Teilnahme an einem solchen System als Vermittler und als Händler? Nennen Sie jeweils zwei Aspekte. (2 P.)

c) Welche Mindestangaben müssen Anbieter gewerblich genutzter Internetseiten leicht zugänglich aufführen? (8 P.)

2. Handlungsschritt (25 Punkte)

Da die 2 & 3 GmbH in großem Maßstab Dienstleistungen im Bereich Server-Hosting anbietet, werden große Speicherkapazitäten benötigt. Die bisherige Architektur besteht aus mehreren Servern, wobei an jedem Server ein Festplattenarray angeschlossen ist, die teilweise bereits an ihre Kapazitätsgrenzen stoßen. Nun möchte die 2 & 3 GmbH ihre Kapazitäten erweitern und gleichzeitig über mögliche Maßnahmen zur Effizienzsteigerung der Infrastruktur nachdenken.

Sie gehören einem firmeninternen Team an, das verschiedene Möglichkeiten zur Erweiterung der Kapazitäten diskutieren und eine Entscheidung treffen soll. Eine infrage kommende Technologie ist ein sogenanntes „SAN". Innerhalb des Teams kommt Ihnen die Aufgabe zu, sich mit den möglichen Vorzügen einer derartigen SAN-Lösung im Vergleich zur bisherigen Struktur zu beschäftigen und Ihre Ergebnisse dem Team zu präsentieren. Hierzu haben Sie sich zunächst mit Informationsmaterial eingedeckt (s. englischer Text auf der nächsten Seite).

Des Weiteren sollen auch Möglichkeiten zur Effizienzsteigerung der bestehenden Serverlandschaft vom Team erörtert werden.

Bereiten Sie sich auf die Teambesprechung vor!

a) Stellen Sie zunächst stichpunktartig eine Liste der Anforderungen hinsichtlich der Datenspeicherung zusammen, basierend auf dem Tätigkeitsfeld als Provider! Nennen Sie vier relevante Anforderungen. (4 P.)

b) In dem englischsprachigen Informationsmaterial wird eine Einführung in das Konzept eines SANs gegeben.

   ba) Fassen Sie die im Text dargestellte traditionelle Speicherarchitektur mit ihren Nachteilen sinngemäß zusammen. Eine wörtliche Übersetzung ist hier nicht gefragt! (4 P.)

   bb) Stellen Sie stichwortartig die im Text erwähnten Vorteile einer SAN-Lösung im Vergleich zu herkömmlichen Strukturen zusammen! (6 P.)

c) Im Rahmen der Diskussion über Neuorganisation der bestehenden Serverlandschaft informieren Sie sich über aktuelle Konzepte im Bereich „Server Virtualisierung" / "Virtual Server".

   ca) Beschreiben Sie das grundlegende Konzept der „Virtualisierung"! (4 P.)

   cb) Geben Sie drei Gründe an warum dieses Konzept zur Effizienzsteigerung oder Kostenoptimierung im Serverbereich beitragen kann! (3 P.)

   cc) Es wurde beschlossen zunächst ein kleines Pilotprojekt zum Einsatz von virtuellen Servern zu starten. Hierzu wurde die Supportabteilung ausgewählt, deren Hauptaufgabe es ist, auftretende Kundenprobleme unter verschiedensten Betriebssystemen und Konfigurationen zu lösen. Geben Sie in Stichworten zwei Vorteile für den Einsatz eines virtuellen Servers im Supportumfeld an! (4 P.)

Informationsmaterial zum 4. Handlungsschritt auf der nächsten Seite

2. Handlungsschritt (25 Punkte)

Fortsetzung

A **Storage Area Network** (SAN) is the method of choice for connecting shared data storage resources. A SAN is a high-speed network, similar in concept to a Local Area Network (LAN), that establishes a direct connection between storage elements and servers or clients, generally through a Fibre Channel switch.

In the traditional storage model, each server attached to a network requires its own dedicated storage. If a new server is needed in order to meet the requirements of a network, it is also necessary to add dedicated storage for that server. If additional storage is necessary in order to support the demands on one server, it has to be added specifically for that server, even though an adjacent server may still have available storage capacity.

The Storage Area Network operates behind the servers to provide a common link between servers and storage, allowing administrators to independently scale the storage or server processing power as requirements demand. It allows multiple servers to access the same data so that duplication of information can be reduced, and permits data backup to take place directly over storage channels, eliminating the bottleneck of the relatively slow LAN. Data is also more consistently available, as the failure of a single server will not cut off any storage from remaining servers.

Old Enterprise Storage Topology

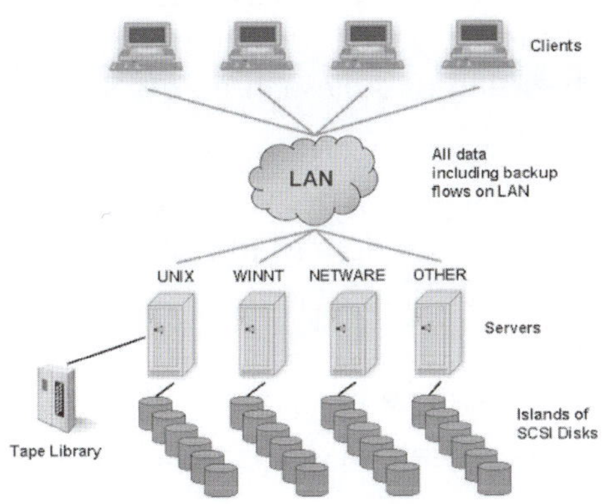

The New Storage Area Network Topology

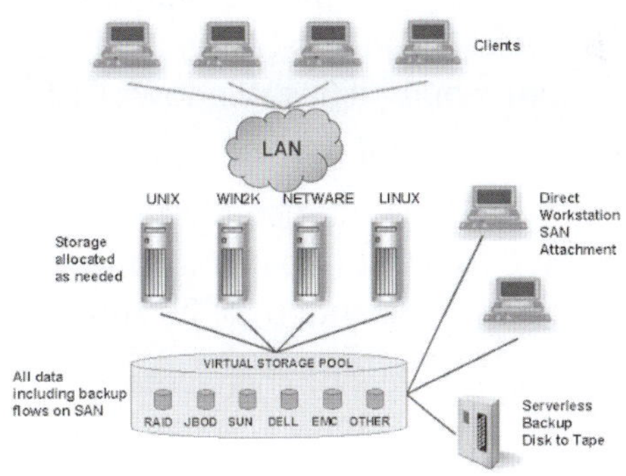

The Benefits:

A SAN makes physical storage capacity a single, scalable resource and allows the flexible allocation of virtualized storage volumes. Backup tasks that were a huge administrative and computer-resource burden under old storage architectures can be managed by the SAN while achieving storage management cost savings of up to 80 %. A properly-designed SAN is scalable, cost-effective, and enhances overall system performance. Legacy SCSI devices can be integrated into a SAN. Rather than requiring the scrapping of legacy storage devices, a SAN can actually increase their system-wide effective usable capacity by up to 30 %.

Storage Area Networks are an integral part of any up-to-date High-Availability plan. If you are an ISP, a large financial services enterprise, an educational institution, a government department or laboratory, an electronic pre-press or digital video production group, a TV-broadcasting station moving to digital services, or any organization with increasing data storage needs, you will need a SAN.

Ref: http://www.infrastor.com, Copyright 2003

3. Handlungsschritt (25 Punkte)

Sie betreuen unter anderem das Architekturbüro Kusio & Partner bzgl. deren Internetpräsenz. Im Rahmen eines Kundengesprächs erklärt Ihnen die Geschäftsführerin, Frau Kusio, dass das Unternehmen auch beabsichtige seine Serverlandschaft zu modernisieren. Zurzeit verfüge das Unternehmen über mehrere, veraltete Windows-Server.

Ihr IT-Leiter habe ihr nahegelegt, im Rahmen der Modernisierung auch die Umstellung von einer homogenen Windows-Umgebung auf eine heterogene Windows- und Unix- bzw. Linux-Umgebung in Erwägung zu ziehen. Da sie mit den technischen Details nicht besonders vertraut sei, bittet Frau Kusio Sie um Beratung bzw. um eine zweite Meinung.

a) Frau Kusio möchte mehr über den Einsatz von Linux-Servern erfahren. Nennen Sie ihr jeweils drei Argumente, die für und drei Argumente, die gegen den Einsatz von Linux-Servern in Unternehmen sprechen! (6 P.)

b) Weiterhin möchte Frau Kusio gerne über den Unterschied zwischen den Betriebssystemen Linux und Unix aufgeklärt werden. Erläutern Sie den Hauptunterschied! (3 P.)

c) Während in einer homogenen Windows-Umgebung der Zugriff auf Rechner über die Netzwerkumgebung erfolgen kann, so sind dort Linux/Unix Rechner normalerweise nicht sichtbar. Erläutern Sie, welche Voraussetzungen gegeben sein müssen, damit auch Linux/Unix Rechner in der Netzwerkumgebung eines Windows Client zu sehen sind und diese ihre Ressourcen dort zur Verfügung stellen können. (3 P.)

d) Nachdem Sie Frau Kusio mit den Möglichkeiten und Unterschieden der verschiedenen Betriebssysteme vertraut gemacht haben, bittet sie Sie bezüglich der auf dem Markt verfügbaren Linux-Distributionen um Rat. Nennen Sie ihr fünf gängige Linux-Distributionen! (5 P.)

e) Da Frau Kusio sehr an technischen Details interessiert ist, würde sie sich gerne einmal die praktische Seite der Serveradministration anschauen. Aus diesem Grund bieten Sie ihr an, sich einen ersten Eindruck in einem der IT-Räume der 2 & 3 GmbH zu verschaffen, in der sehr viel mit Linux-Servern gearbeitet wird.

Auf dem Bildschirm eines Linux-Servers in der IT-Abteilung ist gerade die Ausgabe des „`ls -l`"-Befehls zu erkennen:

```
-rwxr-xr--   1 root     ftpusers  1726082 Jul 26 2015 snort-1.8.7.tar.gz
-rwxr--r--   1 root     root        57451 Oct 14 2015 vsftpd-1.0.1-74.i386.rpm
drwxr-xr-x   3 ftptest  nagios        216 Oct 10 2015 watchlog-1.3
-rwxr--r--   1 root     root        21354 Oct 10 2015 watchlog-1.3.tar.gz
```

Neugierig fragt Frau Kusio nach der Bedeutung dieser Zeilen. Erläutern Sie ihr detailliert die Bedeutung der einzelnen Teilbereiche! (8 P.)

4. Handlungsschritt (25 Punkte)

Sie betreuen auch den neuen Auszubildenden, Christian Dünnbrett, der zwar ein guter Programmierer, aber im Netzwerkwerkbereich noch recht unerfahren ist. Er bittet Sie, ihm einige grundlegende Fragestellungen zu erklären.

a) Namensauflösungsmechanismen spielen eine große Rolle im Netzwerkbereich. Begründen Sie diese Tatsache! (1 P.)

b) Einen der wichtigsten Mechanismen zur Namensauflösung im Netzwerk stellt der DNS-Dienst (Domain Name System) dar. Grundsätzlich unterscheidet man, insbesondere bei der Nutzung des DNS-Dienstes im Internet, zwischen iterativer und rekursiver Namensauflösung. Skizzieren Sie den Unterschied anhand des Ablaufes der Namensauflösung für beide Mechanismen! (4 P.)

c) Ein äußerst wichtiges Protokoll im LAN ist ARP.

   ca) Wofür steht „ARP"? (3 P.)

   cb) Erläutern Sie den Zweck von ARP und umreißen Sie die prinzipielle Funktionsweise! (6 P.)

d) In einem LAN befinden sich zwei Rechner (host1.firma.de und host2.firma.de). Nehmen wir an, Sie geben, nachdem Sie Ihren Rechner host1.firma.de gerade frisch gestartet haben, in der Kommandozeile folgenden Befehl an „ping host2.firma.de", so werden „Ping"-Pakete zum Rechner host2 gesendet. Bis allerdings das erste Ping-Paket Ihren Rechner verlässt, laufen erst einmal einige Erkundungsdienste im Hintergrund ab.

   Nennen Sie die beiden elementaren Netzwerkmechanismen, die notwendig sind, um das komplette Ping-Paket an den Rechner host2.firma.de zu senden. (6 P.)

e) Ein Server in einem Netzwerk ist in der Lage, verschiedenste Dienste dem Netz zur Verfügung zu stellen. Diese Dienste werden oft über ein und dieselbe IP-Adresse im Netzwerk angesprochen.

   ea) Erläutern Sie, durch welchen Mechanismus der Server die ankommenden verschiedenen Dienstanfragen unter derselben IP-Adresse unterscheiden kann. (2 P.)

   eb) Geben Sie drei Beispiele für Standarddienste! (3 P.)

5. Handlungsschritt (25 Punkte)

Die Buchhaltung macht Sie darauf aufmerksam, dass einige Ihrer gewerblichen Großkunden in letzter Zeit ihren Zahlungsverpflichtungen nicht nachgekommen sind.

a) Welche Gründe könnte es haben, dass bislang von diesen Kunden keine Zahlungen eingegangen sind? Nennen Sie vier mögliche Gründe. (8 P.)

b) Auf Ihre Nachfrage hin bestätigt Ihnen die Mitarbeiterin der Buchhaltung, dass nach Zusendung der Rechnung vor 45 Tagen bislang noch keine kaufmännische Mahnung an die betreffenden Kunden versandt wurde. Aus welchen Gründen befinden sich die Kunden dennoch in Verzug? (1 P.)

c) Erläutern Sie den Begriff „Verzug". (3 P.)

d) Die Zahlungsfähigkeit stellt bereits bei der Geschäftsanbahnung ein wichtiges Kriterium im Umgang mit dem Kunden dar.

   da) Bei welcher Zielgruppe ist das Forderungsausfallrisiko am geringsten? Begründen Sie Ihre Entscheidung. (2 P.)

   db) Der Geschäftsführer bittet Sie in Zusammenarbeit mit einer Mitarbeiterin der Buchhaltung Lösungsvorschläge zu erarbeiten, die mögliche Zahlungsausfälle bei Kunden vermeiden helfen. Stellen Sie anhand von drei Beispielen kurz in Stichworten dar, welche Maßnahmen denkbar wären. (6 P.)

e) Welche Möglichkeiten hat der Kunde auf Liquiditätsprobleme kurzfristig zu reagieren? Nennen Sie in Stichworten drei Beispiele. (3 P.)

f) Die 2 & 3 GmbH hat bei ihrer Hausbank eine Kreditlinie zur Überziehung des Geschäftskontos. Die Bank berechnet bei Überziehung einen Dispositionszins von 12 % p.a. Welcher finanzielle Schaden entsteht der 2 & 3 GmbH täglich durch Zahlungsverzug ihrer Kunden, wenn die Summe der im Verzug befindlichen offenen Posten bei 25.000 € liegt? Runden Sie kaufmännisch! (2 P.)

Ausgangssituation

Die ABC Software GmbH entwickelt und vertreibt Software für Speditionen und Unternehmen aus der Logistikbranche. Neben der Erstellung von Individualsoftware im Logistikbereich soll mit den fertigen Softwareprodukten „Worldwide“ für Großunternehmen, „Depot“ für mittelständische Logistiker sowie „On-The-Road“ für kleine selbstständige Einzelunternehmer mit bis zu fünf Fahrzeugen ein Großteil des Logistikmarktes bedient werden.

Sie sind neu als Produktmanager/-in eingestellt worden und sollen an der weiteren Konzeption und Erstellung der Software mitwirken.

Die von Ihnen zu bearbeitenden fünf Handlungsschritte sind in der folgenden Übersicht veranschaulicht:

1. Handlungsschritt: Modulare Softwarearchitektur und Schutzmechanismen erörtern
2. Handlungsschritt: Projektmanagementprobleme lösen
3. Handlungsschritt: Datenbank entwerfen
4. Handlungsschritt: Programmierstunden sichten und Personalkosten ermitteln
5. Handlungsschritt: Unternehmen neu organisieren

1. Handlungsschritt (25 Punkte)

Die Software „Worldwide“ ist in die Module „Auftragsabwicklung“, „Transport- und Tourenplanung“ sowie „Lagerwesen“ untergliedert und soll um zusätzliche Funktionen erweitert werden.

a) Erläutern Sie den Begriff „Modul“ im Software-Zusammenhang. (3 P.)

b) Nennen Sie drei wesentliche Vorteile beim systematischen Aufbau einer Software in Module. (3 P.)

c) Um die Arbeitsweise des Moduls Auftragsabwicklung nachvollziehen zu können, sollten Ihnen die einzelnen Schritte zur Bearbeitung eines Auftrages bekannt sein. In der folgenden Tabelle sind die einzelnen Prozessschritte des Lieferanten und seines Kunden in alphabetischer Reihenfolge aufgelistet:

Teilschritt	Lieferant	Kunde
Angebot	Erstellung (1) Kalkulation (2) Versendung (3)	Anbieterrecherchen (10) Anfrage (11) Prüfung (12)
Auftrag	Ausführung (4) Auftragsbestätigung (5) Auftragseingang (6)	Abnahme (13) Bestellung (14)
Rechnung	Fakturierung (7) Versendung (8)	Eingangsbuchung (15) Prüfung (16)
Zahlung	Eingangsbuchung (9)	Überweisung (17)

Erarbeiten Sie die richtige Reihenfolge der einzelnen Prozessschritte und stellen Sie Ihr Ergebnis in einem Prozessdiagramm dar. (17 P.)

d) Beim Anlegen von Aufträgen in IT-Systemen kommt es manchmal zu fehlerhaften Eingaben durch die Erfasser. Welche Mechanismen lassen sich bei der Programmierung von Software integrieren, um den Fehlergrad so weit wie möglich zu reduzieren? (2 P.)

2. Handlungsschritt (25 Punkte)

Als Produktmanager sind Sie maßgeblich für die Positionierung der Software auf dem Markt verantwortlich. Eine Ihrer Aufgaben ist die technische Produktpolitik.

a) Diverse Änderungen der Zollbestimmungen machen zwingend Anpassungen des Produktes „Worldwide" notwendig. Als Produktmanager stellen Sie ein Projektteam zusammen, um diese Anpassungen durchzuführen und bestimmen einen Projektleiter. Nennen Sie fünf generelle Aufgaben, die ein Projektleiter erfüllen sollte! (5 P.)

b) Handelt es sich bei „Worldwide" um eine Branchen- oder eine Individualsoftware? Begründen Sie Ihre Entscheidung! (2 P.)

c) Ein weiterer wichtiger Aspekt Ihrer Aufgabe als Produktmanager ist das „Release Management".

   ca) Erläutern Sie den Begriff „Release"! (3 P.)

   cb) Nennen Sie fünf Teilbereiche des Release Managements! (5 P.)

   cc) Stellen Sie je einen Vor- und einen Nachteil eines kurzen Release-Zyklus im Vergleich zu einem langen Release-Zyklus gegenüber! (2 P.)

   cd) Teilweise werden auf dem Markt Änderungen einer Software den Kunden kostenlos zur Verfügung gestellt. Geben Sie zwei mögliche Gründe an! (2 P.)

   ce) Grenzen Sie im Zusammenhang mit Releases die Begriffe „Update" und „Upgrade" voneinander ab! (2 P.)

d) Die ABC Software GmbH verfügt über eine Supportabteilung, die nicht nur Kunden Hilfestellung bei Problemen mit der Software gibt, sondern auch Fehler sowie gewünschte individuelle, kundenspezifische Erweiterungen der Software analysiert und an die Entwicklungsabteilung weiterleitet. In Ihrer Funktion als Produktmanager streben Sie eine enge Zusammenarbeit mit der Supportabteilung an. Begründen Sie anhand von zwei Aspekten, warum dies sinnvoll ist! (4 P.)

3. Handlungsschritt (25 Punkte)

Die Quo-Vadis GmbH ist ein kleines Unternehmen, das sich für das Produkt „Depot“ interessiert.

a) Bisher wurde die Fahrtenplanung der Quo-Vadis GmbH in Form einer einfachen Excel-Tabelle durchgeführt. Diese hatte (ausschnittsweise) folgende Form.

Auftragsnr./VNr.	FahrerNr.	Fahrer	KundenNr.	Kunde	Ladung
617,76813	187	Schwarz	566	Quanten GmbH	Kabeltrommeln, Meßgeräte
618,78170	68	Kleinschmidt	793	Söhnbein AG	Kabeltrommeln
619,40988	187	Schwarz	793	Söhnbein AG	Kabeltrommeln, Chemikalien, Meßgeräte
620,78170	187	Schwarz	793	Söhnbein AG	Chemikalien
622,76813	68	Kleinschmidt	566	Quanten GmbH	Meßgeräte

Hierbei steht **VNr** für die Vertragsnummer.

aa) Um diese Tabelle sinnvoll in einer Datenbankstruktur abbilden zu können, muss sie zunächst normalisiert werden. Normalisieren Sie diese Tabelle so, dass sie der dritten Normalform genügt und stellen Sie Ihre Lösung in Diagrammform vor! (5 P.)

ab) Kennzeichnen Sie die Primärschlüssel. (1 P.)

ac) Zeichnen Sie die Abhängigkeiten der Tabellen ein und geben Sie die Art der Abhängigkeit an! (2 P.)

b) Beim Durchsehen der Dokumentation von „Depot“ fallen Ihnen einige datenbankspezifische Begriffe auf. Erläutern Sie die folgenden Begriffe! (4 P.)

ba) Redundanz

bb) Primärschlüssel

bc) Datensatz

bd) INSERT

c) Die folgende Datenstruktur liegt in einem Datenbanksystem vor (Schlüsselfelder sind hervorgehoben). Zwischen allen Tabellen besteht eine Beziehung „referentielle Integrität“ (ohne Lösch- und Aktualisierungsweitergabe).

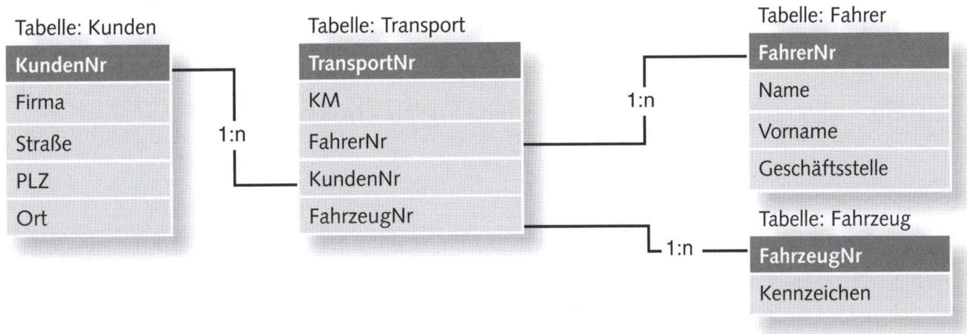

Fortsetzung des 3. Handlungsschrittes auf der nächsten Seite

3. Handlungsschritt (25 Punkte)

Fortsetzung

Bis jetzt sind folgende Datensätze erfasst:

Tabelle: Kunden

KundenNr	Firma	Straße	PLZ	Ort
1	Müller & Sohn	Jasminweg 17	42655	Solingen
2	Feedme	Lindenstraße 43	42369	Wuppertal
3	UPV	Bachstraße 20	42803	Remscheid

Tabelle: Transport

TransportNr	KM	FahrerNr	KundenNr	FahrzeugNr
1	283	1	1	S1
2	680	2	1	S2
3	1570	1	2	S1
4	478	2	3	S2

Tabelle: Fahrer

FahrerNr	Name	Vorname	Geschäftsstelle
1	Meier	Gerd	Düsseldorf
2	Schulz	Peter	Düsseldorf

Tabelle: Fahrzeug

FahrzeugNr	Kennzeichen
S1	GE-TT-483
S2	GE-TT-521

Prüfen Sie, ob die folgenden Operationen erlaubt sind oder zu einem Fehler führen. Erläutern Sie im Falle eines Fehlers, warum die Operationen nicht erlaubt sind.

ca) Hinzufügen von {4/Müller & Sohn/Käferstraße 4/42232/Wuppertal} zur Tabelle „Kunden" (1 P.)

cb) Hinzufügen von {2/Müller AG/Am Kressling 1/42653/Solingen} zur Tabelle „Kunden" (1 P.)

cc) Hinzufügen von {5/210/3/1/S1} zur Tabelle „Transport" (1 P.)

cd) Hinzufügen von {6/300/2/3/S2} zur Tabelle „Transport" (1 P.)

ce) Löschen des Datensatzes mit der TransportNr „4" aus der Tabelle „Transport" (1 P.)

cf) Löschen des Kunden „Feedme" aus der Tabelle „Kunden" (1 P.)

cg) Änderung der Adresse des Kunden „UPV" in der Tabelle „Kunden" (1 P.)

ch) Änderung des Datensatzes {S1/GE-TT-483} in {S3/GE-ST-661} in der Tabelle „Fahrzeug" (1 P.)

d) „Depot" basiert auf einem relationalen Datenbankmodell und einer SQL-Datenbank.

da) In relationalen Datenbanken kann ein sogenannter „Index" angelegt werden. Was ist die Zielsetzung eines Index? (2 P.)

db) Erläutern Sie, wie ein Index arbeitet, um diese Zielsetzung zu erreichen! (3 P.)

4. Handlungsschritt (25 Punkte)

Ihre vier Kollegen aus der Programmierung haben sich mit der Weiterentwicklung der Softwareprodukte „Worldwide", „Depot" und „On-The-Road" beschäftigt. Da Ihr Chef eine Zwischenabrechnung über die bislang angefallenen Kosten für jedes Produkt wünscht, erhalten Sie von Ihren Kollegen die ausgefüllten Stundenzettel mit den folgenden produktbezogenen Programmierstunden:

Programmierer	Worldwide	Depot	On-The-Road
Meier	20	60	80
Müller	40	40	80
Schmidt	20	125	15
Schneider	60	45	55

Die monatlichen Personalkosten betragen bei 160 Monatsarbeitsstunden bei Herrn Müller und Herrn Meier jeweils 4.800 €, bei Herrn Schneider sowie Herrn Schmidt jeweils 4.000 € (allesamt inkl. Lohnnebenkosten).

a) Errechnen Sie die Personalkosten für die Produkte „Worldwide", „Depot" und „On-The-Road". (10 P.)

b) Errechnen Sie die Personalkosten für die Produkte „Worldwide", „Depot" und „On-The-Road", wenn jeder der vier Programmierer zusätzlich (nicht in der Tabelle aufgeführte) 15 Überstunden für ein Tool aufgewendet hätte, das in allen drei Produkten Verwendung findet und dessen Kosten gleichrangig auf die drei Produkte verteilt würden. (9 P.)

c) Die Kosten für das von den Programmierern in 15 Stunden erstellte Tool wurden für die Geschäftsleitung kalkulatorisch gleichmäßig auf die drei Softwareprodukte „Worldwide", „Depot" und „On-The-Road" verteilt. Welche Möglichkeiten der kalkulatorischen Kostenverteilung erscheinen Ihnen ebenfalls sinnvoll? Benennen Sie drei weitere Möglichkeiten der Kostenverteilung und erläutern Sie den Verteilungsgrund. (6 P.)

5. Handlungsschritt (25 Punkte)

Die Unternehmensleitung sucht im Hinblick auf eine geplante Expansion nach einer neuen Organisationsform. Auf der Grundlage der Softwareprodukte „Worldwide", „Depot" und „On-The-Road" verfügt Ihr Unternehmen neben dem Geschäftsführer über die Abteilungen Support, Vertrieb, Buchhaltung, Personalabteilung, Einkauf sowie Programmierung. Da sich die Softwareprodukte hinsichtlich der Zielgruppen sehr stark voneinander unterscheiden, erwägt man die Aufbauorganisation nach den Prinzipien der Matrixorganisation zu organisieren.

a) Erstellen Sie auf der Grundlage der o. g. Abteilungen ein Firmenorganigramm für die Matrixorganisation. (10 P.)

b) Erläutern Sie, welche Probleme es in der täglichen Arbeit in diesem Organisationsgefüge geben kann und verdeutlichen Sie dies an einem Beispiel. (4 P.)

c) Möglicherweise bietet sich bei der ABC Software GmbH auch eine Mischform von mehreren Aufbauorganisationsarten an, da einige Abteilungen deutlich produktbezogener arbeiten müssen als andere Abteilungen.

   Welche Abteilungen lassen sich eher in eine Linienorganisation einbinden und bei welchen Abteilungen bietet sich die Matrixorganisation an? Begründen Sie Ihre Entscheidung. (6 P.)

d) Im Zuge einer möglichen Neuorganisation und Umstellung auf eine Matrixorganisation ist angedacht, den Leitern der Abteilungen Einkauf und Verkauf „Handlungsvollmacht" zu erteilen und dem Leiter der Buchhaltung „Prokura".

   da) Beschreiben Sie den Unterschied der beiden Vollmachten und erläutern Sie, welche die umfangreichere Vollmacht darstellt. (3 P.)

   db) Mit welchen Kürzeln werden die Unterschriften der Handlungsbevollmächtigten und der Prokuristen im Geschäftsverkehr üblicherweise gekennzeichnet? (2 P.)

Ausgangssituation

Die Slotti Software GmbH entwickelt und vertreibt Software für Banken und möchte ein neues Produkt für selbstständige Finanzberater auf den Markt bringen.

Sie arbeiten in der Entwicklungsabteilung und sollen die Federführung dieses Projektes übernehmen. Zu Ihrer Unterstützung sollen zwei weitere Programmierer/-innen eingestellt werden.

Bis zur erfolgreichen Beendigung dieses Projektes müssen die nachstehenden Aufgaben gelöst werden:

1. Handlungsschritt: Marktstrategische Überlegungen
2. Handlungsschritt: Projektkalkulation
3. Handlungsschritt: Strategien zur Softwareentwicklung
4. Handlungsschritt: Entwicklung eines Software-Moduls
5. Handlungsschritt: Einsatz der Programmiersprache Java

1. Handlungsschritt (25 Punkte)

Bei Einführung der neuen Software für selbstständige Finanzberater spielen auch marktstrategische Fragen zur Produkteinführung eine wichtige Rolle.

a) Um die Einführung der Software auf den Markt erfolgreich begleiten zu können, sollten Ihnen die folgenden Begriffe geläufig sein. Beschreiben Sie mit einem Satz die jeweilige Bedeutung der Begriffe. (4 P.)

   1. Marktdurchdringung
   2. Marktentwicklung oder Markterschließung
   3. Produktinnovation oder Produktentwicklung
   4. Diversifikation

Fortsetzung des 1. Handlungsschrittes auf der nächsten Seite

1. Handlungsschritt (25 Punkte)

Fortsetzung

b)

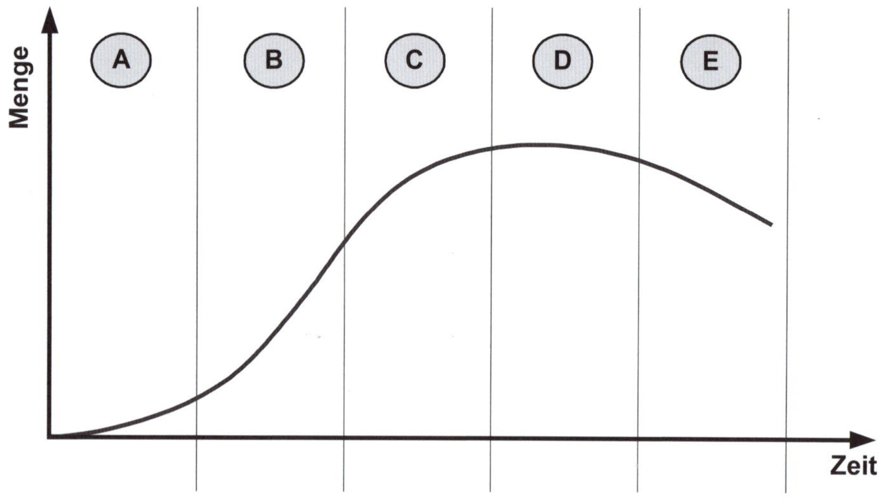

Bezeichnen Sie die Phasen **A** bis **E** des Produktlebenszyklus und tragen Sie Ihr Ergebnis hinter den Buchstaben ein. (5 P.)

ba) (A) ______________________________

bb) (B) ______________________________

bc) (C) ______________________________

bd) (D) ______________________________

be) (E) ______________________________

c) Bei der Einführung eines Produktes bietet sich die Strategie eines hohen Einführungspreises an – oder alternativ die Strategie eines niedrigen Einführungspreises. Geben Sie für beide Strategien je ein beispielhaftes Produkt der IT-Branche an und begründen Sie Ihre Entscheidung. (6 P.)

d) Sie sollen die Geschäftsleitung der Slotti Software GmbH bei der strategischen Preisfindung beraten. Welche Strategien der Einführungspreise würden Sie vorschlagen, wenn…

da) … die Slotti Software GmbH erster und einziger Anbieter der Software auf dem Markt wäre? (2 P.)

db) … die Slotti Software GmbH ein zusätzlicher Anbieter unter vielen annähernd funktionsgleichen Produkten wäre? (2 P.)

dc) … das neue Programm der Slotti Software GmbH mit einer Zusatzfunktion ein Alleinstellungsmerkmal auf dem Markt vieler Anbieter aufweist? (2 P.)

dd) … es trotz einiger Konkurrenzanbieter bereits eine Vielzahl von Vorbestellungen und Anfragen bei der Slotti GmbH zu dem neuen Produkt gibt? (2 P.)

de) … es zwar noch keine weiteren Anbieter auf dem Markt gibt, aber bereits mehrere Softwareanbieter parallel zur Slotti GmbH an der Entwicklung eines solchen Produktes arbeiten? (2 P.)

Begründen Sie Ihre Entscheidungen!

2. Handlungsschritt (25 Punkte)

Zur Aufnahme der Anforderungen an die Software sowie zur Steuerung der Produkterstellung wurde am 01.01.X2 eine Produktmanagerin mit einem Monatsgehalt von 5.000 € inklusive Lohnnebenkosten eingestellt. Voraussichtlich wird die Erstellung mit vier Programmierern vom 01.01.X2 an zwölf Monate in Anspruch nehmen, wobei für die Programmierer jeweils ein Gehalt von 4.000 € inklusive Lohnnebenkosten zu kalkulieren ist.

Nach der Produkteinführung soll sich die Produktmanagerin weiterhin um die Vermarktung und Weiterentwicklung der Software kümmern. Am 01.12.X2 soll bei vier Testkunden das Softwareprodukt installiert werden, damit der restliche Dezember noch für evtl. Nachprogrammierungen genutzt werden kann. Gleichzeitig soll noch im Dezember ein Werbeetat von 48.000 € eingesetzt werden, um das Produkt am Markt bekannt zu machen. Die Software soll zu einem Nettopreis von 500 € an die Kunden verkauft werden. Es wird damit gerechnet, dass sich ab Januar X3 monatlich 50 Einheiten verkaufen lassen, wenn die Produktmanagerin den Verkaufsprozess gezielt unterstützt.

a) Welche Kosten sind bereits bis zur Markteinführung am 01.01.X3 angefallen? (4 P.)

b) Ermitteln Sie den Monat des erwarteten Break-Even-Points. (8 P.)

c) Berechnen Sie den Gesamtgewinn, den das Unternehmen bei dem erwarteten Verkaufserlös mit dem neuen Softwareprodukt voraussichtlich zwischen dem 01.01.X2 und dem 31.12.X4 insgesamt erwartet. (8 P.)

d) Nachdem sich das Produkt am Markt etabliert hat, wird für das Geschäftsjahr 01.01.X5 bis 31.12.X5 mit einem Absatz von monatlich 80 Einheiten gerechnet, wenn gleichzeitig der Nettoangebotspreis (auf Grund stark aufkommender Konkurrenzprodukte) auf 400 € gesenkt würde. Welche prozentuale Abweichung des gesamten Nettoumsatzes ist im Vergleich zu den Vorjahren im Geschäftsjahr 01.01.X5 bis 31.12.X5 zu erwarten? (5 P.)

3. Handlungsschritt (25 Punkte)

Zur programmtechnischen Umsetzung des Projektes berufen Sie eine Sitzung mit allen Kollegen des Entwicklungsteams ein, um einige grundlegende Entscheidungen für die Entwicklung der Software zu treffen.

a) Im Rahmen der Teamsitzung werden die beiden grundsätzlichen Vorgehensweisen der Softwareentwicklung diskutiert: Top-down- oder Bottom-up-Strategien. Erläutern Sie diese Vorgehensweisen! (5 P.)

b) Grundsätzlich sind an die zu erstellende Software bestimmte Qualitätsanforderungen zu stellen, die mit Ihrem Team diskutiert werden. Nennen und erläutern Sie fünf allgemeine Qualitätsanforderungen an eine Software! (5 P.)

c) Im Rahmen der Teamsitzung soll entschieden werden, welche Programmiersprache zur Umsetzung des Projektes eingesetzt werden soll. Ein Teammitglied stößt eine Grundsatzdiskussion über „Imperative" und „Deklarative" Programmiersprachen an. Erläutern Sie den Unterschied und geben Sie beispielhaft je eine entsprechende Programmiersprache an! (3 P.)

d) Nachdem in der Sitzung bereits einige wichtige Entscheidungen getroffen wurden, so auch der Einsatz einer objektorientierten Programmiersprache, beginnt das Team bereits sehr konkret, Ideen zu den benötigten Programmkomponenten „Klassen" und „Objekten" zu diskutieren.

   da) Erläutern Sie den Unterschied zwischen objektorientierten und prozeduralen Programmiersprachen. (2 P.)

   db) Nennen Sie die drei grundlegenden Prinzipien in der objektorientierten Programmierung (OOP)! (3 P.)

   dc) Beschreiben Sie den Unterschied zwischen einer Klasse und einem Objekt. (4 P.)

   dd) Welches sind die drei grundsätzlich möglichen Bestandteile von Klassen? (3 P.)

4. Handlungsschritt (25 Punkte)

Innerhalb des Entwicklungsteams haben Sie die Aufgabe bekommen, ein Modul zur Berechnung der Laufzeit einer Kapitalanlage mit festem Zinssatz zu entwickeln. Es soll ein Anfangskapital, das gewünschte Endkapital und der Zinssatz angegeben werden. Das Modul soll berechnen, nach wie viel (vollen!) Jahren aus dem angelegten Anfangskapital, bei der entsprechenden Verzinsung, das Endkapital erreicht oder überschritten wird. Des Weiteren soll eine fortlaufende jährliche Ausgabe des Kontostandes ausgegeben werden.

a) Erstellen Sie ein Struktogramm oder einen Programmablaufplan für ein Programm, das dieses Problem löst! Hierbei soll eine iterative Lösung gefunden werden (also mit einer Schleife). Die Berechnung des Kapitals ergibt sich wie folgt: (8 P.)

$$K_n = (1 + \frac{Z}{100}) * K_{n-1}$$

Hierbei ist K_n das Kapital nach n Jahren, K_{n-1} das Kapital des jeweiligen Vorjahres und Z der Zinssatz in Prozent.

b) Nun überlegen Sie, in welcher Programmiersprache Sie dieses Programm umsetzen können. Es stehen Ihnen verschiedene Interpreter- und Compilersprachen zur Verfügung. Erläutern Sie den wesentlichen Unterschied! (4 P.)

c) Im Rahmen Ihrer Umsetzung dieses Programms in eine konkrete Programmiersprache treten Fehler auf, sowohl syntaktische als auch semantische.

ca) Erläutern Sie die Ursache dieser beiden Fehlertypen. (2 P.)

cb) Welche dieser beiden Fehlerarten können von einem Compiler erkannt werden? (2 P.)

cc) Wie gut lassen sich diese beiden Arten von Programmfehlern erkennen und korrigieren? (4 P.)

d) Viele Probleme lassen sich programmtechnisch nicht nur iterativ, sondern häufig auch rekursiv lösen. Erläutern Sie den Unterschied zwischen Iteration und Rekursion! (5 P.)

5. Handlungsschritt (25 Punkte)

Neben den traditionelle Programmiersprachen soll nun in der Entwicklung der Slotti Software GmbH auch verstärkt die Programmiersprache Java eingesetzt werden sowie, in einigen kleineren Bereichen, auch Javascript.

a) Beschreiben Sie die wesentlichen Unterschiede in der Vorgehensweise zur Erstellung eines Programms sowie in der Zielsetzung zwischen den Programmiersprachen C, Java und Javascript. (9 P.)

b) Was wird benötigt, um ein Java-Programm ausführen zu können? (1 P.)

c) Vergleichen Sie die Ausführungsgeschwindigkeiten zwischen Java, Javascript und C und begründen Sie die Unterschiede! (6 P.)

d) Im Zusammenhang mit Javascript tauchen immer wieder die Begriffe „Applet“ und „Servlet“ auf. Erläutern Sie diese beiden Begriffe! (4 P.)

e) Java hat eine weite Verbreitung gefunden und findet nicht nur in der Entwicklung von traditioneller Software breiten Einsatz, sondern hat auch maßgeblich Einzug in den Bereich von Mobilgeräten (Smartphones, Tablet-PCs, Netbooks etc.) wie auch andere technische Geräte (TV, Automobil-Navigation etc.) gehalten. Erläutern Sie die folgenden Begriffe im Rahmen der Java-Programmierung! (5 P.)

   ea) API (2 P.)

   eb) JDK (1 P.)

   ec) JIT-Compiler (2 P.)

Ausgangssituation

Sie sind Berater/-in der Firma Network Construction GmbH, die komplette Netzwerklösungen verkauft, installiert und betreut. Zu Ihren Kunden gehören vorwiegend große und mittelständische Unternehmen, die ihre IT-Infrastruktur erweitern oder optimieren wollen.

Neben anderen Kunden betreuen Sie auch die BORIHA GmbH & Co. KG, ein Unternehmen der Süßwarenindustrie mit Sitz in Bonn, welches die Network Construction GmbH mit der Netzwerkplanung des neuen Produktionsstandortes in München sowie einer Internetanbindung beider Standorte beauftragt hat.

Zur Umsetzung des Auftrages müssen Sie sich mit den folgenden aufgeführten Themen beschäftigen:

1. Handlungsschritt: Techniken der Internetanbindung
2. Handlungsschritt: Beschaffung von Hardware
3. Handlungsschritt: Planung von Servern und Support-Prozessen
4. Handlungsschritt: Umgang mit urheberrechtlich geschützten Unterlagen
5. Handlungsschritt: Organisation der Datensicherung

1. Handlungsschritt (25 Punkte)

In einem Beratungsgespräch mit dem Geschäftsführer der BORIHA GmbH & Co. KG sollen einige Detailfragen zum Projekt geklärt werden.

a) Der Kunde möchte von Ihnen über die verschiedenen Möglichkeiten einer Internetanbindung beraten werden. Differenzieren Sie die markanten technischen Merkmale der folgenden Technologien:

aa) ISDN (2 P.)

ab) ADSL (2 P.)

ac) SDSL (2 P.)

ad) VDSL (2 P.)

b) Im Rahmen der Standortanbindung Bonn-München schlagen Sie eine Anbindung über eine „VPN" Verbindung vor. Der Kunde möchte wissen, was es mit dem Begriff „VPN" auf sich hat.

ba) Erläutern Sie die Funktionsweise eines VPNs. (3 P.)

bb) Nennen Sie drei Vorteile dieser Technik! (3 P.)

Fortsetzung des 1. Handlungsschrittes auf der nächsten Seite

1. Handlungsschritt (25 Punkte)

Fortsetzung

c) In der folgenden Netzwerkskizze, ist ein Teil des geplanten Netzwerkes für den Standort München dargestellt. Für die IP-Adressen der Netzwerke in der 2. und 3. Etage sind jeweils eigene Class-C Adressenbereiche vorgesehen. (8 P.)

Sie verfügen über die unten angegebenen Netzwerkkomponenten. Ihre Aufgabe ist es, ein möglichst sicheres und effektives Netzwerk zu konzipieren. Ordnen Sie die aufgeführten Netzwerkkomponenten der Skizze zu, indem Sie die Ziffern in die jeweils richtigen Kästchen eintragen. Außer den nur einfach vorhandenen Geräten (1 und 5) kann jede Komponente (2, 3 und 4) mehrfach genannt werden, **wobei nicht alle vorhandenen Komponenten eingesetzt werden müssen**.

1. 1 Firewall
2. Router
3. Switches
4. Workstations
5. 1 Hub
6. Proxy

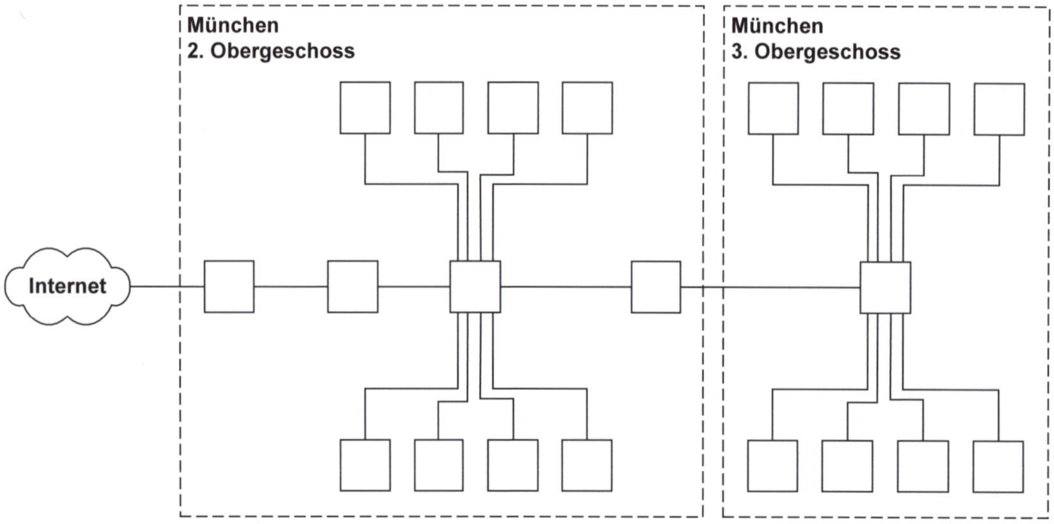

d) Weisen Sie den folgenden Netzwerkkomponenten die entsprechende Schicht des OSI-Schichtenmodells zu, indem Sie die Nummer der OSI-Schicht in die Tabelle eintragen! (3 P.)

Komponente	OSI-Schicht
Switch	
Hub	
Router	

2. Handlungsschritt (25 Punkte)

Zur Umsetzung des Projektes benötigen Sie zeitgerecht die notwendigen Hardwarekomponenten.

a) Über welche Bezugsquellen lassen sich Anbieter Ihrer Hardwarekomponenten recherchieren? Nennen Sie fünf Bezugsquellen. (5 P.)

b) Ein Anbieter hat als Lieferbedingung „unfrei" angegeben. Wer trägt nach dieser Definition welche Kosten? (2 P.)

c) Gerade beim Abschluss von Fernabsatzverträgen gibt es Risiken für den Käufer und den Verkäufer.

ca) Unter welchen Bedingungen kommt ein „Fernabsatzvertrag" zustande? (4 P.)

cb) Welche Besonderheit zur Risikominimierung des Käufers bietet der Fernabsatzvertrag bezüglich der Gültigkeit des Vertragsabschlusses? (2 P.)

d) In der Beschaffung wird zwischen einem Sachmangel und einem Rechtsmangel der gekauften Sache unterschieden. Was ist der Unterschied der beiden Mangelarten? Geben Sie zu jeder Art des Mangels zwei Beispiele. (5 P.)

e) Für den Fall einer mangelhaften Lieferung besteht das Recht auf „Nachbesserung" oder „Nachlieferung".

ea) Erläutern Sie diese beiden Begriffe. (4 P.)

eb) Wie viele Nachbesserungsversuche stehen dem Lieferanten nach einer mangelhaften Lieferung zu? (3 P.)

3. Handlungsschritt (25 Punkte)

Im Rahmen der Netzwerkplanung für München soll ein Server in das Netzwerk eingebunden werden.

a) Der neue Server soll mit einem RAID-System ausgestattet werden. Nennen Sie die Funktionsweise, den Einsatzzweck und die Anzahl der benötigten Festplatten für die RAID-Varianten RAID 0, RAID 1 und RAID 5. (6 P.)

b) Nennen Sie vier Serverarten, bezogen auf deren Funktionalität im Netzwerk, sowie eine Kurzbeschreibung der durch den Server bereitgestellten Dienste: (2 P.)

z. B. Printserver:
Zentrale Verwaltung von Druckaufträgen und Weiterleitung an die Drucker

Fortsetzung des 3. Handlungsschrittes auf der nächsten Seite

3. Handlungsschritt (25 Punkte)

Fortsetzung

c) In der BORIHA GmbH & Co. KG wurde der technische Support bisher von der hausinternen IT-Abteilung übernommen. Die Mitarbeiter bekamen telefonisch die Anfragen von den Endanwendern und bearbeiteten diese. Die IT-interne Verwaltung der Benutzeranfragen wurde von den IT-Mitarbeitern bisher uneinheitlich, teils manuell in Papierform, teils in Excel-Listen, aber lediglich manuell durchgeführt. Leider kam es immer wieder zu massiven Beschwerden über die Qualität der technischen Unterstützung seitens der Endanwender:

„Die IT-Abteilung bietet kein ‚Service-Level-Agreement' mit einer verbindlichen Lösungszeit. Daher weiß ich nicht, wann mein Problem bearbeitet wird. Eine nachvollziehbare Unterscheidung nach der Dringlichkeit meiner Probleme ist nicht zu sehen, zumal die Dringlichkeit rein verbal weitergegeben wird. Des Weiteren werde ich nur nach telefonischer Nachfrage über den Stand der Bearbeitung meines Problems informiert. Außerdem treten manche Probleme immer wieder auf, doch die Lösungsfindung scheint jedes Mal immer wieder bei ‚Null' zu beginnen, was ineffizient ist und teilweise viel zu lange dauert."

Aufgrund dieser Beschwerden hat die IT-Leitung beschlossen den Prozess zu digitalisieren und das webbasierte Ticketing-System „DummyHelp" zukünftig einzusetzen.

ca) Beschreiben Sie vier Aspekte, wie ein digitales Ticketing-System die Service-Qualität für die Endanwender deutlich steigern kann! (8 P.)

cb) Aus Kostengründen möchte man noch einen Schritt weitergehen und den technischen Support restrukturieren. Die hausinterne IT-Abteilung soll deutlich verkleinert und Teile des technischen Supports an ein externes Dienstleistungsunternehmen ausgelagert werden. Der Hauptgrund hierfür ist, dass viele technische Probleme durch Fernwartung gelöst werden können und die Lösung nur relativ weniger Probleme einen Vorort-Mitarbeiter erfordert. Sie werden darum gebeten einen Prozess vorzuschlagen.

Vervollständigen Sie das nebenstehende Prozessdiagramm (L1 steht für das externe Unternehmen, L2 steht für die firmeninternen Vorort-Mitarbeiter), indem Sie die entsprechenden Ziffern der fehlenden, aber unten vorgegebenen Prozessschritte in das Diagramm sinnvoll eintragen (die angegebene Option 1 muss zweimal eingesetzt werden)! (9 P.)

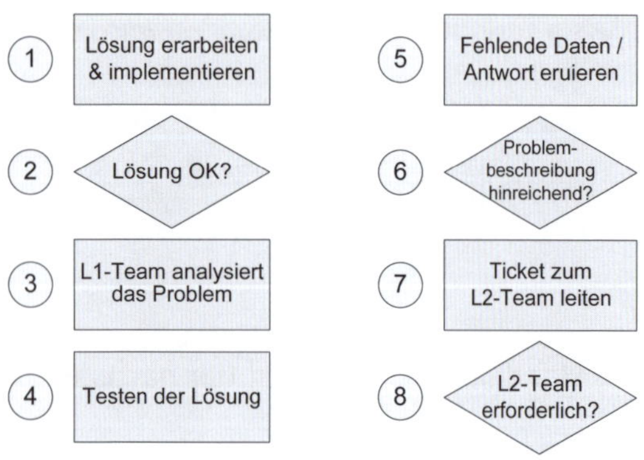

Fortsetzung des 3. Handlungsschrittes auf der nächsten Seite

3. Handlungsschritt (25 Punkte)

Fortsetzung

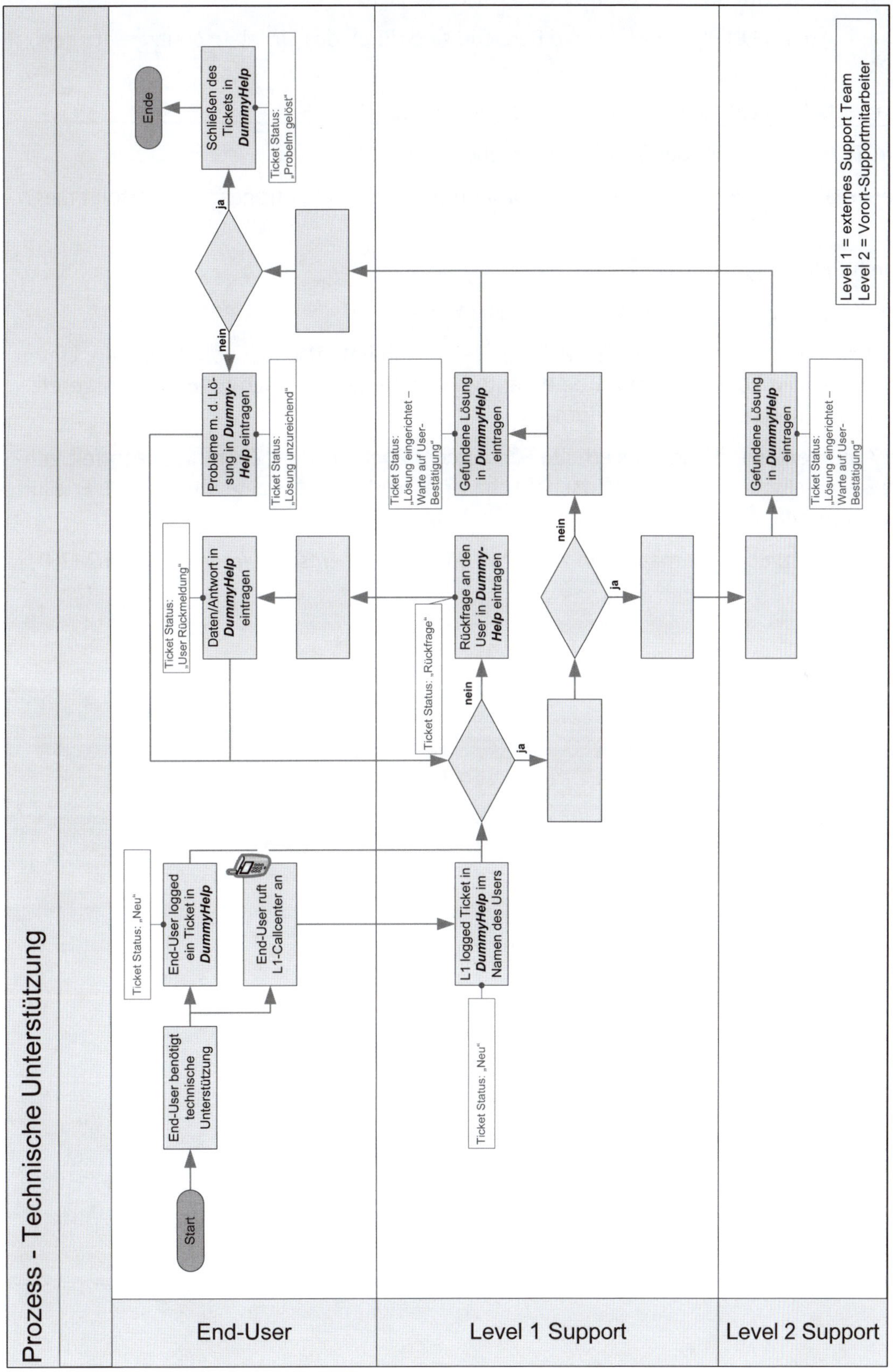

4. Handlungsschritt (25 Punkte)

Beim Aufbau des Netzwerkes sowie der Installation von Hard- und Software bei der BORIHA GmbH & Co. KG, nutzen Sie auch die urheberrechtlich geschützten Gebrauchsanweisungen der Hersteller. Sie sind Ihnen bei der Implementierung oftmals eine wertvolle Hilfe.

a) Wen bezeichnet man als Urheber und welche Bereiche sind durch das Urheberschutzgesetz geschützt? (4 P.)

b) Warum ist das Urheberrecht für die IT-Branche so wichtig? (6 P.)

c) Von welchem Zeitpunkt an tritt der Schutz für Urheber ein? (2 P.)

d) Nach wie vielen Jahren endet das Urheberrecht und unter welchem Grundgedanken erfolgt dies? (2 P.)

e) Was wird durch Patente geschützt? (2 P.)

f) Von welchem Zeitpunkt an tritt der Patentschutz ein? (2 P.)

g) Ein Patent bietet dem Inhaber gemäß § 16 Patentgesetz einen Patentschutz von 20 Jahren. Unter bestimmten Umständen können ergänzende Patentschutzmaßnahmen nach § 16 a Patentgesetz den Schutzzeitraum noch erheblich erweitern.

   Mit welchen Argumenten lässt sich das erteilte Schutzrecht über so lange Zeiträume rechtfertigen? Nennen Sie zwei gesellschaftliche oder wirtschaftliche Argumente, die für eine umfassende Erteilung eines Patentes sprechen. (4 P.)

h) Warum hat der Gesetzgeber überhaupt ein zeitliches Ende des Patentschutzes vorgesehen? (3 P.)

5. Handlungsschritt (25 Punkte)

Für den Münchener Server ist geplant, die Datensicherung über eine „SDLT-Library" durchzuführen. Diese beinhaltet ein Bandlaufwerk und ein Magazin, welches bis zu 10 Datensicherungsbänder (vom Typ „SDLT II") aufnehmen kann. Jedes SDLT-Band hat eine Kapazität von 600 GB (komprimiert). Der Hersteller des Gerätes gibt an, dass die Daten mit einer Geschwindigkeit von 288 MBit/s geschrieben und gelesen werden können. Eine Schätzung ergibt, dass in Zukunft auf dem Server etwa 2,5 TB Daten abgelegt sein werden.

a) Die Datensicherungssoftware schlägt vor, dass jeden Freitag um 20:00 Uhr ein „Full backup" und an allen anderen Werktagen ein „Differential backup" durchgeführt werden sollte. Erläutern Sie diese beiden Begriffe! (4 P.)

b) Die Vollsicherung am Freitag läuft so ab, dass die Daten zuerst auf das Band/die Bänder geschrieben, anschließend erneut gelesen und mit den Originaldaten verglichen werden, um mögliche Fehler zu erkennen. Berechnen Sie, wie lange eine komplette Datensicherung des Servers voraussichtlich dauern wird! (4 P.)

c) Neben der differenziellen Datensicherung gibt es noch das Verfahren der inkrementellen Datensicherung. Erläutern Sie den Unterschied! (4 P.)

d) Welche Sicherungen werden im Falle eines kompletten Datenverlustes benötigt bei Verwendung eines

   da) differentiellen Verfahrens? (2 P.)

   db) inkrementellen Verfahrens? (2 P.)

e) Woran erkennt eine Datensicherungssoftware, wenn Dateien verändert worden sind? (3 P.)

f) Die konsequente Durchführung von regelmäßigen Datensicherungen ist sicherlich ein wichtiger Schritt, um die Geschäftskontinuität zu gewährleisten. Die physische Aufbewahrung der Datensicherungsbänder ist allerdings ein weiterer relevanter Faktor. In der Praxis findet man häufig die unten beispielhaft aufgeführten Aufbewahrungsvarianten.

   - Aufbewahrung erfolgt in einem Regal im Serverraum
   - Aufbewahrung erfolgt in einem Regal im Büro
   - Aufbewahrung erfolgt in einem Tresor in einem Büro
   - Aufbewahrung erfolgt privat bei einem Mitarbeiter
   - Aufbewahrung erfolgt durch einen professionellen Service
   - Aufbewahrung in einem Bankschließfach

   Welche grundsätzlichen Überlegungen sollte ein Unternehmen bezüglich der Lagerung von Datensicherungen anstellen? Nennen und erläutern Sie drei Aspekte! (6 P.)

Ihre Notizen

Ausgangssituation

Die NetConsulting AG in Berlin ist eine internationale Beratungsfirma im IT-Bereich mit 120 Mitarbeitern und Niederlassungen in London und Tokio.

Als Berater/-in werden Sie bundesweit bei komplexen IT-Projekten eingesetzt. Unter anderem betreuen Sie den Kunden Knüllermilch GmbH in München.

Dabei sollen Sie die folgenden Aufgaben bearbeiten:

1. Handlungsschritt: Vergleich von Finanzierungsmöglichkeiten
2. Handlungsschritt: Überlegungen zum Einsatz eines Terminalservers
3. Handlungsschritt: Eigenschaften von Computerviren
4. Handlungsschritt: Vorbereitung einer Kundenpräsentation
5. Handlungsschritt: Standortüberlegungen zum Aufbau weiterer Niederlassungen

1. Handlungsschritt (25 Punkte)

Die Knüllermilch GmbH möchte neue Server für die Filiale in München anschaffen und bittet Sie in der Frage der besten Finanzierungsvariante um Beratung.

a) Der Kunde hat bereits von sich aus mehrere Kaufangebote sowie Angebote von Miet- und Leasinggesellschaften eingeholt. Das günstigste Kaufangebot kommt von Anbieter A. Demnach würde die neue Serverlandschaft 20.000 € kosten, die Abschreibungszeit würde linear durchgeführt und vier Jahre betragen. Der Anbieter B ist die günstigste Vermietungsgesellschaft. Seine Mietgebühren betragen bei einem Vierjahresvertrag 700 € im Monat.

   Ermitteln Sie

   aa) welche Auszahlungen pro Angebot im ersten Jahr entstehen. (2 P.)

   ab) welcher Aufwand pro Angebot im ersten Jahr entsteht. (2 P.)

   ac) welche Auszahlungen pro Angebot nach vier Jahren entstehen. (2 P.)

   ad) welcher Aufwand pro Angebot nach vier Jahren entsteht. (2 P.)

b) Auf dem Kaufangebot von Anbieter A ist vermerkt, dass es „freibleibend“ ist. Erläutern Sie dem Kunden die Bedeutung des Zusatzes im Angebot und beschreiben Sie, welche Konsequenzen dies für eine Bestellung bei diesem Anbieter hat. (1 P.)

c) Der Anbieter A hat zu seinem Kaufangebot auch ein ergänzendes Leasingangebot nachgeliefert und vorgeschlagen, dass die monatlichen Leasinggebühren 2 % der Kaufsumme betragen sollen, bei einmaligen Anschaffungskosten von 5.600 €, zahlbar mit der ersten Leasingrate. Ab welcher Nutzungsdauer wäre der Kauf günstiger? (4 P.)

d) Die Entscheidung zwischen Kauf, Leasing oder Miete fällt nicht nur anhand von Liquiditäts- und Aufwandsabwägungen. Nennen Sie je zwei Vor- und Nachteile zum Kauf, Leasing und zur Anmietung eines Servers. (12 P.)

2. Handlungsschritt (25 Punkte)

Die Knüllermilch GmbH möchte in Belgien einen neuen Standort mit 20 Arbeitsplätzen aufbauen. An diesem neuen Standort soll eine Terminalserver-basierte Infrastruktur aufgebaut werden.

a) Erläutern Sie das generelle Konzept einer Terminalserver-basierten Anwendungsumgebung. (3 P.)

b) Diskutieren Sie jeweils zwei Vor- und zwei Nachteile einer Terminalserver-basierten Lösung im Vergleich zu herkömmlichen Strukturen. (4 P.)

c) Welche Aspekte beim Einsatz dieser Technologie spielen unter Kostengesichtspunkten eine wesentliche Rolle, insbesondere im Hinblick auf die TCO? (3 P.)

d) Im Falle, dass das belgische Pilotprojekt erfolgreich sein sollte, soll diese Technologie langfristig auch an weiteren Standorten implementiert werden, wobei die Server zentral an einem Standort betrieben werden sollen. Um die Ausfallsicherheit und auch die Performance zu erhöhen, gibt es eine Reihe von Lösungsmöglichkeiten. Erläutern Sie in diesem Zusammenhang die folgenden Verfahren:

da) Clustering (2 P.)

db) Load Balancing (2 P.)

e) Bei Terminalserver-basierten Lösungen bietet sich der Einsatz von "Thin-Clients" an.

ea) Erläutern Sie den Begriff „Thin-Client". (3 P.)

eb) Welche Voraussetzung ist softwareseitig nötig, um einen „Thin-Client" in eine Terminalserver-basierte Netzwerkumgebung einzubinden? (3 P.)

f) Zur Kommunikation zwischen Server und Client in einer Terminalserver-Umgebung existieren zwei gängige Protokolle: RDP („Remote Desktop Protocol") und ICA („Independent Computing Architecture"), die von verschiedenen Firmen für deren Produkte entwickelt wurden. Nennen Sie den Hauptunterschied dieser beiden Protokolle! (3 P.)

g) Ein kritischer Punkt beim Einsatz von Terminalservern ist die Festlegung der benötigten Systemvoraussetzungen im Hinblick auf CPU und Speicher. Insbesondere die genaue Kalkulation des benötigten Speichers auf dem Server ist recht schwierig und für jede Unternehmensumgebung individuell. Beschreiben Sie, von welchen Faktoren die benötigte Speicherausstattung eines Terminalservers abhängig ist. (2 P.)

3. Handlungsschritt (25 Punkte)

Im Zuge der Einbindung des neuen Standortes in Belgien soll auch das Sicherheitskonzept der Knüllermilch GmbH in Bezug auf Viren optimiert werden. Im Rahmen Ihres Vorschlages zum unternehmensweiten Einsatz von Antivirensoftware fragt Sie ein Mitarbeiter der Knüllermilch GmbH nach dem Mechanismus von Computerviren und deren Arten.

a) In der folgenden Darstellung ist der typische Infektionsmechanismus eines Rechners mit einem Hybrid zwischen Virus und Wurm dargestellt. Beschreiben Sie die einzelnen Phasen/Zustände 1 bis 7! (7 P.)

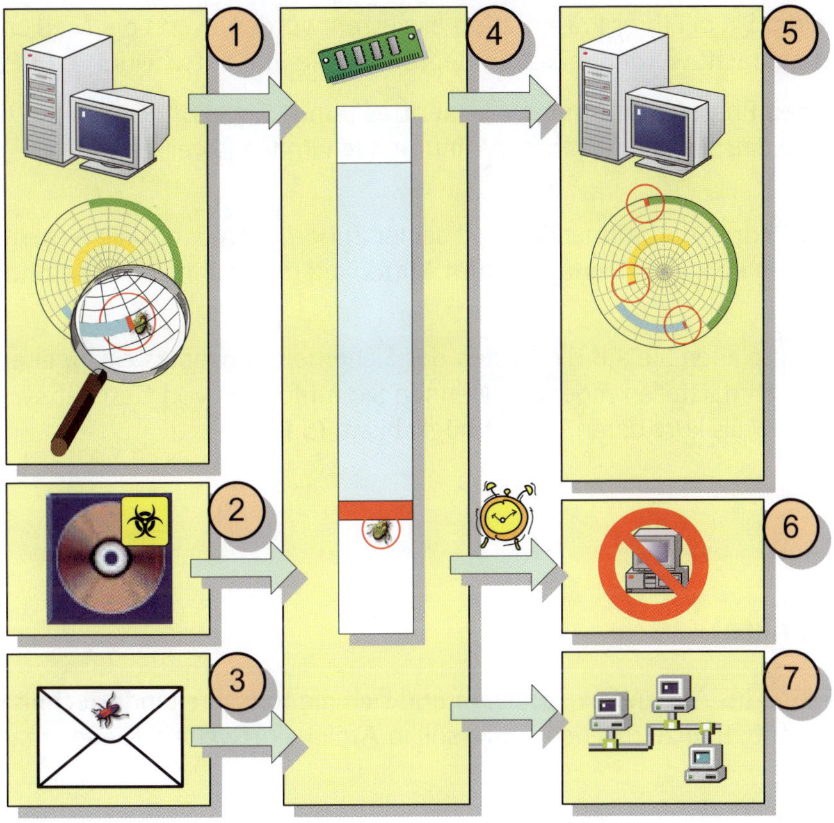

b) Beschreiben Sie stichwortartig die markanten Zielsetzungen, Merkmale und Verhaltensweisen von…

ba) …Trojanern bzw. Backdoor-Programmen (2 P.)

bb) …Spyware (1 P.)

bc) …Malware (1 P.)

bd) …Keyloggern (2 P.)

be) …Ransomware (2 P.)

c) Neben den Gefahren durch Schadsoftware gibt es eine ganze Reihe von weiteren Gefährdungsquellen im Internet. Dazu gehören „DoS-“ und „DDoS-Angriffe“, die mithilfe von „Bot-Netzwerken“ durchgeführt werden können. Erläutern Sie diese drei Begriffe! (6 P.)

d) Zwei weitere Begriffe, die im Zusammenhang mit der Kriminalität im Internet zusammenhängen, sind „Phishing“ und „Pharming“. Unterscheiden Sie die technischen Merkmale dieser beiden Methoden! (4 P.)

4. Handlungsschritt (25 Punkte)

Sie möchten Ihr Sicherheitskonzept der belgischen Standorteinbindung und des neuen Servers dem Leiter der IT-Abteilung vorstellen und haben dazu eine Präsentation vorbereitet, die Sie beim Kunden in München abhalten möchten.

a) Nennen Sie vier Gründe, weshalb Sie diese Präsentation durch Zuhilfenahme des Einsatzes von Medien unterstützen sollten. (4 P.)

b) Nennen Sie fünf solcher Medien, die Ihnen zur Unterstützung von Präsentationen bekannt sind. (5 P.)

c) Entscheiden Sie, welches Medium Sie bei Ihrer Präsentation einsetzen würden, wenn die Medien von Ihnen mit nach München gebracht werden müssten. Begründen Sie Ihre Entscheidung. (3 P.)

d) Eine Präsentation besteht aus den Phasen „Eröffnung", „Hauptteil" und „Schluss". Geben Sie zu jeder der Phasen zwei inhaltliche Beispiele an, die Ihrer Meinung nach in den jeweiligen Teil gehören. (3 P.)

e) Bei einer Präsentation sollte der Redner die Aufmerksamkeit seiner Zuhörer immer auf die wesentlichen Teile seines Vortrages lenken können. Nennen Sie fünf Mittel, mit denen Ihnen das besonders gut gelingen kann. (5 P.)

f) Zum Abschluss Ihrer Präsentation planen Sie auf die Kosten des Sicherheitskonzeptes einzugehen, die Sie in einem Diagramm grafisch darstellen möchten. Nennen Sie fünf Arten von Geschäftsdiagrammen und skizzieren Sie jeweils kurz deren Einsatzmöglichkeit. (5 P.)

5. Handlungsschritt (25 Punkte)

Die NetConsulting AG möchte weiter ins Ausland expandieren und sich die fortschreitende Technisierung auf dem afrikanischen Kontinent zunutze machen. Dazu soll in Afrika eine weitere Niederlassung gegründet werden.

a) Nennen Sie in den Kategorien Beschaffung, Absatz und Politik jeweils vier Faktoren, welche die Standortwahl der afrikanischen Niederlassung beeinflussen. (12 P.)

b) Nach erfolgter Wahl wird festgestellt, dass sich an dem Standort bereits ein namhafter Konkurrent niedergelassen hat. Nennen Sie drei Beispiele, um sich, neben dem besseren Preisangebot mit weiteren Vorteilen zugunsten Ihrer Kunden, von Ihrem Konkurrenten hervorzuheben. (3 P.)

c) In regionaler Nähe zu Ihrem angedachten Standort befindet sich lediglich der unter b) genannte Konkurrent. Welche Marktform liegt hierbei unter regionalen Gesichtspunkten vor und welche Merkmale besitzt diese Marktform? (5 P.)

d) Welche Marktform würde sich ergeben, nachdem Sie sich als weiterer Anbieter dort niederlassen? Welche Merkmale besitzt diese Marktform? (5 P.)

Ausgangssituation

Die Willmann & Adel GmbH ist ein Beratungsunternehmen und unterstützt Unternehmen der Industrie und des Handels in großen IT-Projekten. Für kurzfristigen Beratungsbedarf steht ein telefonischer Support zur Verfügung. Sie sind dort als Berater/-in tätig und betreuen auch den Kunden Schmitz Anlagenbau GmbH, ein Unternehmen im Maschinenbau mit Sitz in Dresden und einem kleinen Vertriebsbüro in Frankfurt.

Der Kunde wendet sich mit umfangreichen Aufgaben an Sie, die in die nachstehenden Handlungsschritte gegliedert sind:

1. Handlungsschritt: Verkabelung von Gebäuden
2. Handlungsschritt: Optimierung von Geschäftsprozessen
3. Handlungsschritt: Überlegungen zur Anschaffung von Druckern
4. Handlungsschritt: Mit Brainstorming und Mind-Maps zur Kundenzufriedenheit
5. Handlungsschritt: Wirtschaftlichkeitsüberlegungen beim Mitarbeitereinsatz

1. Handlungsschritt (25 Punkte)

Der Kunde Schmitz Anlagenbau GmbH möchte zwei neue Gebäude beziehen. Da es sich um Altbauten handelt, ist noch keinerlei Verkabelung vorhanden. In jedem Fall möchte der Kunde jede Etage mit Netzwerkverkabelung ausstatten sowie die Gebäude untereinander verbinden.

a) Erläutern Sie die Bedeutung der Begriffe „Primär-", „Sekundär-" und „Tertiärverkabelung", zeichnen Sie diese in das Gebäudeschema ein und kennzeichnen Sie die Verkabelungsart entsprechend. (9 P.)

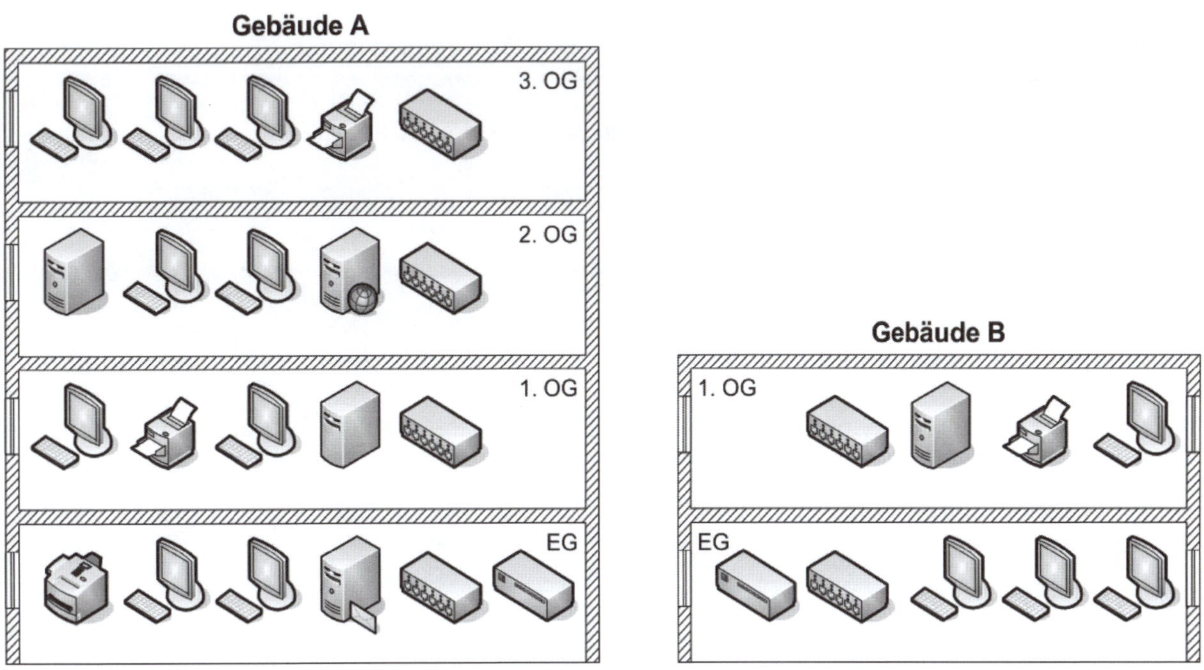

Fortsetzung des 1. Handlungsschrittes auf der nächsten Seite

1. Handlungsschritt (25 Punkte)

Fortsetzung

b) Welche anderen Elemente werden zum Aufbau einer Vollverkabelung der Gebäude benötigt? Nennen Sie mindestens drei Elemente. (3 P.)

c) Die Primärverkabelung wird üblicherweise über eine LWL-Verbindung realisiert.

ca) Erläutern Sie den Begriff „LWL". (2 P.)

cb) Aus welchen Gründen wird zur Primärverkabelung eine LWL-Verbindung einer kupferbasierten Lösung vorgezogen? Nennen Sie mindestens zwei Argumente. (6 P.)

d) Als mögliche Alternative zu einer LWL-Verbindung werden auch Richtfunk-Lösungen angeboten.

da) Nennen Sie zwei mögliche Gründe für den Einsatz von Richtfunk als Alternativtechnologie! (2 P.)

db) Was ist eine notwendige Voraussetzung für den Einsatz von Richtfunk? (1 P.)

dc) Erläutern Sie zwei Nachteile von Richtfunklösungen im Vergleich zu LWL! (2 P.)

2. Handlungsschritt (25 Punkte)

Die Schmitz Anlagenbau GmbH möchte ihre Angebotsbearbeitung und -kalkulation verbessern. Dazu soll ein durch Software unterstützter Workflow aufgebaut werden. Man hat Ihnen dieses Projekt zur Programmierung und Einrichtung beim Kunden übertragen. Zur Eingliederung in das bestehende System steht Ihnen der IT-Leiter, Herr Maleschnik, als Verantwortlicher des Kunden zur Verfügung.

a) Was versteht man unter einem „Workflow"? (3 P.)

b) Welche Vorteile verspricht man sich vom Einsatz eines solchen Systems? Nennen Sie drei Beispiele! (3 P.)

c) Die Angebotsbearbeitung besteht aus den folgenden Teilprozessen: (3 P.)

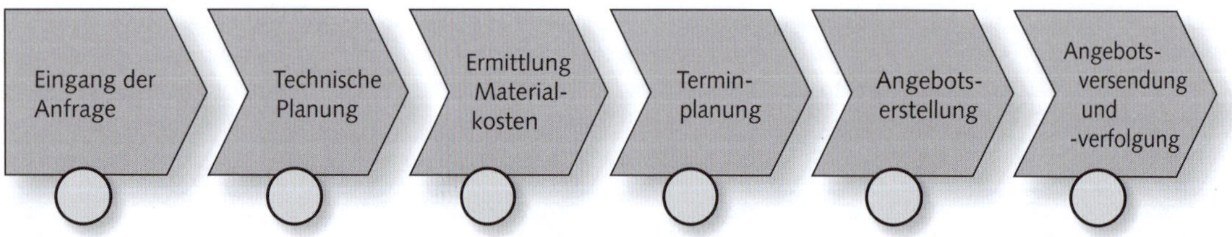

Ordnen Sie die unten stehenden Abteilungen den oben aufgeführten Teilprozessen entsprechend ihrer Verantwortung zu und tragen Sie hierfür die entsprechenden Ziffern in das jeweilige Feld ein. Verwenden Sie hierbei jede Abteilung nur einmal.

1. Arbeitsvorbereitung
2. Vertriebsinnendienst
3. Außendienst
4. Einkauf
5. Kalkulator
6. Technisches Planungsbüro

Fortsetzung des 2. Handlungsschrittes auf der nächsten Seite

2. Handlungsschritt (25 Punkte)

Fortsetzung

d) Um den gesamten Geschäftsprozess im Detail aufgliedern und IT-technisch darstellen zu können, benötigen Sie Fachwissen aus vielen Abteilungen. Hinsichtlich der IT-technischen Kenntnisse kann Ihnen lediglich der IT-Leiter Theo Maleschnik Auskunft geben. Der Kaufmännische Leiter Knut Kohle ist neu zum Betrieb hinzugestoßen und befindet sich erst seit einer Woche im Unternehmen.

Berufen Sie vier sinnvoll ausgewählte Mitarbeiter in das Projektteam und orientieren Sie sich dabei an dem Organigramm des Unternehmens auf der folgenden Seite. Begründen Sie kurz Ihre Entscheidung zugunsten der Auswahl des jeweiligen Mitarbeiters. (8 P.)

e) In der ersten Projektbesprechung mit Ihrem Projektteam kommt die Frage auf, ob die Einführung eines Workflows bei der Angebotsbearbeitung und -kalkulation aus kaufmännischer Sicht überhaupt lohnenswert erscheint. Zählen Sie drei Voraussetzungen auf, die vorhanden sein müssen, damit die Erstellung und Einführung eines Workflows aus kaufmännischer Sicht sinnvoll ist. (3 P.)

f) Der Erfolg eines Projektes ist eng verbunden mit den Führungsfähigkeiten des Teamleiters. Dabei unterscheidet die Wissenschaft zwischen dem autoritären Führungsstil, dem demokratischen Führungsstil und dem Laissez-faire-Stil. Charakterisieren Sie in wenigen Worten die drei Führungsstile und erläutern Sie, welcher Führungsstil sich für die Projektleitung besonders eignet. (5 P.)

2. Handlungsschritt (25 Punkte)

Organigramm

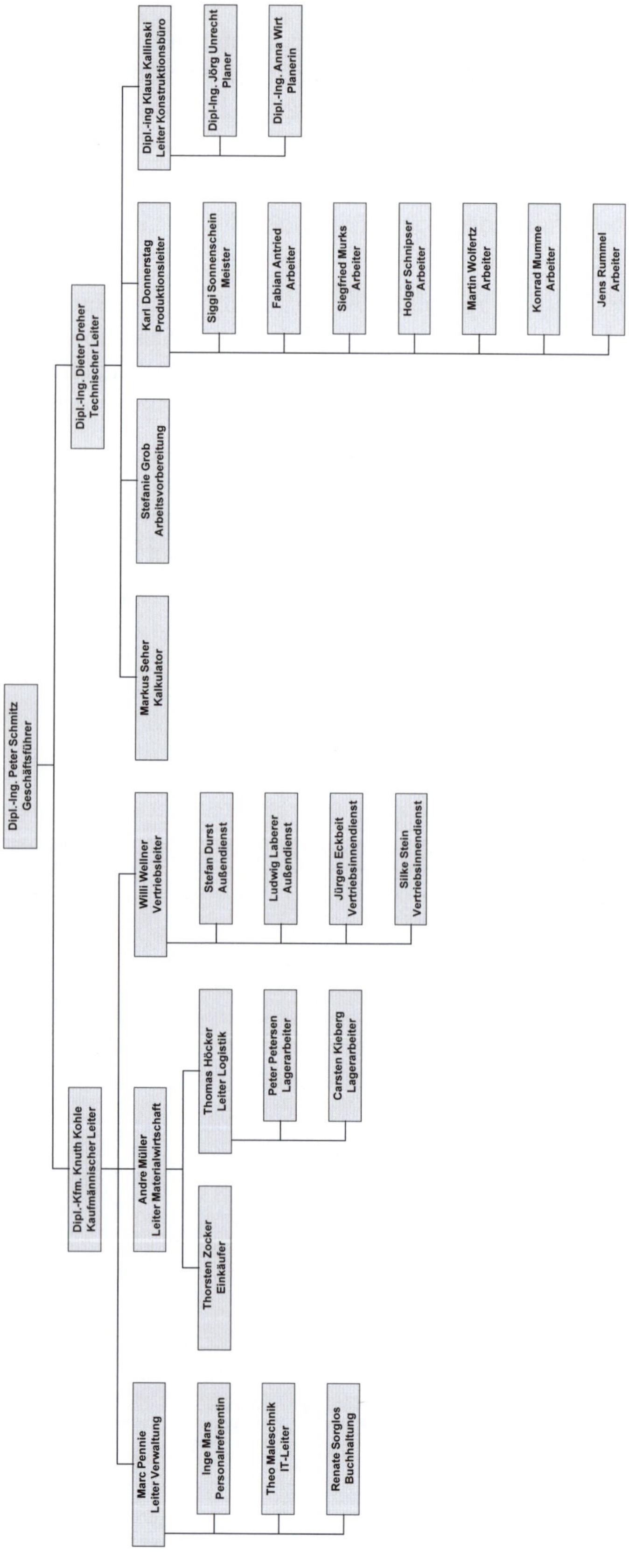

3. Handlungsschritt (25 Punkte)

Die Schmitz Anlagenbau GmbH möchte in das Frankfurter Vertriebsbüro einen neuen Drucker in das bestehende Netzwerk integrieren.

a) Der Kunde erkundigt sich bei Ihnen, welche Möglichkeiten es gibt, einen Drucker im Netzwerk allen Clients zur Verfügung zu stellen. Nennen Sie ihm drei Möglichkeiten! (6 P.)

b) Des Weiteren ist der Kunde unschlüssig, welchen konkreten Drucker er kaufen soll.

ba) Nennen Sie fünf technische Kriterien, die für die Auswahl eines Druckers eine Rolle spielen (ungeachtet der geschilderten Netzwerkproblematik)! (5 P.)

bb) Nennen Sie drei kaufmännische Gesichtspunkte bei der Anschaffung eines Druckers! (3 P.)

c) Ein Vertriebsmitarbeiter der Frankfurter Niederlassung hat eine Werbegrafik ausgearbeitet und möchte diese nun auf dem neuen Farblaserdrucker, der eine Auflösung von 600 x 600 dpi besitzt, ausdrucken. In welcher Auflösung (in Pixel) sollte die Grafik erstellt worden sein, um diese in einer Größe von 17 x 26,5 cm mit optimaler Qualität ausdrucken zu können? Gehen Sie hierbei näherungsweise davon aus, dass ein gedruckter Punkt („dot") genau einem Pixel entspricht. (6 P.)

d) Drucker und andere Peripheriegeräte werden standardmäßig über eine USB oder Firewire-Schnittstelle an einen Rechner angeschlossen. Tragen Sie in die folgende Tabelle die in der Spezifikation angegebenen, maximalen Übertragungsraten in MBit/s bzw. GBit/s ein! (5 P.)

Technologie	Max. Übertragungsrate
USB 1.1	
USB 2.0	
USB 3.0	
Firewire (IEEE 1394A)	
Firewire (IEEE 1394-2008)	

4. Handlungsschritt (25 Punkte)

Einige Mitarbeiter Ihres Kunden Schmitz Anlagenbau GmbH haben sich in den vergangenen Wochen unzufrieden über die Zusammenarbeit mit verschiedenen Bereichen (Vertrieb, Support, Außendienst etc.) Ihres Unternehmens, der Willmann & Adel GmbH geäußert. Um die Ärgernisse des Kunden zu beseitigen, haben Sie eine Besprechungsrunde mit Ihren Kollegen Herrn Müller (Abteilungsleiter Technischer Support), Herrn Schneider (Verkauf) und Herrn Meier (Einkauf) organisiert. Über ein Brainstorming sollen neue Ideen entwickelt werden, um die Kundenzufriedenheit insgesamt zu verbessern und Konsequenzen aus der Unzufriedenheit der Schmitz Anlagenbau GmbH ziehen zu können.

Im Folgenden einige Gesprächsausschnitte dieser Besprechung:

Herr Müller:	„Wir müssen unsere **Produkte** verbessern. Unsere Supporter merken deutlich, dass unsere Kunden mit der **Qualität** der Bauteile nicht zufrieden sind."
Herr Schneider:	„Richtig, bei mir im Verkauf beschweren sich die Kunden auch immer mehr, dass die **Haltbarkeit** unserer Elektronikteile zu wünschen übrig lässt und wir keine **Garantiezusage** geben. Man beklagt sich aber auch, dass kleinere Anfragen am Telefon nicht beantwortet werden, da offensichtlich die Zentrale, wenn die Leitungen besetzt sind, die Telefonate nicht an den Support durchstellen kann. Wir müssen uns also auch im **Service** verbessern."
Herr Müller:	„Das gestehe ich gerne ein, wir haben Probleme die eingehenden Anrufe zu koordinieren und abzuarbeiten. Wir brauchen mehr **Personalkapazität** und sollten neben dem **Vorortservice** eine direkte **Hotline** im Support installieren, damit die Telefonate nicht erst über die Telefonzentrale durchgestellt werden müssen."
Herr Meier:	„Diese Idee finde ich sehr gut. Es muss sich aber auch der persönliche Umgang mit dem Kunden verbessern. Mir wurde zugetragen, dass es einigen unserer **Mitarbeiter** am Telefon und im Verkauf an der notwendigen **Freundlichkeit** gegenüber dem Kunden fehlt. Bei einem verprellten Kunden ist das auch mit noch so guter **Fachkompetenz** nicht mehr auszugleichen."
Herr Schneider:	„Bitte sorgen Sie aber auch über den Einkauf für eine ausreichende **Produktvielfalt**. Unsere Verkaufsmitarbeiter müssen in der Kundenberatung auch die Möglichkeit bekommen, dem Kunden alternative Produkte anzubieten, die vielleicht von den **Konditionen** attraktiver sind. Damit meine ich nicht nur einen niedrigeren **Preis**. Wir könnten beispielsweise auch die **Zahlungskonditionen** verbessern und einen **Rabatt** oder **Skonto** einführen.

Fortsetzung des 4. Handlungsschrittes auf der nächsten Seite

4. Handlungsschritt (25 Punkte)

Fortsetzung

a) Was versteht man unter dem Begriff „Brainstorming"? (2 P.)

b) Sie werden gebeten die wichtigsten Gedanken in einem Mind-Map darzustellen.

ba) Was ist unter dem Begriff „Mind-Mapping" zu verstehen? Nennen Sie je zwei Vor- und Nachteile von Mind-Mapping. (6 P.)

bb) Fügen Sie die fettgedruckten Schlüsselbegriffe des zuvor dargestellten Dialogs an die richtigen Stellen der unten stehenden Mind-Map-Skizze. (4 P.)

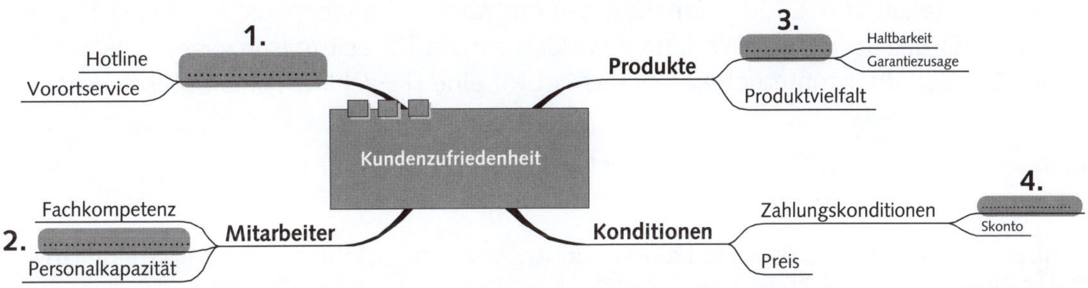

1. ____

2. ____

3. ____

4. ____

c) Machen Sie drei Vorschläge zur Verbesserung der Fachkompetenz des vorhandenen Verkaufspersonals. (3 P.)

d) Welche Maßnahmen kann das Unternehmen ergreifen, um zukünftig nicht mehr von Kundenunzufriedenheit überrascht zu werden und Transparenz über die unternehmerische Außenwirkung zum Kunden zu bekommen? (3 P.)

e) Welche Maßnahmen kann das Unternehmen ergreifen, um die Qualität und Haltbarkeit der eingesetzten Bauteile zu optimieren? Geben Sie hierzu vier Beispiele. (4 P.)

f) Herr Schneider regt im Gespräch mehr Flexibilität bei den Zahlungskonditionen an und nennt beispielhaft den Preis sowie die Gewährung von Rabatten und Skonti. Welche weiteren Möglichkeiten fallen Ihnen im Weiteren ein, um Kunden bezüglich der Zahlungsbedingungen entgegenkommen zu können? Geben Sie drei Beispiele. (3 P.)

5. Handlungsschritt (25 Punkte)

Die Willmann & Adel GmbH möchte Konsequenzen aus den Kundenbeschwerden ziehen und deshalb den Support um zwei weitere Mitarbeiter verstärken. Da die weitere Umsatzentwicklung aber noch nicht absehbar ist, und deshalb auch die Langfristigkeit des Bedarfs nicht eingeschätzt werden kann, hat die Geschäftsleitung entschieden, den Support entweder

- durch Mitarbeiter eines **Zeitarbeitsunternehmens** zu verstärken oder
- zwei neue Mitarbeiter auf der Grundlage eines **befristeten Arbeitsverhältnisses** einzustellen.

a) Diskutieren Sie die Alternativen jeweils anhand zweier Vor- und Nachteile für jeden Vorschlag. (8 P.)

b) Ein angestellter Supporter würde für den Vertragszeitraum von 12 Monaten bei einer 40 Stundenwoche ein Monatsgehalt von 2.050 € erhalten, auf das noch Lohnnebenkosten von 20 % hinzuzurechnen sind. Für das Bewerbungsverfahren werden zudem für Zeitungsanzeigen u. Ä. 2.000 € veranschlagt. Das Zeitarbeitsunternehmen berechnet für eine IT-Fachkraft einen Stundensatz von 60 €.

ba) Berechnen Sie die Gesamtkosten bei einem Einsatz von einem Jahr für den Mitarbeiter mit befristetem Arbeitsvertrag. (2 P.)

bb) Berechnen Sie die Gesamtkosten bei einem Einsatz von einem Jahr für den Mitarbeiter des Zeitarbeitsunternehmens. Gehen Sie von 220 Arbeitstagen im Jahr aus. (2 P.)

bc) Benennen Sie die kostengünstigste Lösung. (1 P.)

c) Nach eingehender Diskussion wurde beschlossen zu prüfen, inwieweit es ausreicht, die Stelle im Support nur halbtags zu besetzen, um schwerpunktmäßig telefonische Rückfragen von Kunden zu bearbeiten. Auf welchem Wege lässt sich ermitteln, welche Spitzenzeiten sich am Telefon im Verlaufe des Tages ergeben? Welche Aspekte müssen bei der Ermittlung beachtet werden? (3 P.)

d) Wenn diese Stelle von einem Mitarbeiter einer Zeitarbeitsfirma besetzt würde, welche Probleme könnten am Arbeitsplatz entstehen? (4 P.)

e) Um im Hinblick auf den demografischen Wandel auch langfristig mit Fachkräften im Support planen zu können, möchte der Geschäftsführer die Nachwuchsarbeit intensivieren. Auf welchen Wegen ist es möglich Nachwuchskräfte für Ihr Unternehmen zu interessieren? Entwickeln Sie für die Geschäftsleitung entsprechende Ideen und erarbeiten Sie fünf Aspekte. (5 P.)

Ausgangssituation

Die Computer & Internet GmbH vertreibt vorwiegend über das Internet Computerzubehör und Software an Firmen- und Privatkunden, verfügt aber auch über ein kleines Ladenlokal in der Innenstadt von Hannover.

Sie sind Mitarbeiter/-in im Vertrieb und beraten Kunden beim Kauf von Hardware.

Im Zuge Ihrer Tätigkeit stellen sich Ihnen Aufgaben in den folgenden Bereichen:

1. Handlungsschritt: Fernabsatzverträge
2. Handlungsschritt: Umweltschutz
3. Handlungsschritt: WLAN-Einrichtung
4. Handlungsschritt: Programmierung
5. Handlungsschritt: Lagerbestand

1. Handlungsschritt (25 Punkte)

Die Computer & Internet GmbH schließt Verträge unter Verwendung von modernen Fernkommunikationsmitteln ab, ohne dass die beiden Vertragsparteien gleichzeitig körperlich anwesend sind.
Der Gesetzgeber bezeichnet diese Form von Verträgen als „Fernabsatzverträge".

a) Nennen Sie vier typische Fernkommunikationsmittel, unter deren Zuhilfenahme ein Fernabsatzvertrag zustande kommen kann. (4 P.)

b) Zwischen welchen Vertragsparteien kann nach den gesetzlichen Regelungen ein Fernabsatzvertrag mit Widerrufsrecht ausschließlich zustande kommen? (2 P.)

c) Bei Fernabsatzverträgen kann ein Widerrufs- und Rückgaberecht bestehen.

ca) Erläutern Sie, aus welchen Gedanken heraus der Gesetzgeber bei Fernabsatzverträgen den Käufern besondere Widerrufs- und Rückgaberechte einräumt, die der Käufer beim Kauf im Ladenlokal nicht beanspruchen kann. (5 P.)

cb) Innerhalb welchen Zeitraumes muss der Käufer gegenüber dem Verkäufer den Widerruf erklären? (2 P.)

cc) In welcher Form kann der Käufer seinen Widerruf erklären? (2 P.)

cd) Nennen Sie sechs Waren oder Dienstleistungen, bei denen das Widerrufsrecht bei Fernabsatzverträgen ausgeschlossen ist. (6 P.)

d) Welches logistische Problem könnte sich hinsichtlich des Widerrufsrechts bei einem versandhausähnlichen Vertrieb ergeben? (4 P.)

2. Handlungsschritt (25 Punkte)

Bei der telefonischen Verkaufsberatung machen Sie die Beobachtung, dass die Kunden beim Kauf von Hardware zunehmend auch umweltschonende Aspekte berücksichtigen und sich dazu gezielt informieren möchten.

a) Welches Interesse haben Unternehmen daran, den Grundsätzen des Umweltschutzes und der Reduzierung des Energieverbrauchs zu folgen? Nennen Sie drei wesentliche Aspekte. (3 P.)

b) Bei mobilen Geräten wie Notebooks, Netbooks, Tablets oder Smartphones erwirken Einsparungen des Energieverbrauchs teilweise deutlich längere Akku-Laufzeiten. Nennen Sie drei energiesparende Einstellungen in den Energieoptionen des Betriebssystems, die dazu beitragen den Energieverbrauch zu minimieren. (3 P.)

c) Welche drei Empfehlungen können Sie Kunden geben, wie sie die umweltschonende Nutzung von Druckern optimieren können? (3 P.)

d) Welche Bauteile eines Rechners lassen sich nach dessen Stilllegung wiederverwenden, sofern sie im Einzelfall noch funktionstüchtig sind? Nennen Sie fünf solcher Bauteile. (5 P.)

e) Im März 2005 ist in Deutschland das Elektro- und Elektronikgerätegesetz (ElektroG) und im April 2013 die Elektro- und Elektronikgeräte-Stoff-Verordnung (ElektroStoffV) in Kraft getreten. Die Bundesregierung setzt damit u. a. Richtlinien der Europäischen Gemeinschaft in deutsches Recht um.

   ea) Welche Ziele werden damit verfolgt? Geben Sie fünf Beispiele. (5 P.)

   eb) Welche Verpflichtungen ergeben sich daraus für Unternehmen der Elektro- und Elektronikbranche? Nennen Sie drei Beispiele. (6 P.)

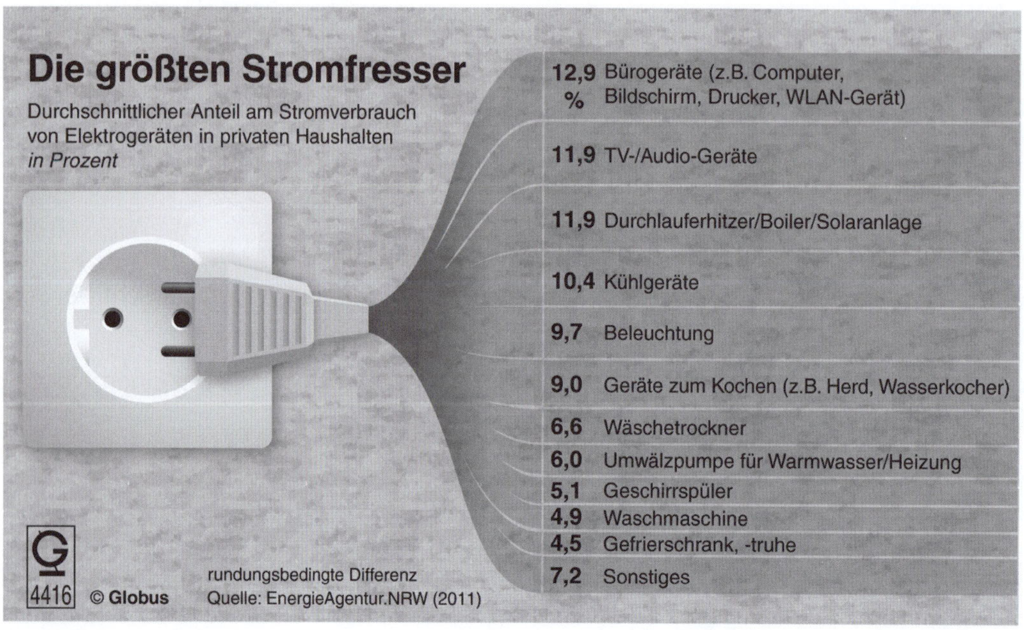

3. Handlungsschritt (25 Punkte)

Neben Fragen zu Umweltaspekten wenden sich Kunden auch häufig mit grundlegenden Fragen an Sie. Ein guter Kunde des Hauses erzählt Ihnen von Problemen mit seinem WLAN-Router.

Der Kunde erklärt Ihnen: „Bei dem alten Router hatte ich immer Probleme mit der Reichweite. Am anderen Ende der Wohnung, nämlich ausgerechnet in meinem Wohnzimmer hatte ich fast nie Empfang! Aber der Router ist nun endgültig defekt und mein Provider bietet mir nun ein alternatives Gerät an. Hier habe ich das Verkaufsprospekt des Gerätes".

a) Der Kunde zeigt Ihnen eine ausgedruckte Produktwerbung der Herstellerfirma.

aa) Unter anderem ist dort diese Passage zu finden: „[...] hat innerhalb von Gebäuden eine Reichweite von 100 m [...]". Geben Sie drei Gründe an, warum diese Pauschalaussage des Herstellers in dieser Form nicht zutreffend sein kann! (3 P.)

ab) Der Prospekt preist den Router als „Dual-Band Router" an. Was bedeutet dies? (2 P.)

ac) In den technischen Details listet das Prospekt die verschiedenen Betriebsarten auf, die bei der Einrichtung auch in der Konfiguration festgelegt werden müssen.

Erläutern Sie dem Kunden die folgenden Betriebsarten (5 P.):

- 802.11b
- 802.11g
- 802.11b+g
- 802.11a
- 802.11n

ad) Der Kunde fragt Sie nach den Unterschieden zwischen 2.4 GHz- und 5 GHz-Routern. Erläutern Sie ihm die Wesentlichen praktischen Eigenschaften der beiden Technologien! (3 P.)

b) Der Kunde erklärt Ihnen, dass sein alter Router mit der Sicherheitseinstellung „WEP" eingerichtet war.

ba) Erläutern Sie, worum es sich bei „WEP" handelt und beurteilen Sie die Sicherheit dieser Option. (2 P.)

bb) Welche alternativen Sicherheitsprotokolle sind gängige Optionen bei Routern? Nennen Sie mindestens zwei! (2 P.)

c) Einige Tage später erscheint der Kunde erneut in Ihrem Geschäft und erklärt Ihnen, dass er nun den neuen Router von seinem Provider erhalten habe. Diesen habe er auch soweit konfiguriert bekommen, habe aber Probleme mit der Anbindung eines Clients. Er sei nun unsicher, ob er clientseitig die Betriebsart „Ad-hoc" oder „Infrastructure" einstellen soll. Grenzen Sie diese Betriebsmodi voneinander ab! (4 P.)

d) Da er sich in diesem Zusammenhang auch mit dem Handbuch des Clients auseinandergesetzt hatte, bittet Sie der Kunde ihm die folgenden zwei Begrifflichkeiten und deren Bedeutung zu erklären. Helfen Sie dem Kunden!

da) „Hot-Spot" (2 P.)

db) „Roaming" (2 P.)

4. Handlungsschritt (25 Punkte)

Ihr alter Bekannter, Stephan Schleife, besucht zurzeit einen Programmierkurs der Volkshochschule. Aufgrund intensiver, durch Spiele bedingter Mausbenutzung hat er sich eine Sehnenscheidenentzündung im rechten Handgelenk zugezogen und konnte daher an den letzten drei Schulungsabenden nicht teilnehmen. Er bittet Sie um Hilfe bei der Aufarbeitung des Unterrichtsstoffes.

a) Auf einem Übungsbogen soll Herr Schleife zunächst, zwecks Wiederholung, einige Fragen aus einem vorangegangenen Schulungsabend beantworten.

aa) C und Delphi sind gängige Programmiersprachen. Erläutern Sie den generellen Prozess zur Erstellung eines Programms. Verwenden Sie die entsprechenden Fachbegriffe! (2 P.)

ab) Erläutern Sie den Begriff „Array" im Rahmen der Programmierung. (3 P.)

ac) In fast allen Programmiersprachen gibt es die Möglichkeit „Prozeduren" und „Funktionen" zu verwenden. Grenzen Sie diese beiden Begriffe voneinander ab. (4 P.)

b) Wenn die Werte zweier Variablen A und B vertauscht werden sollen, benutzt man den sogenannten „Dreieckstausch". Skizzieren Sie die drei nötigen Operationen! (3 P.)

c) Als Hausaufgabe soll Herr Schleife eine Programmieraufgabe lösen. Es soll eine fortlaufende Funktionstabelle für x, x^2, x^3 und 1/x ausgegeben werden, wobei der Benutzer den Anfangs- und Endwert für x sowie die Schrittweite angeben soll. Ein typischer Programmablauf könnte folgendermaßen aussehen: (8 P.)

```
C:\>func
Startwert: 1
Endwert: 4
Schrittweite: 0.25

    1.0000    1.0000    1.0000    1.0000
    1.2500    1.5625    1.9531    0.8000
    1.5000    2.2500    3.3750    0.6667
    1.7500    3.0625    5.3594    0.5714
    2.0000    4.0000    8.0000    0.5000
    2.2500    5.0625   11.3906    0.4444
    2.5000    6.2500   15.6250    0.4000
    2.7500    7.5625   20.7969    0.3636
    3.0000    9.0000   27.0000    0.3333
    3.2500   10.5625   34.3281    0.3077
    3.5000   12.2500   42.8750    0.2857
    3.7500   14.0625   52.7344    0.2667
    4.0000   16.0000   64.0000    0.2500

C:\>
```

Hierzu soll der auf der nächsten Seite angegebene Programmablaufplan vervollständigt werden, und zwar unter ausschließlicher Verwendung der vier Variablen START, ENDE, SCHRITT und x.

Fortsetzung des 6. Handlungsschrittes auf der nächsten Seite

4. Handlungsschritt (25 Punkte)

Fortsetzung

Programmablaufplan:

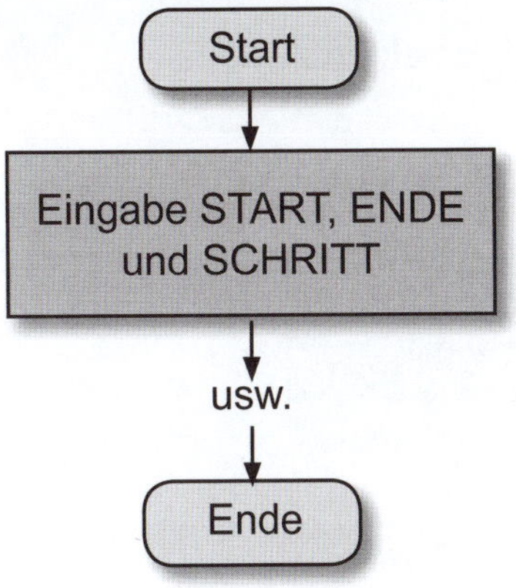

d) Herr Schleife hat in einem Lehrbuch den folgenden Ausschnitt eines Struktogramms gefunden. Geben Sie jeweils zeilenweise die Ausgabe des Programms an! (5 P.)

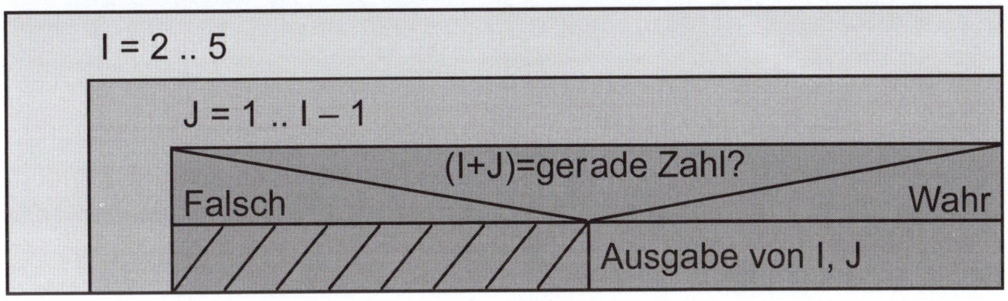

5. Handlungsschritt (25 Punkte)

Von der Geschäftsleitung erhalten Sie den Auftrag, eine ABC-Analyse der existierenden Lagerbestände zu erstellen.

a) Nennen Sie den Unterschied zwischen der ABC-Analyse und der XYZ-Analyse. (4 P.)

b) Welche Erkenntnisse lassen sich aus einer ABC- und XYZ-Analyse im Allgemeinen ziehen? Nennen Sie vier. (4 P.)

c) Nach Aufnahme aller Lagerbestände und -werte erhalten Sie die folgende Tabelle:

Artikel	Menge Stück	Einzelpreis in €	Preisvolumen in €	%-Anteil Wert	%-Anteil Menge	Gruppe
Rechner	150	1.500 €				
Mainboards	400	150 €				
Mouse	800	10 €				
Grafikkarten	350	140 €				
Monitore	140	1.000 €				
Mousepads	800	5 €				
Kabelbinder	5 000	0,05 €				
DVD-Brenner	50	300 €				
Soundkarten	500	100 €				
Kabel	500	20 €				
Drucker	40	200 €				
SUMME	**8 730**	X				X

ca) Vervollständigen Sie die Tabelle hinsichtlich der Preisvolumen und berechnen Sie die Wert- sowie Mengenanteile an der Gesamtheit. (12 P.)

cb) Ordnen Sie alle Artikel in sinnvoller Weise einer Gruppe (A, B oder C) zu und tragen Sie Ihre Lösung in die letzte Spalte der Tabelle ein. (5 P.)

Ausgangssituation

Die CompuCom GmbH ist ein Computer- und Telekommunikationsspezialist mit vier Mitarbeitern und einem kleinen Verkaufsraum mit angeschlossener Reparaturwerkstatt in der Innenstadt von Geislingen. Privatkunden und kleinere Unternehmen kaufen dort Hard- und Software und lassen Reparaturen an ihren Rechnern und den Peripheriegeräten durchführen.

Sie sind als Mitarbeiter/-in im Shop tätig und beraten die Kunden in Netzwerkfragen und beim Kauf von Hard- und Software.

Dazu sind von Ihnen die nachstehenden Aufgaben zu erledigen:

1. Handlungsschritt: Unterscheiden Sie DVD-Rohlinge und Datensicherungsmedien
2. Handlungsschritt: Beschaffen Sie Datenträger
3. Handlungsschritt: Kundenberatung zum Kauf von Festplatten
4. Handlungsschritt: Verkaufen Sie einen Drucker
5. Handlungsschritt: Kalkulieren Sie den Aufwand eines Herstellers

1. Handlungsschritt (25 Punkte)

Ein Stammkunde, Herr Frisch, möchte sich für den PC in seinem kleinen Betrieb einen DVD-Brenner zulegen, um Datensicherungen seiner Geschäfts- und Buchhaltungsdaten durchführen zu können. Auf Nachfrage erklärt er, dass er vorhabe, einmal im Monat eine Komplettsicherung mit ca. 20 GB Daten sowie tägliche Sicherungen für bestimmte Verzeichnisse mit einem geschätzten Volumen von ca. 3 GB durchzuführen.

a) Bei den für das DVD-Laufwerk zur Verfügung stehenden Medien treten verschiedene typische Abkürzungen auf. Beschreiben Sie die folgenden Teilbezeichnungen bzw. grenzen Sie sie voneinander ab! (5 P.)

- +, –, ±
- DL
- R, RW

b) Neben den üblichen DVD-Formaten gibt es noch die DVD-RAM. Stellen Sie je zwei Vor- und zwei Nachteile dieses Formates im Vergleich zu den gängigen DVD-RW Varianten dar. (4 P.)

c) Sowohl bei CD- als auch bei DVD-Laufwerken werden üblicherweise Faktoren für die Lese- und Schreibgeschwindigkeiten angegeben. Stellen Sie den Zusammenhang zwischen diesen Faktoren (z. B. 8-fach DVD) mit den effektiven Geschwindigkeiten her. (4 P.)

d) Aus der Notwendigkeit der Datensicherung heraus beabsichtigt Herr Frisch seine Daten auf DVDs zu sichern.

da) Nennen Sie vier generelle Anforderungen an ein Datensicherungskonzept! (4 P.)

db) Stellen Sie die folgenden drei Medien zur Datensicherung gegenüber (3 P.)

- Magnetbänder
- Optische Medien (DVD, CD)
- Online-Sicherungen

e) Auf die Frage von Herrn Frisch, welche kostengünstige Alternativen es zur Datensicherung auf DVDs für seinen Betrieb gäbe, schlagen Sie ihm vor die Datensicherung auf USB-Festplatten oder NAS-Festplatten vorzunehmen.

ea) Stellen Sie USB- und NAS-Festplatten gegenüber! (3 P.)

eb) Erläutern Sie je zwei grundsätzliche Vor- und Nachteile des Einsatzes von Festplatten zur Datensicherung im Vergleich zu der von Herrn Frisch beabsichtigen DVD-Lösung! (2 P.)

2. Handlungsschritt (25 Punkte)

Ein kleines Sortiment von Standardprodukten hat die CompuCom GmbH stetig im Verkaufsraum vorrätig. Da der Verkaufsladen in der Nähe einer weiterführenden Schule liegt, gibt es eine stetig hohe Nachfrage nach DVD- und CD-Rohlingen. Die größten Verkaufsmengen sind beim Format DVD-R mit einer Verpackungseinheit von 50 Stück zu verzeichnen. Hiervon werden im Durchschnitt täglich 8 Packungen zum Rechnungspreis von 9,99 € verkauft. Der gegenwärtige Mehrwertsteuersatz beträgt 19 %.

a) Gegenwärtig sind noch 60 Packungen vorhanden. Die Geschäftsleitung hat aber angewiesen, immer so rechtzeitig beim Lieferanten nachzubestellen, dass stetig 16 Packungen vorrätig sind. Die Lieferung benötigt vom Bestellzeitpunkt an etwa drei Tage mit dem Paketdienst, bis die Ware bei Ihnen im Ladenlokal ankommt. Eine 50er-Spindel DVD-R Rohlinge kostet die CompuCom GmbH im Nettoeinkaufspreis 5,00 €.

   aa) Bezeichnen Sie die stetig vorzuhaltenden Mengen (hier: 16 Packungen) mit dem entsprechenden Fachbegriff. (1 P.)

   ab) Errechnen Sie in wie vielen Tagen Sie spätestens nachbestellen müssen, um den Absatzmengen und den Anweisungen der Geschäftsleitung zu genügen. (6 P.)

   ac) Berechnen Sie den Deckungsbeitrag der 60 zurzeit vorhandenen Packungen DVD-R Rohlinge ohne Berücksichtigung von Transportkosten. (4 P.)

b) Sie bestellen bei Ihrem Lieferanten weitere 60 Päckchen DVD-R Rohlinge zum Nettopreis von 5,00 €. Nach Erhalt der Ware ist die Eingangsrechnung an den Lieferanten zu begleichen. Die Zahlungsbedingungen Ihres Lieferanten lauten 14 Tage 3 % Skonto oder 30 Tage netto.

   ba) Ermitteln Sie den Rechnungsbetrag. (1 P.)

   bb) Berechnen Sie den bei Ausnutzung von Skonto zu überweisenden Betrag. (1 P.)

   bc) Das Firmenkonto ist gegenwärtig überzogen. Die Bank berechnet Verzugszinsen von 16 % bei 360 Tagen pro Jahr. Ermitteln Sie, ob die Ausnutzung von Skonto wirtschaftlicher wäre, als die Zahlung nach 30 Tagen. (7 P.)

   bd) Wie verändert sich der Sachverhalt, wenn der Lieferant seine Zahlungsziele auf 8 Tage 2 % Skonto oder 30 Tage netto verändert? Ermitteln Sie unter der Voraussetzung von 16 % Verzugszinsen bei der Bank, ob die Ausnutzung von Skonto wirtschaftlicher wäre als die Zahlung der Rechnung nach 30 Tagen. (5 P.)

3. Handlungsschritt (25 Punkte)

Ein Kunde kommt mit einem PC unter dem Arm in Ihr Geschäft. Er bittet Sie, die Festplatte zu prüfen, da er glaubt, sie sei defekt. Sie bauen die Festplatte aus, in einen Testrechner ein und können die Behauptung des Kunden bestätigen. Daher bittet der Kunde Sie um Beratung bezüglich einer neuen Festplatte.

a) Nachdem Sie dem Kunden die Preise und Spezifikationen einiger neuer Festplatten genannt haben, möchte er von Ihnen wissen, ob sein Rechner auch bereits SATA-III Festplatten unterstütze.

aa) Erklären Sie, worum es sich bei „SATA" im Allgemeinen handelt und beleuchten Sie den Unterschied zwischen SATA-I, SATA-II und SATA-III im Hinblick auf Geschwindigkeit! (4 P.)

ab) In diesem Zusammenhang fragt der Kunde auch nach dem Begriff „eSATA". Erläutern Sie ihm diesen Begriff! (1 P.)

ac) Neben herkömmlichen Magnetfestplatten sind SSD-Festplatten weit verbreitet. Der Kunde bittet Sie um weitere Informationen zu dieser Technologie. Legen Sie ihm die technologischen Unterschiede dar! (2 P.)

ad) Nennen Sie sechs Vorteile von SSD-Festplatten gegenüber herkömmlichen Festplatten. (6 P.)

b) Nachdem Sie die Festplatte korrekt eingerichtet und eingebaut haben, stellt der Kunde Ihnen eine Frage:

ba) „Bei Festplatten findet man in den technischen Unterlagen Angaben über die Anzahl der Sektoren pro Spur bzw. Zylinder. Allerdings sind dort Bereiche, z. B. 83 bis 117, statt eines festen Wertes angegeben. Warum ist das so?" Erläutern Sie dem Kunden diesen Umstand! (3 P.)

bb) Damit die Elektronik und Mechanik der Festplatte Daten auslesen kann, muss vorgegeben werden, an welcher Stelle die Daten ausgelesen werden sollen. Dies geschieht intern über die Angabe der drei Parameter Kopf, Zylinder und Sektor. Erläutern Sie diese drei Begriffe! (3 P.)

c) Der Kunde erklärt Ihnen, dass er vor einigen Tagen in Ihrem Geschäft eine PCI Controller-Karte für ein SATA-RAID-System gekauft habe, die er in einen anderen Rechner einbauen wolle. Da die Installationsanleitung allerdings nur in englischer Sprache vorliege, habe er einige Verständnisprobleme und bittet Sie, ihm bei der Übersetzung der Schnellinstallation behilflich zu sein.

1. **Installing the RAID-Controller in your computer.**
   - Turn your computer off. Unplug the power cable.
   - Remove the cover and find an unused PCI slot.
   - Remove the backplate from the slot that you selected.
   - Insert the RAID-Controller into the slot and screw it in.
   - Secure your computer's cover.
2. **Connecting the drives.**
   - Connect SATA devices to the RAID-controller. Make sure that the cables you use conform to all specifications.
   - Perform a safety check; ensure that all cables are attached correctly and the RAID controller is installed properly.
3. **Installing the software.**
   - Turn on your computer and insert the CD.
   - Windows will detect the RAID-Controller and display the following window:

Da ansonsten gerade kein anderer Kunde im Geschäft ist, helfen Sie ihm gern. Übersetzen Sie die Anleitung sinngemäß in die deutsche Sprache! (6 P.)

4. Handlungsschritt (25 Punkte)

Der Privatkunde Toni Tüftler ist Computer-Freak und kauft bei Ihnen regelmäßig Computerzubehör. Heute interessiert er sich für einen neuen, in Ihrem Verkaufsraum ausgestellten, Drucker, den Sie für einen Bruttoverkaufspreis von 270,00 € anbieten.

a) Da es sich bei dem Vorführmodell um das letzte verfügbare Gerät handelt, fragt Toni Tüftler bei Ihnen an, ob Sie ihm das Gerät, da es nicht mehr original verpackt sei, auch für 210,00 € anbieten können. Ein Blick in Ihr Warenwirtschaftssystem eröffnet Ihnen folgende Grunddaten:

   Bei Ihrem Lieferanten erhalten Sie das Gerät zu einem Nettoeinkaufspreis von 175,07 €. Ihr Chef hat Ihnen eine Spanne für Gewinn und Gemeinkosten von zusammen mindestens 20 % vorgeschrieben. Zu welchem Bruttoverkaufspreis können Sie Herrn Tüftler den Drucker bei einer gesetzlichen Mehrwertsteuer von 19 % anbieten? (3 P.)

b) Der Kunde fragt nach der gewährten Garantie. Sie verweisen ihn auf die gesetzliche Gewährleistungsfrist.

   ba) Wie unterscheiden sich die Begriffe „Garantie" und „Gewährleistung"? (4 P.)

   bb) Wie lautet für diesen Fall die gesetzliche Gewährleistungsfrist? (1 P.)

   bc) Wie verteilt sich innerhalb des gesetzlichen Gewährleistungszeitraums beim Verbraucherkauf die Beweislast? (4 P.)

c) Der Kunde willigt in das Geschäft ein und kauft den Drucker zu dem unter a) errechneten Bruttoverkaufspreis. Wie viel Prozent hat Herr Tüftler im Vergleich zu dem ursprünglichen Bruttoverkaufspreis gespart? (3 P.)

d) Angenommen eine Preisreduzierung wäre aus wirtschaftlichen Gründen nicht möglich gewesen. Welche weitere Option bietet sich an, Herrn Tüftler beim Kauf des Druckers doch noch entgegen zu kommen? Geben Sie zu dieser Option zwei konkrete Beispiele. (5 P.)

e) Nach zwei Wochen kommt Herr Tüftler erneut in Ihren Shop und erzählt Ihnen, dass er den gleichen Drucker in einem anderen Laden für 30,00 € weniger gesehen hat. Nennen Sie hierfür fünf mögliche Gründe. (5 P.)

5. Handlungsschritt (25 Punkte)

Der Lieferant Bonner Kabel GmbH hat sich auf die Produktion von USB-Verstärkern spezialisiert. Das Unternehmen bietet darüber hinaus keine weiteren Produkte oder Dienstleistungen an.

Bei einer telefonischen Fachsimpelei mit einem der Verkäufer der Bonner Kabel GmbH behauptet dieser, dass sein Unternehmen in der Lage sei, bei maximaler Kapazitätsauslastung des Unternehmens 30.000 Verstärker pro Jahr zu einem Selbstkostenstückpreis von 25,00 € herzustellen und bei einer anvisierten Jahresproduktion von 20.000 Stück noch zu einem Selbstkostenstückpreis von 30,00 € zu produzieren. Sie haben im vergangenen Jahr drei Verstärker zum Nettostückpreis von 40,00 € bei der Bonner Kabel GmbH eingekauft.

a) Welchen Umsatz und welchen Gewinn hätte das Unternehmen nach Abschluss des vergangenen Jahres erzielt, wenn...

   aa) ... bei maximaler Kapazitätsauslastung ... (4 P.)

   ab) ... bei einer Jahresproduktion von 20.000 Stück ... (4 P.)

   ... alle produzierten Verstärker zum gleichen Preis verkauft worden wären und die Angaben des Verkäufers hinsichtlich des Selbstkostenstückpreises stimmen?

b) Ermitteln Sie den Auslastungsgrad bei einer Ausbringungsmenge von 20.000 Verstärkern in Prozent mit der Genauigkeit von zwei Nachkommastellen. (2 P.)

c) Berechnen Sie die jährlichen Fixkosten des Unternehmens auf der Grundlage der Aussagen des Verkäufers. Geben Sie dabei den Rechenweg an. (10 P.)

d) Welchen Risiken unterliegt die Bonner Kabel GmbH durch ihre Sortimentspolitik und wie kann das Unternehmen diesen Risiken begegnen? (5 P.)

Ihre Notizen

Ausgangssituation

Die Papierdesign GmbH & Co. KG produziert Verpackungsmaterial für Einweggetränke und Tiefkühlkost.

Als Mitarbeiter/-in der IT-Abteilung sind Sie für die Netzwerkbetreuung zuständig, unterstützen andere Abteilungen in Anwendungsfragen von Standardsoftwareprodukten und koordinieren Projekte im Bereich der Unternehmensorganisation.

Im Rahmen Ihrer Verantwortung im Unternehmen haben Sie Aufgaben in den nachstehenden Bereichen zu erledigen:

1. Handlungsschritt: Zugriffsschutz
2. Handlungsschritt: Audiodaten und Spracherkennung
3. Handlungsschritt: Hubs und Switches
4. Handlungsschritt: Druckeranforderungen
5. Handlungsschritt: Stellenbeschreibungen

1. Handlungsschritt (25 Punkte)

In Ihrem Betrieb gibt es eine Vielzahl von Daten, die vor der Einsichtnahme, der Entnahme oder dem Zugriff Unbefugter zu schützen sind. Als Systemadministrator sind Sie an den Sicherungsmaßnahmen beteiligt.

a) Nennen Sie vier Beispiele solcher schützenswerten Daten. (4 P.)

b) Zum Schutz unberechtigter Zugriffe können organisatorische, technische oder softwaregestützte Maßnahmen ergriffen werden.

Geben Sie jeweils zwei Praxisbeispiele für eine organisatorische, technische oder softwaregestützte Maßnahme zum Zugriffsschutz in Unternehmen an. (6 P.)

c) Bei umfangreicheren Softwarelösungen können Zugriffsrechte an die User vergeben werden, welche die Nutzungsmöglichkeiten des Programms auf die jeweiligen Befugnisse der Anwender beschränken. Von welcher Stelle aus sollte Ihrer Ansicht nach über die Vergabe der Zugriffsrechte entschieden werden? Begründen Sie Ihre Entscheidung. (4 P.)

d) Die Einführung von Kennwörtern ist die übliche Methode zum Zugriffsschutz. Es ist eine teilweise unglückliche Gepflogenheit, dass in Unternehmen die Kennwörter auch den Kollegen und Vorgesetzten zugänglich gemacht werden. Worin bestehen die Risiken einer solchen Weitergabe und welche Maßnahmen könnten durch das Unternehmen ergriffen werden, um diese Handhabung größtmöglich einzuschränken? (5 P.)

e) Wie sollten Notebooks neben der Kennwortabfrage zusätzlich geschützt werden, wenn Sie auch den Aspekt eines möglichen Abhandenkommens des Gerätes außerhalb des Betriebes einkalkulieren? (2 P.)

f) Erläutern Sie, warum Sie als betrieblicher Systemadministrator nicht gleichzeitig die Aufgabe des betrieblichen Datenschutzbeauftragten übernehmen dürfen. (4 P.)

2. Handlungsschritt (25 Punkte)

Die Papierdesign GmbH & Co. KG beabsichtigt einen neuen Mitarbeiter mit körperlichem Handicap in einer führenden Position einzustellen. Aufgrund seiner Behinderung kann er nur sehr eingeschränkt Tastatur und Maus zur Bedienung seines Arbeitsrechners oder auch zur Eingabe von längeren Texten nutzen.

Sie statten den Arbeitsplatz des neuen Mitarbeiters mit entsprechender Software zur Sprachsteuerung und Spracherkennung aus.

a) Die ankommenden Audiodaten werden durch den Vorgang des „Samplings" in digitale Signale umgesetzt.

aa) Erklären Sie in diesem Zusammenhang die Bedeutung des Begriffes „Samplingrate"! (4 P.)

ab) Erklären Sie in diesem Zusammenhang die Bedeutung des Begriffes „Samplingtiefe"! (4 P.)

ac) Welcher Teil der Soundkarte ist in der Lage, das Sampling von Daten durchzuführen? (2 P.)

ad) Auf der Soundkarte eines Rechners gibt es einen DA-Wandler. Beschreiben Sie die Aufgabe und den Einsatzzweck dieser Baugruppe! (2 P.)

b) Der Mitarbeiter versendet des Öfteren Sprachaufzeichnungen an seine Mitarbeiter anstatt schriftlicher E-Mail-Nachrichten.

Eine Aufzeichnung mit einer Länge von 3 Minuten und 30 Sekunden wird mit CD-Qualität in Stereo digitalisiert. Berechnen Sie die Größe der resultierenden Audiodatei, wenn entsprechende Komprimierungsverfahren die Dateigröße auf 20 % ihrer ursprünglichen Größe reduzieren können! (5 P.)

c) Die eingesetzte Software basiert auf Spracherkennungsalgorithmen. Grundsätzlich unterscheidet man bei der Spracherkennung zwischen sprecherunabhängiger und sprecherabhängiger Erkennung.

ca) Worin besteht der Unterschied? (1 P.)

cb) Von welchem wesentlichen Faktor hängt es ab, ob der Einsatz einer sprecherabhängigen oder -unabhängigen Spracherkennung sinnvoll ist? (1 P.)

cc) Nennen Sie zwei praktische Beispiele für den Einsatz der sprecherunabhängigen Spracherkennung. (2 P.)

cd) Auch wenn die Trefferquote bei modernen Spracherkennungssystemen sehr hoch ist, gibt es dennoch Grenzen. Legen Sie vier Faktoren dar, die die korrekte Worterkennung erschweren oder unmöglich machen! (4 P.)

LF 2.4 ◆ 136

Frage

Welche vier Phasen kennzeichnet die Portfolioanalyse?

Peter Große-Hering · Frank Stolpmann

LF 2.5 ◆ 224

Frage

Durch welche Berechnungsschritte gelangen Sie zu den Selbstkosten eines Produktes?

Peter Große-Hering · Frank Stolpmann

LF 4.2 ◆ 318

Frage

Ordnen Sie die folgenden logischen Schaltsymbole den Operatoren **UND/AND**, **ODER/OR** und **NICHT/NOT** zu (es sind jeweils die Symbole nach alter DIN 40700 und aktueller IEC 60617-12 dargestellt)!

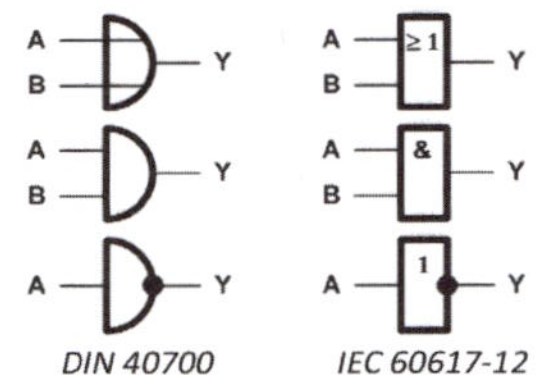

Peter Große-Hering · Frank Stolpmann

LF 4.4 ◆ 401

Frage

Der Standard-MTU-Wert eines Ethernets beträgt 1500 Byte. Sie setzen einen Ping-Befehl innerhalb des lokalen Netzes ab. Wie groß können die effektiven Nutzdaten des ICMP-Datenpaketes maximal werden, ohne dass eine Fragmentierung notwendig wird (die Länge der Protokoll-Kopfdaten: Ethernet-Frame = 14 Byte; IP = 20 Byte; ICMP = 8 Byte)?

Peter Große-Hering · Frank Stolpmann

LF 5.1 ◆ 441

Frage

Nennen Sie jeweils konkrete Diagramm-Beispiele für Strukturdiagramme im Rahmen von UML.

Peter Große-Hering · Frank Stolpmann

LF 5.5 ◆ 569

Frage

Ein bekanntes Rotationsschema bei Datensicherungen ist das Verfahren der „Türme von Hanoi" (TvH), welches auf das gleichnamige Spiel zurückgeht. Erläutern Sie das Prinzip am Beispiel des Einsatzes von vier Medien!

Peter Große-Hering · Frank Stolpmann

Antwort

318

Es ergibt sich folgende Zuordnung:

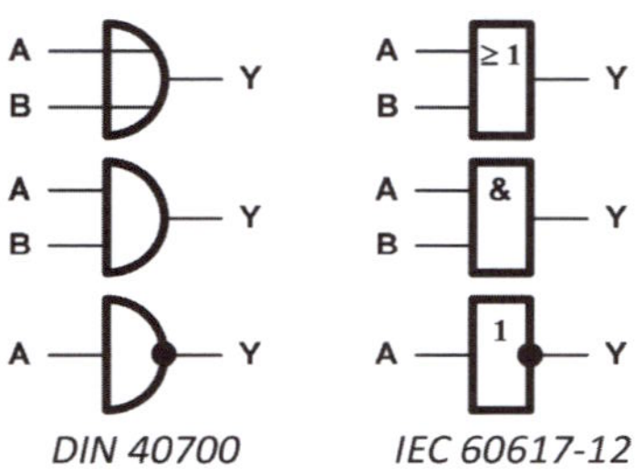

ODER/OR

UND/AND

NICHT/NOT

Antwort

224

Schema zur Berechnung der Selbstkosten:

Materialeinzelkosten
\+ Materialgemeinkosten
\+ Fertigungseinzelkosten
\+ Fertigungsgemeinkosten
\+ Sondereinzelkosten der Fertigung
= Herstellkosten
\+ Verwaltungsgemeinkosten
\+ Vertriebsgemeinkosten
\+ Sondereinzelkosten des Vertriebs
= **Selbstkosten**

Antwort

136

Phasen der Portfolioanalyse:

(1) **Question Marks** (Fragezeichen)
(2) **Stars** (Sterne)
(3) **Dogs** (arme Hunde)
(4) **Cashcows** (Melkkühe)

Antwort

569

Beim Einsatz von vier Medien (hier bezeichnet als „A" bis „D"), wird das erste Medium „A" jeden zweiten Tag verwendet, „B" jeden vierten Tag, „C" jeden 8. Tag und „D" jeden 16. Tag. Also wird das „nte" Medium jeweils im Zyklus von 2^n eingesetzt, wobei die Daten der letzten 2^{n-1} Tage wiederhergestellt werden können. Bei vier Medien ergibt sich folgender Zyklus:

Ebene	Tag	1	2	3	4	5	6	7	8	9	10	11	12	13	14	15	16
	Inkr.	A		A		A		A		A		A		A		A	
	Diff.		B				B				B				B		
	Diff.				C								C				
	Voll								D								D

(Inkr. = Inkrementelles Backup, Diff. = Differentielles Backup, Voll = vollständige Datensicherung)

Antwort

444

A) Die einzig sinnvolle Reihenfolge ist:

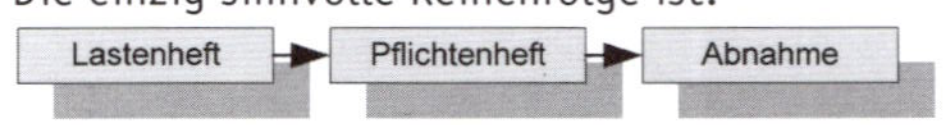

B) Die zugehörigen Verantwortlichkeiten sind:

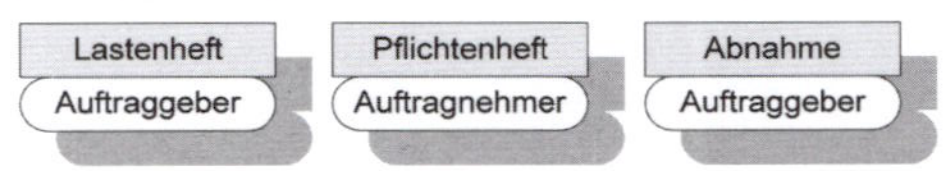

C) Muss-, Soll- und Kann-Kriterien (oder -Anforderungen) werden im Lastenheft festgelegt.

Antwort

401

Die maximale Größe der Nutzdaten im ICMP-Paket beträgt **1472 Byte**.

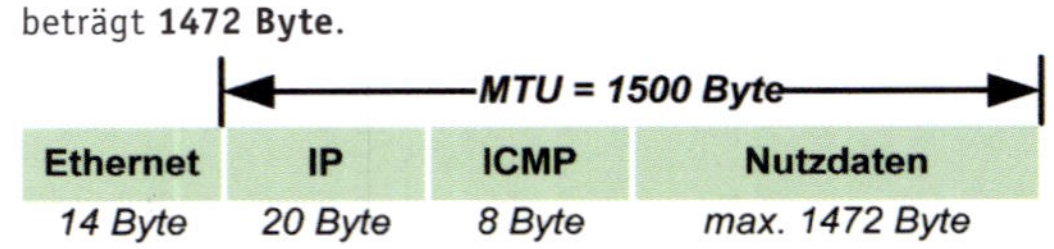

Beispiel („-l" im ping-Befehl gibt die Länge der Nutzdaten an, „-f" erzwingt keine Fragmentierung):

```
C:\>ping -f -l 1472 192.168.7.1
Ping wird ausgeführt für 192.168.7.1 mit 1472 Bytes Daten:
Antwort von 192.168.7.1: Bytes=1472 Zeit<1ms TTL=64
...
C:\>ping -f -l 1473 192.168.7.1
Ping wird ausgeführt für 192.168.7.1 mit 1473 Bytes Daten:
Paket müsste fragmentiert werden, DF-Flag ist jedoch gesetzt.
...
```

3. Handlungsschritt (25 Punkte)

Ihr firmeninternes Ethernet-Netzwerk setzt ausschließlich Switches als Kopplungselemente ein.

a) Für ein IT-internes Test-Netzwerk soll ausnahmsweise ein kostengünstiger Hub zum Einsatz kommen. Dem gelieferten Hub liegt eine englischsprachige Erläuterung bei:

> When a hub receives a packet of data (a so called "ethernet frame") at one of its ports, it transmits the packet to all of its ports and, thus, to all of the other PCs on the network. If two or more PCs on the network try to send packets at the same time a "collision" is said to occur. When that happens all of the PCs have to go through a routine to resolve the conflict. The process is defined in the Ethernet CSMA/CD (Carrier Sense Multiple Access with Collision Detection) protocol. Each Ethernet Adapter has both a receiver and a transmitter. If the adapters didn't have to listen with their receivers for collisions they would be able to send data at the same time they are receiving it (full duplex). Because they have to operate at half duplex (data flows one way at a time) and a hub retransmits data from one PC to all of the PCs, the maximum bandwidth is 100 Mbit/s and that bandwidth is shared by all of the PCs connected to the hub. The result is when a person using a computer on a hub downloads a large file or group of files from another computer the network becomes congested.

Beantworten Sie die unten stehenden Fragen und halten Sie sich dabei sinngemäß an die Aussagen des Textes! Eine wörtliche Übersetzung ist hier nicht gefragt!

aa) Was passiert mit den Daten, die an einem Port des Hubs ankommen? (2 P.)

ab) Was geschieht, wenn zwei Rechner im Netzwerk zur selben Zeit Daten senden wollen? (3 P.)

ac) Was bedeutet der Begriff „full duplex"? (3 P.)

ad) Was besagt „half duplex"? (1 P.)

ae) Welche Konsequenzen hat der Einsatz eines Hubs auf die Bandbreite? (4 P.)

b) Aufgrund der Nachteile von Hubs spricht vieles für den Einsatz von Switches als zentrale Kopplungselemente, wie sie auch in Ihrem eignen Firmennetzwerk verwendet werden.

ba) Erklären Sie den grundlegenden Mechanismus eines (Layer-2-) Switches! (4 P.)

bb) Moderne Switches erlauben die Konfiguration von VLANs. Erläutern Sie die Funktion und die grundlegende Arbeitsweise anhand eines portbasierten VLANs! (4 P.)

bc) Viele Switches bieten auch die Möglichkeit, das "Spanning-Tree-Protokoll" (STP) einzusetzen. Stellen Sie die Zielsetzung dieses Protokolls dar! (4 P.)

4. Handlungsschritt (25 Punkte)

Der Leiter der Verkaufsabteilung schildert Ihnen folgendes Problem:

„Unsere Außendienstmitarbeiter sollen nun mit transportablen USB-Druckern ausgestattet werden. Sehr wichtig ist, dass der Preis für den Drucker inklusive Service so gering wie möglich ist. Das Gerät sollte so leicht wie möglich sein – bei bestmöglichem Service. Die Lautstärke ist nicht so wichtig! Da neben normaler Bürokorrespondenz oft umfangreiche Dokumentationen unter hohem Zeitdruck ausgedruckt werden müssen, ist auch die Druckgeschwindigkeit von mittelmäßig hoher Bedeutung. Welchen Drucker können Sie uns empfehlen?" Sie haben bereits Angebote über vier verschiedene Druckermodelle sowie zugehörige Garantieerweiterungen eingeholt:

Pos	Artikel	Menge Stück	Preis €	Nettobetrag €
1	**Drucker A** Laserdrucker A4 10 Seiten/Minute 1200 x 1200 dpi, 2400 dpi effektive Leistung 1 MB, 45 MHZ RISC-Prozessor Gewicht: 8 kg Geräuschentwicklung: 52 dBA USB, optional WLAN Druckvolumen 7.000 Seiten/Monat GDI-Drucker, 250 Blatt Papierzuführung USB Druckerkabel im Lieferumfang Garantie: 1 Jahr Bring-In (Details s. Herstellerbedingungen)	1	177,02	177,02
2	**Drucker A** Support Pack Garantieerweiterung für Drucker A Garantie 3 Jahre Vor-Ort-Service Level 3 (Austausch am nächsten Arbeitstag Vor-Ort) Ansprechzeit: Mo-Fr 8:00-17:00 Uhr (außer an gesetzlichen Feiertagen)	1	64,20	64,20
3	**Drucker B** Gewicht: 6,5 kg Druckleistung: 12 Seiten/Minute. Geräuschentwicklung: <48 dBA Garantie: 1 Jahr Vor-Ort-Service (Details siehe Herstellerbedingungen) Hinweis: Keine Rücknahme möglich.	1	207,39	207,39
4	**Drucker B** 3-Jahre-Vor-Ort Garantie - 3 Jahre Vor-Ort-Service (Garantieverlängerung) - 48 Std. Reaktionszeit an Arbeitstagen - Service Hotline Mo.-Fr. 8-17 Uhr - Reparatur vor Ort - Tausch von Ersatzteilen - Anfahrt/Arbeitsleistung Techniker Hinweis: Keine Rücknahme möglich.	1	62,10	62,10
5	**Drucker C** Laserdrucker monochrom DIN A4 bis zu 1200 dpi, bis zu 16 Seiten/ min 2MB Ram, 150-Blattausgabe 54 dBA, 7 kg USB und LAN Garantie: 1 Jahr Bring-In, bei Registrierung 3 Jahre Bring-In (Details siehe Herstellerbedingungen)	1	200,55	200,55
6	**Drucker C** Extended Support 36 Monate Vor-Ort-Garantieerweiterung Hinweis: Keine Rücknahme möglich.	1	139,00	139,00
7	**Drucker D** Laserdrucker DIN A4 monochrom Bis zu 14 Seiten/Min., bis zu 1200 x 1200 dpi 250 Blatt Papierkassette Gewicht: 7 kg, Geräuschentwicklung: 52 dbA 2MB RAM USB-Schnittstelle Garantie: 1 Jahr Bring-In (Details siehe Herstellerbedingungen)	1	154,00	154,00

Fortsetzung des 4. Handlungsschrittes auf der nächsten Seite

4. Handlungsschritt (25 Punkte)

Fortsetzung

a) Ausgehend von den Angeboten und dem Gespräch mit dem Leiter der Verkaufsabteilung sollen zunächst die zur Entscheidungsfindung relevanten Merkmale zusammengetragen werden. Vervollständigen Sie dazu in der folgenden Tabelle die vier fehlenden Merkmale sowie alle fehlenden Größen! (7 P.)

Drucker	Drucker A	Drucker B	Drucker C	Drucker D
Gewicht	8,0 kg	6,5 kg	7,0 kg	7,0 kg
Seitenleistung				
Lautstärke				
Service				
Preis für Service				
Preis des Druckers				
Gesamtpreis				

b) Als Nächstes besteht Ihre Aufgabe darin, eine Empfehlung für ein Druckermodell zu erarbeiten. Als Entscheidungsgrundlage soll eine Nutzwertanalyse durchgeführt werden. Verwenden Sie hierbei für die Gewichtung nur die Werte 1 (niedrige Priorität) bis 3 (hohe Priorität). Für die Wertung des Erfüllungsgrades haben Sie die folgende Tabelle vorbereitet: (10 P.)

	Erfüllungsgrad/Wertung		
Merkmal	3 Punkte	2 Punkte	1 Punkt
Gewicht	< 7,0 kg	7,0 kg – 7,8 kg	> 7,8 kg
Seitenleistung	> 15 ppm	12 – 15 ppm	< 12 ppm
Lautstärke	< 50 dBA	50 – 53 dBA	> 53 dBA
Service	3 Jahre Vor-Ort-Service	3 Jahre Pick-Up-Service	1 Jahr Bring-In-Service
Gesamtpreis	< 180,00 €	180,00 € – 280,00 €	> 280,00 €

Fortsetzung des 5. Handlungsschrittes auf der nächsten Seite

4. Handlungsschritt (25 Punkte)

Fortsetzung

Vervollständigen Sie, basierend auf den definierten Wertungen für den Erfüllungsgrad und den vom Verkaufsleiter geäußerten Prioritäten, die folgende Tabelle:

Drucker	Gewichtung	Drucker A	Drucker B	Drucker C	Drucker D
Gewicht					
Seitenleistung					
Lautstärke					
Service					
Gesamtpreis					

c) Berechnen Sie die Gesamtpunkte der Nutzwertanalyse gemäß den Anforderungen in Aufgabenteil b). Tragen Sie die Gesamtpunkte in die Tabelle ein und sprechen Sie eine Empfehlung aus! (4 P.)

Drucker	Ergebnis
Drucker A	
Drucker B	
Drucker C	
Drucker D	

d) Nachdem Sie Ihre Empfehlung dem Leiter der Verkaufsabteilung präsentiert haben, entscheidet er sich letztlich trotzdem für ein Modell, das nicht Ihrer Empfehlung entspricht. Nennen Sie zwei mögliche Aspekte, die den Verkaufsleiter dazu bewogen haben könnten! (4 P.)

5. Handlungsschritt (25 Punkte)

Unklarheiten in der Organisation der Papierdesign GmbH & Co. KG haben in letzter Zeit häufiger zu Missverständnissen unter den Mitarbeitern geführt. Um dies zu beseitigen, ist geplant für alle Stellen im Unternehmen Stellenbeschreibungen zu konzipieren.

a) Welche Inhalte sind in einer Stellenbeschreibung aufzuführen?
Nennen Sie acht Bestandteile. (4 P.)

b) Nennen Sie je drei Vorteile, die die Existenz einer Stellenbeschreibung für den

ba) Stelleninhaber (3 P.)

bb) Vorgesetzten (3 P.)

hat.

c) Welche Nachteile bringt die Abfassung von Stellenbeschreibungen mit sich?
Nennen Sie vier Nachteile für die Stelleninhaber oder das Unternehmen. (4 P.)

d) Beschreiben Sie, in welchem Rahmen …

da) … die Personal- und/oder eine mögliche Organisationsabteilung … (5 P.)

db) … die vorgesetzte Stelle … (3 P.)

dc) … die Stelleninhaber … (3 P.)

… an der Ausarbeitung der Stellenbeschreibung mitwirken sollen.

Ihre Notizen

Ausgangssituation

Die Playtec Toys GmbH ist ein Spielwarenhersteller, der sich auf die Produktion von hochwertigen, funkferngesteuerten Modellautos spezialisiert hat.

Sie sind als Administrator/-in in der Firmenzentrale in München angestellt und sollen...

1. Handlungsschritt: ... die Geschäftsleitung zum Thema Outsourcing beraten.
2. Handlungsschritt: ... das Netzwerk der Firmenzentrale umstrukturieren.
3. Handlungsschritt: ... das Netzwerk in Rostock planen.
4. Handlungsschritt: ... Überlegungen zu DHCP und zur Fehlerdiagnose anstellen.
5. Handlungsschritt: ... Anforderungen an Notebooks definieren.

1. Handlungsschritt (25 Punkte)

Um wettbewerbsfähig zu bleiben, plant die Geschäftsleitung einige Bereiche aus den beiden Betriebsstätten zu „zentralisieren" und das Unternehmen durch das Outsourcing einiger Abteilungen zu verschlanken. Hierzu hat man die Abteilungen „Marketing", „IT" und „Buchhaltung" in Betracht gezogen.

a) Beschreiben Sie die Merkmale einer „zentralen Organisationsform" und einer „dezentralen Organisationsform" und nennen Sie je zwei Vor- und Nachteile dieser Organisationsformen. (10 P.)

b) Erläutern Sie den Begriff „Outsourcing" und beschreiben Sie dessen wichtigste Ziele. (4 P.)

c) Bereiten Sie sich gezielt auf ein Gespräch mit der Geschäftsleitung vor und finden Sie jeweils drei Argumente für und gegen das Outsourcen Ihrer IT-Abteilung. (6 P.)

d) An dem Gespräch wird auch ein Mitglied des Betriebsrates teilnehmen. Für den Fall eines möglichen Outsourcings plädiert der Betriebsrat für ein von der Playtec Toys GmbH finanziertes Outplacement. Beschreiben Sie die Zielsetzung eines Outplacements und erläutern Sie, aus welchen Gründen das Unternehmen in eine solche Maßnahme investieren sollte. (5 P.)

2. Handlungsschritt (25 Punkte)

Die Anbindung der etwa 120 Arbeitsplätze der Firmenzentrale in München erfolgte bisher über eine DSL-Leitung mit veralteter Geschwindigkeit, wobei die Clients über einen Proxy-Server auf das Internet zugreifen konnten. Die Rechner im hauseigenen TCP/IP-Netzwerk haben bisher IP-Adressen der Form 192.168.0.x.

Nun ist die Entscheidung getroffen worden, das Netzwerk umzustrukturieren und den Internetzugang auf eine deutlich schnellere Technologie umzustellen. Sie werden mit der Planung betraut.

a) Nennen Sie den speziellen Adressbereich, zu dem der bisher verwendete Bereich 192.168.0.x gehört, und erläutern Sie dessen Besonderheit. (1 P.)

b) Nun soll das Netzwerk umstrukturiert und den Rechnern Adressen zugeordnet werden, die über das Internet öffentlich erreicht werden können. Ein Provider hat Ihnen bereits ein Angebot zugeschickt über die Bereitstellung von Adressen von entweder einem ganzen oder einem halben Class-C Bereich. Für welche Variante würden Sie sich entscheiden? Begründen Sie Ihre Entscheidung! (4 P.)

c) Ihnen schwebt eine Internetanbindung über eine schnelle VDSL-Verbindung vor und Sie erwägen auch den Einsatz einer separaten Firewall. Erläutern Sie die grundsätzliche Funktionsweise einer Firewall und stellen Sie dabei auch den Zusammenhang zum OSI-Schichtenmodell her! (4 P.)

d) Zur Visualisierung des geplanten Konzeptes möchten Sie gerne einen groben Netzwerkplan anfertigen, der das Zusammenspiel zwischen VDSL-Router, Firewall und die – über Switches – angeschlossenen internen Rechner darstellt. Erstellen Sie eine derartige Skizze! (6 P.)

e) Die Netzwerkumstellung ist Teil der Vorbereitung einer eventuellen, langfristigen, generellen Neuorientierung des Unternehmens, was die Nutzung von Software anbelangt. Im Rahmen des aktuellen Trends zum „Cloud-Computing“ diskutiert die Geschäftsführung den möglichen Einsatz von „Saas“.

   ea) Worum handelt es sich bei „Saas“? (2 P.)

   eb) Nennen Sie stichpunktartig je vier Vor- und vier Nachteile des Einsatzes von „Saas“! (8 P.)

3. Handlungsschritt (25 Punkte)

Auch die Filiale in Rostock soll mit einer schnelleren Internetanbindung und öffentlichen IP-Adressen für alle Clients ausgestattet werden. Die Betriebsstätte besteht aus 3 Gebäudekomplexen. In Gebäude A sind etwa 85, in Gebäude B etwa 25 und in Gebäude C etwa 40 Mitarbeiter an PC-Arbeitsplätzen beschäftigt. Die Gebäude sind über Router miteinander vernetzt (s. Skizze).

Ihr Provider hat Ihnen einen offiziellen Class-C-Adressbereich zugewiesen (195.17.168.0). Um allen Rechnern offizielle IP-Adressen zuweisen zu können, müssen Sub-Netze eingerichtet werden.

a) Schlagen Sie Ihrem Vorgesetzten ein IP-Adresskonzept vor. Geben Sie dazu für jedes Gebäude (9 P.)

- die Subnetzmaske,
- den nutzbaren IP-Adressbereich,
- die Anzahl der anschließbaren Hosts
- und das Standardgateway an!

Die Netzwerkbereiche sollen von links nach rechts in aufsteigender Reihenfolge angegeben werden.

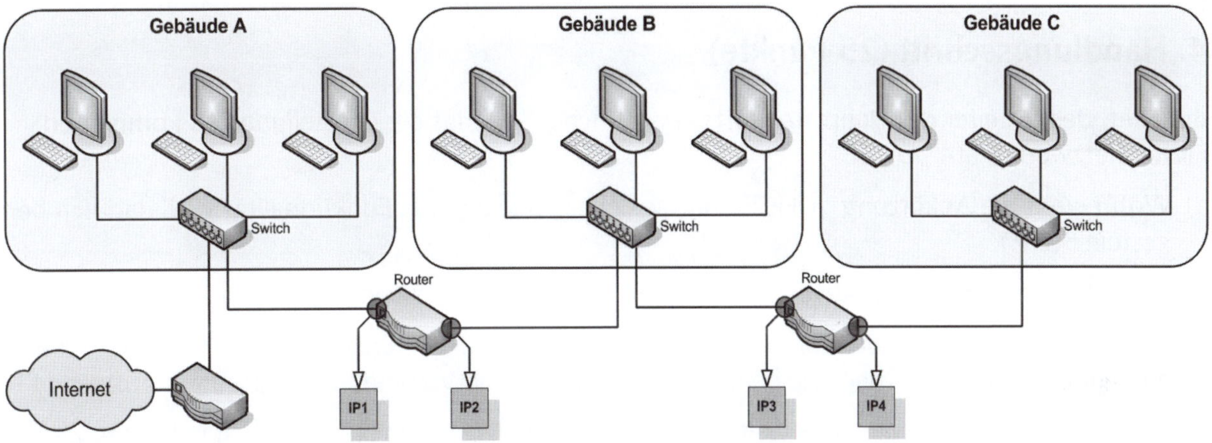

b) Weisen Sie den Interfaces der Router (IP1..IP4) Adressen zu! Es sollen hierzu jeweils die ersten verfügbaren Adressen eines Adressbereiches vergeben werden. (3 P.)

c) Im Gebäude A wird in das Netzwerk zusätzlich ein Internet-Router eingerichtet. Die interne Adresse des Routers ist 195.17.168.2. Ein Mitarbeiter in Gebäude C möchte nun von seinem Rechner aus ins Internet und eine externe IP-Adresse erreichen.

   ca) Beschreiben Sie die Voraussetzungen, die geschaffen werden müssen, damit Internetzugriff von Gebäude C aus möglich ist. (3 P.)

   cb) Beschreiben Sie den genauen Weg eines Datenpaketes mit der externen Zieladresse vom sendenden Rechner in Gebäude C bis hin zum Internet-Router! Beschreiben Sie für jede Zwischenstation, auf welchen technischen Entscheidungskriterien die Weiterleitung des Datenpaketes basiert! (6 P.)

Fortsetzung des 3. Handlungsschrittes auf der nächsten Seite

3. Handlungsschritt (25 Punkte)

Fortsetzung

d) An einem Wochenende wird das Netzwerk in Rostock, basierend auf dem von Ihnen entwickelten Konzept, umgestellt. Unmittelbar am darauffolgenden Montagmorgen beschweren sich Benutzer in Gebäude C, dass der Zugang zum Internet nicht funktioniere. Zur Diagnose von derartigen Verbindungsproblemen gibt es eine Reihe von Programmen. Erläutern Sie, welchem Zweck folgende Programme dienen!

da) „`ipconfig`" (unter Windows) bzw. „`ifconfig`" (unter Unix/Linux) (1 P.)

db) „`ping`" (1 P.)

dc) „`tracert`" (unter Windows) bzw. „`traceroute`" (unter Unix/Linux) (1 P.)

dd) „`nslookup`" (1 P.)

4. Handlungsschritt (25 Punkte)

Ihr Chef, der IT-Leiter des Hauptstandortes in München, erwägt die Umstellung des kompletten Firmennetzwerkes auf „DHCP".

a) Wofür steht die Abkürzung „DHCP" und welche grundlegende Funktionalität wird dadurch bereitgestellt? (2 P.)

b) Was ist generell die Alternative zu einem DHCP basierten Netzwerk? (1 P.)

c) Diskutieren Sie jeweils zwei Vor- und zwei Nachteile von DHCP! Erläutern Sie in diesem Zusammenhang auch die Besonderheit, die beim Einsatz von DHCP in Verbindung mit Routern auftritt. (4 P.)

d) Ein DHCP-Server ist in der Lage weitere Parameter bereitzustellen. Nennen Sie mindestens vier! (4 P.)

e) Das DHCP-Protokoll besteht aus vier Phasen, die der Reihe nach abgearbeitet werden. Nennen Sie die Phasen und beschreiben Sie deren jeweilige Funktion. (8 P.)

f) Was bedeutet in diesem Zusammenhang die „Lease"-Zeit? Erläutern Sie den Begriff! (4 P.)

g) Liegt ein DHCP-Server aus Sicht des Clients hinter einem Router, so muss ein bestimmter Dienst auf dem Router aktiviert werden, damit DHCP-Anfragen und deren Antworten von einem Router „durchgelassen" werden. Um welchen Dienst handelt es sich? Begründen Sie, warum ohne die Aktivierung dieser Funktion keine DHCP-Adresse vergeben werden kann. (2 P.)

5. Handlungsschritt (25 Punkte)

a) (20 P.)

Der Außendienst in Rostock ist bislang noch nicht mit transportabler Hardware ausgestattet, deshalb sollen zehn Notebooks mit eingebautem Modem vom Einkauf angeschafft werden. Hierfür wurde eigens ein Budget von 16.000,00 € eingerichtet und Angebote verschiedener Anbieter im Preissegment bis 1.600,00 € eingeholt.

Da die Notebooks zusätzlich verschiedenartige Vorzüge und Nachteile aufweisen, soll eine gezielte Nutzwertanalyse zum favorisierten Gerät führen. Sie werden gebeten diese Auswertung durchzuführen.

Nach Aussagen des Abteilungsleiters des Außendienstes werden die Notebooks auch für externe Präsentationen eingesetzt und sollen deshalb unbedingt leicht sein sowie einen HDMI-Anschluss besitzen. Hinsichtlich der Wertigkeit der einzelnen Komponenten wurde sich auf die nachstehende Prioritätenfolge geeinigt:

Kriterium	Gewichtung
Gewicht	5
USB- und HDMI-Anschlüsse vorhanden	4
Akku-Kapazität	3
Bilddiagonale	2

Bei der Gewichtung soll „5" die höchste Prioritäts- und „1" die niedrigste Prioritätsstufe beschreiben.

Nach Eintreffen der Angebote werden die für den Außendienst wichtigen Produkteigenschaften in der folgenden Tabelle festgehalten:

Kriterium	Notebook A	Notebook B	Notebook C	Notebook D
Gewicht	1,3 kg	1,5 kg	1,9 kg	1,7 kg
USB/HDMI	ja/ja	ja/nein	ja/ja	ja/ja
Akku-Kapazität	38 Wh	47 Wh	59 Wh	72 Wh
Bildschirmdiagonale	14 Zoll	15 Zoll	15 Zoll	14 Zoll

Fortsetzung des 5. Handlungsschrittes auf der nächsten Seite

5. Handlungsschritt (25 Punkte)

Fortsetzung

Vergeben Sie für einen 14-Zoll-Bildschirm fünf und für einen 15-Zoll-Bildschirm zehn Punkte. Bewerten Sie das Vorhandensein von USB- und von HDMI-Anschlüssen mit zehn Punkten und das Vorhandensein eines USB- oder eines HDMI-Anschlusses mit fünf Punkten. Die Bewertung des Gewichtes und der Akku-Kapazitäten entnehmen Sie bitte der folgenden Tabelle:

Gewicht in kg	Punkte
1,1	10
1,2	9
1,3	8
1,4	7
1,5	6
1,6	5
1,7	4
1,8	3
1,9	2
2,0	1

Akku-Kapazität in Wh	Punkte
75 – 80	10
70 – 74	9
65 – 69	8
60 – 64	7
55 – 59	6
50 – 54	5
45 – 49	4
40 – 44	3
35 – 39	2
30 – 34	1

Erstellen Sie in der unten vorgegebenen Tabelle eine Nutzwertanalyse unter Verwendung der aufgeführten Wertigkeiten und ermitteln Sie somit das Produkt mit dem größten Gesamtnutzen. (20 P.)

Kriterium	Notebook A	Notebook B	Notebook C	Notebook D
Gewicht				
USB/HDMI				
Akku-Kapazität				
Bildschirmdiagonale				
Summe				

b) Welche Nachteile und Schwächen hat eine Nutzwertanalyse? Geben Sie fünf Beispiele. (5 P.)

Ausgangssituation

Sie sind Systemadministrator/-in in der IT-Abteilung der Automotive Mobile GmbH, einem Automobilzulieferer mit 120 Mitarbeitern. Zu Ihren Aufgaben gehört die Pflege des Netzwerkes und die Weiterentwicklung der IT-Umgebung in Produktion und Verwaltung. Nun soll die Personalabteilung, die bis jetzt über ein veraltetes, autarkes Netzwerk verfügt, in das Firmennetzwerk integriert werden.

In organisatorischen Fragen sowie zur Modernisierung der IT-Infrastruktur beraten sich regelmäßig die Mitarbeiter/-innen der IT-Abteilung mit der Geschäftsleitung. Ihre aktuellen Pflichten bestehen aus den nachstehenden Bereichen:

1. Handlungsschritt: Aufbauorganisation
2. Handlungsschritt: Netzwerkkomponenten
3. Handlungsschritt: Serverbeschaffung
4. Handlungsschritt: Beschaffung
5. Handlungsschritt: CAD-System und Datenaustausch

1. Handlungsschritt (25 Punkte)

Sie sollen für die Unternehmensleitung eine Grafik zur Aufbauorganisation des Einliniensystems des Unternehmens erstellen. Das Unternehmen verfügt neben dem Geschäftsführer über die Abteilungen Lager, Vertrieb, Buchhaltung, Personalabteilung, Einkauf sowie Produktion, die alle über drei Mitarbeiter verfügen, von denen einer eine leitende Funktion ausübt.

a) Erstellen Sie ein Firmenorganigramm auf der Grundlage des Einliniensystems. (10 P.)

b) Welche Vorteile hat ein klassisches Einliniensystem? Beschreiben Sie fünf Aspekte. (5 P.)

c) Erläutern Sie, welche Nachteile der Einsatz des Einliniensystems hat und verdeutlichen Sie dies anhand von zwei Beispielen. (4 P.)

d) Die Geschäftsleitung möchte mit Mitarbeitern der Automotive Mobile GmbH diskutieren, ob das zurzeit vorhandene Einliniensystem noch die optimale Organisationsform für die Belange des Unternehmens darstellt. Bei der Wahl eines Leitungssystems sind eine ganze Reihe unternehmensspezifischer Faktoren zu bedenken. Welche betrieblichen Besonderheiten haben Sie bei der Wahl des Leitungssystems zu berücksichtigen?

   Erarbeiten Sie drei Faktoren und geben Sie zu jedem ein Praxisbeispiel. (6 P.)

2. Handlungsschritt (25 Punkte)

Für die neue Vernetzung der Personalabteilung sind einige grundlegende Überlegungen anzustellen.

a) Die Nutzung von Internetdiensten wird in der Automotive Mobile GmbH über einen Proxy-Server bzw. „Proxy" realisiert.

aa) Beschreiben Sie die grundsätzliche Funktionsweise eines Proxy-Servers! (6 P.)

ab) Nennen Sie drei Vorteile des Einsatzes eines Proxy-Servers im Vergleich zu einem direkten Zugang über einen Internet-Router (ausgehend von offiziellen IP-Adressen)! (3 P.)

b) Für das neue Netzwerk der Personalabteilung kann als zentrale Kopplungskomponente ein Hub eingesetzt werden, der bereits im Lager vorhanden ist. Allerdings erwägen Sie stattdessen den Einsatz eines Switches. Erläutern Sie den Unterschied zwischen einem Hub und einem Switch. Geben Sie hierbei auch die relevanten Schichten des OSI-Schichtenmodells an! (6 P.)

c) Aus Sicherheitsgründen setzen Sie in der Automotive Mobile GmbH ein linuxbasiertes „IDS"-System im Netzwerk ein (Intrusion detection system).

ca) Erläutern Sie die Zielsetzung sowie die Funktionsweise eines IDS-Systems! (5 P.)

cb) Um dieses System einmal in der Woche zu testen, haben Sie das System so konfiguriert, dass es bei der Identifikation eines ICMP-Paketes mit dem Inhalt „TestAlarm!" einen Alarm auslöst. Mithilfe des Linux-Befehls „ping" kann der Inhalt eines ICMP-Paketes festgelegt werden, allerdings in Form des hexadezimalen ASCII-Codes. Geben Sie den hexadezimalen Code des Wortes „TestAlarm!" an! (3 P.)

cc) Sie beabsichtigen den entsprechenden „ping"-Befehl unter Linux in die „crontab" einzutragen bzw. als „cronjob" ausführen zu lassen. Was ist die Aufgabe der „crontab" unter Linux? (2 P.)

3. Handlungsschritt (25 Punkte)

Für das neue Netzwerk der Personalabteilung soll aus sicherheitstechnischen Überlegungen ein eigener Server angeschafft werden.

a) Eine offene Frage ist dabei die Wahl des Betriebssystems. Um eine sinnvolle Wahl zu treffen, schauen Sie sich die Produktbeschreibungen eines der Betriebssysteme an. Übersetzen Sie den Text in die deutsche Sprache! Vermeiden Sie hierbei Wort-für-Wort Übersetzungen, wo es unpassend ist! (5 P.)

> **Server performance**
>
> In independent and standardized tests, Mercury 10.0 shows drastic performance gains over previous versions. For example, file and Web server performance is nearly two times faster as in the previous version, Mercury 9.5. Although the performance gain might slightly vary based on your individual server and network environment, Mercury 10.0 will help you to improve customer satisfaction by delivering service even faster.

b) Der neue Server soll mit schnellen Festplatten ausgestattet werden.

ba) Sie machen sich mit aktuellen Technologien vertraut um letztlich, unter Berücksichtigung der Kosten, einen Vorschlag zu erarbeiten. Ergänzen Sie die folgende Tabelle mit den entsprechenden Übertragungsgeschwindigkeiten und der eingesetzten Übertragungstechnik (parallel oder seriell); wenn anwendbar, geben Sie auch die Bus-Breite an! (5 P.)

Technologie	Übertragungstechnik	Übertragungsgeschwindigkeit
Ultra-320		
SAS-1		
SAS-3		
SATA (bzw. SATA I)		
SATA Revision 3.x (bzw. SATA III)		

bb) In diesem Zusammenhang stellen Sie fest, dass der Trend von einer parallelen hin zu einer seriellen Übertragungstechnik festzustellen ist, da die parallele Übertragungstechnik an ihre physikalischen Grenzen stößt. Beschreiben Sie zwei Hauptprobleme, die bei einer weiteren Geschwindigkeitssteigerung der parallelen Technologien auftreten! (4 P.)

c) Bei der Auswahl der entsprechenden Festplatten schauen Sie sich die entsprechenden Spezifikationen an. Hierbei finden Sie die Angabe des Wertes „MTBF“. Was sagt dieser Wert aus? (2 P.)

Fortsetzung des 3. Handlungsschrittes auf der nächsten Seite

3. Handlungsschritt (25 Punkte)

Fortsetzung

d) Zur Auswahl des Mainboards und des Prozessors für den neuen Server verschaffen Sie sich zunächst einen Überblick über die aktuelle Marktsituation. Hierbei stellen Sie fest, dass sich der Entwicklungstrend der vergangenen Jahre verändert hat.

Während traditionell versucht wurde, die Performance von Prozessoren über immer kleinere Bauweise und höhere Taktraten zu erhöhen, ist dieser Trend nun im Wesentlichen zum Erliegen gekommen.

da) Nennen Sie den Hauptgrund für diese Entwicklung! (2 P.)

db) Welcher alternative technische Weg wird gegenwärtig zur Leistungssteigerung von Prozessoren gewählt? (2 P.)

dc) Zur Kühlung von Prozessoren werden „Aktiv-" und „Passivkühler" eingesetzt. Grenzen Sie diese Begriffe voneinander ab. (2 P.)

dd) Erläutern Sie im Zusammenhang mit Prozessor-Architekturen die gängigen Begriffe FSB (Front-Side-Bus), North-Bridge und South-Bridge. (3 P.)

4. Handlungsschritt (25 Punkte)

Sie bestellen telefonisch bei Ihrem Lieferanten für die Personalabteilung zwei Monitore zum Nettopreis von 299,00 € je Monitor sowie zehn Festplatten mit einem Speichervolumen von 1 TB zum Nettopreis von 99,00 € je Festplatte. Die Lieferkosten betragen 20,00 €. Der Verkäufer sichert Ihnen im gleichen Telefonat den Eingang der Ware zum übernächsten Tag zu.

a) Nach Beendigung des Telefonats stellen sich Ihnen zwei grundlegende Fragen:

  aa) Ist durch Ihre telefonische Bestellung und der fernmündlichen Zusage des Verkäufers ein Kaufvertrag zustande gekommen? Begründen Sie Ihre Entscheidung. (4 P.)

  ab) In wieweit ist es Ihnen möglich, nach einer Woche mit Verweis auf einen Fernabsatzvertrag von der Bestellung zurückzutreten? (3 P.)

b) Errechnen Sie …

  ba) … den gesamten Nettopreis. (1 P.)

  bb) … den gesetzlichen Mehrwertsteuerbetrag von 19 %. (1 P.)

  bc) … den Brutto-Rechnungsbetrag. (1 P.)

c) Bei einem amerikanischen Internet-Shop entdecken Sie die gleichen Artikel zu einem gesamten Nettopreis von USD 1.259,00, inklusiv der Versandgebühren nach Deutschland.

  Durch einen Blick in die Tagesausgabe einer namhaften Wirtschaftszeitung erfahren Sie, dass der Kurs des USD zurzeit 1,00 € = USD 0,7620 beträgt. Rechnen Sie den US-Dollar-Preis von 1.259,00 in € um. Ermitteln Sie, ob der Preis im Internet-Shop den Preis Ihres obigen Lieferanten unterbietet. (3 P.)

d) Nach Lieferung der Ware stellen Sie fest, dass zwei Festplatten nur über das halbe Speichervolumen verfügen. Offensichtlich hat man Ihnen zwei falsche Festplatten geliefert.

  da) Innerhalb welches Zeitraumes müssen Sie den Mangel Ihrem Lieferanten anzeigen? (2 P.)

  db) Sie bestehen gegenüber Ihrem Lieferanten hinsichtlich der mangelhaften Ware auf „Nacherfüllung". Beschreiben Sie die Bedeutung dieses Begriffes. (4 P.)

  dc) Wer trägt die zusätzlich entstehenden Lieferkosten bei der Rücksendung der falschen Ware und der Neusendung der einwandfreien Ware? (2 P.)

  dd) Mängel lassen sich bestimmten Kategorien zuordnen. Welche Mängelart liegt bei der fehlerhaften Festplattenanlieferung vor? Nennen Sie überdies drei weitere Ihnen bekannte Mängelarten und versehen Sie Ihre Nennungen mit je einem Beispiel. (4 P.)

5. Handlungsschritt (25 Punkte)

Die Automotive Mobile GmbH setzt die CAD-Software „Relox-3D" ein.

a) Zwar handelt es sich bei der eingesetzten CAD-Software um ein System, das die Erstellung von 3D-Zeichnungen und -Modellen erlaubt, aber eine Konstruktion beginnt fast immer zunächst mit 2D-Elementen.

aa) Stellen Sie drei generelle Vorteile einer CAD-Lösung im Vergleich zum manuellen Zeichnen am Zeichenbrett heraus! (3 P.)

ab) Nennen Sie vier zeichnerische 2D-Grundelemente einer CAD-Software! (2 P.)

b) CAD-Software arbeitet immer „vektororientiert", während Bildbearbeitungssoftware und Zeichenprogramme in aller Regel „pixelorientiert" arbeiten.

ba) Beschreiben Sie den Unterschied! (2 P.)

bb) Nennen Sie zwei wesentliche Vorteile der vektororientierten Funktionsweise im Falle von CAD-Software! (1 P.)

bc) Warum kann eine Fotobearbeitungssoftware nicht vektororientiert arbeiten? (1 P.)

c) Ein Kunde aus Rüsselsheim möchte gerne den Plan eines Bauteils zugeschickt bekommen, welches schon seit Jahren nicht mehr produziert wird. Obwohl die CAD-Zeichnung des Bauteils nur noch in Form eines Ausdruckes vorliegt, soll dieses Dokument dem Kunden digital zur Verfügung gestellt werden. Daher muss das Dokument eingescannt werden. Schätzen Sie die unkomprimierte Dateigröße ab, wenn die Zeichnung, die im Format DIN A1 vorliegt, in Graustufen (8-Bit) mit einer Auflösung von 600 x 600 dpi eingescannt wird. (3 P.)

d) Es liegt eine CAD-Zeichnung mit einer Dateigröße von 50 MB vor, die dem Kunden in Rüsselsheim zur Verfügung gestellt werden soll. Berechnen Sie die Übertragungszeit, wenn die Verbindung zum FTP-Server des Kunden in Rüsselsheim per DSL-Anbindung mit einer Upload-Geschwindigkeit von 1024 kBit/s erfolgen kann. (4 P.)

e) Zur Berechnung von Materialeigenschaften, Bruchfestigkeiten und Ähnlichem ist ein Softwareaufsatz für das CAD-System in Auftrag gegeben worden. Die erste Beta-Version steht nun zur Verfügung und soll bei Ihnen im Haus getestet werden.

Schon mehrfach konnten Sie dabei feststellen, dass bei Falscheingaben die entsprechenden Fehlermeldungen nicht in Textform, sondern als hexadezimaler oder manchmal sogar als binärer Fehlercode ausgegeben werden.

ea) Gerade haben Sie die Meldung „Error $A6CF" bekommen. Bei einem Blick ins Handbuch stellen Sie fest, dass die Fehlercodes dort leider nur in dezimaler Form abgedruckt sind. Rechnen Sie den Fehlercode ins Dezimalsystem um und geben Sie Ihre Vorgehensweise detailliert an! (3 P.)

eb) Zu Testzwecken wollen Sie den Fehler mit dem dezimalen Code 187 provozieren. Leider wird an dieser Stelle im Programm die Fehlermeldung in binärer Form angezeigt. Welche binäre Ausgabe sollten Sie erwarten? Rechnen Sie den Fehlercode 187 ins Binärsystem um und geben Sie Ihre Vorgehensweise detailliert an! (3 P.)

ec) Allerdings bekommen Sie eine andere Fehlermeldung: „Error 1011100101". Unter welchem dezimalen Fehlercode sollten Sie im Handbuch nachschauen? Geben Sie auch hier Ihren Rechenweg an! (3 P.)

Ausgangssituation

Sie sind Administrator/-in der Wirtschaftsschule Bernstein im Zentrum von Düsseldorf. Die Schule hat sich auf Weiterbildungsmaßnahmen im IT- und Medienbereich spezialisiert. Ihre Aufgabe besteht in der Betreuung und der Weiterentwicklung des eigenen Verwaltungs- und Schulungsnetzwerkes.

Aufgrund der hohen Schulungsnachfrage mussten zusätzlich neue Räumlichkeiten in einem Nebengebäude angemietet werden.

Im Wege der Einrichtung sind von Ihnen die nachstehenden Arbeitsschritte zu erledigen:

1. Handlungsschritt: Schulungsraum planen
2. Handlungsschritt: Hard- und Software-Anforderungen definieren
3. Handlungsschritt: Hardware bestellen
4. Handlungsschritt: Technische Normen unterscheiden
5. Handlungsschritt: Verschlüsselungsverfahren erörtern

1. Handlungsschritt (25 Punkte)

Sie werden mit der Planung eines neuen Schulungsraumes im Nebengebäude beauftragt, der für neun Schulungsteilnehmer konzipiert werden soll. Dies beinhaltet die Hard- und Softwareausstattung, die Planung des vorgesehenen Netzwerkes (Ethernet) sowie der für den Schulungsbetrieb notwendigen weiteren Einrichtungsgegenstände.

In den Schulungen soll – neben der Einsatzmöglichkeit von typischen Schulungsmedien, wie Flip-Chart, Beamer und Tageslichtprojektor – auch die Möglichkeit des Druckens gegeben sein. Ein Scanner braucht nicht in die Planung mit aufgenommen zu werden, da ein transportabler USB-Scanner in der Verwaltung vorhanden ist und bei Bedarf in jedem Schulungsraum flexibel eingesetzt werden kann. Der vorgesehene Schulungsraum inkl. angrenzendem Serverraum ist im Grundriss auf der nächsten Seite dargestellt.

Bei einer Ortsbegehung stellen Sie fest, dass außer Steckdosen und einem Patchpanel in Raum 2 keinerlei Verkabelung vorhanden ist. In Raum 1 ist schon ein leerer Kabelkanal entlang der Fensterfront vorhanden.

a) Zeichnen Sie alle für den Schulungsbetrieb notwendigen Einrichtungskomponenten und Netzwerkkabel in die Zeichnung ein (PCs mit Tastatur, Maus und Bildschirm können zeichnerisch als eine Einheit angegeben werden) und beschriften Sie diese in einer Legende! Berücksichtigen Sie auch die Anschaffung entsprechender Netzwerkdosen. (6 P.)

Fortsetzung des 1. Handlungsschrittes auf der nächsten Seite

1. Handlungsschritt (25 Punkte)

Fortsetzung

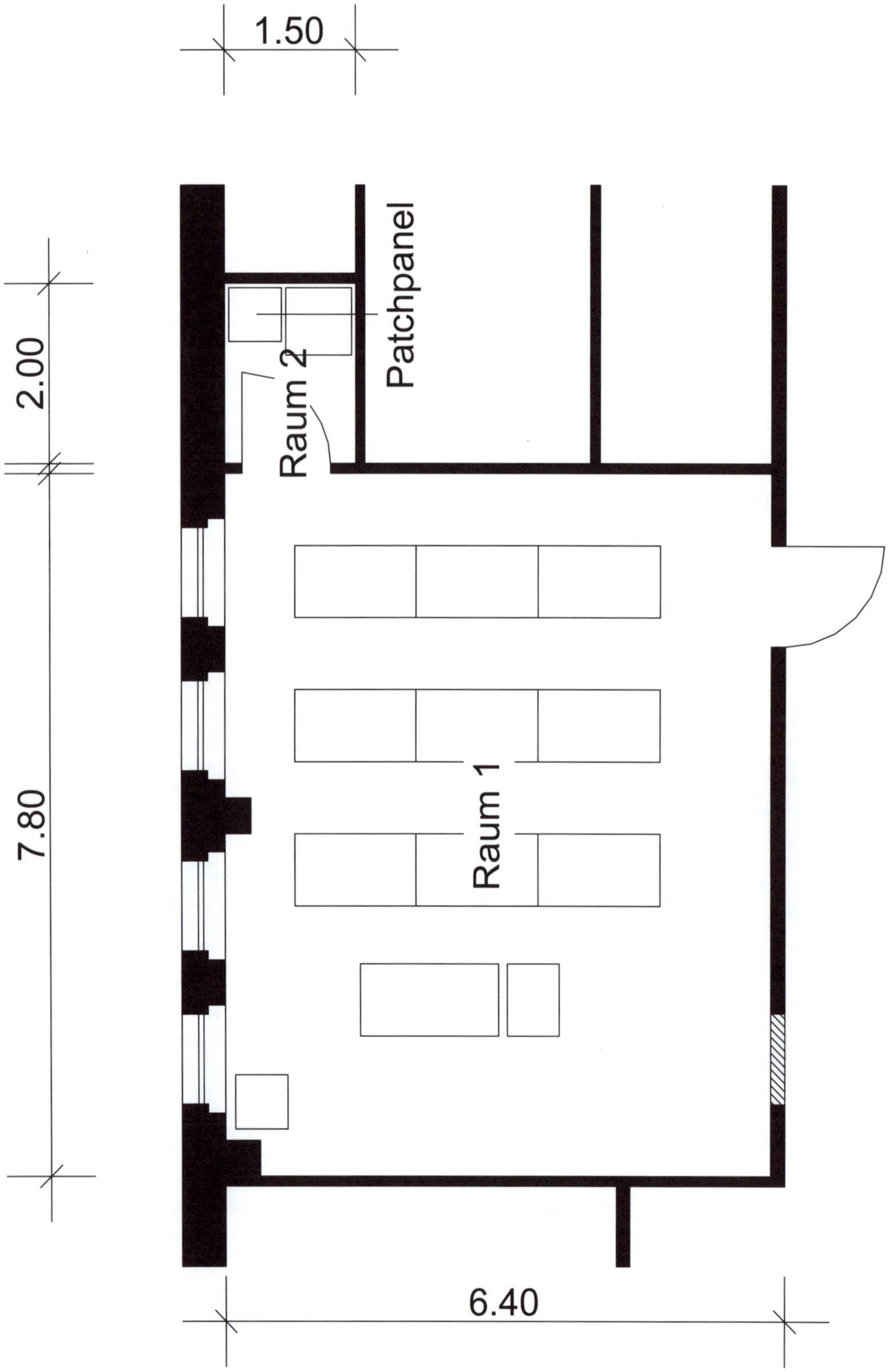

Fortsetzung des 1. Handlungsschrittes auf der nächsten Seite

1. Handlungsschritt (25 Punkte)

Fortsetzung

b) Stellen Sie eine Liste aller zu bestellenden Posten für die Einrichtung des Schulungsraumes sowie die Durchführung einer strukturierten Verkabelung und deren Menge zusammen, indem Sie diese in die folgende Liste eintragen. Zu beachten ist, dass der Lieferant konfektionierte Kabellängen von 1 m, 3 m, 5 m, 10 m und 20 m liefert, von denen ausgegangen werden soll. Möblierung, Software und Monitore sollen hierbei zunächst nicht berücksichtigt werden (Tastatur und Maus gehören zu den Workstations und sind deshalb nicht extra aufzuführen). (12 P.)

Nr.	Beschreibung	Menge
1	Workstations	10

c) Nennen Sie die Netzwerktopologie eines Ethernets und das dort zur Anwendung kommende Zugriffsverfahren! (2 P.)

d) Die Anforderungen der Software- und Systemkonfiguration für Schulungsrechner unterscheiden sich typischerweise von den Anforderungen für Rechner, die in der täglichen Arbeit eingesetzt werden.

da) Welche Anforderung an die Software- und Systemkonfiguration stellen Rechner, die im Schulungsbetrieb eingesetzt werden? Begründen Sie Ihre Antwort! (3 P.)

db) Schlagen Sie zwei Lösungen vor, wie diese Anforderung erfüllt werden kann! (2 P.)

2. Handlungsschritt (25 Punkte)

Nachdem Ihre Grobplanung genehmigt wurde, beschäftigen Sie sich nun mit den Detailanforderungen.

a) Im Rahmen der Anschaffung eines Beamers/Videoprojektors für den Schulungsraum, beschäftigen Sie sich mit den verschiedenen, marktüblichen Projektionstechnologien. Nach ausführlicher Recherche kommen Sie zu dem Schluss, dass der Einsatz eines Projektors entweder mit LED- oder DLP-Technologie in dem Schulungsraum sinnvoll erscheint.

aa) Beschreiben Sie das technische Prinzip von Projektoren mit DLP-Technologie und nennen Sie jeweils einen Vor- und einen Nachteil dieser Technik. (2 P.)

ab) Beschreiben Sie das technische Prinzip von Projektoren mit LED-Technologie und nennen Sie jeweils einen Vor- und einen Nachteil dieser Technik. (2 P.)

b) Neben der zu bestellenden Hardware für den Schulungsraum müssen auch die benötigten Softwarepakete bestellt werden. Außer entsprechenden Lizenzen für das Betriebssystem werden noch diverse andere Programme benötigt. Gerade im Bereich der kommerziellen Software spielen Überlegungen in Bezug auf das Lizensierungsmodell eine große Rolle.

ba) Neben Einzelplatzlizenzen bieten viele Softwareanbieter Mehrfach-Lizenzen für ihre Softwareprodukte an. Bei Mehrfach-Lizenzen gibt es oft die Möglichkeit zwischen Volumenlizenzen, Standortlizenzen und Corporate-Lizenzen zu wählen. Grenzen Sie diese Varianten voneinander ab! (3 P.)

bb) Einige Softwarehersteller bieten neben den Lizenzen zur kommerziellen Nutzung auch Schulungslizenzen an, die in aller Regel deutlich günstiger sind. Zeigen Sie den Vorteil dieses Angebotes für den Hersteller auf! (2 P.)

bc) Geben Sie in diesem Zusammenhang zwei Beispiele für mögliche Zielgruppen von Schulungslizenzen an! (2 P.)

bd) Neben den kommerziellen Softwarepaketen werden noch verschiedene kleinere Tools, wie z. B. WinRar, Acrobat Reader usw. benötigt. Derartige Tools werden oftmals als Freeware bzw. Shareware angeboten. Erklären Sie die wesentlichen Unterschiede zwischen Freeware und Shareware. (4 P.)

be) Gerade bei Software, die auf ein Netzwerk angewiesen ist, spielt es u. U. für die Lizensierung eine wichtige Rolle, ob es sich bei dem Netzwerk um ein serverbasiertes Netzwerk oder ein Peer-to-peer Netzwerk handelt. Erklären Sie den prinzipiellen Unterschied dieser beiden Varianten! (2 P.)

c) In den Schulungen kann bei Bedarf der transportable USB-Scanner der Verwaltung eingesetzt werden.

ca) Bei den technischen Merkmalen von Scannern unterscheidet man zwischen optischer (bzw. physikalischer) und interpolierter Auflösung. Erläutern Sie den Unterschied und nennen Sie die technischen Merkmale, durch die die optische Auflösung begrenzt wird! (4 P.)

cb) Scanner gehören üblicherweise zu den Geräten, die über die USB-Schnittstelle angeschlossen werden. Welche Datenraten können über eine USB-Schnittstelle erzielt werden und wie viele Geräte können maximal angeschlossen werden? (2 P.)

cc) Berechnen Sie das Datenvolumen einer mit 180 dpi gescannten DIN A4 Seite, wenn diese in Schwarzweiß eingescannt wird. (2 P.)

3. Handlungsschritt (25 Punkte)

Für die neun Schulungsrechner, den Dozentenrechner, den Server sowie für den Rechner einer neuen Mitarbeiterin in der Verwaltung, die am 02.01.X2 ihre Arbeit aufnehmen wird, sollen zwölf 24-Zoll-TFT-Monitore bei einem Lieferanten bestellt werden. Aufgrund der guten Testergebnisse in diversen Fachzeitschriften haben Sie sich für den „Monitor XXL" des Herstellers „Flexus" entschieden.

a) Welche Leistungsmerkmale sind bei der Auswahl eines neuen Monitors von Bedeutung? Nennen Sie zehn Leistungsmerkmale. (5 P.)

b) Auf Ihre Anfrage hin machten Ihnen vier Anbieter am 15.12.X1 die folgenden Angebote:

Anbieter	A	B	C	D
Produkt	Monitor XXL, 24 Zoll	Monitor XXL, 24 Zoll	Monitor XXL, 24 Zoll	Monitor XXL, 24 Zoll
Skonto bei Zahlung innerhalb von zwei Wochen	3,00%	3,00%	2,00%	2,00%
einmalige Versandkosten	300,00 €	320,00 €	310,00 €	frei Haus
Stückpreis netto	420,00 €	400,00 €	410,00 €	430,00 €
Lieferzeit	10 Tage	3 Wochen	keine Angaben	Sofort

ba) Errechnen Sie für alle Angebote den Bezugspreis für die zwölf Monitore. (8 P.)

bb) Bei welchem Anbieter ist die Bestellung vorzunehmen? (1 P.)

bc) Der Anbieter C hat keine Lieferzeit angegeben. Wann ist gemäß Rechtslage mit dem Eingang der Ware zu rechnen, wenn kein genauer Liefertermin vereinbart wurde? (2 P.)

c) Alle Lieferanten haben Ihnen auf die Monitore eine Gewährleistung von 24 Monaten zugesichert. Was ist unter dem Begriff „Gewährleistung" zu verstehen und wie unterscheidet er sich von dem Begriff „Garantie"? (4 P.)

d) Nachdem Sie sich für einen Anbieter entschieden und auch bereits bestellt haben, werden Sie einige Tage später zum Wareneingang gerufen, um die Anlieferung der zwölf Monitore durch einen Spediteur entgegenzunehmen. Was sollten Sie in Anwesenheit des Spediteurs vor Unterzeichnung des Lieferscheins prüfen? (5 P.)

4. Handlungsschritt (25 Punkte)

Beim Auspacken der angelieferten Monitore fällt Ihr Blick auf wichtige Prüfsiegel auf der Verpackung und den Gehäusen.

1.

2.

3.

4.

a) Welche Institutionen führen die Kontrollen und Tests für die Vergabe der obigen Prüfsiegel durch? (4 P.)

b) Welches Label bietet die geringste Sicherheitsgarantie? Begründen Sie Ihre Entscheidung! (2 P.)

c) Mit welchem der oben aufgeführten Kennzeichen ist ein Gerät zu versehen, dass die festgeschriebenen Normen im „Gesetz über die elektromagnetische Verträglichkeit von Betriebsmitteln" erfüllt? (1 P.)

d) Beschreiben Sie stichpunktartig, was Sie unter elektromagnetischen Störungen verstehen und nennen Sie drei Beispiele, wie sich diese Störungen durch Betrieb des Gerätes äußern können. (6 P.)

e) Welche zwei Vorausetzungen müssen elektrische Geräte nach dem Gesetz über die elektromagnetische Verträglichkeit von Betriebsmitteln erfüllen? (4 P.)

f) Beschreiben Sie fünf mögliche Konsequenzen, falls ein Unternehmen gegen die Regeln des Gesetzes über die elektromagnetische Verträglichkeit elektronische Geräte oder Bauteile in Verkehr bringt, die den Anforderungen des Gesetzes nicht genügen. (5 P.)

g) Nennen Sie drei mögliche Maßnahmen zur Entstörung einer elektromagnetischen Störquelle. (3 P.)

5. Handlungsschritt (25 Punkte)

Angriffe von außen auf Netzwerke von Unternehmen sind heutzutage alltäglich. Durch die Komplexität der Netzwerke ergeben sich viele Sicherheitslücken, die von Ihnen als Verantwortlicher zu lokalisieren und zu beseitigen sind.

Da auch das gesamte Netzwerk der Wirtschaftsschule Bernstein an das Internet angeschlossen ist, ergeben sich ebenfalls einige Sicherheitsproblematiken.

a) Gerade die Abteilungen Personal und Finanzen sind besorgt über den möglichen Zugriff unbefugter Personen auf vertrauliche Daten. Im Rahmen einer Diskussion über die Ablage von vertraulichen Daten in verschlüsselter Form kommen die Begriffe einer „symmetrischen" und „asymmetrischen" Verschlüsselung auf. Grenzen Sie diese Begriffe voneinander ab! (6 P.)

b) Erläutern Sie in diesem Zusammenhang die Begriffe „Public Key" und „Private Key". Geben Sie deren Verwendung bei der Ver- bzw. Entschlüsselung von Daten an. (8 P.)

c) Stellen Sie den Hauptschwachpunkt der Kommunikation unter Verwendung von symmetrischen Verschlüsselungsverfahren dar und erläutern Sie weshalb dieser Schwachpunkt bei asymmetrischen Verfahren nicht auftritt! (3 P.)

d) Beschreiben Sie den Begriff „Digitale Signatur". (4 P.)

e) Ein weit verbreitetes praktisches Einsatzgebiet von Verschlüsselungsverfahren bilden VPN Verbindungen. Geben Sie aus Sicht eines Unternehmens mindestens zwei konkrete Einsatzmöglichkeiten für VPN Verbindungen an. (4 P.)

Ihre Notizen

Ausgangssituation

Die CleanOptimal GmbH, mit Sitz in Regensburg, ist eine Gebäudereinigung mit angeschlossenem Vertrieb für Reinigungsmittel im Industriebedarf. Des Weiteren unterhält die Firma ein Filialnetz, das eine breite Palette von Reinigungsutensilien für Privathaushalte anbietet. In den vergangenen Monaten durchlebte die Firma in allen Sparten eine starke Expansionsphase, innerhalb welcher die betriebliche Organisation etwas vernachlässigt wurde.

Sie sind Mitarbeiter/-in der Organisationsabteilung; Ihnen obliegt auch die Betreuung und Weiterentwicklung des Firmennetzwerkes.

Im Zuge Ihrer Verantwortung müssen Sie sich mit den folgenden Handlungsfeldern beschäftigen:

1. Handlungsschritt: Brandgefahr
2. Handlungsschritt: Architektur eines Warenwirtschaftssystems
3. Handlungsschritt: Netzwerkprobleme und Problemanalyse
4. Handlungsschritt: Datenpakete und Netzwerkmechanismen
5. Handlungsschritt: Datenschutz

1. Handlungsschritt (25 Punkte)

Die Lagerung von Reinigungsmitteln stellt eine besondere Brandgefahr dar. Feuer ist aber auch für die Mitarbeiter in der Verwaltung außerhalb von Lagerräumen ein Risiko. Deshalb sind für Betriebe, öffentliche Einrichtungen oder andere besondere Objekte Brandschutzordnungen zu erstellen und die Mitarbeiter auf mögliche Gefahren vorzubereiten. Jeder sollte über Verhaltensregeln verfügen, die dem Mitarbeiter bei Brandgefahr oder anderen Notfällen helfen **richtig zu handeln**.

a) Beim Absenden eines Notrufs gilt die Anwendung der fünf „W"s, damit sich die Notrufzentrale einen Eindruck vom Geschehen machen kann. Für welche Fragen stehen diese fünf „W"s? (5 P.)

b) Welche möglichen Löscheinrichtungen können in Büros zur Verfügung stehen? Nennen Sie vier. (4 P.)

c) Erläutern Sie die Bedeutung der folgenden Gefahrenzeichen: (4 P.)

1.

2.

3.

4.

d) Erläutern Sie Ihr Vorgehen im Falle der Entdeckung eines Brandherdes und beachten Sie dabei auch die Reihenfolge Ihres Handelns. (7 P.)

Fortsetzung des 1. Handlungsschrittes auf der nächsten Seite

1. Handlungsschritt (25 Punkte)

Fortsetzung

e) Nach Arbeitsstättenverordnung und den Unfallverhütungsvorschriften der Berufsgenossenschaften hat der Arbeitgeber Flucht- und Rettungspläne zu erstellen. Im Weiteren sehen Sie beispielhaft einen Flucht- und Rettungsplan aus Anlage 3 des BGV A8.

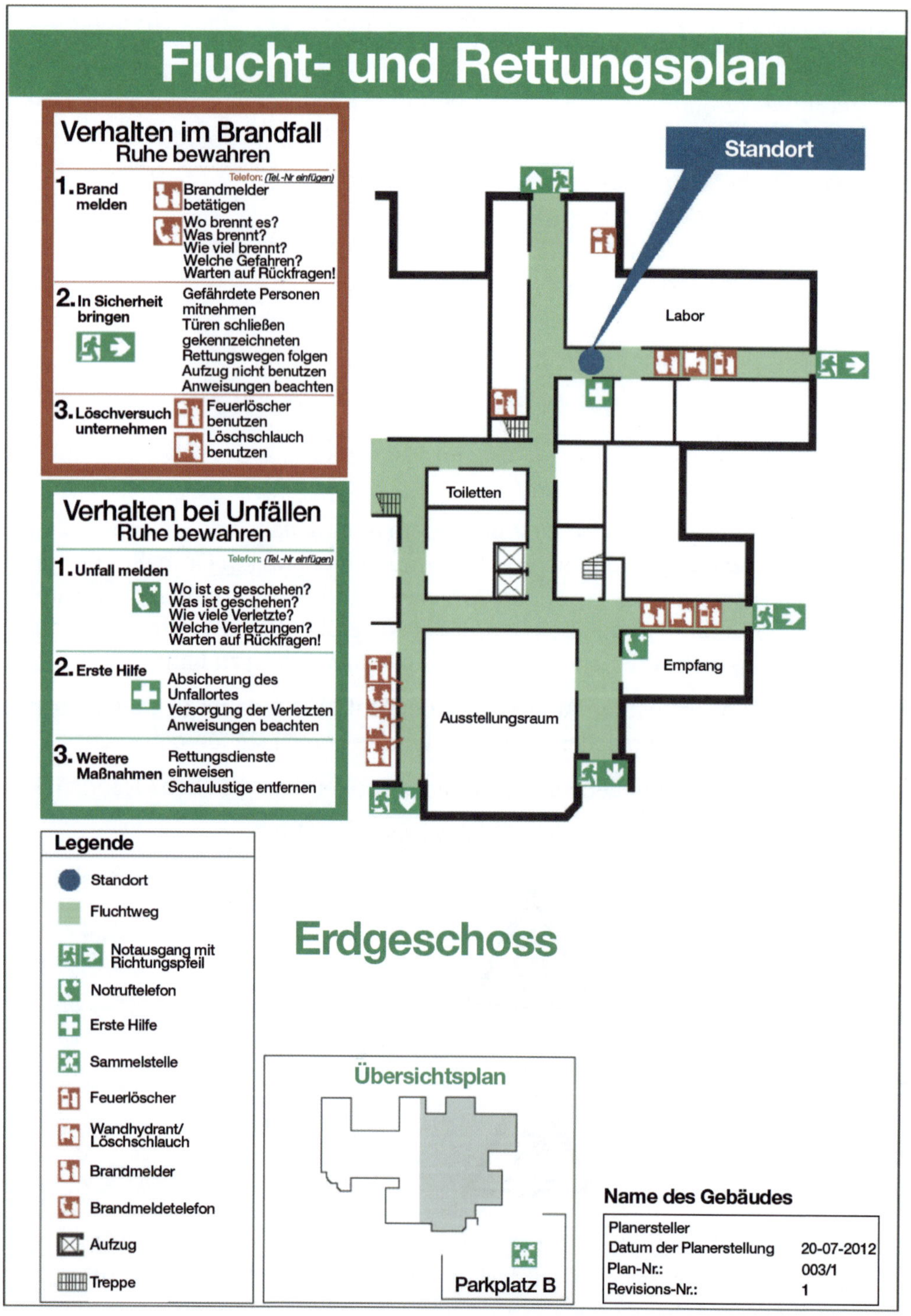

Welche Mindestangaben sollte ein solcher Flucht- und Rettungsplan aufführen, um den Durchführungsanweisungen gerecht zu werden? (5 P.)

2. Handlungsschritt (25 Punkte)

Vor 3 Monaten hat die Firma CleanOptimal GmbH ein Reinigungsunternehmen im Niedersächsischen Raum aufgekauft. Das aufgekaufte Unternehmen verwendet zurzeit noch das Warenwirtschaftssystem „Acopax", soll aber langfristig auf das System „Sagroplan" umgestellt werden, welches innerhalb der CleanOptimal GmbH eingesetzt wird. Für die Übergangsphase beabsichtigen Sie die Inventurdaten aus „Acopax" täglich mit „Sagroplan" zu synchronisieren.

a) Welche Problematiken treten generell bei der Integration bzw. beim Datenaustausch zweier verschiedener Systeme auf? Nennen Sie mindestens drei! (3 P.)

b) Im Rahmen der Integration des akquirierten, niedersächsischen Unternehmens müssen umfangreiche Änderungen in der Kalkulationslogik des Warenwirtschaftssystems vorgenommen werden. „Sagroplan" bietet hierzu eine Programmierschnittstelle an, über die entsprechende Anpassungen programmiert werden können. Ein Projektteam aus Entwicklern ist bereits zusammengestellt worden, um die notwendigen Anpassungen vor Ort im Unternehmen vorzunehmen.

Um die Änderungen durchzuführen, schlagen Sie einen zweistufigen Testprozess vor: die Entwicklung soll in einer „Entwicklungsumgebung" stattfinden und danach auf eine „Testumgebung" migriert werden, um letztlich, nach erfolgreicher Testphase, in die „Produktivumgebung" integriert zu werden. Bei der Entwicklungs- und Testumgebung handelt es sich um Installationen des Warenwirtschaftssystems auf separater, vom Produktivsystem unabhängiger Hardware.

ba) Stellen Sie dar, warum eine derartige Strategie sinnvoller ist, statt Änderungen direkt in der Produktionsumgebung durchzuführen! (5 P.)

bb) Die Softwareentwickler programmieren die Erweiterungen in der Entwicklungsumgebung und führen dort ihre Tests aus. Wer aber sollte in der Testumgebung die Prüfungen durchführen? Begründen Sie Ihre Entscheidung! (4 P.)

bc) Wie sind die Tests durchzuführen? (3 P.)

c) Im Datenzentrum in Regensburg befinden sich die Server für das Warenwarenwirtschaftssystem „Sagroplan". Im Folgenden ist die Struktur dargestellt:

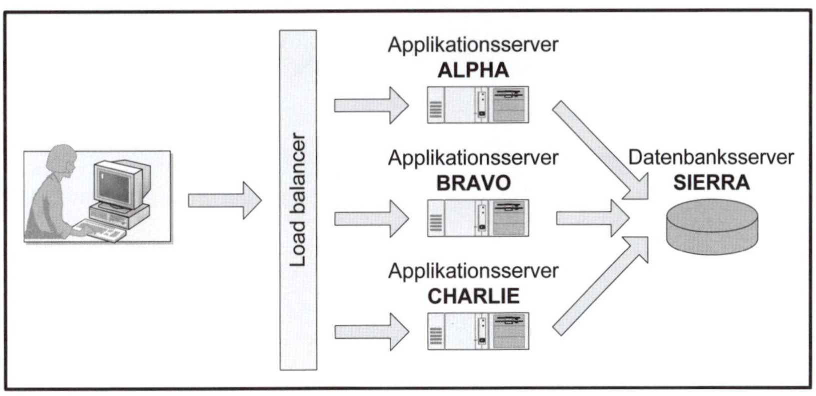

ca) Beschreiben Sie die Funktion eines „Load Balancers". (2 P.)

cb) Erläutern Sie den Grund und die Vorteile der Trennung von Applikations- und Datenbankserver. (6 P.)

cc) Während für die Anwendung „Acopax" ein lokaler Client benötigt wird, handelt es sich bei „Sagroplan" um eine Web-basierte Lösung. Nennen Sie zwei Vorteile einer Web-basierten Anwendung. (2 P.)

3. Handlungsschritt (25 Punkte)

Die CleanOptimal GmbH verfügt über einen Web-Server (www.cleanoptimal.de), der von einem Provider in München gehostet wird.

Das Firmennetz in Regensburg verfügt über eine Internetanbindung, die allen Mitarbeitern zur Verfügung steht. Zufällig bemerken Sie eines Morgens, dass die Webseite des Münchener Servers nicht mehr im Browser angezeigt wird. Webseiten aus Ihrem Intranet hingegen sind problemlos zu erreichen.

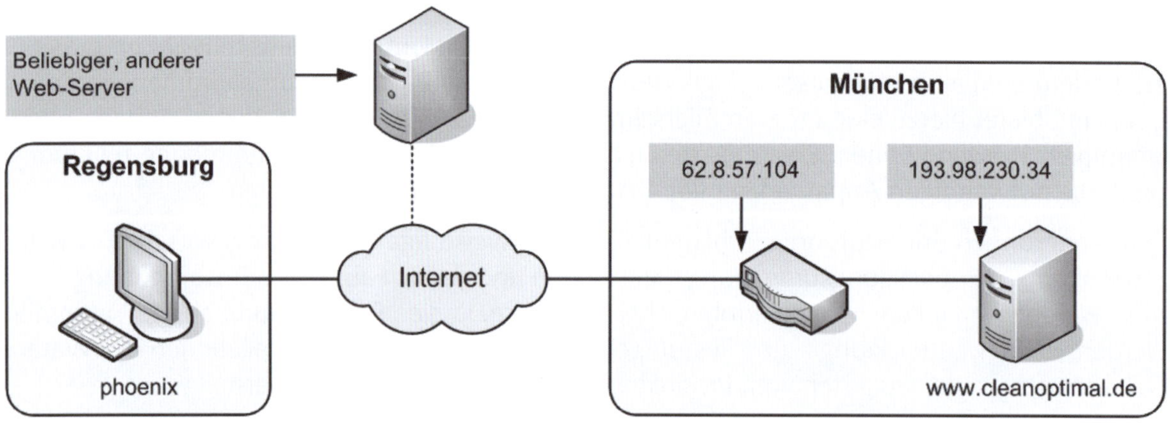

a) Nennen Sie fünf mögliche Ursachen des Ausfalls! (5 P.)

b) Sie sitzen am Rechner „phoenix" (s. Diagramm). Beschreiben Sie in Form eines Ablaufplanes, wie Sie von dort aus sinnvollerweise vorgehen bzw. welche Tests Sie durchführen, um die Ursache für das Problem möglichst eng einzugrenzen. Alle Tests sollen ausschließlich von der Kommandozeile aus (also mit DOS-Kommandos) durchgeführt werden. Machen Sie die möglichen Fehlerursachen, die sich aus den Testergebnissen ergeben, durch entsprechende Verzweigungen deutlich. (20 P.)

4. Handlungsschritt (25 Punkte)

Nachdem Sie eine systematische Fehlersuche durchgeführt haben, stellen Sie dennoch einige sehr merkwürdige Verhaltensweisen fest. Sie beobachten, dass im internen Netzwerk sehr umfangreiche Webseiten gar nicht angezeigt werden, während Seiten mit kleinem Datenvolumen problemlos dargestellt werden können. Um die Ursache des Problems aufzudecken, setzen Sie einen sogenannten „Sniffer" ein, der jedes einzelne Datenpaket, bis auf Byte-Ebene herunter, aufzeichnet und analysiert.

Im Folgenden ist ein http-Datenpaket skizziert.

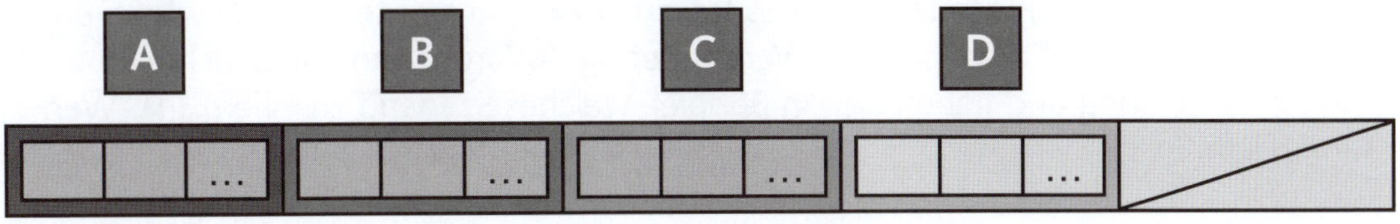

a) Ordnen Sie in der folgenden Tabelle jedem Teil des Datenpaketes („A" bis „D") das richtige Protokoll zu, sowie die zugehörige Schicht des OSI-Schichtenmodells! (8 P.)

Paketteil	Protokoll	OSI-Schicht
A		
B		
C		
D		

b) Welche spezifischen Angaben finden sich innerhalb der einzelnen Protokolle („A" bis „D") wieder? Ordnen Sie die richtigen Protokollinhalte den Protokollen zu, indem Sie die entsprechenden Ziffern in der folgenden Tabelle ergänzen! (4 P.)

Protokoll	Protokollinhalte	
1. A	ba) Quell-/Ziel-IP-Adresse	
2. B	bb) HTTP-Daten	
3. C	bc) Quell-/Ziel-MAC-Adresse	
4. D	bd) Quell-/Zielport	

c) Damit ein sendender Rechner ein derartiges Datenpaket „zusammenbauen" kann, müssen zunächst alle notwendigen Informationen beschafft werden.

ca) Wie ermittelt der Rechner, ob der Zielrechner im lokalen Netz liegt und somit das Datenpaket direkt zugestellt werden kann? (4 P.)

cb) Wohin wird das Datenpaket gesendet, wenn der Zielrechner nicht im lokalen Netzwerk, sondern beispielsweise im Internet liegt? (2 P.)

Fortsetzung des 4. Handlungsschrittes auf der nächsten Seite

4. Handlungsschritt (25 Punkte)

Fortsetzung

d) Ein sehr elementarer Mechanismus, um Fehler in einem TCP/IP basierenden Netzwerk aufzuspüren, ist der „ping"-Befehl. Dieses „pingen" von Rechnern gehört zu einer ganzen Gruppe von Diensten, die alle auf demselben Protokoll basieren.

da) Nennen Sie dieses Protokoll! (2 P.)

db) Bei der Ausgabe des ping-Befehls (oder auch des tracert- bzw. traceroute-Befehls) wird typischerweise auch ein mit „TTL" bezeichneter Wert angezeigt. Worum handelt es sich hierbei? Erläutern Sie die Zielsetzung und geben Sie ein Beispiel, welches Szenario zu einem TTL-Wert von Null führen kann! (5 P.)

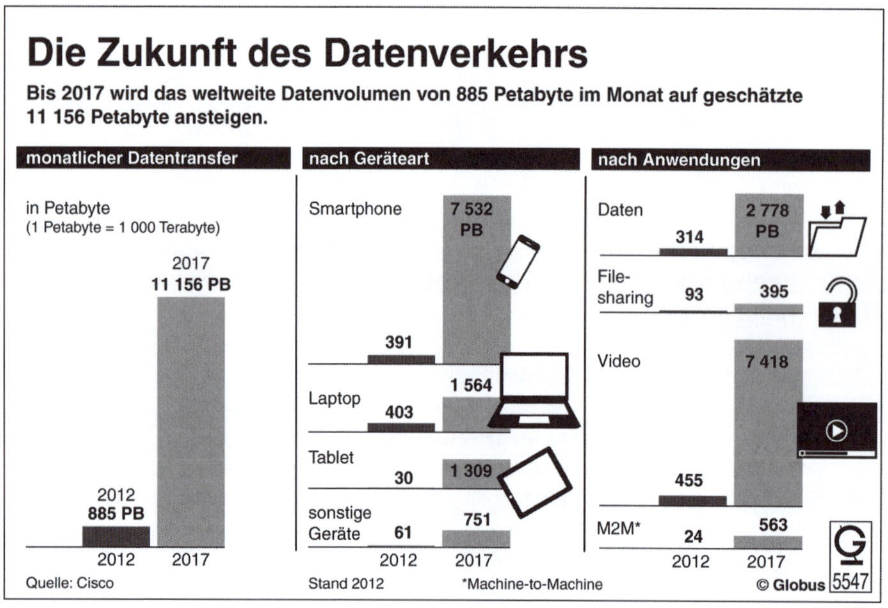

5. Handlungsschritt (25 Punkte)

Der Datenschutz und das Persönlichkeitsrecht der Mitarbeiter im Unternehmen sind wichtige Aspekte, die das Handeln der Verantwortlichen beeinflussen. Um allen Anforderungen des Datenschutzes und der Datensicherheit gerecht zu werden, finden immer häufiger Besprechungen mit der Personalabteilung statt, bei denen alle offenen Fragen zu diesem Aspekt diskutiert werden:

a) Welche schützenswerten Daten gemäß Bundesdatenschutzgesetz finden sich generell in Unternehmen? Geben Sie fünf konkrete Beispiele. (5 P.)

b) Zur Vorbereitung auf eine organisatorische Neuordnung im Unternehmen und zur Ermittlung zukünftiger Einsatzmöglichkeiten möchte die Personalabteilung von allen Mitarbeitern über einen Fragebogen persönliche Daten erheben und in einer Personaldatenbank pflegen. Die Auswertung der Daten soll im Hinblick auf die Neuorganisation einen effektiveren Einsatz der Mitarbeiter anhand ihrer Fähigkeiten und Erfahrungen, sowie eine einfachere betriebsinterne Suche nach Führungskräften ermöglichen.

Die Datenbank soll folgende Datentypen enthalten:

Datensatz	Datentyp
Personennummer	Zahl
Name	Text
Vorname	Text
Abteilung	Text
Geburtsdatum	Zahl
Betriebszugehörigkeit seit	Datum
Berufserfahrung seit	Datum
Hobbies	Text
interne Beurteilungsnote	Zahl
derzeitiges Jahresgehalt	Zahl
letzte Weiterbildungsmaßnahme	Text
Hauptschulabschluss	ja/nein
Realschulabschluss	ja/nein
Allgemeine Hochschulreife	ja/nein
Ausbildungsabschluss	ja/nein
Studienabschluss	ja/nein
Meisterprüfung	ja/nein

Welche Personengruppen oder Institutionen sind vor Umsetzung des Projektes zwingend anzuhören oder haben in das Vorhaben einzuwilligen? (6 P.)

c) Erläutern Sie drei wesentliche Aufgaben des betrieblichen Datenschutzbeauftragten. (6 P.)

d) Im Jahre 1991 errichtete die Bundesregierung das Bundesamt für Sicherheit in der Informationstechnik. Welche Hauptaufgabe hat diese Behörde? (4 P.)

e) Das Bundesamt für Sicherheit in der Informationstechnik unterstützt die Verbreitung des Betriebsystems Linux. Nennen Sie je einen wesentlichen volkswirtschaftlichen Grund und einen sicherheitstechnischen Aspekt, aus welchen heraus das Bundesamt das Betriebssystem Linux befürwortet und erläutern Sie diese. (4 P.)

Ihre Notizen

Ausgangssituation

Die Beule GmbH ist ein mittelständisches Unternehmen, das als Zulieferer in der Automobil-Industrie tätig ist. Das Unternehmen unterhält einen großen Produktionsstandort in Bamberg mit zum Teil veralteter Infrastruktur. Weiterhin soll ein kleines Büro in Wuppertal für einige Außendienstmitarbeiter eingerichtet und angebunden werden.

Sie sind als IT-Leiter eingestellt worden und wurden gebeten auch die Position des Sicherheitsbeauftragten zu übernehmen.

Zu Ihren Aufgabenbereichen gehören:

1. Handlungsschritt: Netzwerkplanung
2. Handlungsschritt: Einrichtung von Bildschirmarbeitsplätzen
3. Handlungsschritt: Unfallverhütung
4. Handlungsschritt: Vermeidung von Datenverlusten
5. Handlungsschritt: Standardsoftware und Datenkomprimierung

1. Handlungsschritt (25 Punkte)

Als neuer IT-Leiter werden Sie zunächst mit der Konzeption der Infrastruktur des Standortes Bamberg sowie der Anbindung des neuen Standortes in Wuppertal betraut. Nach einer ersten Bestandsaufnahme stellen Sie fest, dass die Netzwerk-Infrastruktur des Standorts Bamberg dringend einer grundlegenden Überarbeitung bedarf. Basierend auf den baulichen Gegebenheiten sowie der Möglichkeit vorhandene Infrastruktur möglichst weiternutzen zu können, skizzieren Sie den auf der Folgeseite abgebildeten Netzwerkplan.

Fortsetzung des 1. Handlungsschrittes auf der nächsten Seite

1. Handlungsschritt (25 Punkte)

Fortsetzung

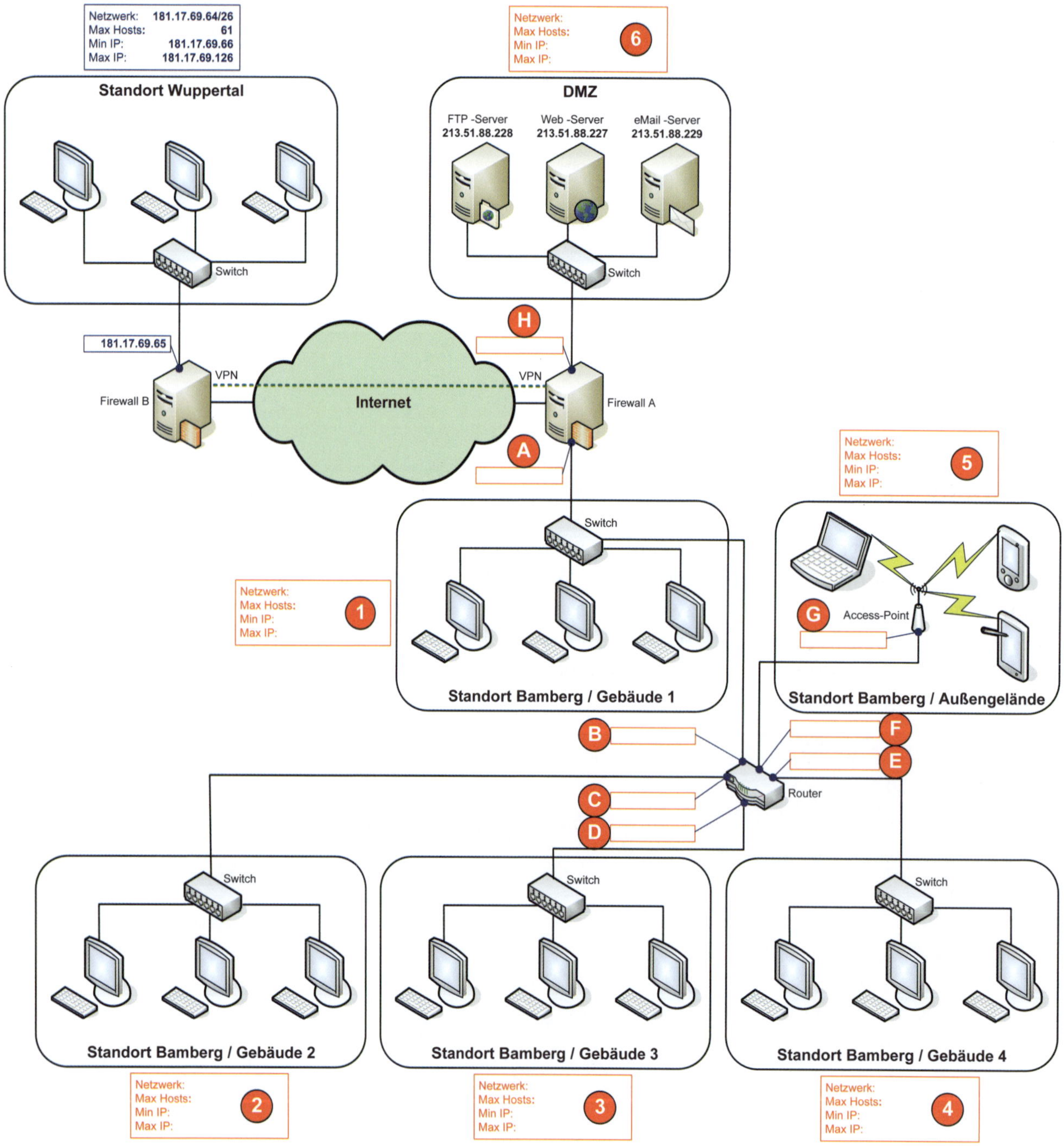

Sie beabsichtigen das komplette Netzwerk des Standortes Bamberg durch offizielle IP-Adressen abzudecken. Ihr Internet-Provider hat Ihnen das volle Class-C-Netz 213.51.88.0/24 zur Verfügung gestellt.

Fortsetzung des 1. Handlungsschrittes auf der nächsten Seite

1. Handlungsschritt (25 Punkte)

Fortsetzung

a) Nachdem Sie eine Analyse der Gebäude bezüglich der maximal anzuschließenden Hosts durchgeführt haben, beginnen Sie mit der Planung der einzelnen Sub-Netze:

Standort	Bereich	Rechnerische Aufteilung	Netzwerk	IP der Firewall	IP des Routers	IP des Access Points	Max. Anzahl der Hosts	Kleinste IP für Hosts	Größte IP für Hosts
Bamberg	Gebäude 1	128	1	A	B		1	1	1
Bamberg	Gebäude 2	32	2		C		2	2	2
Bamberg	Gebäude 3	16	3		D		3	3	3
Bamberg	Gebäude 4	16	4		E		4	4	4
Bamberg	Aussengelände	32	5		F	G	5	5	5
Bamberg	DMZ	8	6	H			6	6	6
Wuppertal	Nur ein Gebäude	64	181.17.69.64/26	181.17.69.65	-	-	61	181.17.69.66	181.17.69.126

Die Unterteilung des Netzwerkes 213.51.88.0/24 soll in der angegebenen Reihenfolge durchgeführt werden (Gebäude 1, 2, 3, 4, Außengelände, DMZ). Die Netzwerkkomponenten (Firewall, Router, Access-Point) sollen bei der IP-Adress-Vergabe immer die untersten Adressen eines Bereichs zugewiesen bekommen.

Vervollständigen Sie die Tabelle entsprechend (der Eintrag für den Standort Wuppertal ist als Beispiel vorgegeben)! (16 P.)

b) Da der geplante Bereich nicht das komplette Class-C Netz umfasst, bleibt ein kleiner Restbereich, der zukünftig noch verwendet werden könnte. Da sich dieser nicht in einem zusammenhängenden Subnetz befindet, kann dieser Restbereich maximal in zwei Subnetze aufgeteilt werden. Welche sind das? (4 P.)

c) In jedem der Subnetze kann die rechnerisch erste und letzte IP-Adresse an keine Hosts vergeben werden, da diese eine spezielle Bedeutung haben. Welche Bedeutung haben sie? Geben Sie beispielhaft die entsprechenden Adressen des Standortes B an! (4 P.)

d) Geben Sie für das Netzwerk am Standort Wuppertal die Subnetzmaske an! (1 P.)

2. Handlungsschritt (25 Punkte)

Bei der Einrichtung der neuen Bildschirmarbeitsplätze am Standort Wuppertal sind einige Sachverhalte hinsichtlich der Ausstattung und Ausgestaltung zu berücksichtigen.

a) Nennen Sie für die folgenden technischen Arbeitsmittel je drei wichtige ergonomische Anforderungen, die notwendig sind, um eine gesundheitliche Belastung oder Gefährdung des Beschäftigten so niedrig wie möglich zu halten. (12 P.)

- Bildschirmergonomie
- Druckerergonomie
- Stuhlergonomie
- Tischergonomie

b) Skizzieren Sie in wenigen Stichworten, warum alleine die Einhaltung der Bildschirmarbeitsplatzverordnung das Auftreten von gesundheitlichen Beschwerden sowie Schmerzen im Bereichen von Nacken, Kopf und Schultern nicht gänzlich ausschließen kann. (3 P.)

c) Geben Sie Hinweise an die neuen Mitarbeiter der Bildschirmarbeitsplätze, worauf sie in der täglichen Arbeit selbst achten können, um einen eigenen Beitrag zur Vermeidung von Beschwerden am Bildschirmarbeitsplatz hinaus leisten zu können. (4 P.)

d) Die Investition in eine optimale ergonomische Bildschirmarbeitsplatzgestaltung ist auch mit Kosten für das Unternehmen verbunden. Überzeugen Sie Ihren Geschäftsführer mit drei Beispielen, dass sich auch für das Unternehmen ein Nutzen aus der Investition in ergonomische Bildschirmarbeitsplätze ergibt. (6 P.)

3. Handlungsschritt (25 Punkte)

In den Produktionshallen am Standort Bamberg kam es in der Vergangenheit des Öfteren zu Unfällen, aber seit Einführung des Sicherheitsbeauftragten im Unternehmen sind die Betriebsunfälle stark rückläufig. Ein Grund dafür liegt in den Unfallverhütungsvorschriften, deren Einhaltung Unfälle bereits im Vorfeld vermeiden helfen.

a) Nennen Sie jeweils zwei Personen oder Institutionen, welche…

aa) die Einhaltung der Unfallverhütungsvorschriften überwachen. (2 P.)

ab) der Geschäftsleitung in Fragen der Unfallverhütung beratend beistehen. (2 P.)

b) Die Arbeitsumgebung beinhaltet oftmals Gefahren, die auf den ersten Blick nicht immer gleich erkennbar sind. Um keine risikobehafteten Momente zu erzeugen, sind einige Tätigkeiten und Verhaltensweisen verboten. Benennen oder beschreiben Sie die folgenden Verbotszeichen: (4 P.)

1.

2.

3.

4.

c) Zur Verhinderung betrieblicher und persönlicher Risiken begegnen Ihnen in Ihrem Betrieb einige Symbole, deren Bedeutung Sie kennen sollten. Benennen oder beschreiben Sie die folgenden Gefahren- oder Brandschutzzeichen: (6 P.)

1.

2.

3.

4.

5.

6.

Fortsetzung des 3. Handlungsschrittes auf der nächsten Seite

3. Handlungsschritt (25 Punkte)

Fortsetzung

d) Trotz größter Vorsicht lassen sich Unfälle, Brände und andere Gefahrenmomente in Unternehmen nicht gänzlich ausschließen. Sie sollten aber wissen, wie im Unglücksfalle zu handeln ist, und die wesentlichen Rettungszeichen kennen. Benennen oder beschreiben Sie die folgenden Symbole: (5 P.)

1.

2.

3.

4.

5.

e) Durch erhöhte Konzentration bei der Arbeit können Gefahren frühzeitiger erkannt und vermieden werden. Es erhöht sich das Arbeitstempo, die Fehlerhäufigkeit wird spürbar gemindert und die Arbeitsqualität steigt.

Beeinflusst wird die Konzentrationsfähigkeit unter anderem durch äußere Einflüsse wie Lärm, Umgebungstemperatur oder Luftfeuchtigkeit. Bei der Einrichtung von Bildschirm- und Büroarbeitsplätzen ist deshalb auf eine geeignete Raumtemperatur zu achten.

ea) Welche Raumtemperatur in Büroräumen gilt als optimale Umgebung? (1 P.)

eb) Welche Symptome bei Mitarbeitern deuten auf eine zu niedrige Luftfeuchtigkeit hin? Nennen Sie drei Anzeichen. (3 P.)

ec) Welche Möglichkeiten bestehen in Büroräumen, um die Luftfeuchtigkeit zu verbessern? Beschreiben Sie zwei wirksame Maßnahmen. (2 P.)

4. Handlungsschritt (25 Punkte)

Wie Ihnen der Systemadministrator der Beule GmbH mitteilt, kommt es auf dem Server der Marketing-Abteilung immer mal wieder zu überraschenden Verlusten von gespeicherten Daten und Dateien. Der Grund für die Datenverluste konnte von den dortigen Mitarbeitern noch nicht ermittelt werden, es muss aber dringend gehandelt werden, um den Fehler ausfindig zu machen und abzustellen. Sie bereiten sich auf eine Besprechung mit der Geschäftsführung vor und möchten die Dringlichkeit hervorheben und Lösungsansätze bieten.

a) Nennen Sie drei mögliche Gründe für den ungewollten Verlust der gespeicherten Daten. (6 P.)

b) Machen Sie Ihrem Systemadministrator zu jedem von Ihnen in a) genannten Beispielen einen sinnvollen Lösungsvorschlag, um das Risiko des Datenverlustes zu minimieren. (6 P.)

c) Welche Konsequenzen kann generell ein totaler Datenverlust ohne Datensicherung Ihrer Meinung nach für das Unternehmen in rechtlicher und kaufmännischer Hinsicht haben?

   Nennen Sie hierzu vier Aspekte! (4 P.)

d) Jeder im Unternehmen kann zur Vermeidung von Datenverlusten beitragen.
   Welchen regelmäßigen Beitrag können

   1. Geschäftsführer
   2. Abteilungsleiter
   3. Netzwerkadministratoren
   4. alle Mitarbeiter

   leisten, um Datenverlusten entgegenzuwirken? (4 P.)

e) Welche Gründe kann es geben, Daten aus technischen oder organisatorischen Gründen gezielt und betrieblich geplant zu löschen? Stellen Sie fünf mögliche Szenarien dar. (5 P.)

5. Handlungsschritt (25 Punkte)

Die Chefsekretärin der Beule GmbH, Frau Christina Hausberg, ist keine IT-Fachkraft, sondern eine Anwenderin. Neben dem Schreiben von Briefen gehört unter anderem das Vorbereiten von Kundenpräsentationen sowie die Erstellung von Preis- und Kostenübersichten zu ihren Aufgaben.

a) Im bestimmten Rahmen lässt sich Standardsoftware oftmals an firmentypische Aufgabenstellungen anpassen. Insbesondere verfügen viele Standardsoftwarelösungen über die Fähigkeit, sich wiederholende Arbeitsschritte zu automatisieren. Eine Möglichkeit hierzu ist der Einsatz von Makros. Erklären Sie die Funktionsweise von „Makros"! (4 P.)

b) Bisher hatte die Firma Beule GmbH das Softwarepaket „Nanosoft Office" eines namhaften Softwareherstellers im Einsatz. Von der Geschäftsleitung wird erwogen, auf das Büro-Softwarepaket eines anderen Herstellers umzusteigen. Nennen Sie sechs Überlegungen, die für die Entscheidungsfindung berücksichtigt werden sollten. (6 P.)

c) Frau Hausberg muss des Öfteren für ihren Chef größere Datenmengen über das Internet versenden. Um die zu übertragende Datenmenge zu reduzieren, bearbeitet Frau Hausberg die Dateien zuvor mit einer Komprimierungssoftware.

Grundsätzlich unterscheidet man zwei Arten der Datenkompression: die „verlustfreie" und die „nicht-verlustfreie" (oder „verlustbehaftete") Kompression.

ca) Erläutern Sie den grundsätzlichen Unterschied dieser beiden Methoden! (4 P.)

cb) Ordnen Sie die folgenden Szenarien jeweils dem Einsatz der „verlustfreien" bzw. der „nicht-verlustfreien"/„verlustbehafteten" Datenkompression zu! (3 P.)

- Videofilme
- Grafiken/Bilder/Fotos im Internet im jpeg-Format
- Auslieferung/Verbreitung von Software
- Datenaustausch über das Internet
- Audio-/Musikdaten (z. B. MP3)
- .zip-Dateien

cc) Nennen Sie zwei konkrete Merkmale von Daten, die von einem Kompressionstool (wie z. B. zip) genutzt werden können, um die Dateigröße zu reduzieren! (6 P.)

cd) Erklären Sie, warum die Kompressionsrate bei Textdateien besonders hoch ist! (2 P.)

Ausgangssituation

Die Firma Hackerprofis GmbH & Co KG ist ein kleines Systemhaus in Bonn. Zum Kundenstamm gehören überwiegend kleine und mittelständische Unternehmen der Region. Das Dienstleistungsangebot umfasst u.a. den Aufbau betrieblicher Netz- und Serverumgebungen und die externe Systemadministration.

Sie sind Mitarbeiter des Unternehmens und betreuen den Kunden „Verrückt & Kreativ GbR", eine Werbeagentur mit 35 einfallsreichen, aber informationstechnisch unbegabten Mitarbeitern. Der Kunde möchte seine IT-Infrastruktur optimieren und setzt Ihnen folgende Anforderungen:

1. Handlungsschritt: Aufbau eines digitalen Archivierungssystems
2. Handlungsschritt: Einrichtung eines RAID-Systems
3. Handlungsschritt: Prüfung der IPv6 Tauglichkeit
4. Handlungsschritt: Identifizierung von Gefahrenquellen
5. Handlungsschritt: Ergonomisches Einrichten von Arbeitsplätzen

1. Handlungsschritt (25 Punkte)

Bei der Verrückt & Kreativ GbR sollen die Prozesse des Rechnungseingangs, der Rechnungsprüfung sowie der Rechnungsarchivierung neu organisiert und in einen Workflow zusammengefasst werden. Insbesondere sollen die Rechnungen nicht mehr in Papierform und Büroordnern gelagert, sondern bereits beim Eingang einer digitalen Archivierung zugeführt werden. Die Rechnungsprüfung erfolgte bislang nach dem Vier-Augen-Prinzip. Dieser Kontrollmechanismus soll bei der digitalen Bearbeitung erhalten bleiben. Sie werden mit der Konzeptionierung und Durchführung des Projektes betraut.

a) Diskutieren Sie welche Vor- und Nachteile ein digitales Archivierungssystem gegenüber einer Dokumentenablage in Papierform hat. Beschreiben Sie jeweils drei Aspekte! (6 P.)

b) Welche Anforderungen an eine digitale Rechnungsarchivierung sind zu beachten, um die gesetzlichen Normen zu erfüllen? (4 P.)

c) Um den Prozess im Warenwirtschaftssystem abbilden zu können, sollte man die einzelnen Arbeitsschritte in eine Übersicht zusammenfassen. Vervollständigen Sie das auf der Folgeseite abgebildete Diagramm, indem Sie die Nummerierungen der folgenden Arbeitsschritte in die Diagrammfelder einfügen. (6 P.)

(1) Ablehnung der Rechnung
(2) Ausstellen einer Belastungsanzeige
(3) Digitale Archivierung der Rechnung
(4) Kontrolle der Rechnung durch Prüfer 1
(5) Kontrolle der Rechnung durch Prüfer 2
(6) Rechnung O.K.?
(7) Rechnung O.K.?
(8) Rechnungseingang
(9) Scannen der Rechnung
(10) Zahlungsfreigabe der Rechnung
(11) Zuordnung der Rechnung zum digitalen Bestellvorgang
(12) Zuordnung und Archivierung der Belastungsanzeige

Fortsetzung des 1. Handlungsschrittes auf der nächsten Seite

1. Handlungsschritt (25 Punkte)

Fortsetzung

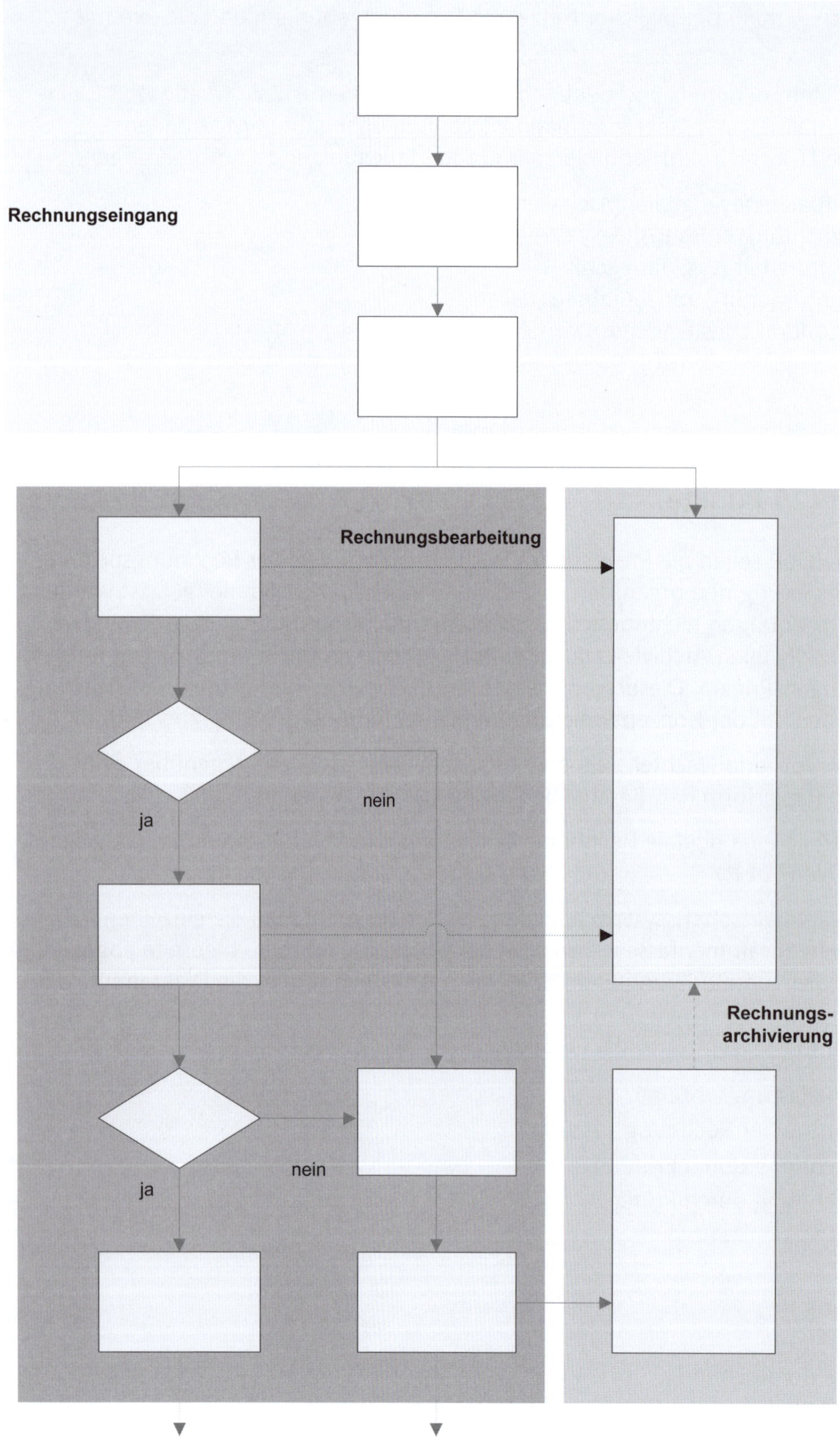

Fortsetzung des 1. Handlungsschrittes auf der nächsten Seite

1. Handlungsschritt (25 Punkte)

Fortsetzung

d) Als Archivierungsformate sind systembedingt die Formate jpg, tiff und pdf möglich. Welches Format würden Sie für eine digitale Archivierung bevorzugen? Begründen Sie Ihre Entscheidung! (3 P.)

e) In den vergangenen Jahren erhielt das Unternehmen pro Jahr etwa 1.500 Eingangsrechnungen, von denen ein Drittel jeweils zwei Rechnungsseiten aufwiesen. Bei allen Rechnungen ist von dem Seitenformat A4 mit einer Standardseitenbreite von 21 cm und einer -höhe von 29,7 cm auszugehen. Die eingestellte Auflösung der für die digitale Archivierung eingesetzten Scanner beträgt 300 x 300 dpi. Die Farbtiefe beläuft sich auf 24 bit. Berechnen Sie den Speicherbedarf in GB für ein Jahr. (6 P.)

2. Handlungsschritt (25 Punkte)

Die Einführung des digitalen Archivierungssystems macht eine Erweiterung der Speichermöglichkeiten und die Erhöhung der Verfügbarkeit notwendig. Sie empfehlen dem Geschäftsführer der Verrückt & Kreativ GbR die Verwendung eines RAID 5 Systems.

a) Für den aufzurüstenden Server sehen Sie fünf 500 GB Festplatten vor. Im Lager der Hackerprofis GmbH & Co KG befinden sich nur noch der gewünschte RAID-Controller, vier 500 GB Festplatten und eine 400 GB Festplatte. Prüfen Sie, ob sich die vorhandene 400 GB Festplatte folgenlos als fünfte Platte verwenden lässt oder ob es sinnvoller ist, auf die Nachlieferung einer 500 GB Festplatte zu warten. Ermitteln Sie dazu die Gesamtkapazität des RAID 5 Systems… (6 P.)

   (1) … für Szenario A mit 5 x 500 GB.
   (2) … für Szenario B mit 4 x 500 GB + 1 x 400 GB.

b) Des Weiteren hat der Geschäftsführer der Verrückt & Kreativ GbR von einem kombinierten Verfahren, dem RAID 10, gehört. Beschreiben Sie ihm die Funktionsweise des RAID 10! (4 P.)

c) Im Zusammenhang mit einem RAID 5 möchte der Kunde gerne wissen, welche Bedeutung die Begriffe „hot spare" und „hot plug" haben. Erläutern Sie ihm diese Begriffe! (6 P.)

d) Bei den Planungen können sich die Verantwortlichen der Verrückt & Kreativ GbR nicht entscheiden, ob ein Software- oder Hardware-RAID für ein RAID 5 System eingesetzt werden soll. Diskutieren Sie die Vor- und Nachteile! (4 P.)

e) Im Rahmen der Ausfallsicherheit bei einem RAID 1 System wird zwischen „Mirroring" und „Duplexing" unterschieden. Erläutern Sie den Unterschied! (2 P.)

f) Festplatten sind mit einem „Cache" ausgestattet. Im Detail unterscheidet man zwischen einem Lese- und einem Schreibcache. Erläutern Sie die Funktionsweisen und deren Auswirkungen! (3 P.)

3. Handlungsschritt (25 Punkte)

Der gegenwärtige Standard im Netzwerkbereich bildet das Protokoll TCP/IP, wobei die Version IPv4 die zurzeit gängigste Version ist. Seit 1999 ist das „neue" Protokoll IPv6 in den Pilotbetrieb übergegangen und wird von vielen Providern parallel zu IPv4 eingesetzt. Die langfristige Strategie besteht darin, dass auf Seite der Endverbraucher das IPv4-Protokoll sukzessiv durch IPv6 ersetzt wird. Für das Netzwerk der Verrückt & Kreativ GbR ist zu berücksichtigen, dass die Hardwarekomponenten auch IPv6-tauglich sind.

a) Aus welchem Grund soll das IPv4 durch IPv6 abgelöst werden? (2 P.)

b) Aus wie vielen Bits bestehen IPv4 bzw. IPv6 Adressen? (2 P.)

c) Bei der Notation von IPv6 Adressen, können Kurzformen verwendet werden. Schreiben Sie die folgende Adresse in der ausführlichen Form! (4 P.)

`3ffe:ffff:100:f101::9E6`

d) Wie sieht die IPv4-kompatible IPv6-Adresse für die IP 194.173.227.5 aus? Geben Sie die komplette Adresse in ausschließlich hexadezimaler Schreibweise an! (4 P.)

e) Wie groß ist der Adressraum von IPv4 bzw. IPv6? Geben Sie das Ergebnis in Form von 2er Potenz an! (2 P.)

f) Im Zusammenhang mit TCP/IP basierten Netzwerken spielen die Begriffe Unicast, Anycast und Broadcast eine wichtige Rolle. Grenzen Sie diese Begriffe voneinander ab. (3 P.)

g) Eine temporäre Methode, eine der Beschränkungen des IPv4 zu umgehen, war und ist der Einsatz von „NAT".

ga) Worum handelt es sich bei „NAT"? Welche IPv4 Beschränkungen werden durch NAT umgangen? (2 P.)

gb) Im folgenden Netzwerk-Diagramm ist ein typisches Szenario zur Anbindung eines Netzwerkes mit Hilfe eines NAT-Routers an das Internet dargestellt:

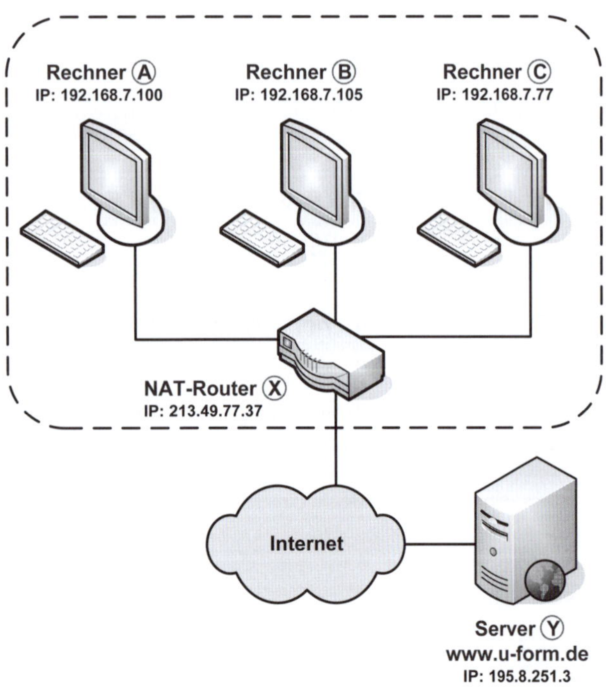

Fortsetzung des 3. Handlungsschrittes auf der nächsten Seite

3. Handlungsschritt (25 Punkte)

Fortsetzung

Gibt der Benutzer an Rechner „A" nun die Internet-Adresse des Zielservers „Y" (www.u-form.de) in seinen Internet-Browser ein, wird ein Datenpaket von Rechner „A" über den Router „X" zum Server „Y" geschickt, der seinerseits als Antwort die Webseite zurück an Rechner „A" schickt. In der Tabelle ist die jeweilige Zusammensetzung des Datenpaketes auf der Ebene des IP-Protokolls dargestellt.

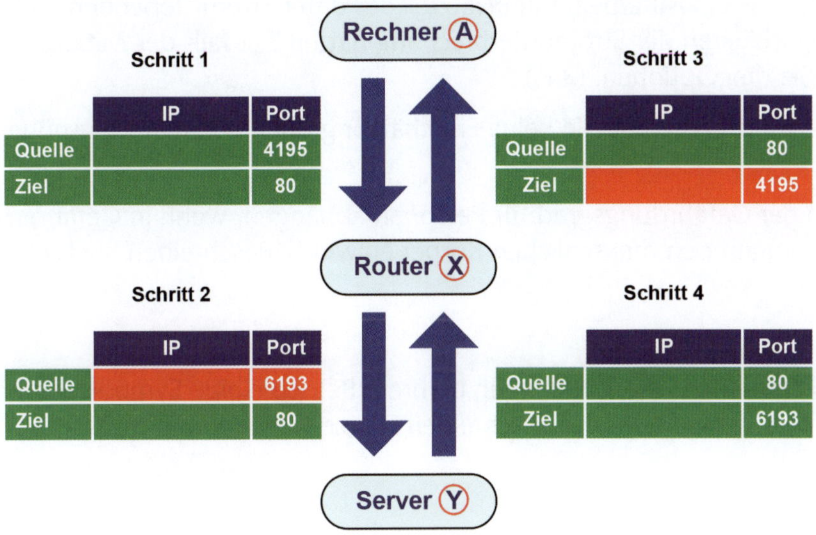

Tragen Sie die fehlenden IP-Adressen ein (bei den angegebenen Ports handelt es sich lediglich um ein Beispiel)! (4 P.)

gc) Neben rein praktischen Gesichtspunkten bietet der Einsatz von „NAT" auch Vorteile im Bereich der Sicherheit. Warum? (2 P.)

17. Prüfung

4. Handlungsschritt (25 Punkte)

Bei Ihrer Arbeit an Hardware- und Netzwerktechnik arbeiten Sie mit Geräten, die unter Strom stehen.

a) Strom kann bei unsachgemäßer Behandlung eine Gefahrenquelle im Arbeitsprozess darstellen. Deshalb sollten Sie über einige Grundkenntnisse verfügen.

   aa) Die Spannungshöhe wird in zwei grundlegende Kategorien gegliedert. Bezeichnen Sie die zwei Kategorien und geben Sie den jeweiligen Voltbereich der zugehörigen Wechselspannungen an. (4 P.)

   ab) Mit Entsetzen beobachten Sie, wie ein Mitarbeiter am Netzteil des unter Strom stehenden Servers arbeitet. Welche Möglichkeiten der Stromunterbrechung hätten Sie, falls der Mitarbeiter unter Strom gerät? Nennen Sie drei Optionen. (3 P.)

   ac) Wie verhalten Sie sich bei der Rettung, wenn Sie keine Einschätzung über die Spannungshöhe im Gefahrenbereich haben? (4 P.)

   ad) Von welchen Variablen kann der Gefährdungsgrad für Personen abhängen, wenn in Gefahrensituationen unkontrolliert Strom auf den menschlichen Körper einwirkt? Beschreiben Sie fünf mögliche Aspekte. (5 P.)

b) Zur Verhinderung von Gefahrenmomenten begegnen Ihnen in Ihrem Betrieb einige Symbole, deren Bedeutung Ihnen geläufig sein sollte. Benennen oder beschreiben Sie die folgenden Rettungs-, Gefahren- und Warnzeichen: (9 P.)

1.

2.

3.

4.

5.
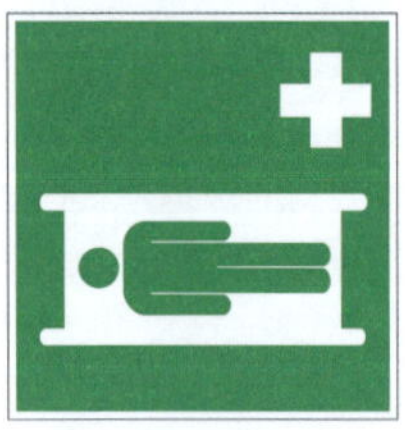

6.

7.

8.

9.

5. Handlungsschritt (25 Punkte)

Die Verrückt & Kreativ GbR bezieht im nächsten Monat zusätzliche Räumlichkeiten. Bei der Einrichtung der neuen Arbeitsplätze soll an optimale ergonomische Arbeitsbedingungen gedacht werden.

a) Erläutern Sie, was die Arbeitswissenschaftler unter dem Begriff „Arbeitsplatzergonomie" verstehen. (2 P.)

b) Machen Sie bei der Einrichtung von Arbeitsplätzen in einem Großraumbüro zu den Kriterien

ba) Raumklima (6 P.)

bb) Lichtverhältnisse (6 P.)

bc) Lärmbelastung (6 P.)

jeweils drei sinnvolle Optimierungsvorschläge.

c) Auf welche Einstellmöglichkeiten sollte bei der Anschaffung der Schreibtischbestuhlung geachtet werden? Nennen Sie fünf Funktionalitäten. (5 P.)

Ihre Notizen

Ausgangssituation

Die 1955 gegründete Mixxtape GmbH stellt hochwertige Magnet-Tonbandgeräte für den internationalen Massenmarkt her. Der 83-jährige Firmenpatriarch, Herr Dr. Perlig, hat kürzlich festgestellt, dass die Umsätze seit 20 Jahren kontinuierlich rückläufig sind. Bis gestern war er der festen Überzeugung, dass sich die digitale Medientechnik auf Dauer nicht durchsetzen würde.

Als Reaktion auf das wirtschaftliche Desaster möchte er das Unternehmen organisatorisch und inhaltlich modernisieren. Sie wurden als IT-Leiter eingestellt, um das vorhandene Lochkartensystem durch eine zeitgemäße Infrastruktur zu ersetzen. Neben der Modernisierung der Informationstechnik sollen Sie auch konzeptionell an der neuen Ausrichtung des Unternehmens mitwirken. Dabei stellen sich Ihnen Aufgaben in den folgenden Bereichen:

1. Aufbauorganisation
2. Markterkundung
3. Pflichtenheft
4. Zugriffsverfahren und Netzwerkkomponenten
5. Netzwerkplanung und -sicherheit

1. Handlungsschritt (25 Punkte)

Die Mixxtape GmbH benötigt dringend moderne Produkte, die der Markt nachfragt. Deshalb hat sich Herr Dr. Perlig überzeugen lassen, dass die Firma dringend zu einem Handelsunternehmen umorganisiert werden muss. Dabei möchte man sich in den Sparten „BlueRay-Technik", „Speichermedien" und „digitale Aufnahmetechnik" etablieren. In diesem Zuge muss auch die Aufbauorganisation des Unternehmens den neuen Anforderungen angepasst werden. Neben den o. g. Produktsparten und dem Geschäftsführer Dr. Perlig soll das Unternehmen zukünftig über die Abteilungen Lager, Vertrieb, Buchhaltung, Personalabteilung, Einkauf sowie IT verfügen.

Es ist angedacht die Produktsparten zukünftig in Profit-Centern zu organisieren.

a) Erstellen Sie anhand der o. g. Daten ein Firmen-Organigramm auf der Grundlage einer Profit-Center-Organisation. (9 P.)

b) Welchen Nutzen verspricht sich die Geschäftsleitung von der Neuorganisation der Produktsparten in Profit-Center? Erläutern Sie drei mögliche Vorteile. (6 P.)

c) Welche Nachteile kann die Errichtung einer Profit-Center-Organisation auslösen? Erläutern Sie hierzu drei mögliche Auswirkungen. (6 P.)

d) Beschreiben Sie den Unterschied zwischen der „Aufbauorganisation" und der „Ablauforganisation". (4 P.)

2. Handlungsschritt (25 Punkte)

Zur besseren Einschätzung der Marktlage und des Kundenbedarfs möchte die Mixxtape GmbH gezielt Informationen über den Markt und Kundenwünsche gewinnen. Dazu möchte man ein Marktforschungsunternehmen beauftragen.

a) Nennen Sie jeweils einen Nachteil oder eine Unsicherheit bei folgenden Erhebungen:

aa) Befragung / Umfrage / Interview (2 P.)

ab) Beobachtung (2 P.)

ac) Experiment (2 P.)

ad) Testmarkt (2 P.)

b) Welche innerbetrieblichen Quellen bieten sich zur Marktforschung und -beobachtung an? Machen Sie vier Vorschläge zur Informationsgewinnung. (4 P.)

c) Zur Vorbereitung des Gesprächs mit dem Marktforschungsunternehmen sollten Ihnen die folgenden Begriffe geläufig sein. Beschreiben Sie mit einem Satz die jeweilige Bedeutung der Begriffe. (5 P.)

1. Marktanalyse
2. Marktprognose
3. Marktbeobachtung
4. Testmarkt
5. Panelerhebung

d) Nach Analyse der Ergebnisse des Marktforschungsunternehmens sollen die potentiellen Kunden gezielt beworben werden. Nennen Sie drei Ziele von Werbung. (3 P.)

e) Nach Ihren Überlegungen zu den Werbezielen ist zu bedenken, welche Werbeträger sich für die Mixxtape GmbH anbieten. Benennen Sie fünf Werbeträger und geben Sie das dazugehörige Werbemittel an. Tragen Sie Ihre Ergebnisse in die folgende Tabelle ein: (5 P.)

Werbeträger	Werbemittel

3. Handlungsschritt (25 Punkte)

Zum Kauf und der Installation neuer Netzwerktechnik haben Sie ein Gesamtkonzept und darauf abgeleitet ein Pflichtenheft erstellt.

a) Beschreiben Sie die wesentlichen Bestandteile eines Lastenhefts. (8 P.)

b) Was unterscheidet ein Pflichtenheft von einem Lastenheft? (5 P.)

c) Welche vertragsrechtliche Bedeutung kommt einem Pflichtenheft zu? (2 P.)

d) Sie erhalten auf Anfrage von verschiedenen Anbietern ein schriftliches Angebot. Nennen Sie die wesentlichen inhaltlichen Bestandteile eines Angebots. (7 P.)

e) Wie bindend ist ein schriftlich unterbreitetes Angebot? (3 P.)

4. Handlungsschritt (25 Punkte)

Im Rahmen der Neuorientierung wurde von der Geschäftsführung beschlossen, neue Räumlichkeiten zu beziehen. Bei einer Vor-Ort-Besichtigung eines infrage kommenden Objektes stellen Sie fest, dass grundlegende Infrastruktur in Form eines FDDI-Netzwerkes mit entsprechender Ethernet-Anbindung bereits vorhanden ist.

a) Das auf Glasfaser basierende FDDI-Netzwerk wird, wegen seiner Reichweite und Ausfallsicherheit, oftmals als „Backbone" (zentrale LAN-Struktur) in Netzwerken eingesetzt. Im Vergleich mit Ethernet-Netzwerken kommt bei FDDI ein anderes Zugriffsverfahren zum Einsatz.

aa) Nennen Sie die beiden Zugriffsverfahren für FDDI- und Ethernet-Netzwerke! (1 P.)

ab) Beschreiben Sie die Funktionsweise der beiden Zugriffsverfahren. (4 P.)

ac) Zeigen Sie qualitativ das Geschwindigkeitsverhalten der beiden Zugriffsverfahren in Abhängigkeit von der Hostanzahl auf. Zeichnen Sie hierzu die durchschnittliche Zeit bis zur Zustellung der Datenpakete qualitativ in das folgende Diagramm ein! (2 P.)

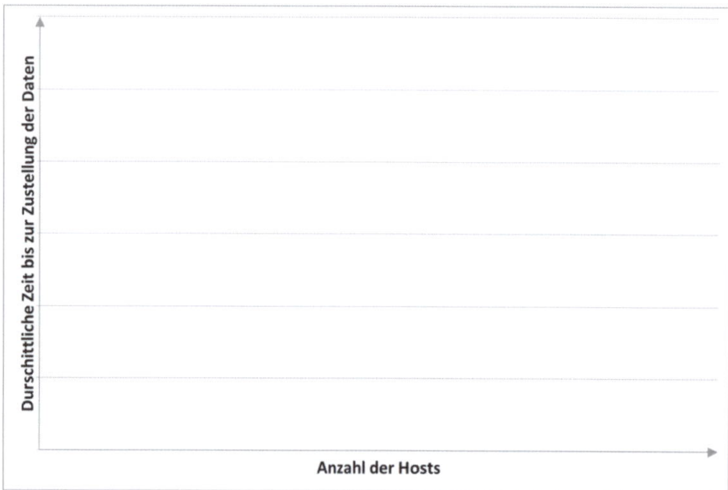

b) Das OSI-Referenzmodell ist eines der bekanntesten Modelle zur Beschreibung einer offenen Kommunikation zwischen zwei Systemen und ist somit anwendbar auf die Kommunikation in Netzwerken. Jede der sieben Schichten beschreibt eine klar abgegrenzte Funktionalität. Tragen Sie die Bezeichnungen der sieben Schichten dieses Modells in die folgende Tabelle ein! (3 P.)

OSI-Referenzmodell	
Schicht	**Bezeichnung**
7	
6	
5	
4	
3	
2	
1	

Fortsetzung des 4. Handlungsschrittes auf der nächsten Seite

4. Handlungsschritt (25 Punkte)

Fortsetzung

c) Das zunächst sehr theoretische und abstrakt anmutende OSI-Referenzmodell spiegelt sich allerdings sehr praxisnah im Aufbau von Datenpaketen wider, insbesondere in Form der Protokollschachtelung („Encapsulation"). Im Folgenden ist ein unvollständiges TCP/IP-Datenpaket im Ethernet („Datagramm") skizziert:

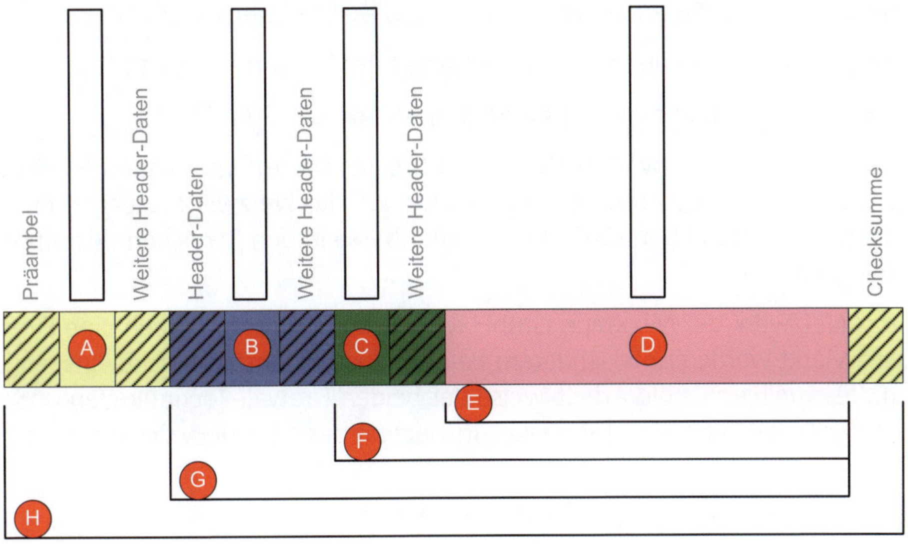

ca) Vervollständigen Sie die fehlenden Informationen „A" bis „D" im Datagramm unter korrekter Verwendung der folgenden Daten: (4 P.)

- Anwendungsdaten
- Quell- & Ziel-IP-Adresse
- Quell- & Ziel-Port
- Ziel- & Quell-MAC-Adresse

cb) Vervollständigen Sie die fehlenden Informationen „E" bis „H", indem Sie die entsprechenden Schichten („Layer") des OSI-Referenzmodells eintragen. (4 P.)

d) „Hubs" und „Switches" sind weit verbreitete Kopplungskomponenten in Ethernet-Netzwerken. Begründen Sie, basierend auf der Überlegung des Geschwindigkeitsverhaltens bzw. der Kollisionsdomänencharakteristik, warum der Einsatz von Switches (Layer-2) in größeren Netzwerken erheblich effizienter ist als der Einsatz von Hubs! (4 P.)

e) Neben Switches und Hubs gibt es auch Repeater als Kopplungskomponenten.

ea) Welche Funktionsweise hat ein Repeater? Auf welcher OSI-Schicht arbeitet er? (1 P.)

eb) Worin besteht der Unterschied zwischen einem Hub und einem Ethernet-Repeater? (1 P.)

ec) Geben Sie ein Szenario an, in welchem der Einsatz eines Repeaters in einem Ethernet sinnvoll ist! (1 P.)

5. Handlungsschritt (25 Punkte)

Zusätzlich zum Umzug der Zentrale soll ein kleines Vertriebsbüro im Frankfurter Raum angemietet werden. Als IT-Leiter sind Sie mit der Planung und Einrichtung des Netzwerkes beauftragt und müssen hierbei entsprechende Sicherheitsaspekte berücksichtigen.

a) Für das Vertriebsbüro in Frankfurt steht der offizielle IP-Adressbereich 213.67.51.128/27 zur Verfügung.

aa) Wie lautet die vollständige Subnetzmaske dieses Bereiches? (1 P.)

ab) Berechnen Sie die (rechnerisch) erste und letzte IP-Adresse dieses Subnetzes! (6 P.)

ac) Welche dieser IP-Adressen innerhalb dieses Subnetzes sind tatsächlich nutzbar? (2 P.)

ad) Welche besondere Bedeutung haben die nicht nutzbaren IP-Adressen? (2 P.)

b) Im Rahmen der Anbindung der Zentrale sowie des Vertriebsbüros an das Internet haben Sie Sicherungsmaßnahmen gegen jede Art von Bedrohungen von außen auf das Netzwerk zu ergreifen. Um dies sicherstellen zu können, muss man über ausreichende Kenntnisse in den Bereichen „Computerviren“ und „Firewalls“ verfügen:

ba) Sie beabsichtigen, das Netzwerk der Mixxtape GmbH an beiden Standorten durch eine Firewall zu schützen. Auf dem Markt werden unter anderem Paketfilter- und Stateful-Packet-Inspection-Firewalls angeboten. Beschreiben Sie die Arbeitsweise der beiden Firewall-Technologien und erläutern Sie, warum der Einsatz von Stateful-Packet-Inspection das Netzwerk sicherer macht. (7 P.)

bb) Der Einsatz einer Firewall zum Schutz des Netzwerkes der Mixxtape GmbH ist sicherlich eine wichtige Schutzmaßnahme, die allerdings durch den internen Einsatz von Anti-Viren-Programmen ergänzt werden sollte. Moderne Anti-Viren-Programme arbeiten zur Erkennung von Schadprogrammen mit den Methoden der Signatur, Heuristik und Verhaltensanalyse. Beschreiben Sie die einzelnen Methoden der Virenerkennung. (6 P.)

bc) Erläutern Sie zudem, warum das Risiko eines Virenbefalls auch von der Art des eingesetzten Betriebssystems abhängen kann. (1 P.)

Anhang

Themenbezug zum Ausbildungsrahmenplan

Bildnachweis

Titelbild: © Julien Eichinger – Fotolia.com

Icons (S. 10, von oben nach unten):

© drucki92 – Fotolia.com
© VRD – Fotolia.com
© BERLINSTOCK – Fotolia.com
© JiSign – Fotolia.com
© dashadima – Fotolia.com
© Natis – Fotolia.com
© Aleksandr Bryliaev – Fotolia.com
© Matthias Enter – Fotolia.com
© Dvarg – Fotolia.com
© Fotolia 365 – Fotolia.com
© Petr Vaclavek – Fotolia.com
© Pixel Embargo – Fotolia.com
© Tombaky – Fotolia.com
© mitay20 – Fotolia.com
© Aviator70 – Fotolia.com
© Igarts – Fotolia.com
© dimakp – Fotolia.com
© Lasha Kilasonia – Fotolia.com
© Dvarg – Fotolia.com

Aufgaben			Themenbezug zum Ausbildungsrahmenplan																		
Prüfung	Handlungsschritt	Teilaufgabe	Sicherheit und Gesundheitsschutz	Umweltschutz	Leistungserstellung und -verwertung	Betriebliche Organisation	Beschaffung	Markt- und Kundenbeziehungen	Kaufmännische Steuerung und Kontrolle	Informieren und Kommunizieren	Planen und Organisieren	Teamarbeit	Einsatzfelder und Entwicklungstrends	Systemarchitektur, Hardware, Betriebssysteme	Anwendungssoftware	Netze, Dienste	Ist-Analyse und Konzeption	Programmiertechniken	Installieren und Konfigurieren	Datenschutz und Urheberrecht	Systempflege
			1.3	1.4	2.1	2.2	2.3	2.4	2.5	3.1	3.2	3.3	4.1	4.2	4.3	4.4	5.1	5.2	5.3	5.4	5.5
1. Prüfung	1. HS	a						X													
		b														X					
		c														X					
		d														X					
		e														X					
		f						X		X								X			
	2. HS	a									X										
		b									X	X									
		c									X										
	3. HS	a								X											
		b																X			
		c													X						
		d													X						
	4. HS	a													X						
		b											X								
	5. HS	a			X																
		b			X																
		c			X																
		d			X																
		e			X						X										
		f			X																

Aufgaben			Themenbezug zum Ausbildungsrahmenplan																		
Prüfung	Handlungsschritt	Teilaufgabe	Sicherheit und Gesundheitsschutz 1.3	Umweltschutz 1.4	Leistungserstellung und -verwertung 2.1	Betriebliche Organisation 2.2	Beschaffung 2.3	Markt- und Kundenbeziehungen 2.4	Kaufmännische Steuerung und Kontrolle 2.5	Informieren und Kommunizieren 3.1	Planen und Organisieren 3.2	Teamarbeit 3.3	Einsatzfelder und Entwicklungstrends 4.1	Systemarchitektur, Hardware, Betriebssysteme 4.2	Anwendungssoftware 4.3	Netze, Dienste 4.4	Ist-Analyse und Konzeption 5.1	Programmiertechniken 5.2	Installieren und Konfigurieren 5.3	Datenschutz und Urheberrecht 5.4	Systempflege 5.5
2. Prüfung	1. HS	a							X												
		b							X												
		c							X												
		d							X												
		e							X												
		f							X												
	2. HS	a								X											
		b								X											
		c								X				X							
		d								X				X							
	3. HS	a																			X
		b															X				X
		c															X				X
		d																X			
		e																X			
	4. HS	a.a			X																
		a.b			X																
		a.c			X						X										
		b																X			
	5. HS	a						X													
		b						X													
		c						X													
		d						X													
		e							X												
		f						X													

Aufgaben			Themenbezug zum Ausbildungsrahmenplan																		
Prüfung	Handlungsschritt	Teilaufgabe	Sicherheit und Gesundheitsschutz	Umweltschutz	Leistungserstellung und -verwertung	Betriebliche Organisation	Beschaffung	Markt- und Kundenbeziehungen	Kaufmännische Steuerung und Kontrolle	Informieren und Kommunizieren	Planen und Organisieren	Teamarbeit	Einsatzfelder und Entwicklungstrends	Systemarchitektur, Hardware, Betriebssysteme	Anwendungssoftware	Netze, Dienste	Ist-Analyse und Konzeption	Programmiertechniken	Installieren und Konfigurieren	Datenschutz und Urheberrecht	Systempflege
			1.3	1.4	2.1	2.2	2.3	2.4	2.5	3.1	3.2	3.3	4.1	4.2	4.3	4.4	5.1	5.2	5.3	5.4	5.5
3. Prüfung	1. HS	a						X													
		b						X													
		c						X													
	2. HS	a											X								
		b								X			X	X							
		c											X	X							
	3. HS	a											X	X							
		b												X							
		c														X					
		d											X	X							
		e												X							
	4. HS	a														X					
		b														X					
		c														X					
		d														X					
		e														X					
	5. HS	a						X													
		b						X													
		c						X													
		d						X													
		e						X													
		f							X												

Aufgaben			Themenbezug zum Ausbildungsrahmenplan																		
Prüfung	Handlungsschritt	Teilaufgabe	Sicherheit und Gesundheitsschutz	Umweltschutz	Leistungserstellung und -verwertung	Betriebliche Organisation	Beschaffung	Markt- und Kundenbeziehungen	Kaufmännische Steuerung und Kontrolle	Informieren und Kommunizieren	Planen und Organisieren	Teamarbeit	Einsatzfelder und Entwicklungstrends	Systemarchitektur, Hardware, Betriebssysteme	Anwendungssoftware	Netze, Dienste	Ist-Analyse und Konzeption	Programmiertechniken	Installieren und Konfigurieren	Datenschutz und Urheberrecht	Systempflege
			1.3	1.4	2.1	2.2	2.3	2.4	2.5	3.1	3.2	3.3	4.1	4.2	4.3	4.4	5.1	5.2	5.3	5.4	5.5
4. Prüfung	1. HS	a			X													X			
		b			X													X			
		c			X	X															
		d				X											X				
	2. HS	a				X					X										
		b													X						
		c																			X
		d						X			X				X						
	3. HS	a															X				X
		b																			X
		c																			X
		d																			X
	4. HS	a							X												
		b							X												
		c							X												
	5. HS	a				X															
		b				X															
		c				X															
		d				X															

Aufgaben			Themenbezug zum Ausbildungsrahmenplan																		
Prüfung	Handlungsschritt	Teilaufgabe	Sicherheit und Gesundheitsschutz	Umweltschutz	Leistungserstellung und -verwertung	Betriebliche Organisation	Beschaffung	Markt- und Kundenbeziehungen	Kaufmännische Steuerung und Kontrolle	Informieren und Kommunizieren	Planen und Organisieren	Teamarbeit	Einsatzfelder und Entwicklungstrends	Systemarchitektur, Hardware, Betriebssysteme	Anwendungssoftware	Netze, Dienste	Ist-Analyse und Konzeption	Programmiertechniken	Installieren und Konfigurieren	Datenschutz und Urheberrecht	Systempflege
			1.3	1.4	2.1	2.2	2.3	2.4	2.5	3.1	3.2	3.3	4.1	4.2	4.3	4.4	5.1	5.2	5.3	5.4	5.5
5. Prüfung	1. HS	a						X													
		b						X													
		c						X													
		d						X													
	2. HS	a							X												
		b							X												
		c							X												
		d							X												
	3. HS	a																X			
		b				X									X						
		c											X					X			
		d																X			
	4. HS	a																X			
		b																X			
		c																X			
		d																X			
	5. HS	a																X			
		b																X			
		c																X			
		d																X			
		e											X								

Aufgaben			Themenbezug zum Ausbildungsrahmenplan																		
Prüfung	Handlungsschritt	Teilaufgabe	Sicherheit und Gesundheitsschutz	Umweltschutz	Leistungserstellung und -verwertung	Betriebliche Organisation	Beschaffung	Markt- und Kundenbeziehungen	Kaufmännische Steuerung und Kontrolle	Informieren und Kommunizieren	Planen und Organisieren	Teamarbeit	Einsatzfelder und Entwicklungstrends	Systemarchitektur, Hardware, Betriebssysteme	Anwendungssoftware	Netze, Dienste	Ist-Analyse und Konzeption	Programmiertechniken	Installieren und Konfigurieren	Datenschutz und Urheberrecht	Systempflege
			1.3	1.4	2.1	2.2	2.3	2.4	2.5	3.1	3.2	3.3	4.1	4.2	4.3	4.4	5.1	5.2	5.3	5.4	5.5
6. Prüfung	1. HS	a														X					
		b														X					
		c														X					
		d														X					
	2. HS	a					X														
		b					X														
		c						X													
		d					X														
		e					X	X													
	3. HS	a												X							
		b														X					
		c			X												X				
	4. HS	a																		X	
		b																		X	
		c																		X	
		d																		X	
		e																		X	
		f																		X	
		g																		X	
		h																		X	
	5. HS	a																			X
		b																			X
		c																			X
		d																			X
		e																			X
		f																			X

Aufgaben			Themenbezug zum Ausbildungsrahmenplan																		
Prüfung	Handlungsschritt	Teilaufgabe	Sicherheit und Gesundheitsschutz	Umweltschutz	Leistungserstellung und -verwertung	Betriebliche Organisation	Beschaffung	Markt- und Kundenbeziehungen	Kaufmännische Steuerung und Kontrolle	Informieren und Kommunizieren	Planen und Organisieren	Teamarbeit	Einsatzfelder und Entwicklungstrends	Systemarchitektur, Hardware, Betriebssysteme	Anwendungssoftware	Netze, Dienste	Ist-Analyse und Konzeption	Programmiertechniken	Installieren und Konfigurieren	Datenschutz und Urheberrecht	Systempflege
			1.3	1.4	2.1	2.2	2.3	2.4	2.5	3.1	3.2	3.3	4.1	4.2	4.3	4.4	5.1	5.2	5.3	5.4	5.5
7. Prüfung	1. HS	a						X													
		b					X	X													
		c					X		X												
		d					X	X	X												
	2. HS	a												X		X					
		b												X		X					
		c														X					
		d														X					
		e												X		X					
		f														X					
		g												X		X					
	3. HS	a											X						X		
		b											X						X		
		c											X			X					
		d											X						X		
	4. HS	a								X											
		b								X											
		c								X											
		d								X											
		e								X											
		f								X											
	5. HS	a			X																
		b						X													
		c			X			X													
		d			X			X													

Aufgaben			Themenbezug zum Ausbildungsrahmenplan																		
Prüfung	Handlungsschritt	Teilaufgabe	Sicherheit und Gesundheitsschutz	Umweltschutz	Leistungserstellung und -verwertung	Betriebliche Organisation	Beschaffung	Markt- und Kundenbeziehungen	Kaufmännische Steuerung und Kontrolle	Informieren und Kommunizieren	Planen und Organisieren	Teamarbeit	Einsatzfelder und Entwicklungstrends	Systemarchitektur, Hardware, Betriebssysteme	Anwendungssoftware	Netze, Dienste	Ist-Analyse und Konzeption	Programmiertechniken	Installieren und Konfigurieren	Datenschutz und Urheberrecht	Systempflege
			1.3	1.4	2.1	2.2	2.3	2.4	2.5	3.1	3.2	3.3	4.1	4.2	4.3	4.4	5.1	5.2	5.3	5.4	5.5
8. Prüfung	1. HS	a												X		X					
		b												X		X					
		c												X		X					
		d												X		X					
	2. HS	a				X					X										
		b				X					X										
		c				X															
		d				X					X										
		e				X					X										
		f										X									
	3. HS	a												X		X					
		b.a					X							X							
		b.b					X														
		c												X							
		d												X							
	4. HS	a								X	X										
		b								X	X										
		c						X													
		d			X			X													
		e				X			X												
		f						X													
	5. HS	a					X														
		b					X		X												
		c				X			X												
		d				X															
		e				X															

Aufgaben			Themenbezug zum Ausbildungsrahmenplan																		
Prüfung	Handlungsschritt	Teilaufgabe	Sicherheit und Gesundheitsschutz	Umweltschutz	Leistungserstellung und -verwertung	Betriebliche Organisation	Beschaffung	Markt- und Kundenbeziehungen	Kaufmännische Steuerung und Kontrolle	Informieren und Kommunizieren	Planen und Organisieren	Teamarbeit	Einsatzfelder und Entwicklungstrends	Systemarchitektur, Hardware, Betriebssysteme	Anwendungssoftware	Netze, Dienste	Ist-Analyse und Konzeption	Programmiertechniken	Installieren und Konfigurieren	Datenschutz und Urheberrecht	Systempflege
			1.3	1.4	2.1	2.2	2.3	2.4	2.5	3.1	3.2	3.3	4.1	4.2	4.3	4.4	5.1	5.2	5.3	5.4	5.5
9. Prüfung	1. HS	a						X													
		b						X													
		c						X													
		d				X															
	2. HS	a		X																	
		b		X																	
		c		X																	
		d		X										X							
		e		X																	
	3. HS	a														X					
		b														X					
	4. HS	a																X			
		b																X			
		c																X			
		d																X			
	5. HS	a							X												
		b							X												
		c							X												

Aufgaben			Themenbezug zum Ausbildungsrahmenplan																		
Prüfung	Handlungsschritt	Teilaufgabe	Sicherheit und Gesundheitsschutz	Umweltschutz	Leistungserstellung und -verwertung	Betriebliche Organisation	Beschaffung	Markt- und Kundenbeziehungen	Kaufmännische Steuerung und Kontrolle	Informieren und Kommunizieren	Planen und Organisieren	Teamarbeit	Einsatzfelder und Entwicklungstrends	Systemarchitektur, Hardware, Betriebssysteme	Anwendungssoftware	Netze, Dienste	Ist-Analyse und Konzeption	Programmiertechniken	Installieren und Konfigurieren	Datenschutz und Urheberrecht	Systempflege
			1.3	1.4	2.1	2.2	2.3	2.4	2.5	3.1	3.2	3.3	4.1	4.2	4.3	4.4	5.1	5.2	5.3	5.4	5.5
10. Prüfung	1. HS	a											X	X							
		b											X	X							
		c												X							
		d																			X
		e												X		X					
	2. HS	a					X		X												
		b					X		X												
	3. HS	a											X	X							
		b												X							
		c									X			X							
	4. HS	a						X	X												
		b						X													
		c			X				X												
		d			X				X												
		e			X			X													
	5. HS	a					X		X												
		b							X												
		c							X												
		d			X			X													

Aufgaben			Themenbezug zum Ausbildungsrahmenplan																		
Prüfung	Handlungsschritt	Teilaufgabe	Sicherheit und Gesundheitsschutz	Umweltschutz	Leistungserstellung und -verwertung	Betriebliche Organisation	Beschaffung	Markt- und Kundenbeziehungen	Kaufmännische Steuerung und Kontrolle	Informieren und Kommunizieren	Planen und Organisieren	Teamarbeit	Einsatzfelder und Entwicklungstrends	Systemarchitektur, Hardware, Betriebssysteme	Anwendungssoftware	Netze, Dienste	Ist-Analyse und Konzeption	Programmiertechniken	Installieren und Konfigurieren	Datenschutz und Urheberrecht	Systempflege
			1.3	1.4	2.1	2.2	2.3	2.4	2.5	3.1	3.2	3.3	4.1	4.2	4.3	4.4	5.1	5.2	5.3	5.4	5.5
11. Prüfung	1. HS	a																	X	X	
		b																	X	X	
		c																	X		
		d																	X	X	
		e																	X		
		f																		X	
	2. HS	a												X							
		b												X							
		c											X		X						
	3. HS	a														X					
		b												X		X					
	4. HS	a					X														
		b					X														
		c					X														
		d					X														
	5. HS	a				X															
		b				X															
		c				X															
		d				X															

Aufgaben			Themenbezug zum Ausbildungsrahmenplan																		
Prüfung	Handlungsschritt	Teilaufgabe	Sicherheit und Gesundheitsschutz	Umweltschutz	Leistungserstellung und -verwertung	Betriebliche Organisation	Beschaffung	Markt- und Kundenbeziehungen	Kaufmännische Steuerung und Kontrolle	Informieren und Kommunizieren	Planen und Organisieren	Teamarbeit	Einsatzfelder und Entwicklungstrends	Systemarchitektur, Hardware, Betriebssysteme	Anwendungssoftware	Netze, Dienste	Ist-Analyse und Konzeption	Programmiertechniken	Installieren und Konfigurieren	Datenschutz und Urheberrecht	Systempflege
			1.3	1.4	2.1	2.2	2.3	2.4	2.5	3.1	3.2	3.3	4.1	4.2	4.3	4.4	5.1	5.2	5.3	5.4	5.5
12. Prüfung	1. HS	a				X															
		b				X															
		c				X															
		d				X															
	2. HS	a														X					
		b														X					
		c																	X		
		d								X						X					
		e											X			X					
	3. HS	a														X					
		b														X					
		c														X					
		d														X					
	4. HS	a														X					
		b														X					
		c														X					
		d														X					
		e														X					
		f														X					
		g														X					
	5. HS	a					X														
		b					X														

Aufgaben			Themenbezug zum Ausbildungsrahmenplan																		
Prüfung	Handlungsschritt	Teilaufgabe	Sicherheit und Gesundheitsschutz	Umweltschutz	Leistungserstellung und -verwertung	Betriebliche Organisation	Beschaffung	Markt- und Kundenbeziehungen	Kaufmännische Steuerung und Kontrolle	Informieren und Kommunizieren	Planen und Organisieren	Teamarbeit	Einsatzfelder und Entwicklungstrends	Systemarchitektur, Hardware, Betriebssysteme	Anwendungssoftware	Netze, Dienste	Ist-Analyse und Konzeption	Programmiertechniken	Installieren und Konfigurieren	Datenschutz und Urheberrecht	Systempflege
			1.3	1.4	2.1	2.2	2.3	2.4	2.5	3.1	3.2	3.3	4.1	4.2	4.3	4.4	5.1	5.2	5.3	5.4	5.5
13. Prüfung	1. HS	a				X															
		b				X															
		c				X															
		d				X															
	2. HS	a														X					
		b														X					
		c														X					
	3. HS	a								X				X							
		b											X	X							
		c												X							
		d											X	X							
	4. HS	a					X														
		b					X		X												
		c					X		X												
		d					X														
	5. HS	a											X		X						
		b													X						
		c												X							
		d														X					
		d												X							

Aufgaben			Themenbezug zum Ausbildungsrahmenplan																		
Prüfung	Handlungsschritt	Teilaufgabe	Sicherheit und Gesundheitsschutz	Umweltschutz	Leistungserstellung und -verwertung	Betriebliche Organisation	Beschaffung	Markt- und Kundenbeziehungen	Kaufmännische Steuerung und Kontrolle	Informieren und Kommunizieren	Planen und Organisieren	Teamarbeit	Einsatzfelder und Entwicklungstrends	Systemarchitektur, Hardware, Betriebssysteme	Anwendungssoftware	Netze, Dienste	Ist-Analyse und Konzeption	Programmiertechniken	Installieren und Konfigurieren	Datenschutz und Urheberrecht	Systempflege
			1.3	1.4	2.1	2.2	2.3	2.4	2.5	3.1	3.2	3.3	4.1	4.2	4.3	4.4	5.1	5.2	5.3	5.4	5.5
14. Prüfung	1. HS	a															X				
		b					X										X				
		c														X					
		d														X	X				
	2. HS	a												X							
		b					X								X						
		c												X							
	3. HS	a					X														
		b					X														
		c					X														
		d					X														
	4. HS	a	X											X							
		b	X											X							
		c	X											X							
		d	X											X							
		e	X											X							
		f	X																		
		g	X											X							
	5. HS	a											X							X	
		b											X							X	
		c											X							X	
		d											X							X	
		e											X			X				X	

Aufgaben			Themenbezug zum Ausbildungsrahmenplan																		
Prüfung	Handlungsschritt	Teilaufgabe	Sicherheit und Gesundheitsschutz	Umweltschutz	Leistungserstellung und -verwertung	Betriebliche Organisation	Beschaffung	Markt- und Kundenbeziehungen	Kaufmännische Steuerung und Kontrolle	Informieren und Kommunizieren	Planen und Organisieren	Teamarbeit	Einsatzfelder und Entwicklungstrends	Systemarchitektur, Hardware, Betriebssysteme	Anwendungssoftware	Netze, Dienste	Ist-Analyse und Konzeption	Programmiertechniken	Installieren und Konfigurieren	Datenschutz und Urheberrecht	Systempflege
			1.3	1.4	2.1	2.2	2.3	2.4	2.5	3.1	3.2	3.3	4.1	4.2	4.3	4.4	5.1	5.2	5.3	5.4	5.5
15. Prüfung	1. HS	a	X																		
		b	X																		
		c	X																		
		d	X																		
		e	X																		
	2. HS	a													X				X		
		b													X				X		
		c													X				X		
	3. HS	a														X					
		b														X			X		X
	4. HS	a														X					
		b														X					
		c														X					
		d														X					
	5. HS	a																		X	
		b																		X	
		c																		X	
		d																		X	
		e											X							X	

Aufgaben			Themenbezug zum Ausbildungsrahmenplan																		
Prüfung	Handlungsschritt	Teilaufgabe	Sicherheit und Gesundheitsschutz	Umweltschutz	Leistungserstellung und -verwertung	Betriebliche Organisation	Beschaffung	Markt- und Kundenbeziehungen	Kaufmännische Steuerung und Kontrolle	Informieren und Kommunizieren	Planen und Organisieren	Teamarbeit	Einsatzfelder und Entwicklungstrends	Systemarchitektur, Hardware, Betriebssysteme	Anwendungssoftware	Netze, Dienste	Ist-Analyse und Konzeption	Programmiertechniken	Installieren und Konfigurieren	Datenschutz und Urheberrecht	Systempflege
			1.3	1.4	2.1	2.2	2.3	2.4	2.5	3.1	3.2	3.3	4.1	4.2	4.3	4.4	5.1	5.2	5.3	5.4	5.5
16. Prüfung	1. HS	a														X					
		b														X					
		c														X					
		d														X					
	2. HS	a	X																		
		b	X																		
		c	X																		
		d	X																		
	3. HS	a	X																		
		b	X																		
		c	X																		
		d	X																		
		e	X																		
	4. HS	a														X					
		b														X					
		c							X							X					
		d				X										X					
		e				X										X					
	5. HS	a													X						
		b													X						
		c													X						

Aufgaben			Themenbezug zum Ausbildungsrahmenplan																		
Prüfung	Handlungsschritt	Teilaufgabe	Sicherheit und Gesundheitsschutz	Umweltschutz	Leistungserstellung und -verwertung	Betriebliche Organisation	Beschaffung	Markt- und Kundenbeziehungen	Kaufmännische Steuerung und Kontrolle	Informieren und Kommunizieren	Planen und Organisieren	Teamarbeit	Einsatzfelder und Entwicklungstrends	Systemarchitektur, Hardware, Betriebssysteme	Anwendungssoftware	Netze, Dienste	Ist-Analyse und Konzeption	Programmiertechniken	Installieren und Konfigurieren	Datenschutz und Urheberrecht	Systempflege
			1.3	1.4	2.1	2.2	2.3	2.4	2.5	3.1	3.2	3.3	4.1	4.2	4.3	4.4	5.1	5.2	5.3	5.4	5.5
17. Prüfung	1. HS	a				X									X						
		b							X												
		c															X				
		d												X							
		e												X							
	2. HS	a												X							X
		b												X							X
		c												X							X
		d												X							X
		e												X							
		f												X							
	3. HS	a											X			X					
		b														X					
		c														X					
		d														X					
		e														X					
		f														X					
		g														X					
	4. HS	a	X																		
		b	X																		
	5. HS	a	X																		
		b	X																		
		c	X																		

Aufgaben			Themenbezug zum Ausbildungsrahmenplan																		
Prüfung	Handlungsschritt	Teilaufgabe	Sicherheit und Gesundheitsschutz	Umweltschutz	Leistungserstellung und -verwertung	Betriebliche Organisation	Beschaffung	Markt- und Kundenbeziehungen	Kaufmännische Steuerung und Kontrolle	Informieren und Kommunizieren	Planen und Organisieren	Teamarbeit	Einsatzfelder und Entwicklungstrends	Systemarchitektur, Hardware, Betriebssysteme	Anwendungssoftware	Netze, Dienste	Ist-Analyse und Konzeption	Programmiertechniken	Installieren und Konfigurieren	Datenschutz und Urheberrecht	Systempflege
			1.3	1.4	2.1	2.2	2.3	2.4	2.5	3.1	3.2	3.3	4.1	4.2	4.3	4.4	5.1	5.2	5.3	5.4	5.5
18. Prüfung	1. HS	a				X															
		b				X															
		c				X															
		d				X															
	2. HS	a			X																
		b			X																
		c			X																
		d			X																
		e			X																
	3. HS	a															X				
		b															X				
		c															X				
		d						X													
		e						X													
	4. HS	a														X					
		b														X					
		c														X					
		d												X		X					
		e												X		X					
	5. HS	a														X					
		b														X			X		

Bestellschein

Bitte hier Ihre Kunden-Nummer eintragen:

Absender/Stempel (genaue Versandanschrift)

U-Form Verlag
Hermann Ullrich GmbH & Co. KG
Cronenberger Straße 58
42651 Solingen

E-Mail

Datum/Unterschrift

Bitte achten Sie darauf, dass Sie nur auf einem Weg bestellen, um Doppellieferungen zu vermeiden.

Telefon 0212 22207-0 oder **Fax 0212 208963** oder **E-Mail: uform@u-form.de** oder **Internet: www.u-form.de**

Titel	Bestell-Nr.	Anzahl	Einzel-preis	Gesamt-preis

Preise einschließlich Mehrwertsteuer (außer bei Einstellungstests), zuzüglich Versandkosten-pauschale von 5,95 €, Angebot freibleibend

☐ **Eilservice 5,50 €**

Summe

Zusätzlich möchte ich einen kostenlosen Prospekt zu den angekreuzten Themen:

- ☐ Automobilkaufmann/-frau
- ☐ Bankkaufmann/-frau
- ☐ Fachkraft für Lagerlogistik/Fachlagerist/-in
- ☐ Florist/Floristin
- ☐ Gastgewerbe
- ☐ Industriekaufmann/-frau
- ☐ Immobilienkaufmann/-frau
- ☐ IT-Berufe
- ☐ Kfm./Kffr. f. Büromangement
- ☐ Kfm./Kffr. für Versicherungen und Finanzen
- ☐ Kfm./Kffr. im Einzelhandel Verkäufer/in
- ☐ Kfm./Kffr. im Groß- und Außenhandel
- ☐ Kfm./Kffr. f. Spedition und Logistikdienstleistung
- ☐ AkA/IHK Veröffentlichungen